장애인복지정책과 실천

나남
nanam

나남신서 1627

장애인복지정책과 실천

2012년 3월 28일 발행
2012년 3월 28일 1쇄

지은이_ 이준우
발행자_ 趙相浩
발행처_ (주) 나남
주소_ 413-756 경기도 파주시 교하읍
출판도시 518-4
전화_ (031) 955-4601 (代)
FAX_ (031) 955-4555
등록_ 제 1-71호(1979.5.12)
홈페이지_ http://www.nanam.net
전자우편_ post@nanam.net

ISBN 978-89-300-8627-1
ISBN 978-89-300-8001-9
책값은 뒤표지에 있습니다.

이 책은 강남대학교 교내연구공모과제 지원비를 받아 출간되었습니다.

나남신서 1627

장애인복지정책과 실천

이준우 지음

나남
nanam

Welfare Policy and Practice for People with Disabilities

by

Lee, Jun Woo

nanam

머리말

우리 사회에서 장애인의 권리와 그들의 어려움을 사회제도적으로 인정하게 된 것은 최근의 현상이다. 이러한 인정은 지난 삼십여 년 동안 지속적으로 진행된 '장애인복지법'의 제정과 개정, 다양한 측면에서의 장애운동 등의 열매이며, 특히 최근 십여 년 동안의 혁신적 장애인복지정책과 실천으로 더욱 촉진되었다. 2007년에 '장애인차별금지 및 권리구제 등에 관한 법률'이 제정되었고, '장애인 등에 대한 특수교육법'을 비롯하여 여러 장애인 관련법들이 장애인 권리보장을 향해 개정됨으로써 장애인의 정상화와 사회통합을 법적·제도적으로 보장할 수 있게 되었다.

더욱이 활동보조인제도와 바우처사업 등이 시행되고, 다양한 보조공학기기가 개발·보급됨으로써 장애인의 생활에 엄청난 변화들이 일어나고 있다. 과거 주로 집에서 생활하던 장애인들이 이제 전동휠체어를 타고 지역사회로 나올 수 있게 되었으며, 유치원부터 고등학교까지의 무상교육도 현실화되었다. 또한 다양한 형태의 직업재활 프로그램이 장애인 관련 시설에서 진행된다. 이렇게 변화된 상황으로 인해 이미 사회 전반에 걸쳐 장애인의 사회참여 욕구가 증가하고 사회진출이 확대되는 가운데 장애인의 지속적 사회참여와 완전한 사회통합을 위한 보다 구체적인 장애인복지정책과 실천이 이루어지고 있다.

이에 따라 진정한 장애인복지실천은 개인과 가족, 집단, 지역사회 등을 통합적으로 아우르는 종합적 접근으로 발전하고 있으며, 동시에 장애로 인한 사회문제를 척결하는 전문적 활동이 되고 있다. 이 과정에서 사회복지사는 유능하고 해박한 지식을 갖춘 변화의 주창자가 되어 우리 사회에서 특히 취약한 집단을 형성하고 있는 장애인의 권리와 자립을 위한 든든한 배경의 역할을 수행해야 한다. 다시 말해 장애인복지 현장에서 일하는 사회복지사들이 사회에서 소외가 당연시되는 장애인에 대한 사회적 편견을 바람직하게 바꾸어 나가는 일들을 해야 한다.

장애는 이제 개인적 비극이 아니라 사회적 책임으로 인식되어야 한다. 그러므로 장애인복지정책은 장애인 개인과 가족에게 힘이 되어야 할 뿐만 아니라 우리 사회가 장애친화적 환경으로 변화하도록 기여하여야 한다. 장애인복지실천은 이와 같은 장애인복지정책을 현실화시키는 구체적인 개입활동이라 할 수 있다.

이런 맥락에서 장애인복지정책과 실천은 각각의 기능과 역할이 분명하지만 그렇다고 해서 완전히 따로 분리된 영역이 아니라 상호 연결된 하나의 유기체로 인식될 필요가 있다. 마치 동전의 양면이나 수레바퀴의 양 날개 등으로 비유해 볼 수 있다. 따라서 실천 현장에서 정책이 나와야 하며, 정책을 구현하기 위해 실천이 수행되어야 한다.

한편 우리나라에서 장애인과 그들의 가정에 대한 사회복지실천은 지난 삼십 년 동안 실제로 커다란 변혁을 거쳐 왔다. 이러한 변화는 단순히 정책이 변화되었기 때문이 아니라 현장의 외침과 변화를 갈망하는 장애인 당사자들의 강력한 노력 등이 정책에 반영되었기 때문에 가능하였다. 이를 뒷받침하는 예를 들어 보면 과거에는 주거, 직업 그리고 교육상의 사회복지실천과 같은 프로그램들이 주로 대형 시설에서 이루어졌지만 지금은 장애인이 거주하는 지역사회에서도 활발하게 제공된다. 이와 같은 발전 양상은 사회복지사들이 지역사회에 바탕을 둔 사회복지실천의 중요성을 인식하게 했다. 또한 장애인이 이용할 수 있는 새로운 자원들을 보다 잘 활용하도록 도와주는 것이 사회복지사의 새로운 임무가 되었다.

이에 따라 사회복지실천 서비스를 제공하는 전문가들의 역할과 기능도 크게 변해 왔다. 보호와 돌봄, 요양 등과 같은 업무에 집중했던 과거에서 벗어나 이제 장애인복지 현장에서 일하는 거의 모든 사회복지사들은 장애인과 그 가족들에게 구체적으로 접촉하고 실제적으로 개입하여 사회복지실천을 수행한다. 동시에 지역사회의 자원을 동원하고 연계하는 과정을 통해 지역사회 구조 자체를 장애인이 효과적으로 통합되어 비장애인과 더불어 살아가도록 변화시키는 일까지 종합적으로 수행하고 있다. 또한 새롭게 대두하는 다양한 장애인복지 시책을 성공적으로 운영해 나가는 주체로서 활약하고 있으며, 장애인의 권익 옹호와 제도 개선 등에도 큰 역할을 담당하고 있다. 뿐만 아니라 장애인연금과 장애인활동지원제도의 시행, 장애아동 재활치료사업, 중증장애인 자립생활 지원사업, 자립생활센터와 수화통역센터 운영, 장애인 공동생활가정(그룹홈) 운영 등이 활발해지면서 장애 분야에서 새로운 사회복지실천 방법과 프로그램이 유능한 사회복지사들을 통해 마치 혁명처럼 시도되고 있다.1)

이렇듯 장애인복지 분야에서 사회복지사의 역할과 기능은 상당한 비중을 차지한다. 하지만 안타깝게도 혁신적 장애인복지정책의 실시에 따라 눈부시게 발전하는 사회복지실천 방법과 기술의 적용이 일부 선구적 사회복지사들에게만 해당하는 현상이 발생하고 있다. 사회적 양극화 못지않게 장애인복지 분야에서도 이러한 양극화 현상은 매우 심화되고 있다. 우수한 기관과 탁월한 사회복지사들이 있는 경우에는 대단히 훌륭한 서비스 개입이 이루어지지만 반대의 경우에는 여전히 시혜적이고 자선적인 복지서비스 형태를 벗어나지 못하고 있는 것이다.

---

1) 현재 우리나라 장애인복지정책의 실제적인 내용은 이준우와 정지웅(2012)이 쓴 《한국 장애인복지정책의 실제와 대안》을 참고하기 바란다.

이래서는 안 된다고 본다. 법과 제도가 변하고 그에 따른 서비스 실천 또한 변화한다면 이를 수행하는 사회복지사들도 변해야 하며, 나아가 이들이 모든 변화의 중심에서 실천가로서의 몫을 해내야 한다. 그 변화가 일부에 그쳐서는 안 되며 모든 사회복지사들이 함께 변화해야 할 것이다. 그러므로 변화의 내용은 진정한 변화를 목표로 모든 사회복지사들이 함께 나누어야 할 것들이다. 좋은 것을 널리 알려 그것이 보편화·일상화될 때 비로소 장애인이 그 변화를 인지하고, 또 누릴 수 있게 될 것이다.

이 책은 바로 이와 같은 생각에서부터 출발하였다. 아직도 갈 길이 멀지만 그래도 지난 삼십여 년 동안 우리나라의 장애인복지가 달려온 성장과 성숙의 급격한 변화과정을 한 번쯤 정리해 보면서 오늘 이 시대의 장애인복지정책과 실천에 있어 또 한 번의 발전을 모색해 보아야 하지 않을까라는 마음이 자꾸만 들었다.

장애인을 위해 무엇을 해야 하고, 장애인을 대상으로 수행되는 사회복지실천이 어떤 배경과 근거에서 이루어지며 향후 우리나라의 장애인복지정책과 실천은 어떤 방향을 향해 나아가야 할지 고민하는 이 땅의 장애인복지 현장 속 헌신적 사회복지사들을 위해 안내서를 꼭 하나 쓰고 싶었던 것이다.

그래서 부족하지만 지나온 세월을 곱씹어 보면서 우리나라의 장애인복지정책과 실천에 관한 다양한 접근과 우리나라에 직·간접적으로 영향을 준 국외의 내용들을 취합해 보았다. 하지만 작업을 하다 보니 역시 저자 자신의 관점과 접근 방식에 자꾸만 몰입되었다. 어쩔 수 없이 이 책의 내용 중 상당 부분은 그동안 저자가 논문이나 연구보고서, 정책 제안을 위한 용역이나 프로젝트 등으로 발표했던 것들을 책의 형태로 다시 재정리한 것이다. 그러다보니 문장의 모습과 내용이 다소 산만해 보인다. 어떤 경우는 꽤 오래된 자료와 정보에 근거하여 작성되기도 하였다. 다행스럽게도 일부는 이 책을 쓰는 과정에서 독창적 자료로 구성될 수 있었는데 이는 저자에게 새로운 기쁨이 되었다.

또한 이 책은 학술적 연구서에서 다루는 심도 있는 내용을 다루면서도 논문이나 연구용역 등과 같은 딱딱한 학술전문 서적의 형식과 문체를 가급적 탈피하고자 노력하였다. 그래서 다양한 사례를 포함하여 독자들이 쉽고 재미있으면서도 의미 있게 탐독할 수 있게끔 최대한 에세이 형식의 문체로 서술하였다. 물론 각주 처리는 거의 그대로 인용하였거나, 발췌한 경우 본문의 내용을 보충적으로 설명해야 할 때를 포함하여 꼭 필요한 부분만 하였다.

또 하나 말해 둘 것은 최대한 많은 사례를 말하였는데 이 책에서 제시된 대부분의 사례는 저자가 직·간접적으로 경험했거나 실제 일어났던 일을 다룬 전문가들로부터 들었던 것들이다. 하지만 관련된 사람들의 인적사항이나 환경 등은 사례에 나오는 사람들을 보호하기 위해 다소 각색하거나 조정하기도 하였다.

어쨌든 이 책을 읽고 장애인복지 현장에서 일하는 데 도움을 받는 사회복지사들이 많았으면 좋겠다. 실은 실천 현장에서 나타나는 장애인과 관련된 다양한 사건과 현실을 통해 정책을 바라보아야 하는 수많은 사회복지사들에게 이 책은 큰 힘이 될 것이라는 확신이 들기도 한다. 왜냐하면 오늘 이 시점에도 한결같은 모습으로 장애인들을 만나고 있는 수많은 사회복지사들에게 유익한 정보가 될 수 있는 자료를 만들어 보고자 염원하였고, 동시에 지역사회라는 여건 속에서 장애인이 스스로 지역사회의 주체가 되게끔 지원하기 위해 사용되어 온 다양한 방법들을 최대한 쉽고 분명하게 소개함으로써 일선 사회복지사들에게 진정으로 도움을 주고자 하는 의도로 집필하였기 때문이다.

사실 이 책은 우리나라 장애인복지의 현실 속에서 오랫동안 저자 자신이 고민한 내용에 대해 그 해답을 찾고자 애쓴 결과물이기도 하다.

그러다보니 저자 자신의 고뇌와 경험 등이 고스란히 이 책 속에 담기게 되었다. 장애인복지실천 현장에서 수행되는 구체적인 사회복지서비스의 현실을 경험하면서 끊임없이 고민하고 생각해 보았던 장애인복지정책에 대한 견해를 가감 없이 담아볼 수 있었다. 그 결과, 깨달을 수 있었다. 장애인들은 더 이상 외롭지 않으며 침묵하고 있지도 않고 소외되어 있지 않다는 것을. 그리고 장애인은 우리의 일부이며 그들은 성장하고 성숙해 가야 한다는 것을 말이다.

끝으로 이 책이 나오는 데 수고해준 강남대학교 사회복지전문대학원 박사과정에 재학 중인 제자 박종미 선생과 석사과정을 졸업하고 현장에서 열심히 일하고 있는 조미애 선생 그리고 연구실 조교 이은규 군과 전예지 양에게 고마운 마음을 전한다. 특히 박종미 선생은 스승의 글을 정성껏 교정해 주었으며 이런저런 보직을 맡아 정신없이 분주하게 지내는 스승을 대신하여 출판사와의 연락과 소통 그리고 자질구레한 일들을 헌신적으로 도맡아 주었다. 또한 갑작스런 출판 요청에도 불구하고 방대한 분량의 내용을 엄청난 에너지로 이 책을 멋지게 만들어 주신 나남 조상호 사장님과 직원들께 큰 감사를 드린다.

이 모든 것을 가능케 하신 하나님께 감사드린다.

2012년 3월 1일

연구실에서 저자 이준우

나남신서 · 1627

장애인복지정책과 실천

차 례

제 2 부 | '자립생활'과 사회복지실천

제 3 부 | 가족 수준의 사회복지실천

제 1 부

'장애'와 사회복지실천

제 1장 사회복지실천, 사회문제 그리고 장애인

제 2장 장애인: 사회복지실천의 도전

제1부에서는 먼저 사회복지사들에게 장애에 관한 새로운 시각을 제시해준다. 장애를 흔히 눈에 띄지 않는 가정의 비극이 아니라 하나의 사회적 문제로 다시 보는 것이다. 과거에는 사실상 장애가 은밀한 가족의 비극으로 치부되곤 했다. 하지만 이제 장애는 사회가 책임져야 할 문제이다. 이처럼 변화된 장애에 대한 인식으로 인해 사회복지 분야에서는 그 어느 때보다도 장애인과 그들 가족에 대한 개입과 지원을 활발하게 진행하고 있다. 이 과정에서 사회복지사는 면접과 상담에서부터 정책개발과 전문적 교육에 이르기까지 장애인과 가족을 대상으로 광범위한 수준의 사회복지실천을 수행하고 있다.

그 다음, 계속하여 지난 삼십여 년 동안 우리나라에서 이루어지고 있는 '장애인복지법'의 입법과 개정, '장애인차별금지 및 권리구제 등에 관한 법률'을 비롯한 관련법들의 제정과 개정 및 장애인 관련 민·형사상 사법 활동의 결과 등으로 사회복지사들이 이용할 수 있는 장애인 대상의 사회복지실천의 기회가 크게 넓혀짐에 따라 사회적으로 확산되는 정상화와 사회통합 이념에 대해서도 정리하였다. 특히 가족의 지원과 권리의 보호라는 전통적 기능이 정상화와 사회통합 이념하에 진행되는 점진적 '탈시설화를 통한 지역사회 중심의 장애인복지실천'의 결과, 사회복지사가 담당해야 하는 새로운 차원의 분야로 어떻게 변화하였는지도 밝히고자 하였다.

이를 통하여 장애인복지실천 현장에 종사하는 사회복지사들과 관련 전문가들에게 장애인과 그 가족들이 욕구를 충족할 때에 봉착하는 독특하고도 복잡한 문제들이 소개되었으면 한다. 또한 이와 같은 내용은 사회복지사가 일하는 분야나 관심분야 그리고 장애인과 관련된 정도와는 상관없이, 전문가로 인정받기를 원하는 사회복지사라면 당연히 장애인이 당면하는 문제를 이해하고 그들의 문제해결에 원조할 책임을 가져야 함을 의미한다.

이렇게 볼 때, 제1부의 내용은 장애인을 대상으로 하는 사회복지실천 분야에서 장애인이 당면한 문제점을 이해하여야 할 그리고 그 문제의 해결을 도와야 할 책임이 있는 사회복지사에게 가장 큰 힘이 될 것이다.

사회복지 실천, 사회문제 그리고 장애인 제 1 장

장애를 인식하고 묘사하는 관점은 인류 역사와 함께 변화해 왔다. 장애에 대한 의학적 접근이 이루어지기 전까지 장애는 논리적으로 설명할 수 없는 신이 내린 저주의 결과라는 인식이 지배적이었다. 그러나 의학의 급속한 발전과 함께 장애는 의학적으로 설명 가능하며, 의료적 처치를 통해서 개선 가능한 질병의 한 종류로 파악되었다. 또한 이전에는 지역사회의 보호가 필요한 개인적 문제 정도로 인식되던 장애는 산업혁명으로 인해 노동능력을 중심으로 한 사회적 인식이 주류를 이루는 시대적 상황 속에서, 생산에 기여할 수 없어 무가치한, 따라서 사회에서 제거되어야 하는 문제로 인식되기 시작하였다.

하지만 두 차례에 걸친 세계대전이라는 엄청난 전쟁을 통해서 많은 전쟁 장애인들이 속출하였으며, 이는 장애인에 대한 새로운 사회적 입장을 정립하는 계기가 되었다. 다시 말해서 장애인들은 국가 공로자로 일정수준 이상의 예우가 필요하다는 사회적 논의가 활발히 제기되었던 것이다. 또한 급속한 산업화 과정은 부정적 부산물로 각종 산업재해와 질병을 야기하였고, 이 과정에서 장애를 입은 사람들은 '산업역군'으로 묘사되었으며, 이들에 대해서도 국가가 일정한 책임을 수행하여야 한다는 논의들이 정당성을 얻었다.

이러한 가운데 1960년대 북유럽을 중심으로 전개되기 시작한 '장애인도 다른 사람들과 동일한 상황에서 동일한 양식으로 살 수 있도록 해야 한다'는 정상화와 사회통합 이념은 세계적으로 파급되어 장애에 관한 대안적 패러다임으로 자리 잡게 되었다. 이에 1990년대 말부터 우리나라에서도 "정상화와 사회통합의 강조", "장애인의 자립생활 운동", "장애당사자주의" 등 장애인복지의 새로운 패러다임이 부상하였다. 그리고 장애인의 궁극적인 인간다운 삶의 질 보장과 향상은 재활을 통한 복지의 실현이라는 당위와 이론을 토대로 혁신적으로 현실화되고 있다.

특히 미국에서 시작된 자립생활운동은 장애 당사자의 자립을 강조하는 흐름이라고 할 수 있으며, 미국의 장애 대학생들이 전문가의 도움 없이 지역사회에서 생활할 수 있는 방법을 자조조직을 통해서 확보하고 전수하려는 움직임에서 시작되었다. 우리나라에서도 자립생활운동에 대한 활발한 논의가 이루어졌고, 이제는 어느 정도 정착되어 가고 있다.

또 다른 측면에서 살펴볼 때 전 세계적으로 장애인복지는 개별적·자선적 접근에서 사회적·제도적 접근으로 발전, 변화되어 왔다. 사회경제적 상황에 따라 장애를 보는 시각이 변화하였으며, 이에 따라 장애인에 대한 접근도 크게 달라졌다. 우리나라의 장애인복지도 1970년대 후반까지는 별다른 진전 없이 개별적 자선에 의존하는 수준이었다. 전통문화 속에 포함된 우리나라 일반 사람들의 장애인에 대한 인식은 동정과 혐오의 양극단이 공존했다고 볼 수 있다. 동정적인 시각으로 바라보고 지역사회에서 도움을 주는 한편, 속담이나 고대소설, 민담 등에서 나타나듯이 사리판별에 무분별하고 자기중심적이며 무력·무책임하고 비사회적인 데다 미천한 인간으로까지 그려지기도 하였다.

조선후기부터 일제강점기까지 장애인은 '불구자'로 불렸고, 이 용어는 신체적·정신적 결함을 가진 사람을 지칭했다. 이 시기에 쓰인 《벙어리 삼룡이》(1925), 《꼽추 이야기》(1929), 《백치 아다다》(1939), 《바보

용칠이》(1939) 등의 문학작품은 장애인을 식민지 상황에서 조선인의 자기인식을 비유적으로 표현하는 수단으로 등장시켰다.

해방 이후부터 1960년대까지의 시기는 장애인에 대한 국민인식의 암흑시대로 규정할 수 있다. 근대 병영국가가 확립된 이후 장애인은 건강하지 못한 신체로 인해 사회로부터 배제당할 수밖에 없었다. 또한 이 시기는 전쟁이 낳은 상이군인에 대한 보호가 필요해지면서 장애인 관련제도가 나타난 시기이기도 했다. 즉, 장애인에 대한 국민인식은 '전쟁이 낳은 상이용사 등 국가유공자에 대하여 해줄 수 있는 최소한의 정도'에 대해서만 경제적 지원을 용인하는 수준이었다. 그래서 군사원호법(1950), 경찰원호법(1951)이 제정되면서 장애인에 관련한 규정이 삽입되었다.

우리나라에서 현대적 장애인복지의 개념은 1976년 UN의 '1981년 세계장애인의 해' 선포, 1977년 '특수교육진흥법' 제정, 1981년 '심신장애자복지법' 제정 · 시행을 거치며 형성되기 시작했다. 1980년대 후반 장애계의 생존권 보장 요구에 의해 1990년에 제정되고 2000년부터 개정 · 시행되고 있는 '장애인고용촉진 및 직업재활법'과 개정된 '장애인복지법'은 장애운동의 영향을 받았다는 점에서 의의가 있다. 1997년에 제정된 '장애인 · 노인 · 임산부 등의 편의증진보장에 관한 법률', 1999년 개정되고 2차에 걸쳐 확대되어 15가지 장애범주를 담고 있는 '장애인복지법' 등은 제도적 차원에서 장애인에 대한 복지정책의 기본적 틀을 마련하고 사회적 환경의 개선을 시도하고 있다는 점에서 큰 의미를 부여할 수 있다.

한편 장애 개념과 장애 패러다임의 변화를 정리해 보면, 장애에 대한 개념이 체계적으로 정리된 것은 세계보건기구(WHO)가 ICIDH (International Classification of Impairment, Disability, Handicap, 1980)를 제시한 후부터이다. ICIDH는 장애의 개념을 세 단계로 구분해 정리하였다. 즉, 손상(*impairment*), 기능제약 혹은 기능장애(*disability*), 사회적 불이익(*handicap*)이다.

손상이란 몸의 심리학적·생리학적 또는 해부학적 구조나 기능에 어떤 이상이 생겼거나 손실된 경우를 말하며, 기능제약 혹은 기능장애란 사람이 정상적이라고 간주하는 범주 또는 방법으로 활동하는 데 방해가 되는 어떤 제약 또는 신체장애로부터 생긴 능력 상실을 의미한다. 사회적 불이익이란 신체적 손상 또는 장애로 인해 사회적으로 역할이 제한되거나 방해받는 개인에 대한 불이익을 말한다. ICIDH에 의하면 사람의 신체적 구조나 기능이 손상을 입거나 손실될 때, 이 손상 때문에 활동이나 행동에 장애를 가져오게 되고, 이런 장애로 인해 사회적인 불이익을 겪게 된다는 것이다. 이러한 ICIDH는 장애인 재활의 필요성을 부각시켰으며 실제적 재활 실천이 실현되게끔 하는 데에 큰 역할을 하였다.[1)]

하지만 ICIDH는 치명적 한계를 지니고 있었다. 그것은 바로 장애로 인해 발생하는 불이익의 모든 책임을 개인에게 돌림으로써 사회적 책임 회피의 의미를 지닌다는 점이다. ICIDH의 문제점을 구체적으로 살펴보면, 첫째, '정상'에 대한 개념을 지나치게 생물의학적·생리학적 기능에 의존하였으며, 둘째, 신체적 손상을 장애와 사회적 불이익의 원인이라고 단정하였다. 셋째, 신체적 장애를 가진 장애인을 수동적인 사회 의존적 존재로 만들었으며, 넷째, 장애인이 개별적 노력으로 자신의 장애를 극복하도록 요구한다.

따라서 ICIDH는 장애인 가족, 장애관련 종사자, 인권 운동가, 사회학자들로부터 호된 비판을 받았다. 이에 사회학자들은 각자 나름의 새로운 정의를 시도하는 한편 세계보건기구도 보완을 위한 작업에 착수하였다. 이 결과 세계보건기구는 수년간의 연구와 사회문화적 반응을 반

---

1) ICIDH는 개인의 신체적인 손상으로 말미암아 장애가 생겼기 때문에 결과적으로 사회적인 불이익을 받게 된다고 한다. 이에 따라 장애인이 사회에서 살아남으려면 자신의 장애를 유발하는 신체적 손상을 보상시켜 주거나 또는 기능을 증진시킬 수 있는 재활 의학적 방법을 채택함으로써 사회적 불이익을 최소화하도록 장애인을 독려하는 데 그 목적이 있다.

영하여 '개인의 신체적 조건'과 '사회환경적 조건'의 상호작용이 개인의 삶에 영향을 미친다는 관점으로 장애를 재조명하여 1999년 ICIDH-2의 시안을 내놓았다. 이 ICIDH-2는 개인의 신체구조와 '기능 ↔ 활동 ↔ 참여'라는 상호작용의 개념으로 장애를 설명하였다. ICIDH-2는 생물의학적 개념에 사회학적·환경적 요소를 가미한 일종의 중도적인 사회학적 장애 개념이라고 할 수 있다. 그러나 여전히 ICIDH와 마찬가지로 의학적 모델을 기준으로 한 장애해석이라는 점에서 많은 비판을 받았다. ICIDH-2는 이런 비판과 충고를 종합하여 2년간 수정작업을 통해 2001년 ICIDH-2 모델을 완성, ICF(International Classification of Functioning, Disability and Health, 2001)라는 이름으로 등장하게 되었다.

ICF에 의해 비로소 장애란 신체적·정신적 기능의 손상과 환경적 요인에 의해 개인의 활동과 사회참여에 장기간 제약을 받는 상태로 정의될 수 있다. 즉, ICF는 신체적·정신적 구조 및 기능, 활동 및 참여, 그리고 환경적 요인의 세 가지 측면에서 장애를 규정하고 있는데, 특히 개인의 기능손상이라는 전통적인 측면뿐만 아니라 기능회복과 활동 및 사회참여를 보장하기 위한 물리적·사회적 환경의 준비정도까지를 모두 장애 개념에 포함하고 있다.[2)]

ICF는 장애를 원인과 결과라는 평면 도식이 아닌 다면적인 요인으로 본다는 점과 장애 개념의 출발이 질병이나 장애가 아니라 사람이라는 점을 강조함으로써 ICIDH의 약점을 보완하였다.

---

2) ICF는 신체적 장애의 측면보다는 기능적 장애의 측면을 강조하고 보편적인 시각에서 접근하여 장애 그 자체보다는 그로 인한 건강과 활동 수준에 역점을 두도록 설계되었다. 더욱이 ICF의 가장 중요한 측면은 사회정책적 관점을 강조하여 건강관리시스템, 사회보장제도, 직업재활 및 고용촉진정책, 기본권 보장 등 다양한 목적으로 활용할 수 있도록 구체적인 측정방법과 지표를 제시하고 있다는 것이다(금현섭·이석원, 2008). ICF를 포함하여 장애 개념에 대한 보다 상세한 내용은 김종인·우주형·이준우(2010)의 《장애인복지론》을 참조하기 바란다.

〈표 1-1〉 ICF 개념

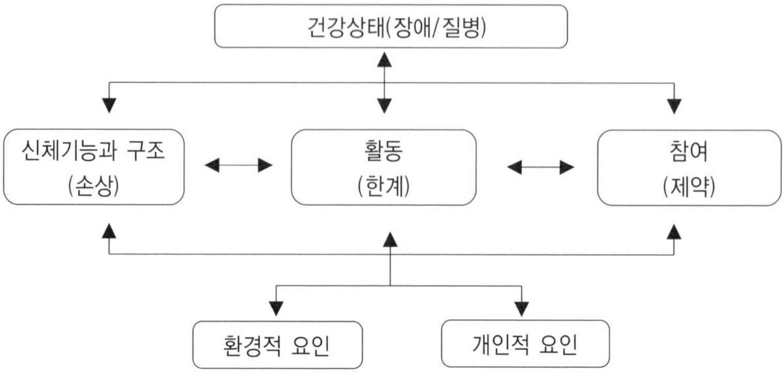

출처: WHO(2002)

이러한 장애에 대한 개념들은 장애를 바라보는 시대적 변화상을 반영하는 것으로 뒤에서 살펴보게 될 장애인고용 현황과 고용문제의 원인을 파악하는 일과도 밀접하게 연결되어 있다. 하지만 우리나라의 경우 직업재활의 대상이 되는 구체적인 장애 개념은 의학적 모델에 근거한 법정 장애 개념이 통용되고 있다. 우리나라의 법정 장애 개념은 장애인복지법에 기인한다. 여기에 따르면 장애란 "신체적·정신적 기능손상으로 인하여 장기간에 걸쳐 일상생활 또는 사회생활에 상당한 제약을 받는 경우"로 정의됨으로써 기본적으로 '의학적 요건주의'에 의거한 기능손상에 초점을 맞추고 있음을 알 수 있다. 결국 우리나라의 장애 개념은 이상에서 다룬 장애 개념들 중에서 ICIDH를 철저하게 준용하고 있는 것이다. 이에 따라 보다 구체적으로 동법 시행령 제2조에서 장애의 종류 및 기준을 정하고 있는데, 그 동안 몇 차례의 개정을 거쳐 〈표 1-2〉와 같이 현재 15개의 장애유형과 등급이 규정되어 있다.[3]

3) 1999년 2월 8일 개정되어 같은 해 9월 30일 확정되고, 2000년 1월부터 시행된 장애인복지법 시행령에서 장애인의 개념은 기존 지체장애, 시각장애, 청각장애, 언어장애, 지적장애 이외에 뇌병변장애, 발달장애, 정신질환, 심장장애, 신장장애 등 5개 장애영역이 추가되었다. 또한 2003년 7월부터 호흡기장애, 간장애, 장루장애, 간질장애, 안면기형장애가 추가로 포함되

이렇게 우리나라의 법정 장애 개념은 여전히 의학적 모델로 볼 수 있으나 특기할 만한 사실은 우리나라의 장애인복지와 직업재활을 수행하고 있는 현장에서는 ICF의 장애 개념에 따른 다양한 실천이 진행되고 있다는 것이다. 이러한 현장의 움직임은 자연스럽게 장애인복지와 직업재활 분야를 변화시키고 있다. 가령 2007년부터 2008년까지 1년 동안 급격한 변화와 혁신이 이루어졌다. 2007년 3월 '장애인복지법' 개정을 시작으로, '장애인차별금지 및 권리구제 등에 관한 법률' 제정, 기존의 '특수교육법'을 전면적으로 개정한 '장애인 등에 대한 특수교육법'의 통과 등은 모두 장애인의 권리를 크게 향상하는 것을 목적으로 하고 있을 뿐만 아니라 장애인의 사회참여와 활동을 구체적으로 보장하려는 경향을 제도적으로 담아낸 결과라 할 수 있다. 특히 '장애인복지법'은 1981년 제정된 이래 그 동안 열한 번의 부분 개정과 세 차례의 전문 개정이 있었음에도 사회적 변화와 장애인의 욕구에 부응하지 못한다는 비판을 받아왔다.

장애인계에서는 '장애인복지법'이 당사자의 의견을 존중하는 내용보다 장애인들을 보호하는 협의적 재활만을 강조하는 내용으로 편향되어 있음을 강하게 지적해왔다. 이와 같은 요구들을 반영하여 2007년 3월 '장애인복지법'이 개정됨으로써 장애인복지정책과 실천을 혁신할 수 있도록 ICF에 토대를 둔 새로운 장애 패러다임이 부분적이기는 하나 그 첫걸음이 시작되고 지속적으로 전개되고 있는 것으로 보인다.

그 예로 개정된 '장애인복지법'의 가장 핵심적 변화는 장애인의 자립생활, 사회참여, 그리고 선택 및 결정권에 대한 강조이다. 이것은 지금까지 유지되어 온 장애인복지정책의 철학과 실천 원칙의 궤도 수정을 의미한다. 그동안 전문가가 주된 결정권을 가지는 반면, 장애인은 제한적이고 수동적 결정자로 인식되어 장애인복지나 직업재활 서비스의 수혜자 역할에 머물렀던 '전통적인 재활 패러다임'으로부터 탈피해

어 우리나라 장애유형은 총 15가지로 분류되었다.

〈표 1-2〉 우리나라 장애인복지법에 따른 장애분류 및 장애범주

대분류	중분류	소분류	세부분류
신체적 장애	외부 신체 기능의 장애	지체장애	절단장애, 관절장애, 지체기능장애, 변형 등의 장애
		뇌병변장애	중추신경의 손상으로 인한 복합적인 장애
		시각장애	시력장애, 시야결손장애
		청각장애	청력장애, 평형기능장애
		언어장애	언어장애, 음성장애
		안 면 변형장애	안면부의 변형으로 인한 장애가 지속되며, 이로 인하여 사회생활 활동이 제한
	내부 기관의 장애	신장장애	투석치료 중이거나 신장을 이식받은 경우
		심장장애	일상생활이 현저히 제한되는 심장기능이상
		호흡기장애	폐나 기관지 등 호흡기관의 기능에 장애로 일상생활 및 사회생활 활동이 제한
		간장애	간의 기능에 장애가 지속되며, 이로 인하여 기본적인 일상생활 및 사회생활 활동이 제한
		장루·요루장애	장루 기능에 장애가 지속되며, 이로 인하여 일상생활 및 사회생활 활동이 제한
		간질장애	간질로 인한 기능 및 능력 장애가 지속되며, 이로 인하여 일상생활 및 사회생활 활동이 제한
정신적 장애	지적장애		지능지수가 70 이하인 경우
	정신장애		정신분열, 분열형정동장애, 양극성정동장애. 반복성우울장애
	자폐성장애		소아자폐 등 자폐성장애

출처 : '장애인복지법 시행령 별표 1' 및 '장애인복지법 시행규칙 별표 1'에서 발췌하여 재구성.

야 한다는 것이다. 나아가 정책결정과 서비스에서 장애당사자의 참여와 주도적 결정권, 책임을 강조하는 '자립생활 패러다임'[4]과 '역량강화 패러다임'[5]으로 전환해야 한다는 사회적 동의와 함께 이에 대한 실천의 필요성을 보여주는 것이다. 이와 같은 장애 패러다임의 변화는 나운환(2009)이 잘 정리하였는데, 그 내용을 원용하면 〈표 1-3〉과 같다.

이렇게 2000년대 이후 2012년 현재 우리나라는 장애분야에서 새로운 변화를 끊임없이 시도한 시기라고 할 수 있다. 장애 정책적인 변화보다도 장애와 장애인에 관한 당사자들의 인식변화를 바탕으로 많은 사건들이 있었으며, 이와 함께 장애언론의 비중도 커지고 있다. 장애인이 사회적 소수자나 사회적 타자로서 단지 사회정책의 수혜대상으로 머무르지 않고 사회적 주체로 태어나기 위해 자신의 경험을 객관화하고 공동의 권리와 이익을 확보하기 위한 사회운동을 활발히 하면서 많은 변화가 이루어지고 있다. 특히 장애인들의 이동권 투쟁을 비롯하여 편의시설 이용이나 각종 차별에 대한 법적 대응이 늘어나면서 일반 국민도 장애를 동정이 아니라 권리로 재인식하고 있다. 이와 같은 우리나라 장애인복지의 변천은 장애를 바라보는 시각의 변화와 더불어 사회적 접근의 토대를 변화시켰다. 또한 역으로 장애를 바라보는 시각의

4) 자립생활 패러다임은 장애인들이 일상생활을 수행하고 의사결정을 하는 데 있어서 자신의 삶을 스스로 통제하는 것을 말한다. 자립적으로 삶을 산다는 것은 자발적인 방식으로 지역사회와 일상의 생활에 참여하고, 자신의 책임과 의무를 수행할 수 있음을 뜻한다. 동시에 자기결정권을 충분히 자유롭게 행사할 수 있을 뿐만 아니라, 생산적인 직업생활을 포함하는 다양한 사회적 역할을 충족하는 것이다(이달엽, 2005).

5) 역량강화(*empowerment*) 패러다임은 이론이나 단순한 운동의 차원을 뛰어넘어 서비스 실천 현장에서도 격론의 주제가 되고 있다. 사회적 요구와 관심에도 불구하고 직업재활 현장에서는 역량강화의 개념적 합의를 도출하지 못하고 있다. 이러한 상황의 가장 큰 이유는 성공적인 역량강화 실천 경험에 대한 연구를 등한시했고, 여기서 나온 지식을 조직화하고 체계화하는 틀을 발전시키지 못한 채 개입을 시도했기 때문이다(Perkins & Zimmerman, 1995; Rondeau, 2000; 김인숙·우국희, 2002).

〈표 1-3〉 장애 패러다임의 유형

항목	재활 패러다임[1)3)]	자립생활 패러다임[1)3)]	역량강화 패러다임[2)]
문제의 정의	신체적 손상/ 직업기술의 부족, 심리적부적응, 동기나 협력의 부족	전문가, 친척 등에의 의존, 부적절한 지원 서비스, 건축장벽, 경제적 장벽	사회적 참여의 장벽이 되는 태도, 정치·경제·행정장벽 사회의 부적절한 지원
문제의 위치	개인	환경, 재활과정	사회/환경, 재활과정
문제의 해결	의사, 물리치료사, 작업치료사, 직업재활 상담원 등에 의한 전문적인 개입	동료 상담원, 옹호, 자조, 소비자 주권 불이익과 장벽 제거 등	학교, 가정, 작업장, 보건시스템, 교통, 사회적 환경의 재설계
사회적 역할 인지	환자/클라이언트	소비자	동료, 지역사회 성원, 학생, 이웃
통제, 조정자	전문가	소비자 자신	상호간의 협력
바라는 결과	최대한의 일상생활 활동, 고용, 심리적부적응 해결, 동기부여의 개선, 치료	자립생활, 환경장벽의 최소화, 사회적, 경제적 생산성	모든 사람이 함께하는 다원사회, 진정한 생활의 질, 협력적인 의사결정이나 문제해결에 있어 자기결정

1) Adapted from DeJong, G. (1987). The Movement for Independent Living: Origins, Ideology, and Implications for Disability Research. Boston: Tufts-New England Medical Center, Medical Rehabilitation Institute; and from DeJong, G. (1983). "Defining and Implementing the Independent Living Concept". In N. Crewe and I. Zola (Eds.), Independent Living for Physically Disabled People. San Francisco: Jossey-Bass.
2) From Racino, J. A. (1992). "Living in the community: Independence, Support, and Transition". In F. R. Rusch, L. DeStefano, J. Chadsey Rusch, L. A. Phelps, and E, Szymanski (Eds.), Transition from School to Adult Life: Models, Linkages, and Policy. Sycamore, IL: Sycamore Press.
3) Lachat, M. E. (1988). The Independent Living Service Model: Historical Roots, Core Elements, and Current Practices. South Hampton, NH: Center for Resource Management in Collaboration with the National Council on Disability.

출처: 나운환(2009). "사회 · 환경변화와 MB정부 직업재활정책의 과제", 〈재활복지〉, 13(1), p. 9.

변화, 국제적 환경의 변화가 장애인복지의 변천을 이끌어내기도 하였다.

한편 정책이나 제도, 행정의 측면이 아닌 실천가의 입장에서 우리나라 장애인복지의 흐름을 살펴볼 필요가 있다. 첫째, 1945년(해방 이후)에서 1980년대 후반은 장애인복지실천의 1세대로서 거의 전무했던 우리나라 장애인복지의 기본 틀을 세우는 시기라 할 수 있다. 주로 구체적인 장애인복지의 법이나 제도 수립과 지침을 세우면서 서구와 일본의 제도를 불가피하게 많이 답습하였다. 이 시기 장애인복지의 가장 큰 과제는 장애인의 생존권과 인권을 확보하는 것이었다. 따라서 장애인복지 전문가들은 사회로부터 외면 받고 방치되어 있던 장애인들을 뜨거운 열정으로 수용하고 함께 공동체를 이루어 살아가는 일에 전력을 쏟았다. 비록 심도 있는 학문적 전문성은 부족했지만 이들 선구적인 1세대 장애인복지 종사자들을 통해 장애인복지시설이 건립되고, 장애인복지실천 서비스가 하나둘씩 시행되기 시작하였다.

둘째, 1990년 이후부터 2012년 현재까지는 장애인복지실천의 2세대라 할 수 있다. 2세대에 이르러서는 1세대의 틀을 더욱 공고히 하며 장애인복지를 전문화·체계화함으로써 더 이상 전문가 중심이 아닌 소비자인 '장애당사자주의'의 개념으로 장애인복지실천의 방향 전환이 일어났고, 장애인 서비스이용자의 욕구에 맞추어 장애인복지실천 프로그램이 개발되고 있다. 특히, 장애인복지시설의 전문화가 시도되면서 장애인종합복지관을 비롯해 장애영역별 복지관과 기타 특정한 목표(고용, 치료, 재활 등)를 가지고 설립된 복지시설들이 특화되고 있고, 다양하면서도 창조적인 장애인복지실천 서비스가 제공되는 이용시설과 주거시설 등이 현실화되고 있다.

이상의 내용을 고려해 볼 때, 최근까지만 해도 아무렇게나 개인에게 엄습하는 개인적인 비극이라고 간주되었던 '장애'가 이제는 하나의 사회적 문제로 널리 인정받고 있음을 알 수 있다. 이 같은 장애 현상에 대한 비교적 새로운 시각이 지난 십여 년 동안 우리나라 사회복지 현장에서 마침내 정착되고 있다는 것은 매우 고무적인 일이다. 그리고

〈표 1-4〉 우리나라 장애인복지실천의 변천

구분	장애인복지실천 1세대	장애인복지실천 2세대
시기	1945년(해방 후)~1980년대 후반	1990년대 초반~현재
주요 복지적 과제 및 특징	• 생존의 문제해결 • 인권침해 문제해결 - 장애인복지실천의 전반적인 '틀'을 형성하는 시기 - 장애인복지의 법과 제도를 수립하고 지침을 세움 - 전문적인 시설을 세우고 장애인을 수용	• 심리사회적 문제해결 • 치료 · 교육 · 재활서비스 욕구 증가 - 장애인복지의 '틀'을 구체화하고 정교화시킴 → '틀'에다가 내용을 채워가는 시기 - 장애인복지의 전문화 → 성과를 측정하는 시기 - 장애인복지의 체계화
이념	실천가 중심 → 전문가 중심 → 당사자 중심	
장점	• 장애인복지 사업에 대한 사명감과 열정으로 무장 • 저돌적인 추진력 • 강력한 모금 능력 발휘	• 전문성 강화 • 구체적 · 실질적 복지 프로그램으로 발전 • 특화된 서비스의 현실화
단점	• 전문성 미흡 • 서구 제도의 답습	• 열정과 사명감 부족

이러한 장애에 대한 시각과 인식이 전 국민적으로 점차 중요한 의미로 받아들여지고 있으며 이런 추세는 향후에도 계속될 것이다.

따라서 이제 대부분의 국민들이 장애도 하나의 엄연한 현실이고, 바로 그 장애는 사회적 문제라고 받아들이고 있다. 실제로 장애의 원인이나 그 증세의 어느 것도 예방 접종에 의하여 제거될 수 있는 것이 아니다. 더욱이 이 증세가 과학적인 어떤 돌파구가 나타나서 일거에 퇴치될 가능성이 있는 것도 아니다.

또한 오늘날 우리 사회에서 장애가 사회문제로 인식될 수밖에 없는 것은 장애로 인한 결과가 바로 심각한 사회문제로 나타나기 때문이다. 대표적인 예로 장애와 상호관계에 있는 중요한 하나의 현상인 빈곤은 앞으로도 상당 기간 존재할 것이다. 주택과 금융 지원, 의료보호, 교육 및 사회복지 프로그램을 위한 예산의 삭감은 사회복지실천을 필요로 하는 많은 사람들의 욕구를 충족시키기에 어려움을 줄 것이다. 이렇게 장애를 사회문제로 보게 될 경우 장애라는 현상을 바람직한 방향으로 변화시키기 위한 이념이 요구된다. 바로 여기에서 급부상한 사회복지 이념이 바로 정상화와 사회통합 원리이다.

정상화와 사회통합을 실현하기 위한 사회보장제도의 개선과 보완, 장애인 관련법의 구현, 장애아동을 정규학교로 "주류화"시키는 통합교육 등과 같은 적극적 개입이 출현하기 전에는, 장애인은 주로 감추어진 주민들이었다. 사회복지사의 임무는 그들을 시설에 수용하고, 당면한 사회적 차별과 소외에 효과적으로 대처하도록 돕는 데 그칠 수밖에 없었다.

그러나 우리나라의 경우 '장애인차별금지 및 권리구제 등에 관한 법률'(이하 장차법)과 '장애인복지법' 등 창의성 있는 조치가 마련되고, 2000년대에 들어 장애인 운동과 민주화된 국민의식 등의 영향에 힘입어 장애에 관한 새로운 연구 결과들이 속속 발표되면서 장애인의 참상을 일반대중도 의식할 수 있게 되었다.

이에 따라 장애는 하나의 '객관적 상태'로 정의되었고, 장애에 대처하기 위한 사회복지실천 개입은 장애인 개인과 그 가족에게 주어지는 스트레스뿐만 아니라 사회가 떠맡게 될 경비 지출에도 정부가 역점을 두게끔 그 역할을 수행하였다. 이와 같은 사실은 장애로 인하여 발생하는 장애인 자신과 그 가족의 스트레스가, 정상적인 삶의 유지를 가로막는 방해물로서 사회 전반에 인식되기 시작했다는 것을 의미한다. 하지만 무엇보다도 가장 중요한 것은 우리 사회에서 사람들이 마침내 장애를 개인적 문제가 아닌 사회적 문제로 보기 시작했다는 점이다.

1. 장애에 대한 사회복지실천 개입

대략 삼십여 년 전까지만 해도 우리나라에서 장애인은 개인별 개입실천의 대상이 될 만한 가치가 없다고 여겨질 만큼 사회복지 분야에서 단순히 보호와 구제의 대상에 불과하였다. 그러나 '장애인복지법'이 제정되어 수차례 개정되고, 1988년에는 올림픽과 장애인올림픽이 서울에서 개최되면서 사회적 장애인식 계몽 활동이 폭넓게 이루어졌다. 또한 사회가 민주화되면서 소외계층에 대한 관심이 높아졌고, 이에 따라 김영삼 정부와 김대중, 노무현 정부를 거치며 우리나라 사회복지제도가 복지선진국을 모델로 삼고 크게 변화되어 장애인에 대한 사회복지적 개입실천이 상당히 발전했다. 동시에 이와 같은 사회복지실천이 장애인들에게 구체적으로 제공되면서 사회복지실천이야말로 장애인을 재활하고 자립시키는 데 효과적이라는 인식의 공감대가 형성되었다.

예를 들면, 단순히 장애인을 먹이고, 입히며, 재우는 정도만으로 장애인복지를 한다고 생각했던 그동안의 시각에서 벗어나 많은 장애인들에게 사회복지실천 개입을 수행하였더니 장애인의 심리사회적 기능이 크게 향상되었다는 평가가 일반화되기 시작하였다.

실제로 많은 경우, 정서적 안정을 기하고 조언, 상담, 기타 다양한 개입 등을 통해 사회복지사들은 장애를 가진 개인이 지역사회 생활에 적응하면서 일상적으로 부딪치는 스트레스를 완화시킬 수 있도록 도울 수 있게 되었다. 더욱이 사회적응을 방해했던 장애인의 다양한 문제행동을 어쩔 수 없는 현상으로 보고, 그 현상을 볼모삼아 행해진 격리와 방임 내지 과도한 억압 등을 탈피하여 그들의 문제행동을 개선시키려는 노력이 구체적으로 시도되었다. 나아가 이렇게 개발되고 전문화된 사회복지실천 기법들은 장애인들이 자립할 능력을 스스로 갖출 수 있도록 하려는 시도로 발전되었고, 이는 결과적으로 사회복지실천이 장애인의 성공적인 재활과 자립을 이끌어내는 매우 효과적인 개입 실천임을 입증하고 있다.

또한 장애인이 지역사회로 성공적으로 이전 및 통합하기 위한 집단수준의 활동을 비롯하여 지역사회 자원을 연계, 활용하게끔 돕는 후원조직망을 형성하는 데에 있어서도 사회복지실천은 크게 각광받게 되었다. 특히 장애인의 직업재활과 경제적 자립을 성취하는 데에 요구되는 특정 작업 기술이나 직업적 능력 등을 향상시키는 수단으로써도 사회복지실천은 매우 효과적인 것으로 받아들여지게 되었다.

과거 장애인의 가족을 대상으로 하는 사회복지실천은 언제나 진단하거나 시설에 적응시키는 쪽으로 이루어졌다. 그러나 추세가 장애인이 지역사회에 통합되는 쪽으로 변해감에 따라 사회복지사들도 이들 가족이 지역사회에서 생활할 때 당면할 위기를 예상하고 장애인 가정이라는 낙인이 주는 스트레스, 소외와 부단한 보호부담에 의하여 야기되는 실제적 위기를 예측하며 그에 따른 발 빠른 위기개입을 해야만 한다. 이러한 활동으로 이들 가정을 위한 휴식과 보호 등과 같은 사회복지실천 서비스를 조직적이며 계획적으로 수행하는 일과, 부모는 물론 형제자매들을 위한 심리사회적 지지와 사회적 지원망을 확립하기 위한 후원 및 결연 사업 등을 들 수 있다. 이러한 서비스들은 장애인 가정 전체의 인내력 와해나 거주시설 입소 추진 등을 예방하도록 도울 수 있다.

사회복지사에게는 사회복지실천을 효과적으로 수행하기 위한 개입계획을 수립하고 이를 토대로 장애인 개인과 가족에게 직접적으로 서비스를 제공해 나가야 하는 중요한 역할이 주어져 있다. 그러면서 동시에 공공 사회복지전달체계를 운용해 나가고 지역사회계획을 수립하는 등 장애인복지행정 영역에서도 사회복지사의 필요와 중요성이 커지고 있다. 나아가 장애인복지정책과 제도 분야에서도 사회복지사들의 역할에 대한 기대와 수요가 역시 증가일로에 있다.

가령 장애인공동생활가정(*group home*: 이하 그룹홈)의 생활 프로그램 개발은 그 개발과 감독, 운영과 평가에 있어서 사회복지실천상의 전문지식과 기술을 요구한다. 그룹홈의 숫자가 증가함에 따라 자연스럽게 사회복지 상담과 프로그램 개발 및 전문가 훈련을 위한 사회복지실천 수요 또한 크게 늘어나고 있다. 뿐만 아니라 사회복지사들의 전문지식과 기술이 그룹홈을 거쳐 지역사회에 진입하려는 장애인들을 대상으로 하는 공공주택 설치, 유니버설 디자인 구역확정, 장애친화적 레크리에이션 및 환경·건강 프로그램 등을 기획할 때에도 크게 요구되고 있다. 이 모든 것들이 장애인들에게 상당한 영향을 끼치고 있다.

물론 전통적인 지역사회 조직 기술도 장애인을 위한 자조 운동의 개발, 장애인의 사회통합을 위한 지역사회개발과 장애인을 보호하고 돌보는 프로그램에서 활발하게 이용될 수 있다.

2. 전문가들에 의해 구축된 장애 개념

인류의 전 역사를 통하여 도덕적으로 열등하다고 낙인찍혔던 정신장애인, 지체장애인, 지적장애인, 극빈자들과 기타 사회적 소외계층은 지구촌 대부분의 지역에서 하찮은 신분으로 대접 받아 왔다. 전통적으로 그러한 사람들은 무력하거나 자립능력이 없으며 생산성 있는 사회경제적 활동을 하는 데에 필수적인 기본기술을 숙달할 수 없는 사람들이라고 여겨졌다. 동시에 어느 정도까지 장애는 개인적 책임 내지 무언가 장애당사자의 도덕적 과실에 대한 문책 결과라는 견해도 무시할 수 없을 만큼 퍼져 있었다.

즉, 장애는 죄에 대한 하나님의 징벌을 입증해 주는 명백한 증거라고 간주되는 것이 흔한 일이었다. 당연히 장애인들은 지역사회에 자유롭게 섞여 들 수 있도록 허용되지 않았고, 일반 시민들에게는 제공되는 가장 기본적 권리와 혜택마저도 거부당하는 것이 다반사였다. 더욱이 이런 사람들 중 상당수가 수용소에 강제 수용되기도 하였는데 거기에서 그들은 징벌적 처우를 받거나 굴욕적으로 취급되었다.

지난 백여 년 동안, 서구 선진 국가들에서는 이러한 인습적 장애인관으로부터 탈피하기 위한 부단한 노력이 있었다. 특히 이들 선진 사회의 선각자들 사이에서는 장애인으로부터 나타나는 무력함과 의타성은 장애 유발 요인에 내재된 것이 아니기 때문에 장애인들도 자립 실현을 목표로 하는 도움과 훈련을 받으면 충분히 생산성 있는 사회경제적 활동에 종사할 수 있다는 견해가 대두하였다. 뿐만 아니라 장애인이라는 낙인을 짊어지우는 특성이나 자질의 존재 여부가 이제는 더 이상 도덕적 과실로는 설명되지 않는다고 강조하였다. 오히려 장애를 유발하는 결함들은 모든 사회에서 적용되는 유전적·심리적·사회적 및 경제적 과정의 통상적인 소산으로 여겨져야 한다고 주장하였다. 마침내 장애란 개인적 차원의 도덕적 결함의 산물이 아닌 생리적·심리적·정신적·사회적·문화적·경제적 상황에 의해 나타난 현상으로 이해되기 시작하였다.

이러한 장애에 대한 인식 변화와 함께 장애인들의 보호와 재활, 교육에 대한 책임 소재에도 그에 상응하는 변화가 있었다. 과거 장애인에 대한 책임은 철저하게 장애 당사자 본인과 그 가족에게 주로 있는 것으로 여겨졌으나 이제는 이 책임이 장애인 문제를 이해하고 취급할 수 있는 능력, 체계적 훈련을 통한 전문지식 등의 자격을 갖춘 사람들과 이들을 제도적으로 운영해야 할 정부에게로 옮겨가고 있는 중이다.

이들 전문가들은 대다수가 사회복지실천, 재활상담, 청각장애 및 시각장애, 정신의학 및 다양한 정신건강 전문분야 등에 관한 교육을 받은 후 전문화된 사회복지 단체나 기관 등에서 활동하고 있다. 이들 단체들의 대부분은 최근에 와서 규모가 더욱 커졌고, 동시에 복잡한 관료적 구조를 갖게 되었다. 특히 우리나라의 경우 많은 단체들이 처음에는 아주 작은 임의 단체로 시작했다가 정부의 위탁 사업과 지원 등에 힘입어 급격히 성장하였고, 그에 따라 대규모 기관이 되었기에 관료적 조직문화가 매우 빨리 형성되었다. 그리고 자연스럽게 정부의 지도점검과 관리감독을 받게 되면서 정부의 기준에 이르러야 하는 과정에서 전문적인 역량도 신속히 갖출 수 있었다.

이러한 전문화 및 관료화 경향은 장애인들은 물론 사회 전반에 걸쳐 많은 사람들이 장애인에 대하여 갖는 이해와 반응에도 엄청난 영향을 끼치고 있다. 이들의 전문적·관료적 추세는 장애인들을 사회에 효과적으로 적응시키려는 사회화 운동에도 역시 영향을 주었는데 이에 따라 점차 장애인을 대상으로 서비스 개입실천을 수행하는 전문가들에 대한 인식도 크게 변화하고 있다. 이제는 이들 전문가들을 바라보는 시각이 세심한 전문교육과 현장 경험을 통하여 터득한 전문지식을 소지하고 있다는 것으로 바뀌고 있으며 전문가들이 갖는 지식은 정신장애, 시각장애, 청각장애, 빈곤 등과 같은 특정 상황과 상태에 관한 이론으로 세분화되고 있다.

한편, 이렇게 전문가들이 정리해 놓은 장애 관련 지식과 사회문제화된 장애 상황들, 다양한 위기사건 내용 등은 일종의 가상적 장애정체성으로 형성된다. 이 가상적인 장애정체성은 서비스이용자의 자의적 태도와 행동에 대한 전문가의 기대로 나타난다. 한편, 이들의 기대를 내면화시키는 서비스이용자가 있는 반면, 서비스 개입을 수행하는 전문가가 자신에게 기대하는 역할을 그저 수행하기만 하는 서비스이용자도 있다. 장애에 관한 전문가의 이론에 포함되어 있는 이 가상적 정체성은 서비스이용자가 장애인의 역할에 적응해 들어가는 사회화에 있어서 강력한 요인이 된다. 현대사회에서 장애의 성격은 점점 더 전문가들이 생각하는 성격에 부합되도록 변모하고 있다.

여기에서 전문가들이 구축한 장애의 개념을 정리해 볼 필요가 있다. 즉, 장애에 관하여 전문가들이 생각하고 있는 것들을 그려보고, 그것들이 어떻게 전문가의 역할 담당에 있어서 사회적·문화적·경제적 환경의 측면을 반영하는지 살펴볼 필요가 있다. 장애에 관한 전문가의 개념이 장애인에게 끼치는 영향의 종류를 파악하는 것은 매우 중요하다. 동시에 이들 개념들이 구축되는 과정에 관하여 정리하는 것 또한 필요하다.

1) 장애에 관한 전문가의 개념에 있어서의 변화

형식적으로는 똑같은 장애 유발 요인들이 장애를 잘 알지 못하는 비전문가들에게는 다양한 의미를 지닐 수 있다는 것은 누구나 다 아는 사실이다. 이러한 일반론을 위한 증거의 일부는 역사상 다양한 시기마다 펼쳐진 장애에 대한 태도 연구에서 얻어진다. 예를 들면 중세로부터 19

세기 말까지 장애아동에 관한 민담에서 발견되는 유럽인들의 태도를 살펴볼 수 있다. 중세 초엽에 잠재적 길조로 여겨진 비정상적인 아동들은 19세기 말경에는 하나님의 징벌을 받은 악한 존재로 여겨졌다.

또 하나 예를 들어 보면, 고대 히브리어 원전에 표현되어 있는 정신질환에 대한 태도는 기본적으로 감정이입적인 것이며 낙관적인 것이라 할 수 있다. 현대 사회에서는 흔히 발견되는 일이지만 그 시절에는 정신질환자를 추방하거나 너그럽지 못하게 대하였다는 증거는 거의 없다.

이러한 일반론을 뒷받침하는 다른 증거는 현대 세계의 문화권들에 관한 인류학적 연구에서 온다. 가령 지체장애인 그리고 지체장애 범주의 하나인 절단장애인들이 하등 인간으로 버림을 당하는 티베트, 미얀마, 터키와 같은 사회와 그와 같은 상태를 지닌 사람들이 오히려 문화적으로 소중한 능력을 지니고 있다고 믿어져 특별하고 우월한 지위를 부여받는 아프가니스탄과 같은 국가도 있음을 생각해 볼 필요가 있다. 이와 같은 사회문화적 인식들이 적어도 그 사회에서만큼은 보편적 지식이 된 이유를 이해하기는 어렵지 않다. 왜냐하면 같은 사회, 같은 문화, 같은 삶의 양식 속에서 함께 살다 보면 사람들의 인식이 유사해지기 때문이다. 그래서 '장애'에 대한 인식은 사회문화적인 집단 정체성으로도 볼 수 있다.

하지만 또 한편으로는 장애의 의미에 관한 각각의 견해들이, 동일하거나 유사한 사회문화적 배경 속에 있다고 해도 자세히 들여다보면 그 견해들 간에는 인상적인 차이가 있다. 가령 같은 청각장애인이라 하더라도 그 사람이 생활하는 모습은 천차만별이다. 거의 비장애인과 차이 없이 당당하게 사회에 참여하는 청각장애인이 있을 것이다. 무조건 청각장애인이라 해서 수화만을 사용하지는 않는다. 어떤 경우는 거의 완벽한 구화를 구사할 수도 있다. 그래서 외견상 청각장애가 있음을 쉽게 드러내지 않을 수도 있다. 이렇게 같은 장애 범주에 속한 장애인들이라도 각각은 상당히 다를 수 있다.

하지만 어떤 '장애'이든지 그 장애의 범주 속에 들어가기만 하면 그

속에 포함된 사람은 모두 이미 정의된 '장애'의 모습을 가지는 것으로 단정되고, 각각의 개성은 사라지는 것이 현실이다. 그럼에도 이런 사실을 말하거나 문제시하는 경우는 거의 없다. 이 사실이 일찍이 드러나지 않는 가장 큰 이유는 장애를 가진 사람들이 정상적인 사람을 닮도록 돕는 것이 전문가들과 비장애인들이 감당해야 할 사명이라고 생각하는 경향 때문일 것이다. 사회복지사를 포함하여 많은 전문가들이 요란스럽게 몰두하고 있는 것은 어떻게 하면 장애 상태에서 장애인들을 정상인과 같은 모습으로 변화시킬 수 있을까라는 점이다. 이를 실현하기 위해서는 장애인이 장애인다워야 하며, 또한 장애 상태가 심할수록 서비스 개입 이후의 모습이 크게 변화될 수 있다. 그 변화의 간격이 바로 효과를 의미하므로 의도하든 그렇지 않든, 전문가들은 장애인을 가능한 한 병리적 관점에서 보려고 했던 경우가 많았다.

따라서 장애가 가진 다양한 의미상의 차이들이 분명해지는 것은 안타깝게도 실제 실천현장에서가 아니라 장애에 관한 전문가의 이론들이 사실상 어떻게 실천되는가를 연구하기 시작할 때뿐이다. 이 점을 분명하게 보여 주기 위해서 몇 가지 실례들을 제시하고자 한다.

먼저 시각장애에 관한 몇몇 실례로부터 시작하기로 하자. 시각장애인들을 위한 서비스 개입실천에서 오는 이들 실례의 중요성은 시각장애라는 상태를 잘 알고 있는 독자에게는 더욱 뚜렷해질 것이다. 시각장애인들은 보지 못 하기 때문에 자기 주변 환경에 쉽게 적응하기 어렵다. 따라서 볼 수 없는 사람들은 익숙하지 않은 환경 속에서 기계적 보조기기나 다른 사람들의 도움이 없이는 활동할 수 없을 것이라는 당연한 결론이 나온다.

실제로 그들은 인쇄된 책을 직접 읽을 수도 없고, 먼 곳의 풍경을 감상할 수도 없다. 이러한 사실들로 미루어 대부분의 사람들은 시각장애인들이 인쇄된 책을 읽거나 그림을 감상하거나 또는 비행기를 조종하는 것과 같은 어떤 활동에는 참여할 수 없음을 유추하여 알게 되는 것이다. 시각장애라는 상태의 성격으로 미루어 시각장애인에 관해 예측할 수 있는 것은 이것들 말고는 별로 없다. 바로 이 점을 염두에 두고, 시각장애에 관한 논의를 몇 가지 이론 검토를 통해 시작하려고 한다. 이 이론들은 각국의 많은 전문가에 의하여 개진된 것이다.

미국에서는 시각장애인을 위하여 일하는 많은 사회복지사들이 시각장애에 관한 다양한 이론들을 지지하고 있는데 그 이론들 대부분은 심리학적 용어로 포장되어 있다. 그 이론들이 강조하는 것은 시각장애가 당사자의 품성과 심리적 적응에 끼치는 것으로 생각되는 영향에 집중된다. 많은 전문가들이 믿기로는 시각을 상실하는 것은 자아와 인성에 기본적 타격이기에 시각장애가 시작되자마자 깊은 충격이 필연적으로 뒤따른다는 것이다. 그래서 시각장애를 갖게 된 사람은 비탄에 빠지고 심지어 우울증을 갖게 되기도 한다. 충격을 받는 것은 일상생활을 꾸려 나갈 기본적 기술을 상실한 탓이며 비탄과 우울은 그에 따른 전체적인 인간성의 와해 때문이다.

여기에서 사회복지실천의 기본적인 목표 중의 하나는 시각장애에의 적응이다. 이런 맥락에서 보면 한 사람의 시각장애인이 자신이 시각장애인이라는 사실을 직시하고 받아들이고 나면 어느 정도 시각장애라는 현실에 적응된 것으로 간주한다. 그렇게 된 후에라야 시각장애인은 자신이 잃은 것들을 보상할 수 있게 해 주는 기술과 태도를 갖출 수 있게 되는 것이다. 사실 사회복지실천의 최종적 소산은 새로운 자아의 탄생과 진화이다. 이는 자신의 상태를 받아들이고 그와 더불어 사는 법을 배운 시각장애인으로서의 '자아'를 의미한다.

한편 미국 외의 북유럽 국가들에서 시각장애인을 위해 일하는 사회복지사들은 시각장애의 의미를 미국이나 일본 그리고 우리나라 등과 다소 다르게 정의해 왔다. 예를 들면 스웨덴에서는, 시각장애를 그저 한 가지 형태의 감각이 상실된 것에 지나지 않은 일로 간주한다. 이 경우 시각장애는 당사자의 다른 감각까지 둔해졌다는 것을 의미하는 것이 아니며 또한 그들의 인간성이 지워져서 없어졌다거나 그가 지니고 있는 능력의 구조가 변화되었다는 것을 의미하지도 않는다. 오히려 시각장애란 단지 기술적인 약점으로 새로운 기술을 숙달함으로써 보상될 수 있다고 본다. 그러므로 시각장애인이 보조기기를 이용하는 법을 배우는 것은 시각장애를 받아들이고 있음을 의미한다고 인식된다.

실제로 정상적 생활로의 진정한 복귀는 새로운 기술의 터득을 요구한다. 그리고 기술적 보조기기의 이용도 요구된다. 여행안내 장치, 가정 및 개인용 특수 장치, 독서용 장치와 같은 보조공학적 장비의 개발과 그 용법의 숙달 의존도가 더욱 높아지고 있다. 그래서 사회복지실천은 이러한 보조공학 기술과 기기들을 가장 효과적으로 사용하는 방법을 배우는 과정이라고 여겨진다. 미국에서는 시각장애인들을 위한 사회복지실천 중에서 매우 큰 비중을 차지하고 있는 개입이 바로 재활이며 대부분의 재활에 초점을 둔 프로그램이 정신의학적 상담과 임상학적 치료 및 적응 훈련으로 구성된다. 그러나 스웨덴의 경우 이러한 내용들은 사실상 거의 모든 사회복지실천 프로그램에서 제외되고 있다. 사회복지실천은 시각장애인들이 특수교사, 재활사, 심리치료사, 상담사 등을 필요로 할 때 연결하면 되는 것이고, 스스로 자립하여 살아갈 수 있다면 그 상황에 맞는 다양한 사회적 서비스를 비장애인과 똑같이 이용할 수 있도록 사회보장을 폭넓게 해주면 된다는 것이 스웨덴의 입장이다.

한편 영국에서는 시각장애인을 위해 일하는 전문가들이 시각장애에 관해 지니고 있는 이념을 '기분상태'(*mood states*)라는 견지에서 다룬다. 이들 사회복지사들은 시각장애인이 무풍 상태의 침체기에 특히 취약하여 자신의 역경에 관한 생각으로 의기소침해지고 절망감에 휩싸일 위험에 항상 직면해 있다고 생각한다. 시각장애인을 대상으로 하는 일의 목표는 그들의 기분을 북돋아 주는 것이다. 이 목적을 위하여 많은 시각장애인들이 매년 수 주간씩 다시 돌아오는 이동식 '찾아가는 재활센터'가 설치되고 있다. 이 센터들은 대체로 바다가 가까이 있는 환경에 세워지며 사회복지사들이 서비스이용자와 상호작용할 때, 특히 유쾌한 분위기가 두드러지는 특성을 갖고 있다. 도처에 음악이 흐르며 시각장애인이 하루 중 대부분의 시간을 기분 전환을 위한 사교적 레크리에이션 활동으로 보낼 수 있게끔 한다. 점자나 '하얀 지팡이'와 같은 보조기기에 대한 훈련 역시 그렇게 즐겁게 함으로써 사회복지사가 자신의 서비스이용자를 '만족' 시킬 수 있는 기회를 얻게 된다.

또 다른 측면에서 살펴 볼 것은 스웨덴이나 미국과 같은 일부 국가의 많은 전문가들은 시각장애인이 일상생활에서 이동성과 독자적으로 행동할 수 있는 능력을 갖추어야 한다고 생각한다는 점이다. 그러나 영국에서는 사회복지사들이 매우 자랑스럽게 생각하는, 심지어는 존경하는 시각장애인 중 다수가 정안인(시각이 정상인 사람)의 도움을 받지 않고는 전혀 걷지 못한다. 즉, 스스로 혼자 보행하지 못해도 자신의 영역을 분명하게 구축하고 비장애인들에게 큰 영향을 미치는 사람들을 신뢰하고 따른다. 그래서 영국의 많은 사회복지사들은 시각장애인들을 대상으로 서비스 개입실천을 수행할 때, 단순히 보행이나 보조기기 사용, 점자 습득 등의 훈련보다는 오히려 시각장애인 자신의 삶을 스스로 즐기며 유쾌하게 누릴 수 있게끔 하는 데에 집중한다.

물론 이러한 모습들이 하루아침에 이루어진 것은 결코 아니다. 이 국가들도 이전에 잘못된 접근을 할 수밖에 없었던 시절이 있었다. 가령 19세기까지만 해도 프랑스의 경우, 시각장애인을 위한 서비스실천은 전통적으로 가톨릭교회와 연계되어 있었다. 당연히 프랑스에서는 시각장애인을 위해 전문가들이 의도하는 일을 신학적 차원에서 체계화해 왔다. 이에 따라 시각장애는 일종의 정신적인 종교상의 문제로 인식되었다. 즉, 시각장애인들은 하나님의 '눈 밖에 난' 존재라거나 반대로 정안인은 통상 누릴 수 없는 특별한 영적 경험을 누릴 수 있도록 '선택된' 특수 집단이라는 것이다.

전자를 옹호하는 전문가들은 시각장애라는 현상을 하나님과의 새로운 교류와 상호 교통을 이루기 위한 기도와 묵상을 풍성하게 하는 하나의 과정이라고 여겼다. 그래서 시각장애는 하나님께 가까이 가기 위한 소중한 삶의 과정이었다. 반면 후자를 옹호하는 전문가들은 시각장애인의 특별한 정신 상태를 배양하고 심화시키고자 노력하였다. 보다 더 엄청난 것들을 예지하거나 예언하게끔 여건을 조성해 주려고 부단히 애썼다. 의외이긴 하지만 말도 안 될 것 같은 시각장애에 관한 이러한 관념들은 비단 프랑스에서만이 아니라 20세기 이전에는 어느 나라에서나 지도적 위치에 있던 전문가들이 지지한 견해들이었다. 그러나 이러한 내용들이 시각장애에 관한 완전한 '영국식', '미국식' 또는 '스웨덴식', '프랑스식' 견해라고 해석되어서는 안 될 것이다. 사실 이들 국가에서 시각장애인을 위해 일했던 전문가 사이에도 견해 차이가 매우 컸을 것이다.

따라서 시각장애에 관해 단 하나의 해석만이 있다고 짐작하는 것은 잘못이다. 시각장애 범주 속에 무수히 다양한 개성들이 존재하고 있다는 것은 분명하다. 그렇다면 장애 범주를 설정하고 장애에 대한 개념을 정립하는 행위 자체를 그만 두어야 할까? 그렇지 않다. 장애 범주와 개념, 그리고 특성 등을 정리하고 설명할 수 있어야 이들에 대한 사회제도적 접근이 가능하며 구체적 사회복지실천을 투입할 수 있는 근거가 마련될 수 있다.

다만 이렇게 논의한 목적은 전문가들이 형식상 똑같아 보이는 장애 유발 요인들이라 할지라도, 혹은 장애 범주와 개념이라 해도, 장애는 개성이며 장애에 대해서도 각기 다른 의미를 부여할 수 있다는 사실에 주의를 기울이자는 것이다. 지금까지 사회복지사를 포함하여 수많은 전문가들이 오히려 장애인을 라벨링(*labeling*)하거나 병리적으로 규정한 후, 그 개념들을 또 다른 전문가들에게 유포(?)하는 일을 자신도 모르게 해 왔다면, 이제는 그렇게 하지 않도록 조심하자는 의도이다.

시각장애인들을 위하여 우리 사회에서 행해지는 일에서 얻은 실례를 가지고도 이 점을 분명하게 그려 보일 수 있다. 심리적 적응이야말로 우리나라에서 장애인을 위한 활동에 있어서 많은 실천 이론들 중 가장 중요한 주제라 할 수 있다. 그러나 다양한 종류의 장애인복지관에서 일하는 전문 사회복지사들 간에 심리적 적응을 입증해 주는 행동 유형의 종류에 관하여서는 상당한 차이가 있다.

예를 들면 시각장애인을 위한 모든 장애인복지관과 관련 기관들은 시각장애인들이 자립, 자급자족할 수 있도록 돕는다는 목표에 전념하고 있다. 하지만 구체적 실천 현장 수준에서는 이 원칙에 대한 해석에 중요한 차이가 있다. 일부 기관에서는 많은 시각장애인들이 일상생활에서 독자적으로 활동할 수 있는 능력을 갖추게 하는 것을 목표로 삼고, 이를 위한 다양한 사회복지실천 개입 서비스들을 제공하고 있다.

반면 대부분의 시각장애인들에게 가능한 자립은 하찮은 것에 지나지 않다는 견해를 취하는 기관들도 있다. 보통의 평범한 서비스이용자가 지역사회로 돌아가서 자립 생활을 하기를 기대하는 것은 비현실적인 일이라는 것이다. 서비스이용자를 자립에 대비하여 훈련시키는 과정에서 성취하기를 바랄 수 있는 것에는 한계가 있기 마련이라고 본다. 그래서 가장 안전한 서비스 개입 방향은 서비스이용자에게 맞추어서 사회복지기관 그 자체의 사회적 · 외형적 환경을 바꾸어 보는 것이다. 이런 접근 방식을 취하는 기관에서는 요구 사항을 최저 수준으로 낮추고, 일상생활의 기본적 임무를 실천함으로써, 그리고 외형적 환경을 다른 방법으로 단순화시킴으로써 자립을 성취할 수 있도록 한다.

이 두 가지 접근 방식은 시각장애인 당사자 개인과 그로부터 회복될 수 있는 능력에 끼치는 영향에 관한 여러 가정을 나타낸다. 또한 이 사실은 그 나름대로 시각장애인들을 위하여 일하는 사회복지사들이 이 상태에 다른 의미를 부여하고 있음을 의미하는 것이다. 물론 이와 같은 시각장애의 사례가 새삼스러운 것은 아니다.

다른 장애 영역에서도 유사한 경우가 빈번하게 나타난다. 가령 정신장애가 하나의 좋은 예이다. 미국 시카고에 있는 두 정신병원에 관한 연구에서, 스트라우스(Strauss)와 그의 동료들은 정신장애에 관한 실천 이론에는 세 가지 각기 다른 것들이 있음을 알아냈다. 즉, '심리 치료적', '생리 치료적', 그리고 '사회 치료적' 실천 이론이 그것이다.

스트라우스와 그의 동료들에 의하면, 정신장애에 관한 심리치료 이론은 전적으로 심리학적 차원에서만 다루어진다. 그들의 '병인학'은 심리학적 과정에 있으며 내적이건 외적이건 심리적 상처에 의한 심리 내부적 체계의 영향이 정신질환 및 정신장애를 일으키는 '필요충분' 조건이 된다고 한다. 치료를 위해서는 질환의 유형에 따라 특정한 형태의 심리치료가 필요한 것이다.

생리치료 이론에 의하면 정신질환은 중추 신경 계통의 기능 부전을 의미한다. 그것이 생리적·신경 생리적·생화학적 또는 신체 화학적 기능 부전 중에서 어느 것에서 비롯된 것이든 간에 말이다. 이 이론에서는 정신질환의 유전적 요인들이 특히 두드러지게 다루어지고 있다. 이것들은 생체 조직과 상호작용하여 병적 상태 또는 정신질환 성향을 일으키는 것으로 여겨진다. 치료 방법은 개별화되고 약물, 충격치료, 외과적인 뇌수술 그리고 그와 유사한 의학적 절차들을 포함하는 경향을 보인다.

정신질환 혹은 정신장애의 사회적 치료 이론은 사람의 마음은 백지상태의 '빈 공간'(*Tabula Rosa*) 인데 그 위에 정신질환이 각인되는 것이라는 가정으로부터 출발한다. 이 이론에 의하면 외적 환경이 생체 조직에 심한 스트레스를 수반하는 영향을 끼침으로써 정신질환이 발생한다는 것이다. 이 이론을 주창하는 사람들이 이용하는 치료 방법은 특정적이지 않고 일반적이다. 기본적 착상은 회복과 재활에 도움이 되는 여건에서라면 많은 치료 자원을 동원하자는 것이다.

이 실례들이 드러내는 의미는 공식적으로는 동일한 장애 유발 요인에 관한 것이라 하더라도 실제 전문가들이 구축한 장애에 대한 인식이나 개입실천을 위한 이론들에는 중요한 차이가 있다는 점이다. 뿐만 아니라 이러한 실례를 그저 피상적으로라도 분석해 보면 이 이론들이 그저 아무렇게나 차이를 내보이고 있는 것은 아니라는 것을 알 수 있다. 이들은 핵심적인 문화적 가치관들과 그 전문가가 받은 전문적인 훈련 그리고 그 이론들이 수행되는 시설의 환경 등과 관계가 있는 것 같다. 전문가들이 구축하는 장애에 관한 인식과 이론을 만족스럽게 이해하고 설명할 수 있으려면 이 관계들이 어떤 것인지를 분명하게 조목조목 밝히고 난 후라야 할 것이다.

2) 전문가들이 구축한 장애에 관한 관념들의 몇 가지 결정 요소들

여기서 논의하고자 하는 요소들은 크게 네 가지이다. 첫째, 문화적 가치 기준, 둘째, 전문성, 셋째, 관료적 관행, 넷째, 전문적 이론의 구축 과정이다. 그것들은 전문가들의 문화권, 즉 그들이 훈련받은 전문 직종, 그들이 소속되어 활동하는 단체들, 그들의 이론이 실천되는 대상인 서비스이용자들의 여러 측면과 관계가 있다. 이 일단의 요소들이 전문가들이 장애에 관하여 지니고 있는 관념에 영향을 끼치는 요소의 전부는 아니지만 매우 중요한 요소임에는 틀림없다.

(1) 문화적 가치 기준

장애에 관하여 전문가들이 지니고 있는 관념은 전문가들이 속해 있는 사회의 지배적인 문화적 가치 기준과 태도 그리고 신념을 반영한다. 어떤 의미에서는, 필연적인 일이기도 하다. 전문가들은 자신들이 구축한 이론을 비전문가들에게 전달하기 위해서 모국어를 사용해야 하는데, 어떤 언어든지 언어가 제공하는 표현 방식은 그 문화의 핵심적 가치 기준에 토대를 두고 있다.

더욱이 장애에 관한 특별한 지식이라고 전문가들이 주장하는 것에 적법성을 부여하는 것은 바로 비전문가들이다. 비전문가들의 가치관과 신념 그리고 태도와 일치하지 않게 구축된 이론은 어떤 것이건 비합리적이라고 퇴짜를 맞을 수가 있다. 따라서 어떤 다른 장점을 지니고 있을지라도, 신체적 장애에 관한 순전히 기계적인 관념은 종교적 가치 기준만이 중시되는 문화권에 사는 사람들에게는 합당해 보이지 않을 가능성이 높다. 그것은 장애에 관한 종교적 관념이 우리 사회와 같은 물질 지상적 문화권에서는 구태의연하다고 거부당하는 것과 마찬가지이다. 문제의 요점은 퍽 간단하다. 그러나 장애에 관한 전문가들의 관념과 어떤 문화권의 핵심적인 가치 기준과 신념 그리고 태도 간의 관계는 이보다 훨씬 더 깊다.

이를 구체적인 현상을 들어 설명해 보자. 가령 '재정', 즉 '돈'으로 표현되는 '예산'을 들 수 있겠다. 사실 재정 자원이야말로 조직적인 조정 프로그램이라면 어떤 것이건 그 생명을 담보해 주는 혈액이다. 한마디로 말해서 돈이 없으면 어떤 프로그램이건 운용될 수 없다. 이런 프로그램을 지원해 주는 모든 선진 사회에서 이들 재원은 비전문가들에 의하여 관장되는데, 이는 전문가들이 시도해 보기를 바랄 수 있는 조정 활동의 종류와 양에 엄청난 영향을 끼친다. 우선 첫째로, 모든 사회에는 과거 또는 현재의 행위 혹은 그 인격상의 특성이 중대한 문화적 가치 기준을 위반하고 있어 보살핌을 받을 자격이 없다고 여겨지는 범주의 장애인들이 있다.

조정 활동 프로그램을 지원하느냐 마느냐의 문제에 문화적 가치 기준이 영향을 끼쳐서 전문가들이 구축하는 장애에 관한 이론에 직접적인 영향을 주는 또 하나의 방법이 있다. 사회복지실천개입이 효과적이기 위해서는 그저 해당되는 장애인 한 사람만을 다루어서는 안 되고, 장애인에 대한 태도와 반응이 그의 사회 참여도를 좌우한다는 점에서 비장애인들도 함께 다루어야 한다는 점이 많은 사람들에 의하여 인정되고 있다. 이는 완전한 정상화와 사회통합이라는 목표를 달성하기 위해서는 집단적인 활동이 필요함을 의미한다. 그러나 문화적 가치 기준은 집단 활동의 가능성을 제한하려 할 수도 있다. 물론 문화적인 전통이 개인의 책임과 행동을 특히 강도 높게 강조하는 경우에는 더더욱 그렇다. 그럴 경우 집단적인 해결책은 저항을 받을 수도 있다.

특히 오늘날 자본주의 문화권에서 핵심적인 신념과 가치 기준들 중 일부는 인간이 자연과 자신의 운명을 지배할 수 있다는 가정에 근거를 두고 있다. 하지만 유교문화적 영향을 받은 우리나라의 경우는 보다 숙명론적 견해들이 지배적인 사회이다. 이런 사회에서는 인간의 운명에 대한 책임이 인간의 능력이 미치지 않는 자연의 외적 요인에 있는 것으로 간주된다. 그러한 신념이 지배적인 곳에서는 자연을 지배할 수 있는 인간의 능력을 믿는 사회에서보다는 집단 활동을 가동시킬 가능성이 훨씬 더 낮다.

이상과 같은 견해는 실은 이미 19세기 영국의 통치 계층 간에도 풍미했다. 1846년부터 1851년까지 계속된 '에이레(Eire)의 대기근'[6]에 대한 영국의 대응책이 좋은 실례로, 영국정부가 에이레인들을 기아로부터 구휼하기 위한 집단적인 조치를 취하지 않은 일을 말한다. 이는 다시 한 번 사회의 핵심적 가치 기준들이 그 사회의 경제 체제에 뿌리를 깊게 내리고 있다는 사회학의 기본 원리를 고스란히 보여 준다. 사회의 핵심적 가치 기준은 경제체제에 반영되고 동시에 그 체제상의 변화에 응하여 가치 기준도 변화하는 것이다.

따라서 어느 한 가지 유형의 경제 체제를 지닌 사회의 핵심 가치관은 경제 체제가 다른 사회의 그것과 다를 것이다. 장애에 관한 전문가의 관념이 한 사회의 핵심적 가치 기준을 반영한다는 사실에 비추어 볼 때, 전문가들이 구축하는 장애에 관한 이론들이 사회의 경제 체제에 따라서 조직적으로 달라질 것이라고 예상하게 된다. 물론 이 점에 관한 단정적 증거는 없다. 다만 신자유주의의 영향을 크게 받는 현대 자본주의 사회에서 장애에 관한 전문가들의 관념이 개인의 책임을 강조하는 경향이 있는 반면에 사회주의 체제의 사회에서는 집단적인 책임론을 강조하는 경향이 있다는 것은 흥미로운 일이다.

이와 같은 두 가지 사상적 경향에 의해 장애는 적어도 두 가지 유형

---

6) 에이레의 대기근은 1846년부터 1851년까지 계속되었다. 이 때문에 에이레(영어 이름은 아일랜드) 사회는 큰 충격을 받아 부서지고 말았으며 영국의 식민 지배 아래서도 살아남았던 '게일어'(켈트어의 한 갈래)와 게일족의 문학, 문화 등이 빠르게 말살되었다. 기근을 피해 달아난 에이레 사람들은 메히카(영어 이름은 멕시코), 캐나다, 호주, 뉴질랜드, 미국, 프랑스, 에스파냐 등에 정착했다. 이 일로 에이레 사람들은 오랫동안 영국에 대한 반감을 품게 되었다.

의 문제를 제시하는데, 하나는 우선 그 장애를 지니게 된 당사자의 문제이며 다른 하나는 그 장애인이 살고 있는 공동체의 문제이다. 이들 각 집단의 문제에는 각각 상응하는 요구 사항들이 있다. 장애인이 주로 요구하는 사항은 비장애인들과의 격의없고 활발한 소통과 교류, 그리고 그들에 대한 사회적 인정이다. 장애가 지역사회에 던져주는 문제들은 또 다른 문제이다. 그리고 그에 상응하는 요구사항들도 장애인이 지니고 있는 문제의식과 일치하지 않을 수도 있다. 장애는 공동체를 위협하며 그 공동체가 직면하거나 생각하고 싶지 않은 문제들을 공동체에 떠맡긴다. 노인들, 가난한 사람들, 시각장애나 지체장애를 갖고 있는 사람들, 그리고 정신질환을 앓고 있는 사람들은 비장애인들을 불안하게 한다. 그들은 자연을 정복했다는 일반 사람들의 상식을 위협하며 일상생활의 판에 박힌 일정을 무너뜨린다. 장애에 관련되어 지역사회가 요구하는 것은 그것을 일반 대중으로부터 감춘다거나 적어도 비장애인들에게 거부감을 일으키지 않도록 그들을 감싸주자는 것일지도 모른다.

어빙 고프만(Erving Goffman)은 1963년에 저술한 《스티그마》(*Stigma*, 윤선길·정기현 역, 2009, 한신대학교 출판부)에서 정신병원에 관하여 다음과 같이 밝혔다. "공립 정신병원이 공식적으로 위임받은 사항 중의 일부는 어떤 종류의 있을지도 모르는 비행에서 비롯되는 위험과 귀찮은 일로부터 지역사회를 보호하자는 것이다. 어떤 이는 공립 정신질환자 수용시설들을 '죽음의 수용소'라고 묘사했다." 그의 기록은 이렇게 계속된다. "미국 요양원의 연로하고 정신이상인 빈민들이야말로 틀림없이 미국 사회의 가장 가엾은 구성원들이다. 그러나 그들에게 동정 이상의 것을 베풀려고 하는 사람은 없다. 그들은 또한 혐오감과 두려움을 불러일으킨다. 요양원은 이런 모습을 우리들의 시야로부터 격리시키기 위하여 창출된 시설이다. 정말 그렇다면 그런 시설들은 지역사회가 원치 않는 사람들이 보내어져 보살핌을 받을 수 있는 곳이라는 말이 된다."

우리는 장애에 관한 지역사회의 요구사항에 전문가들이 구축한 장애에 관한 관념이 반영되어 있는 것을 볼 수 있다. 예를 들면 우리 사회에서 이 관념들은 장애를 지닌 당사자에게만 관심을 집중시킨다. 지역사회의 구성원을 염두에 두지 않고, 일방적으로 장애인을 희생자로 강조하는 것은 장애인을 위해서도 결코 바람직하지 않을 뿐만 아니라 역설적으로 전문가를 지나치게 권위주의적으로 우상화(?)하는 결과를 초래할 수 있다.

앞서 시각장애인을 위한 두 가지 각기 다른 재활 치료 방법을 기술했는데 이 두 가지를 분명한 용어로 구분하여 정리하면 다음과 같다. 먼저 그 하나는 복구적인 방식[7]으로 서비스이용자에게 일상생활에서 독자적으로 기능하는 데에 필요한 종류의 기술들을 가르치는 것을 목표로 삼고 있는 것을 말한다. 다른 하나는 보호적인 방식으로 어떤 조직 내에 서비스이용자의 장애를 극진히 보살피거나 따뜻한 보호를 받을 수 있는 환경을 조성해 주는 것을 목표로 삼는 것이다. 복구적인 방식(*restorative approach*)을 따르는 기관의 서비스이용자였던 시각장애인들은 지역사회로 복귀하여 거기에서 독자적으로 기능할 수 있는 경우가 흔히 있지만 보호적인 방식(*custodial approach*)을 택하고 있는 기관의 서비스이용자인 시각장애인들은 그 기관이 마련해 주는 환경에서만 기능할 수 있는 경우가 흔하다.

따라서 전문가들이 관리하는 조직적인 조정 프로그램은 그 요구 사항들이 다를 뿐만 아니라 사실상 상호 모순될 수도 있는 두 개의 각기 다른 구성요소를 지니고 있다. 대체로 지역사회의 사람들을 구성하는 요소는 장애인들을 구성하는 요소보다 훨씬 더 강력한 것이다. 그 이유는 서비스이용자들이 아닌 비전문가들이 시설의 재정을 장악하고 있어서 비전문가들의 통제력이 프로그램에 직접 개입할 수 있도록 짜여

7) 재난을 당했을 때 복구하듯이 장애를 회복시키고 극복해 나가는 활동을 의미한다.

있기 때문이다.

요약해서 말하자면, 전문가들이 구축하는 장애에 관한 이론들은 그 사회의 중심적인 가치 기준과 태도 그리고 신념들에 의하여 크게 영향을 받는다는 것이다. 이는 그들이 사용하는 언어의 일부이며 장애에 관하여 그들이 지니고 있는 관념의 의미를 판단하는 문화적 가치 기준의 일부이기도 한 것이다.

(2) 전문성

장애인을 위한 조직적인 조정 프로그램의 개발은 장애인이 부딪치는 문제들에 관해 특별한 전문지식을 가진 다양한 전문 직종의 출현을 수반하였다. 수년 전에 시작된 이 전문화 과정은 전문가들이 구축해 온 장애에 관한 이론에 중요한 영향을 끼쳐 왔으며 앞으로도 그러할 것이다. 가장 분명한 영향은 대학과 대학에 토대를 두고 있는 훈련 프로그램들이 개발된 방법과 관계가 있다. 훈련 프로그램들이 직면한 핵심적인 문제들 중 하나는 순수한 학문 중심의 학계와 실천 위주의 현 사회복지계가 각각 자신들이 훈련시킨 사람들이 전문지식을 갖추고 있다는 주장에 힘을 실어 줄 수 있는 충분한 적법성을 확보하는 문제로 이어져 왔다. 그렇게 하는 한 가지 방법은 기존의 확고한 틀이 잡혀 있는 타 전문 분야에서 이미 입증되고 인정된 개념과 절차 그리고 접근 방식을 차용하는 것이었다.

전문화의 과정이 장애에 관한 전문가의 이론을 구축하는 데에 영향을 끼친 또 다른 하나의 방법이 있다. 가령 시각장애인을 위한 정신건강 증진 활동이나 청각장애인을 위한 심리사회적 지원 사업과 같은 다양한 사회복지실천 분야에는 그저 하나의 전문직종이나 전문가 집단만이 있는 것은 아니다. 지체장애인과 정신장애인 등을 도우려는 노력이 진정으로 효과를 발휘하려면 교육 전문가, 임상 심리학자, 사회복지사, 의사, 재활치료 상담가, 변호사, 공공 부문의 행정전문가, 정신과의사 등의 다양한 기술과 지식이 필요하다.

역시 일반적으로 가정되는 것은 자기 자신의 전문 분야가 중심적 역할을 맡고 다른 전문 분야들은 그에 종속되어야 한다는 점이다. 재원의 분배와 다양한 직종의 전문가와 서비스이용자가 보내는 시간의 배분, 고용해야 할 새로운 사회복지사의 유형 등에 관한 문제가 대두될 때면 갈등과 분쟁이 필연적으로 일어나게 마련이다. 스트라우스와 그의 동료들은 정신병원에서 일하는 다양한 전문가들이 치료과정에 한몫 거들어야 한다고 계속 주장하면서 다른 분야의 가장자리로 밀리지 않도록 계속 노력하고 있음을 알아내었다. 이런 분쟁에서 어느 한 직종이 모든 자원을 남김없이 장악하게 되는 경우는 거의 없다. 실행되는 다양한 실천 이론과 기법은 정신질환자를 치료하는 데에 참여하고 있는 전문가들 간에 이루어진 타협의 소산이다.

전문적인 이론에 관하여 짚고 넘어가고 싶은 것 하나는 이들 분야의 어느 것에서도 전문화의 과정이 완벽하지 않다는 점이다. 그들 모두는 어떤 종류이건 그들이 받은 공식적 교육 때문이 아니라 그들이 지닌 경험만으로 전문 지식이 필요한 많은 사람들을 수용하고 있는 것이다. 전문적 직종에서 일하도록 교육을 받은 전문가들에게 열려 있는 기회와 직업적 생애의 유형들은 경험만이 주특기인 사람들의 그것과는 전혀 다르다.

그들 간의 근본적 차이는 전자가 지닌 전문지식은 그 성격상 대체로 일반적인 반면에 후자의 전문지식은 매우 구체적이라는 점이다. 대학에 뿌리를 둔 프로그램으로 훈련된 사람은 실천할 수 있는 일련의 기술과 접근 방법들을 배우며 아울러 그 기술과 접근 방식들을 다양한 여건과 문제들에 맞추는 기법들도 배운다. 이러한 일반적인 접근 방식은 훈련된 전문가에게 한 명의 전문가로서의 생애를 추구하는 데 있어서 엄청난 융통성을 부여한다. 그래서 어느 한 집단의 장애인들을 대상으로 개입 실천하는 데 흥미를 잃게 되더라도 그는 교육받은 능력과 기술 덕분에 다른 분야로의 전출을 선택할 수 있게 되는 것이다. 특히 그의 직업상 가장 중요한 요소는 동료들이다. 왜냐하면 그들에 대한 존경과 찬사가 그의 직업적 자기 이미지의 핵심이기 때문이다.

이와는 대조적으로, 전문적인 훈련을 전혀 받지 않은 사람의 경우는 사정이 다르다. 전형적으로 그런 사람은 흔히 사무직이나 행정 관리 보좌역으로서 사회복지 단체에 발을 들여 놓는 경우가 많으며 시간이 지남에 따라 재활치료에 응용되는 소수의 방법과 기법들에 있어 실제적인 현장 체험을 얻을 수 있다.

예를 들면 점자로 책을 읽고 기록을 남기는 법을 배우는 사람들이 있는가 하면 일부 유형의 청력 측정 장치를 사용하는 요령에 능숙해지는 사람들도 있다. 한편 또 어떤 사람들은 장애인에게 특정 보철 장치의 사용법을 가르치는 방법을 배우기도 한다.

이런 식으로 터득된 전문지식은 두 가지 점에서 제약을 받는다. 첫째, 그 전문지식은 특정 기술에만 제한된다는 것이다. 이것이 의미하는 것은 그 사람이 시각장애인에게 '흰 지팡이'를 사용하는 방법을 가르칠 수 있을지는 몰라도 신체적 운동 장애의 보다 일반적인 문제에 관하여 많은 것을 알지 못할 가능성이 높다는 점이다. 또 다른 제약은 그의 전문지식이 특정 단체 지향적이라는 점이다. 최근까지만 해도 같은 유형의 장애인을 돕는 것을 전문으로 하는 단체들이 사용하는 기법이 거의 통일되어 있지 못했다.

예를 들면 대부분의 시각장애인 기관들은 서비스이용자들에게 이동요령(*mobility*)을 가르치지만 사용하는 방법은 각각 크게 다르다. 특히 전수자가 그 지식을 일반적인 전문 직종 훈련을 통해서가 아니라 실제 경험을 통하여 배웠다면 더욱 그러하다. 이 이중의 제약, 즉 경험을 통해 터득된 지식은 기법 지향적 그리고 특정 단체 지향적이 되는 경향이 있다는 사실은 당사자인 전문가들에게는 커다란 영향을 끼치기 마련이다.

또다시 예를 들면 어떤 프로그램이 변경되어 해당 전문가가 지니고 있는 전문 기술이 쓸모없는 것이 되려 할 경우에 그가 다른 활동을 찾기는 어려울 것이다. 그 결과 경험을 통해 터득한 전문지식을 지닌 사람은 자신의 역할을 위축시킬 수 있는 변화에 대해서는 어떤 것이건 일단 거부하게 되는 경우가 흔하다.

또 다른 일면에서 보자면, 그는 다른 교육받은 전문가들처럼 이 단체에서 저 단체로 마음대로 옮겨 다닐 수도 없다. 그의 지위나 수입 그리고 영향력은 그가 몸담은 단체의 존속 여부에 달려 있는 것이다. 따라서 그는 자신의 단체를 위태롭게 하는 어떠한 정책도 반대하는 경향을 보일 것이다. 장애에 관한 이론에 대하여 이것이 지닌 의미는 특정 기술을 강조하는 이론을 중심으로 하여 집대성되고 그 단체의 존립을 보장해 줄 것이다.

이 점에 관한 하나의 실례는 보호적 기관들과 시각장애인을 회복시켜 지역사회로 되돌려 보내려 하는 기관들과의 차이에서 드러난다. 시각장애인을 위한 서비스 개입실천에서 전문적인 교육을 받은 전문가들은 복구적인 방식을 가장 열렬하게 주창해 왔다. 그런데 아이러니하게도 복구적인 방식을 채택하고 있는 기관들이 가장 큰 재정난에 부딪치고 있으며, 보호적인 방식을 따르는 기관들은 경제적 안정을 누리고 있는 것처럼 보인다. 이는 매우 의미심장한 현실이다.

(3) 관료주의적 관행

장애 요인을 지닌 사람들을 위한 대부분의 사회복지실천 프로그램들은 관료주의적 구조에 수용되어 있어서 규모가 크고 복잡하다. 이러한 구조와 그로 인하여 발생하는 관료주의적 관행은 장애에 관한 전문가들의 이론에 여러 가지로 반영된다. 예를 들면 관료주의적 구조의 맥락에서 제공되는 서비스실천들은 흔히 성과를 비교적 손쉽게 측정할 수 있는 단위 프로그램으로 이루어지고 일상화되어야 한다.

사회복지실천의 한 단위로서 개인은 학급이나 병동 또는 치료 집단과 같은 집합체로 대체되는 경우가 흔하다. 뿐만 아니라 전문가로 하여금 많은 사람들에게 어떤 일정한 같은 유형의 서비스 개입실천을 시행할 수 있게 하는 바로 그런 효율성과 체계화가 오히려 중요한 혁신과 개혁을 방해한다는 의미에서 역시 활동에 있어서 융통성을 제한할 수도 있다. 심지어는 어떤 관료적인 기구가 요구하는 계획마저도 실현 가능하고 현실적인 종류의 프로그램과 서비스 개입실천에 심각한 제약을 가할 수도 있을 것이다. 이 점에 관하여서는 여러 가지 실례들이 제시될 수 있다.

하지만 그것들을 포괄적으로 일일이 열거하기보다는 그 중 하나를 택하여 어느 정도 상세하게 설명하는 것이 좋을 듯하다. 여기에서 선택한 실례는 장애 유발 요인에 관한 공식적인, 즉 '법률적인' 정의라는 현상이다. 조직적인 조정 프로그램들이 처음 시작되었을 때, 어떤 장애인이 단체가 제공하는 서비스 개입실천의 수혜자로서 자격이 있느냐 없느냐를 결정하는 데 비공식적인 기준들이 사용되었다. 대체로 초기 단체들은 극심한, 외형적으로 분명한 장애의 사례에만 일차적인 노력을 집중하였다. 이들 단체들은 지역에 있는 다소 열악한 사립시설이었기 때문이었다. 필요한 것은 많아도 장애 정도는 심하지 않은 사람들을 돕기 위하여 예외를 만들기는 쉬운 일이었다. 정부와 지자체가 서비스 개입실천 프로그램들을 지원하기 시작함에 따라 어떠한 기준으로 장애인을 구분할 것인지의 문제가 심각한 문제로 대두하였다.

이제 장애관련 단체들이 몇몇 공무원들과 함께 현금지급, 포괄적인 재활치료, 특수여건에 따른 특별한 세제상의 혜택과 같은 사회복지실천의 수혜자가 될 수 있느냐를 더 이상 결정할 수 없게 되었다. 난청자들 중에 어떤 사람이 청각장애인이며 시력이 약한 사람들 중에서 누가 시각장애인인지 그리고 지적으로 문제가 있는 사람들 중 어떤 사람이 지적장애인인지 등을 가려 줄 균일한 지침이 개발되어야 했다. 이들 관료주의적 문제들 때문에 다양한 유형의 장애 상태에 대한 '법률상'의 그리고 '행정적'인 정의들이 구축되었다.

이들 정의들을 구축할 때에 참작되어야 할 중요한 요소가 하나 있었다. 완전한 시각장애나 청각장애, 또는 중증의 완전한 지적장애는 아주 희귀한 사례들이며 따라서 이들 장애인들을 위한 정부의 프로그램들이 가장 상태가 심각한 사람들에게만 국한된다고 해서 그 정당성을 따지기란 사실 어려운 일이다. 더욱이 이런 프로그램들은 그것을 필요로 하는 사람들이 인구비례상 다수에 이를 경우에만 확대 운영을 희망할 수 있다. 경증 장애인뿐만 아니라 중증 장애인들에게도 마찬가지로 서비스 개입실천을 제공하는 것이 바람직해 보였다. 장애 상태에 관한 법률상의 정의를 구축할 때 중증장애인들이 고려되어야 했다. 이런 맥락에서 채택된 청각장애에 대한 정의는 청각장애인으로 분류되기 전에 그가 식별할 수 없는 데시벨(dB)의 정확한 수준을 명시해 주었다. 또한 미국 지적장애인협회가 채택한 정의는 지적장애를 성장기에 시작되며 적응성 행위에 있어서의 훼손과 관계있는 '지적 능력'이라고 규정하고 있다. 사실 지적장애인은 각기 다른 수준 중의 하나로 분류될 수 있을 것이다.

이상과 같이 장애인을 대상으로 하는 사회복지실천의 관료화와 전문화는 미국, 영국, 스웨덴, 노르웨이, 덴마크, 네덜란드, 캐나다 그리고 러시아 등에서 활발하게 진행되어 왔으며, 정도는 좀 덜하지만 프랑스, 이탈리아 등에서도 이루어져 왔다. 그리고 스페인을 대표로 하여 특히 장애인에 대한 책임과 관료화·전문화 운동이 가장 엄격했던 사회에서는 장애에 관한 보다 유서 깊고 전통적인 관념과 천편일률적인 유형화에 대한 도전이 이루어지기 시작하였던 것이다. 그러면서도 동시에 이 도전의 한계들을 인식하는 것이 중요하다. 해당 사회의 장애인 인구 전체에게 골고루 도움의 손길을 펼 수 있었던 곳은 어디에도 없다는 것이다. 아무리 정교한 서비스 체제를 갖춘 제도라고 할지라도 서비스 실천을 필요로 하거나 받을 자격이 있는 모든 사람들 중 극소수만이 혜택을 입을 수 있을 따름인 것이다.

한편, 장애에 대한 비장애인들의 태도를 변화시키는 것을 목표로 하는 대중 교육 기능은 아마 장애인복지 관련 단체들이 주관하는 모든 사업들 중에서도 가장 낙후되어 있을 것이다. 대체로 대중교육 운동은 가끔씩 있는 선전 광고에 지나지 않으며 이들 운동 중 장애인에 관한 비장애인의 인습적 관념을 고치거나 완화시키고자 진솔한 노력을 기울이는 경우는 사실상 거의 없다.

이러한 자료들이 보여주는 것은 장애에 관한 전문가의 이론이 산업화 이전의 개발도상국에서는 별로 중요하지 않으며, 고도로 산업화된 선진국에서는 이 이론들이 장애에 관한 전통적인 관념에 대한 진정한 도전을 하는 중이며, 일부 국가에서는 비전문가나 전문가 사이에서 다 같이 실제로 지배적인 관념으로 대두하고 있다는 것이다.

장애에 관한 전문가의 이론은 그 이론의 실천 대상인 장애인의 자신에 대한 태도와 행동에 매우 큰 영향을 미친다. 한편, 병원에 관한 자신들의 연구를 바탕으로 스트라우스와 그의 동료들은 이론이 치료를 위한 단체에서는 환자를 위하여 또는 그들에게 행하여지는 일에 따라 중요하다고 결론을 내린다. 그들은 또한 전문적인 이론이 환자가 받는 치료의 종류나 시설을 옮겨 다니는 빈도와 방향과 같은 환자의 생애에 관련된 기회의 측면에 영향을 끼친다고 결론을 내리기도 한다. 뿐만 아니라 그들은 만약 환자들이 장기간 수용되어 있으면 전문 사회복지사의 학술적 용어와 전문가적 태도를 답습하는 단계에 들어서서 정신의학적 용어를 사용하여 자신과 다른 환자들을 평가하기 시작한다고 하였다.

시각장애인을 위한 기관과 단체들이 그 서비스이용자들에게 끼치는 영향에 관하여 비슷한 결론을 본 적이 있는데 그 내용은 다음과 같다. 즉, 시각장애인으로 분류된 사람들이 시각장애인을 위한 기관에 입소할 때에는 전혀 볼 수 없거나 시력에 심각한 문제가 있을 것이다. 그러나 그들이 일단 재활서비스를 받고 나면 모두가 다 완전한(?) 시각장애인이 되는 것이다. 그들은 기관에서 시각장애인이 지녀야 한다고 전문 사회복지사가 믿는 태도와 행동 양상을 배웠던 것이다. 시각장애인들을 서비스 대상으로 하는 전문가들과 서비스 과정의 대상이 되는 시각장애 서비스이용자들 간의 집중적 일대일 관계에서 시각장애인은 사회복지실천 서비스를 담당한 사람들이 보는 시각장애인의 역할과 일치하는 언행을 보이면 상을 받고, 반대로 다른 자기 관념을 고수하면

벌을 받는다는 것이다. 그가 자신의 문제들을 사회복지실천개입을 담당한 사람들이 보는 그대로 기술하게 되면 '통찰력이 있다'고 평가받고 그렇지 않으면 '미흡하다'라거나 '반항적'이라고 폄하된다. 사실 시각장애 사정 체제의 통과 여부는 해당 장애인이 자신에 대하여 전문 사회복지사들과 일치하는 견해를 기꺼이 취하려 하느냐에 의하여 어느 정도 결정되는 것이다. 그 결과 내린 결론은 시각장애인이 사회복지사들이 시각장애에 관하여 지니고 있는 가정과 신념들에 '점진적으로, 시간을 두고' 동화된다는 것이었다.

고프만 역시 정신병원의 환자들에게 전문가의 이론이 끼치는 영향을 강조한다. 물론 그가 기술하는 영향의 성격이 다른 연구들에서 알려진 영향과는 약간 다르긴 하지만 그가 하는 말은 큰 울림으로 다가온다. "정신질환자들은 특별한 구속을 받고 있다. 정신병원에서 퇴원하기 위해서 또는 병원에서의 생활을 쉽게 하기 위해서 그들은 자기들에게 허용된 공간을 수용해야 한다. 그들에게 허용된 위치는 이러한 자세를 그들에게 강요하는 것으로 보이는 사람들의 직업상의 역할을 뒷받침하는 것이다. 이 자기소외적인 도덕적 예속은 어쩌면 정신병원 수용 환자들을 정신적으로 혼란에 빠뜨리는 것이기도 하겠는데, 이는 전문가의 서비스라는 전통에 참여함으로써 성취되는 것이다. 정신질환자들은 나머지 우리 비장애인들의 삶을 편하게 해 주는 서비스 실천의 이상이 지닌 바로 그 무게에 짓눌리고 있는 것이다."

이 연구들은 전문가의 실천 이론이 서비스이용자들과 수용시설 환자들의 자신에 대한 태도와 행동에 커다란 영향을 끼친다는 것을 보여준다. 불행하게도 많은 사람들이 이 영향이 얼마나 오래 지속되는지 알지 못한다. 단지 그것들이 단명하리라는 추정되는 증거가 있다. 이 증거는 서비스이용자들이 상담을 담당하는 사회복지사들에게 동조함으로써 서비스체제를 '벗어나기'를 바라는 성향을 강력하게 보여 준다. 이것이 함축하는 의미는 그들이 일단 시설을 떠나면 의도적으로 또는 잠재의식적으로 가장했던 행동 유형들은 사라져 버린다는 것이다.

(4) 전문적 이론의 구축 과정

이용 가능한 자료와 사례들로 미루어 볼 때 장애에 관한 기존 전문가들의 이론 중 의도적으로 체계화된 것은 거의 없는 것 같다. 연구에 착수하기 전에 전문가들이 이러한 이론을 구축하려고 노력했을 수도 있겠지만 그렇게 선입견에 의한 이론들 중 살아남은 것은 거의 없다. 사회복지 기관을 운영하는 일상적 문제들에 대처하기 위해 재정 자원과 인력 자원을 동원하려는 노력이 경주됨에 따라, 그 이론들은 개조되고, 왜곡되며 확장된다. 전문가들이 한걸음 물러서서 자신들이 취한 조치의 결과를 꼼꼼히 살펴보거나 자기들 활동에 대한 이론적 근거를 바꾸어 보려고 시도하는 것은 그저 가끔 주기적으로 있는 일일 따름이다. 이론은 기존의 것들을 기술하거나 설명하고 정당화 시키는 데에 그칠 따름이다.

3. 장애의 인식과 관념들

장애라는 낙인, 즉 사회적 정체성에 관한 분석이 호의적으로 고려된 데에는 많은 이유들이 있다. 아무리 독자적 생활능력이 없고 불리한 입장에 있으며 사회적으로나 정서적으로 의기소침해 있을지라도 장애인들은 속내를 기탄없이 털어 놓곤 해왔다.

관료 조직 내부나 외부에서 장애인을 위한 캠페인을 벌여온 사람들은 재원을 나누어 달라는 요구의 정당성을 입증하고 계획되어 있는 서비스 개입 목표를 밝혀야 했다. 사회복지사도 자신이 하는 일의 당위성을 입증해야 했다.

고프만이 여기에서 여러 부분의 기초가 되어준다. 이 시점에 있어서 그 특별한 가치는 어떤 특이한 형태의 일탈이나 장애에서만 볼 수 있는 것이 아닌 일반적인 과정으로서 장애에 대한 일관성 있는 하나의 모형을 제시하여 준 데에 있는 것이다. 일탈은 가시적인 또는 사적으로만 밝힐 수 있는 신체적 비정상이나 성격상 불명예스러운 형태를 취할 수도 있을 것이다. 가계를 잘못 타고 태어난 탓일는지도 모른다. '장애'에 대하여 묘사하는 수많은 문학작품과 영화, 연극 등은 남과 다르다는 또는 달라지고 있다는, 그리고 적어도 2등급 인간 취급을 당하는 장애 경험에 대한 언급으로 가득 차 있다.

고프만에 의하면 장애인 인생에서 가장 중요한 만남은 정상인으로 여겨지는 사람들과의 만남이다. 고프만은 장애라는 낙인을 분석할 때 이러한 만남에 가장 많은 관심을 보이고 있다. 그 경계선은 어느 뇌성마비(뇌병변) 장애인의 다음과 같은 이야기에 의하여 확연히 드러나고 있다. 그 뇌성마비 장애인은 내내 특수학교 교육만을 받다가 영국의 한 대학교 학생으로서 처음으로 경험했던 우정에 대하여 다음과 같이 술회한다.

> 장애인이 할 수 있는 결혼에는 두 가지 유형이 있다. 즉, 장애인들끼리의 결혼과 '혼합결혼'이다. 내가 그런 결혼을 '혼합결혼'이라고 부른 것은 전에 한번 비장애인 아가씨와 사귄 적이 있었는데 그 여자가 나를 퇴짜 놓았기 때문이다. 그 당시 그녀는 나로 하여금 생각에 잠기게 하는 어떤 말을 했었다. "네가 '뇌성마비'라서가 아니야. 나는 네가 뇌성마비건 검둥이건 다른 어떤 피부색의 사람이건 상관하지 않아"라고 그녀는 말했다. 사회는 내가 비장애인 아가씨와 이성 관계를 갖는 것을 흑백 간의 그것과 대등하게 여기는 것인가? 그와 마찬가지로 우려하면서 역겨운 듯 대하는 것일까?

그에 대한 답은 물론, "그렇다!"이다. 미국의 장애인들이 보이는 적응, 자기 해석 그리고 상호작용 등의 유형들에 관한 심리학적 연구에 상당한 관심이 기울여져 왔다. 그래서 고프만은 동류형(*the OWN*), 즉 유사한 장애를 지닌 사람들과 꾀보형(*the WISE*), 자신의 장애를 비밀에 붙여 두려고 하는 장애인들을 구별하고 있다. 신분이 높은 장애인들의 요구사항을 유사한 장애를 지닌 다른 사람들과의 관계는 물론 차이점에 비추어 대하는 것이 중요하다. 피보형의 사회적, 직업적 가정과 이념에 긴밀한 관심을 기울이는 것이 필수적이다. 왜냐하면 바로 이들이 장애인의 세계를 구축하는 데 있어서 매우 중요한 역할을 담당하고 있기 때문이다.

1) 낙인과 사회적 정체성

시각 보조 방법에 강했던 것이 분명해 보이는 고대 그리스인들은 표지 보유자의 신체에 그 사람의 특수한 신분을 나타내는 징표를 흠집을 내거나 태워서 만들었다. 그 징표는 그 사람이 노예나 범죄자 또는 매국노나 불명예스러운 자로서 사실상 더럽혀진, 그래서 공공의 장소에서는 피하여야 할 사람임을 나타내었다.

기독교 시대에는, 두 층의 은유가 이 용어에 추가되었다. 첫째는 신성한 은총의 신체적 징표를 가리키게 되었는데, 이는 피부에 만개하는 꽃들의 형태를 취하였다. 둘째는 이 종교적 비유에 대한 의학적 비유로서 신체 질환의 몸에 드러난 징표들을 가리켰다. 오늘날 이 용어, 즉 낙인(*stigma*)은 원래의 그 문자 그대로의 의미를 내포한 채 사용되고 있지만 명예롭지 못한 신체적 증거보다는 불명예 그 자체에 더 많이 적용되고 있다. 뿐만 아니라 변화는 우려를 일으키는 종류의 불명예 쪽에서 일어났다.

사회는 사람을 분류하는 방법을 정하고 그 범주에 해당하는 사람들에게 일반적이고 자연스럽다고 느껴지는 속성을 보완해 준다. 사회적 여건은 삶의 상황 속에서 만나게 될 가능성이 있는 사람들의 범주를 정해 준다.

기존 사회 환경에서 일반 사람들은 특별한 주의를 기울이거나 생각을 하지 않고도 다른 이들을 대하며 살아갈 수 있다. 낯선 사람이 나타나면 그 때 처음 나타내는 반응은 그가 어떤 범주에 속하는지와 그의 속성 그리고 그의 사회적 '정체성'을 예상해 보는 것이다. 사회적 정체성(*social identity*)이라는 용어를 사용한 것은 그 말이 '정직성'과 같은 개인적 특질도 포함하는, 사회적 신분(*social status*)보다 광범위하고 가치중립적인 의미를 가지기 때문이다. '직업'과 같은 구조적 속성은 말할 나위도 없이 일반 사람들이 지니는 이러한 예상에 의존하여 그것들을 규범적 기대로 변형시키고 정당하게 제시되는 요구사항이 되게 한다.

의례히 일반 사람들은 그 요구사항들을 만들어냈다는 것을 깨닫지 못하며 그 요구사항들이 충족될 것인지 아닌지에 관한 적극적 의문이 일어날 때까지 그것들이 어떤 것들인지조차 깨닫지 못한다. 그때에야 사람들은 자신 앞에 나타난 이 개인이 어떤 인간이어야 하는지에 관하여 그 동안 내내 나름대로 가정을 해 왔음을 인식하게 되는 것이다. 따라서 사람들이 하는 요구는 '실제로' 행해지는 요구라고 불리는 것이 낫겠고, 사람들이 그 개인에게 전가하는 인격도 잠재적 회고, 즉 성격 규정으로 이루어진 전가 행위, 다시 말해 가상 현실적인 사회적 정체성이라고 해석하는 것이 나을 것이다. 어떤 사람이 사실상 보유하고 있는 것으로 입증될 범주와 속성은 바로 그 사람의 실제 사회적 정체성이라고 불릴 것이다.

그 이방인이 앞에 있는 동안은 그가 될 수 있는 사람의 범주 속에서 다른 이들과 구별해 주는 속성을 그가 지니고 있다는 증거가 나타날 수 있다. 그가 속할 수 있는 범주보다 못한 경우, 극단적으로 말해서 철저하게 고약한 또는 위험스럽거나 허약한 사람들이 범주에 속하는 경우에는 어떻게 될 것인가? 그는 사람들의 마음속에서 완전하게 평가절하되어 버리고 만다. 그러한 속성이 낙인(*Stigma*)인 것이다. 특히 그 명예를 실추시키는 효과가 매우 광범위할 때에 그렇다. 가끔 그것은 실패, 결함, 장애라고 불리기도 한다. 그것은 가상현실적인 사회적 정체성과 실제의 사회적 정체성 간의 특별한 차이를 형성해 준다. 가상현실적인 사회적 정체성과 실제 사회적 정체성 간의 차이에는 여러 가지 다른 유형이 있다는 점에 유의해야 한다. 예컨대, 어떤 사람을 어느 한 가지 사회적 범주로부터 다른 범주로 재분류하게 하는 종류의 사회적 정체성과 어떤 개인의 상승태세에 대한 우리의 평가를 바꾸게 하는 종류의 사회적 정체성 등이 바로 그런 유형의 것들이다. 바람직하지 않은 태도라고 해서 모두 다 문제가 되는 것은 아니고 일반적인 사람들의 관념에 부합하지 않는 그런 사람들만이 문제가 된다는 것도 역시 유념해야 한다.

그렇다면 낙인이라는 용어는 심하게 명예를 실추시키는 속성을 가리켜 사용될 것이다. 진정으로 필요한 것은 관계의 언어이지 속성이 아니라는 것이 이해되어야 한다. 어떤 사람에게 낙인을 씌우는 속성이 다른 한 사람의 경우에는 반대로 그가 정상인임을 확인해 줄 수도 있는 것이다. 따라서 낙인이라는 용어 그 자체는 명예롭지도 명예를 실추시키지도 않는다. 예컨대 미국에서 어떤 직책은 대학교육을 받지 않고 그 직책에 있는 사람들에게 그 사실을 숨기도록 하는 반면에 정반대로 또 어떤 직책의 경우에는 대학교육을 받은 사람이 그 사실을 숨기도록 하기도 한다. 그들이 낙오자 또는 국외자로 찍히지 않기 위해서인 것이다.

낙인이라는 용어와 그 동의어들은 이중의 시각을 감추고 있다. 즉, 낙인이 씌워진 사람이 자신의 남다른 점이 이미 소문나 있다거나 즉석에서 알아차려 질 수 있다고 가정하는가? 아니면 그게 소문난 적도 없으며 가까이 있는 사람들까지도 속일 수 있다고 생각하는가? 전자의 경우에는 명예가 실추된 사람의 곤경을 다루는 경우이고 후자의 경우에는 명예가 실추될 수 있는 사람의 어려움을 다루는 경우이다. 낙인을 뒤집어 쓴 어떤 사람이 이 두 가지를 다 경험해 보았을지라도 이것은 중요한 차이이다. 여기에서 우선 명예가 실추된 사람의 상황으로부터 시작하여 명예가 실추될 수 있는 사람의 상황으로 옮기어 가되 양자를 항상 분리시킬 필요는 없다.

한편 세 가지 크게 다른 낙인이 언급될 수 있겠다. 첫째, 신체상의 혐오스러운 모습이 있다. 즉, 다양한 신체적 기형들이다. 그 다음으로는, 인격상의 결함으로 허약한 의지력, 극성스럽거나 부자연스러운 열정, 신뢰할 수 없고 경직된 신념들 그리고 '정직하지 못함' 등으로 인식되는 인격적 결함들이다. 이들은 이미 알려진 기록, 예컨대 정신질환, 교도소 복역생활, 약물중독, 알코올중독, 동성애, 실직, 자살기도, 그리고 급진적인 정치적 행위 등으로부터 유추되는 것이다. 마지막으로 인종이나 민족 그리고 종교상의 종족적 낙인(*tribal stigma*)이 있다. 이는 가계를 따라 전해질 수 있는 낙인이라서 한 집안 식구 전원을 감염(?)시킬 수도 있다.

그러나 고대 그리스인들이 생각하고 있던 낙인을 포함하여 이 모든 낙인의 실례들에 있어서 똑같은 사회학적 특성이 발견된다. 보통의 경우 별 탈 없이 받아들여졌을 사람이 갑자기 돌출하여 사람들의 주목을 받게 되는 특성을 지니고 있어서 그와 접촉하려는 사람들을 망설이게 하기도 한다. 그 사람은 하나의 낙인, 즉 우리가 예상했던 것과는 다른 미흡한 부분을 지니고 있는 것이다. 문제가 되는 바로 그 기대사항들을 부정적으로 버리지 않는 사람들을 '정상인 혹은 정상이라고 규정한 사람'이라고 말할 수 있다.

정상인들이 낙인을 지닌 사람에 대하여 갖는 태도와 또 그에 대하여 정상인들이 하는 행동은 잘 알려져 있다. 이 반응들은 자애로운 사회적 행동이 완화하고 개선하도록 의도된 일이기 때문이다. 물론 원칙적으로 정상인들은 낙인을 지닌 사람이 꼭 완전한 인간은 아니라고 믿는다. 이 가정을 토대로 하여 정상인들은 별의별 차별 행위를 감행하고 그로 인하여 흔히 부지불식간(不知不識間)이긴 하지만 그 사람이 지니고 있었을 삶의 가능성을 감소시키는 것이다.

정상인들은 하나의 낙인 이론, 그의 열등함과 그가 지닌 위험성을 설명하는 하나의 이데올로기를 구축하여 사회적 계층 간의 차이와 같은 다른 차이에 근거를 둔 적개심을 합리화하는 경우도 가끔 있다. 정상인들은 그 원래의 의미는 별로 생각해 보지 않고 은유와 비유의 자료로써 '절름발이', '병신', '바보', '멍청이'와 같은 낙인을 찍는 비하 용어들을 일상생활에서 곧잘 사용하고 있다. 정상인들은 원초적인 하나의 결점을 토대로 하여 광범위한 여러 가지 결점들을 탓하는 경향이 있으며 또한 동시에 어떤 바람직하지 않은, 바라지 않았던 속성을, 그것도 흔히 '육감'이나 '이해'와 같은 초자연적 성격의 속성들까지도 탓하는 경향이 있다. 더욱이 정상인은 자신의 상황에 대한 당사자의 수세적 반응을 자신의 결함을 직접적으로 표현하는 것으로 인식하고는 그 결함과 반응, 두 가지를 다 같이 당사자나 그의 부모들이 혹은 그의 동족이 한 어떤 일에 대한 응보에 지나지 않은 것으로 보는 것인지도 모른다. 그렇게 해서 정상인들이 그들(정상이 아니라고 규정된 사람들)을 다루는 방식을 합리화하는 것이다.

이제 시선을 정상인으로부터 돌려서 그가 정상인임을 두드러지게 보여 주는 장본인(낙인을 지닌 사람)을 보자. 어떤 사회적 범주에 속하는 사람들이 자신이나 타인이 자신에게는 직접 적용되지 않는다고 동의하는 어떤 판단 기준을 강력하게 지지한다는 것은 일반적으로 사실인 것 같다. 바로 이런 이유로 인하여 흔히 사업가는 여성에게 여성다운 행동을 요구하며 수도승에게는 금욕적인 행동을 요구하면서도 자신이 그러한 행동양식을 실천해야 할 사람이라고 여기지는 않는 것이다.

그 차이는 단지 그 규범을 인식하는 것과 그저 지지하기만 하는 것일 뿐이다. 낙인의 문제가 여기에서는 일어나지 않지만 어떤 범주에 속한 사람들이 특정 규범을 지지할 뿐만 아니라 실현시키기도 해야 한다는 기대가 도처에 있는 경우에 낙인의 문제는 생길 수 있다.

또한 어떤 개인은 사람들이 그에게 요구하는 것에 부응하지 못하면서도 그 사실에 별로 영향을 받지 않을 수도 있는 것 같다. 소외당함으로써 보완이 되고 자기 나름의 정체성 신념에 보호를 받아서 자신이 완전하게 성숙한 정상인이라고 생각하면서 오히려 그렇지 않다고 생각하는 사람은 온전한 인간이 아니라고 여긴다. 낙인을 지니고 있으면서도 그 사실에 별다른 감정의 동요를 느끼는 것 같지도 않고 그러지 못하는 것을 아쉬워하지도 않는다. 이러한 가능성은 종교적 광신도들,

일부 몰염치한 정치인들과 후안무치한 악당들 및 골수 정통파 보수 기독교인들에 관한 경고성 설화들에 잘 나타나 있다.

그러나 현재 낙인이 씌워진 사람(예: 장애인)도 정체성에 관하여 비장애인과 똑같은 신념을 지니는 경향이 있다. 이것은 중요한 사실이다. 자신이 어떤 사람인가에 관한 가장 심오한 느낌은 자신이 정상인이라는 의식일 것이다. 다른 어떤 사람과도 다를 바 없는 인간으로서 공정한 기회를 차지해야 할 자격이 있는 사람이라는 것이다. 그가 주장하는 토대는 다른 모든 사람에게서 기인한다고 생각되는 것에 있지 않고 자신에게 적합하다고 생각되는 여러 사회적 범주에 있다.

하지만 대체로 퍽 정확하게 다른 사람들이야 뭐라고 공언하던지 간에 그들이 자기를 정말로는 "받아들이거나" 자신과 대등한 입장에서 교제하려 하지 않는다는 것을 인식하게 될 것이다. 뿐만 아니라 그가 보다 넓은 사회로부터 흡수 통합해 둔 기준들 덕택에 다른 사람들이 보는 그대로 자신의 결점을 절실하게 느끼게 되고 필연적으로 자신이 기대치에 미치지 못한다는 사실에 동의하지 않을 수 없게 된다. 수치심이 일어날 수 있는 가능성이 가장 높은 일로서 자신의 속성 중 하나가 보유하기에 떳떳치 못한 것인을 인식하는 데에서 비롯되는 감정이다.

정상인(비장애인)이 바로 옆에 있으면 자기 요구와 자아 간의 이러한 분열을 강화시킬 가능성이 높다. 그러나 사실은 그와 거울만이 존재할 경우에도 자기혐오와 자기폄하가 역시 발생할 수 있다. 다음의 내용은 바로 이 점을 잘 설명해 주고 있다.

> 내가 어느 날 마침내 일어나서 걸어 다닐 수 있게 되었을 때 나는 손거울을 집어 들고 내 모습을 살피기 위해 긴 거울이 있는 곳으로 갔다. 나는 혼자서 갔다. 나는 내 자신의 모습을 내가 처음 보면서 어떻게 느꼈는지를 그 누구도 알게 하고 싶지 않았다. 그러나 아무 소리도 없었고 울부짖음도 없었다. 내 자신을 보았을 때 격분하여 울부짖지는 않았다. 그저 멍청해지는 느낌뿐이었다. 거울 속의 저 사람이 나일리가 없다. 마음속에서 나는 건강하고 평범하며 운 좋은

> 사람으로 느끼고 있었다. … 오호라, 거울 속의 저 사람은 아니야! 그러나 거울 쪽으로 얼굴을 돌렸을 때 돌아보고 있는 내 자신의 눈이 거기에 있었다. 수치심으로 발갛게 달아올라 누군가에게 그에 관하여 말하는 것은 불가능해졌다. 내가 비로소 알게 된 사실 때문에 느끼게 된 당혹과 공포가 나의 내부에 즉시 즉석에서 갇혔고 앞으로 오랜 세월 동안 나 혼자만 대결하도록 운명 지어진 것이다.

낙인이 씌워진 사람이 그 삶의 상황에서 지닌 특징은 이제 밝혀질 수 있다. 그것은 흔히 막연하지만 '수용'(*acceptance*)이라고 불리는 것의 문제이다.

낙인을 뒤집어 쓴 사람은 자신의 상황에 어떻게 반응하는가? 경우에 따라서는 자신이 지닌 결함의 객관적 바탕이라고 여기는 것을 교정해 보려고 직접 시도할 수도 있을 것이다. 마치 기형인이 성형수술을 받거나 시각장애인이 눈 치료를 받고 문맹자가 교정교육을 받는 것처럼 말이다. 그런 식의 교정이 가능한 경우 흔히 일어나는 일은 완전히 정상적인 상태를 확보하는 것이 아니라 어떤 특정한 결함을 지닌 사람으로부터 어떤 결함을 교정한 기록이 있는 사람으로 변신한다는 점이다.

여기에서 사기행각에 쉽게 넘어가는 행태에 관하여 언급이 있어야 한다. 이는 낙인을 지닌 사람이 사기꾼들의 농간에 노출되는 사태를 말한다. 예컨대 언어 교정술이나 피부 탈색제, 신장기, 회춘약(수정란 노른자 치료법 같은) 등등 온갖 그럴싸한 치료를 빙자한 사탕발림들에 속아 넘어가는 일에 관한 이야기이다. 문제가 된 것이 실용적인 기술이건 사기극이건 간에, 거기에서 초래되는 탐색은 흔히 비밀에 붙여지는데, 낙인을 지닌 사람이 갈 수 있는 데까지 가보겠다는 한계점을 보여주며 그 지경에 이르게 된 상황의 고통을 더욱 절실하게 하는 것이다.

낙인이 씌워진 사람이 스스로의 노력을 통해 상태를 고쳐보려고 시도할 수도 있다. 우발적이거나 신체상의 이유로 인하여 그러한 결함을 지닌 사람은 접할 수 없는 활동 분야를 숙달하기 위하여 많은 노력을 경주하는 식이다. 이는 수영과 승마를 배워서 할 수 있고 테니스나 비행기 조종까지도 할 수 있게 된 한쪽 다리를 저는 사람에 의하여 잘 묘사되고 있다. 또는 시각장애인이면서도 스키와 등산 전문가가 된 사람의 경우도 있겠다. 물론 장애 상태 그대로의 학습(*tortured learning*)이 이루어졌을 수도 있을 것이다. 장애 상태 그대로의 학습은 휠체어를 떠날 수 없는 장애인이 댄스파티에서 소녀와 함께 무대에 나가 그녀와 함께 춤 비슷한 것을 실연해 보일 때처럼 배운 것을 장애 상태 그대로 실천(*tortured performance*)해 보이는 것과 물론 관계가 있다. 마지막으로 수치스러울 정도로 별난 사람이 현실이라는 벽을 부수고 자신의 사회적 정체성의 성격에 대한 비전통적, 파격적 해석을 취하려고 완강하게 시도하는 경우가 있다.

낙인을 지닌 사람은 자신의 낙인을 다른 일에서의 실패를 호도하기 위한 구실로 사용하여 부차적인 이익을 노릴 가능성이 있다. 오랜 세월 동안 얼굴의 상처, 언청이 또는 찌부러진 코는 하나의 장애로 간주되어 왔다. 사회적·정서적 적응에 있어서 그 중요성은 무의식적으로 포괄적이다. 그것은 그 장애인이 모든 적절치 못한 것들, 불만족, 일을 뒤로 미루는 구실 그리고 사회생활에서의 모든 불쾌한 책무들을 편리하게 걸어두는 고리이다. 그는 경쟁으로부터의 합리적인 탈출로가 아니라 사회적 책임으로부터의 보호로 그것에 더욱 의존하게 된다.

외과적 방법에 의하여 이 요인을 제거하면 환자는 그때까지 받아온 정서적 보호를 떠나 표류하도록 버려진다. 그로서는 놀랍고 불편하게도 삶이라는 것이 결함 없는 정상적인 얼굴을 지닌 사람에게도 미끄러지듯 달려 나가는 항해와 같은 것이 아님을 알게 된다. 어떤 '장애'의 뒷받침이 없이 이러한 상황에 대처할 태세가 갖추어져 있지 않아서 그는 신경쇠약, 히스테리 전환과 불안증과 같은 행동패턴이라는 단순하지는 않지만 비슷한 보호책에 의존하게 될 것이다.

그는 또한 자기가 겪은 시련들이 사실은 본색을 감춘 축복이었음을 알게 될 것이다. 특히 그로 인하여 인생에 관하여 배우고 느끼게 된 일로 하여 그럴 것이다. 다음의 예는 소아마비로 지체장애인이 된 어느 어머니가 쓴 글의 일부이다.

> 그러나 지금 나는 병원에서의 경험을 떠나 내가 배웠던 것을 평가할 수 있다. 왜냐면, 그것이 고통만은 아니었기 때문이다. 그것은 고통을 통한 배움이기도 하였다. 사람들에 관한 나의 인식이 깊어지고 증가했음을 나는 안다. 나와 가까운 사람들이 자신들의 문제에 내가 관심을 보이고 정성을 기울여 주도록 나에게 의존할 수 있음도 나는 안다. 그런 식의 부딪침은 테니스 코트를 빈틈없이 샅샅이 누볐어도 배울 수 없었을 것이다.

마찬가지로 그는 정상인들의 한계를 평가할 수 있게 될 것이다. 어느 다중 경화증 환자가 하는 말을 들어보자.

> 건강한 마음과 건강한 신체도 다 같이 장애를 입을 수 있다. 정상인(비장애인)들이 마음대로 돌아다니고 보고 들을 수 있다는 사실이 그들이 보고 있으며 듣고 있다는 것을 의미하지는 않는다. 그들은 자신들의 행복을 망가뜨리는 일들에 대하여 너무나 눈이 멀 수 있다. 친절을 베풀어 달라는 간청에 대하여 귀가 멀 수 있는 것이다. 그런 사람들에 대하여 생각이 미치면, 나는 내가 그들과 다름없이 장애인이 아니라고 느껴진다. 어쩌면, 좀 조촐한 방식으로 내가 그들의 눈을 열어주는 수단이 될 수 있을 것 같다. 그래서 그들이 우리 주변의 아름다운 것들을 볼 수 있도록 말이다. 즉, 따스한 손길로 꼭 움켜잡기, '힘을 내!'하고 응원해 주기를 열망하는 음성, 살랑거리며 부는 봄의 미풍, 귀를 기울여 볼 만한 음악, 다정하게 머리를 끄덕이는 모습, 이 모든 것과 사람들이 나에게는 중요하며 내가 그들을 도울 수 있다고 느끼고 싶다.

지금까지 살펴본 정상인(비장애인)들과 낙인을 지닌 사람들의 반응은 상당 기간에 걸쳐서 그리고 정상인과 장애인 간의 접촉이 없는 상태에서 일어날 수 있는 일이다. 그러나 여기에서는 특히 '혼합교류'의 문제를 다루고 있다. 즉, 낙인을 지닌 사람과 정상인(비장애인)이 동일한 사회적 상황에서 함께 교류할 때 일어나는 문제이다.

그러한 교류에 대한 예상 바로 그것 때문에 정상인(비장애인)들과 장애인들이 그것들을 피할 수 있도록 생활을 정리할 수 있는 것이다. 아마 이 결과는 장애인들에게 더 큰 중요성을 지니게 될 것이다.

> 영희 씨는 그녀의 그 흠집(코의 끝부분 반쪽의 절단)이 생기기 전 결혼한 두 딸과 함께 살고 있었다. 영희 씨는 독자적이고 상냥하며 다정한 여인으로 여행과 쇼핑을 즐기며 그녀의 많은 친척들을 방문하기를 좋아했었다. 그러나 코 끝부분에 흠집이 생겨난 후로 그녀의 생활양식은 완전히 바뀌고 말았다. 처음 2~3년 동안 그녀는 거의 외출을 하지 않고 방 안에 틀어박혀 있거나 뒤뜰에 앉아 있곤 했다. "내 인생의 문이 닫혔다. 나는 마음이 병들었었다"고 그녀는 회고했다.

다른 사람들과의 일상적인 사교생활에서 오가는 인정어린 교제에서의 유익한 피드백을 뒤로 한 채 스스로 선택하여 소외된 사람은 의심이 많아지고 의기소침해지며 호전적이고 불안 초조해하고 당혹스러워하게 된다. 이렇게 정상인(비장애인)과 장애인이 실제로 맞부딪치게 되면, 특히 그들이 거기에서 대화를 시도할 때이면, 사회학의 근원적 장면 중의 하나가 펼쳐진다. 왜냐하면 많은 경우에 있어서 그러한 순간들은 그 낙인(장애)의 원인과 결과가 양측과 직접적으로 부딪치게 될 것이기에 그렇다는 것이다. 장애인은 우리 정상인(비장애인)들이 어떻게 자기를 알아주고 받아들일 것인지를 잘 알 수 없다고 여기게 될 것이다.

장애인의 신분에 대한 불확실성은 취업에 대한 불확실성뿐만 아니라, 사회적 상호작용 전반에 걸쳐 스며들어 있다. 시각장애인, 청각장애인, 지체장애인, 정신장애인 등은 새로 사귀게 될 사람의 태도가 어떠한 것이 될지, 서먹서먹한 것이 될지 너그럽게 받아들이는 상냥한 태도가 나올지 확신을 할 수가 없는 것이다. 적어도 그 만남이 이루어지고 난 후까지는 말이다. 사회성이 활발한 장애인 남성의 처지도, 압도적으로 많은 직장의 여성 장애인의 처지도 다를 게 없다. 이러한 불확실성은 어떤 범주에 자신이 속하게 될지를 장애인이 알지 못하는 데에서 뿐만 아니라 다른 사람들이 자신을 장애라는 견지에서 규정하고 있으리라는 것을 아는 데에서도 생겨난다.

그래서 장애인에게서는 함께 있는 다른 사람들이 자신에 대하여 어떻게 생각하고 있는지를 알지 못한다는 의식이 떠오른다. 더욱이 혼합교류 중 장애인은 자신이 "ON"의 상태에 있어서 자의식을 가져야 하며 자신이 어느 정도까지 끼치는 인상에 대하여 계산을 하고 있어야 한다고 느끼게 될 가능성이 높다. 역시 장애인은 일상생활에서 일어나는 일들에 대한 통상적인 해석 방법이 위태로워졌다고 느낄 수도 있을 것이다. 자신의 사소한 성취가 괄목할 만한 값어치 있는 능력의 징표라고 평가될 수 있을 거라고 느낀다.

어느 시각장애인의 실례 하나를 들어 보자.

> 한때는 그의 아주 일상적이었던 행동들, 태연하게 길거리를 걸어 올라가거나 접시에서 완두콩을 찾아내는 일 그리고 담배에 불을 붙이는 것 등이 이제 더 이상 일상적인 일이 아니다. 그는 별난 사람이 되는 것이다. 만일 그가 그런 일들을 멋지고 자신 있게 해치우면 모자에서 토끼를 꺼내는 마술사가 불러일으키는 것과 같은 종류의 경이감을 불러일으킨다.

또한 동시에 사소한 잘못이나 우발적 실책은 장애로 인한 '별남'이라고 해석될 것이라고 그는 생각한다. 예컨대 정신질환 병력이 있는 환자들은 감정의 발로가 무엇인가의 징표로 받아들여질 수 있을 것이기에 배우자 또는 고용주와 격렬한 언쟁을 벌이기도 한다고 알려져 있다.

한쪽 다리가 없는 어느 소녀는 스포츠 활동 경험을 회상하며 다음과 같은 예화를 들려준다.

> 내가 넘어질 때마다, 여인들이 떼를 지어 몰려들었다. 마치 어미 닭

> 들처럼 고개를 숙이고 안절부절 못하면서 덤벼들었다. 돌이켜 생각해보니 그들의 배려가 고맙다. 그러나 그때는 역겨워했고 그들이 내 일에 끼어드는 데 몹시 당황했었다. 스케이트를 타는 데 적지 않은 위험이 도사리고 있는 것처럼 그들이 행동했기 때문이었다. 내가 가엾은, 어쩔 수 없이 무력한 불구자였기에 넘어졌다는 필연적인 결론이었다. 격앙되어 고함을 치는 사람은 하나도 없었다. '저 위험한 야생마가 그녀를 내던졌다! 하나님, 용서해 주세요' 그는 아주 기술적으로 내던졌다. 마치 옛날 내가 롤러스케이트를 타던 시절이 다시 돌아온 것 같았다. 선량한 모든 사람들이 소리를 합쳐 한탄했다. '저 가엾은, 불쌍한 소녀가 넘어졌다!'고 생각하는 것 같다.

우리가 그저 장애인에게 관심을 기울임으로써 장애인의 결함이 인식될 경우, 간단히 말해서 그가 명예를 실추당할 수 있는 사람이 아니라, 명예를 실추당한 사람일 때 그가 정상인들과 함께 섞여 있으면 자신을 발가벗겨 사생활이 침해되었다고 느낄 가능성이 높다. 이러한 사생활 침해가 가장 통렬하게 경험되는 것은 애들이 그저 말끄러미 자기를 바라본다든가 할 때이며 그러한 불쾌감은 처음 보는 사람들이 멋대로 말을 걸어오거나 하면 증가될 수 있다. 그런 사람들은 장애인의 입장에서는 야비한 호기심이라고밖에 할 수 없는 것을 표출하는 것이다. 또는 필요하지도 않은 도움을 베풀어 주겠다고 할 때도 그렇다(더욱 불쾌해진다).

이런 종류의 대화에는 몇 가지 고전적 공식 같은 것이 있다고 덧붙여 말할 수 있다. "아가씨, 그 혹 말인데, 그거 어떻게 생겼어요? 우리 작은 할아버지도 그런 혹이 하나 있었답니다. 그래서 나는 아가씨의 고민을 다 알고 있다고 생각해요. 혹쟁이들은 착한 가족들이죠. 어려운 사람 사정도 잘 알아주고요. 그런데 참 그 혹을 달고 목욕은 어떻게 하지요?" 이런 식의 화두들이 함축하는 것들은 장애인이란 그 어려움에 동정심을 지니고만 있으면 생전 처음 보는 사람들도 마음대로 접근할 수 있는 사람이라는 것이다.

혼합적인 사교현장에 발을 들여 놓으면서 장애인이 당연히 부딪치게 될 일을 생각해 볼 때, 그가 수세적으로 자세를 낮추어 반응하리라고 예상할 수 있을 것이다. 자세를 낮추지 않으면 적대적인 허세를 부리면서 혼합교류에 접근하려고 시도하는 것이 장애인들이 일반적으로 나타내는 반응이다. 그러나 이렇게 하다보면 타인들로부터 그에 상응하는 앙갚음을 자초하는 수가 있다. 장애인은 가끔 자세 낮추기와 허세부리기 사이에서 왔다 갔다 하면서 평범한 일대일 교제가 무산될 수 있는 한 가지 중간 방식을 보여준다고 부언할 수 있을 것이다.

장애인, 적어도 '눈에 띌 정도로' 낙인이 씌워진 사람은 혼합 교류가 상호작용을 불안스럽고 안정되지 않다고 느낄 만한 특별한 이유가 있다고 할 수 있다. 그러나 이것이 사실이라면 우리 정상인들도 이 상황이 역시 안정되어 있지 않다고 여기게 되지 않을까 한다. 우리는 장애인이 너무 저돌적이거나 너무 수치심에 쌓여 있다고 느낄 것이다. 그래서 우리의 행동에 엉뚱한 의미를 선뜻 부연하려고 하는 것이다. 우리는 우리가 그 사람의 상태에 관하여 직접적이고 동정심 깊은 관심을 보이면 우리 자신의 분수에 넘치는 짓을 하고 있을지도 모른다는 생각을 할 수 있겠지만 사람에게 하나의 결함이 있다는 것을 실제로 깜박 잊고 있으면 그에게 전혀 가능하지 못한 요구를 하거나 그와 같은 장애인 동료들의 인격을 무시하는 행동을 할 수도 있게 된다.

우리가 장애인과 함께 있을 때 그를 불편하게 할 수 있는 잠재적 요인은 그의 장애에 대하여 우리가 인식하고 있다고 느끼는 어떤 일이 될 수 있다. 이는 그의 상태에 관하여 우리가 인식하고 있음을 그가 알아차리고 있는 정도를 우리가 얼마나 인식하고 있느냐의 문제가 된다는 것이다. 이 단계는 미드(Mead)의 사회심리학이 시작하는 방법은 가르쳐 주지만 끝내는 방법은 가르쳐 주지 않는 상호배려의 무한한 역순환이다.

장애인과 우리 정상인들이 혼합사교 현장에 이끌어 들이는 것에 비추어 볼 때, 우리의 전도가 원만하지 못하리라는 것은 이해할 만하다.

마치 그 장애인이 그러한 상황에서 자연스럽게 접할 수 있는 유형에 딱 들어맞기라도 하는 것처럼 계속하려고 할 가능성이 높다. 그것이 그를 실제보다 더 나은 사람이라고 여기든지 그 반대를 의미하든지 간에 말이다. 만일 이러한 방침들 중 어느 것 하나도 가능하지 못할 경우 우리는 그 사람이 존재하지 않는 인간이라도 되는 것처럼 행동하려 들 것이다. 즉, 우리 앞에 전혀 존재하지 않은 종교의식 상의 인물처럼 대하려고 할 것이다. 그렇게 되면 이번에는 그 장애인이 이들 방침에 따라 처신하려고 할 것이다. 적어도 처음에는 말이다.

따라서 마땅히 주의를 기울여야 할 일에 관심을 두지 않게 되고 자의식과 '기타의식'이 생겨나서 상호작용 곤란(*interaction uneasiness*)이라는 병리현상으로 표현된다. 다음과 같은 신체장애인의 경우처럼 말이다.

> 장애에 대한 반응이 과민하고 서툴게 표출되거나, 보다 흔한 일이지만 그에 대한 딱 부러진 언급이 없든지 간에 그 근본적인 상태로 인하여 상호작용은 지나치게 배타적으로 규정된다. 여기에는 한두 가지 이상의 불편함과 역겨움을 표현하는 비슷한 징표들이 수반된다. 장애에 관한 조심스러운 언급과 흔한 일상적인 말들까지도 갑자기 금기(*taboo*)가 된다. 엉뚱한 곳에 고정된 시선, 짐짓 경망스럽게 굴기, 충동적인 수다스러움과 어울리지 않는 엄숙함 등은 모두가 다 그러한 불편과 역겨움의 징표들이다.

장애를 지니고 있음이 인식되었거나 알려진 사람과의 교제에 있어서 우리는 적절치 못한 분류방식을 채택하기 쉽고 그래서 우리와 장애인이 다 같이 곤란해지는 경험을 한다. 물론 이를 출발점으로 하여 괄목할 만한 진전이 이루어지는 경우도 흔하다. 장애인이 우리보다 이러한 상황에 부딪치는 경우가 더 흔하기 때문이다. 그가 이런 상황을 더 능숙하게 다룰 수 있는 것이다.

2) 동류형과 꾀보형

어떤 장애인의 가상현실적 정체성(*identity*)과 실제의 정체성 사이에 차이가 있을 수도 있다는 것은 이미 앞에서 말한 바 있다. 이 차이가 알려져 있거나 분명하게 드러날 경우 당사자의 사회적 정체성에 손상을 입힌다. 가령, 경우에 따라서는 코가 없이 태어난 사람의 경우처럼 계속 살아가면서 자신이 그런 유형의 사람으로서는 유일한 존재라는 것과 온 세상이 자신에게 적대적이라는 것을 알게 될 수도 있다. 그런 대부분의 경우에 동정적인 타인들도 있어서 이 세상에서 자신의 입장을 기꺼이 이해해 주고 자신이 자기 의심과 외모에도 불구하고 '본질적으로는' 정상적인 인간이라는 데에 공감하고 있음을 알게 될 것이다. 그런 유형 두 가지를 생각해 본다.

동정적인 타인들의 첫째 유형은 물론 그와 같은 장애를 지닌 사람들이다. 자기 자신의 경험을 통하여 바로 그 장애를 지니고 있는 것이 어떤 일인지를 알고 있음으로 그들 중 일부는 처신술과 도움, 안락함을 얻어낼 수 있는 요령에 관하여 가르쳐 줄 수도 있다. 연구에서 얻어진 실례를 하나 들어보겠다.

> 이들 장애인들 간에 각기 다른 가치 체계가 존재한다는 사실은 문맹인들이 서로 교제할 때 일어나는 행동의 전달성에 의하여 명확하게 드러난다. 표현력이 부족한 곤혹스러워 하는 모습(보다 규모가 큰 사회에서 그들이 흔히 보이는 모습 그대로)으로부터 표현력이 풍부하고 이해심 있는 사람으로 변화될 뿐 아니라 자신을 인습적인 용어를 사용해서 표현하기까지 한다. 자기들끼리는 매우 광범위한 반응을 보인다. 그들은 위신과 불명예의 상징들을 형성하고 재조직하며 자기 자신들의 규범과 관용어구(*idiom*)에 따라 관련 상황들을 평가한다. 그리고 서로 간의 관계를 통하여 타협적 적응을 위한 가면은 떨어져 나간다.

난청으로 고생하고 있는 한 사람의 말을 들어보자.

> 농학교에서 청각이 훼손된 것을 당연하게 여기는 사람들과 함께 있는 것이 얼마나 마음 편한 일이었는지를 기억한다. 이제 나는 보청기를 당연하게 여기는 사람들을 좀 만나고 싶다. 누군가가 나를 보고 있다는 것에 신경을 쓰지 않고 보청기의 음량 조절 장치를 맞추는 일이 얼마나 유용한 일이겠는가. 내 목 뒤에 있는 코드가 눈에 띄지 않을까 하는 생각을 그만 두고 "이런, 건전지가 다 됐네"하고 큰소리로 말해 보는 것은 얼마나 호사스러운 일인가?

장애인들에 관한 사회학적 연구에서 흔히 관심을 갖게 되는 것은 어떤 특정 범주의 사람들에 의하여 지탱되는 그런 종류의 공동생활이다. 분명코 여기에서 다양한 유형의 집단 형성과 집단 기능들을 보게 된다. 언어 장애가 있어서 어떤 종류의 집단 형성도 할 수 없는 경우도 있다. 단결해서 단체를 구성하고 싶은 사람들 중에는 전에 정신병을 앓았던 사람들이 있다. 그 무색무취하고 무해한 명칭에도 불구하고 정신건강 관련 클럽들은 극소수만이 지원한다.

이혼한 사람들, 노년층, 비만인들, 지체장애인들이 함께 모여 서로 돕기 위해 조직한 클럽들이 있다. 전에 알코올 중독자였던 사람들의 클럽, 전에 마약 중독자였던 사람들의 클럽 등 정도의 차이는 있지만 자원봉사를 위한 단체들도 있다. 그중에는 전국적인 규모의 것도 있는데, 예컨대 그 회원들에게 하나의 완전한 이론과 생활양식을 가르치는 AA (알코올 중독자들의 모임, Alcoholics Anonymous) 같은 단체도 있다. 흔히 이 단체들은 사회운동으로서 모범적 연구대상을 제시하는 가지각색의 처지에 있는 사람들과 단체들의 수년에 걸친 노력의 결정이다.

마지막으로 도시 안에는, 종족적 낙인이 씌워진 사람들이 고도로 집중되어 있는 민족적, 인종적, 또는 종교적 주거 중심 지역사회들이 완전하게 성숙한 모습으로 자리 잡고 있다.

물론 여기에는 일반적인 개념상의 혼란이 있다. '범주'라는 용어는 완전히 추상적이어서 어떤 집합체에게도 적용될 수 있다. 이 경우에는 특정 장애를 지닌 사람들이 해당되겠지만 말이다. 어떤 일정한 장애의 범주에 해당되는 사람들 중 상당한 비율의 사람들은 '집단'이라는 용어에 귀속되거나 '우리', '우리 사람들'에 해당하는 용어에 의하여 분류되는 편이 나을 것이다. 그 범주에 속하지 않는 사람들은 집단에 속한 사람들을 마찬가지로 지칭할 것이다. 그러나 흔히 그러한 경우에 전체 가입자가 어느 한 집단의 일부는 아닐 것이다. 집단행동을 할 수 있는 능력도 없고 상호 작용의 안정되고 포괄적인 패턴도 없다. 어떤 특정한 장애 범주에 속하는 사람들이 소규모의 사회적 집단을 구성하는 경향이 있다는 것을 알 수 있게 될 따름이다. 그 구성원들은 같은 범주에 속하며 이들 집단은 정도 차이는 있지만 상위 단체에 예속 당한다. 어느 한 범주에 속하는 장애인이 다른 사람과 접촉하게 되면 서로가 다 같이 동병상련(同病相憐)의 정을 지니고 상대방에 대한 태도를 바꾸는 경향이 있다는 것을 알 수 있다. 뿐만 아니라 그 범주에 속함으로써 장애인은 다른 어떤 장애인과 교제할 가능성이 증가되며 그 결과 그 사람과 관계를 구축하기까지도 한다. 그렇게 되면 하나의 범주는 그 구성원들을 집단으로 묶거나 관계를 구축하도록 기능할 수 있는 것이다. 그러나 그 전체 구성원이 그로 인하여 하나의 집단을 형성하는 것은 아니다.

어떤 일정한 장애를 지닌 사람들이 생태학적으로 강화되는 공동체를 위한 인적 자원의 토대가 되건 그렇지 못하건 간에 그들은 자기들을 대변하는 대리인들과 기관들을 지지할 가능성이 있다. 한편, 그 구성원들이 언론이나 정부를 상대로 자신들의 이익을 위해 운동을 펼치기 위한 사무실이나 그에 유사한 장소를 소유할 수도 있을 것이다. 동일한 범주의 장애인들을 위해서 일하는 행동 집단들은 상호 간 다소 반대되는 입장에 있을 수도 있을 것이다. 그렇더라도 이러한 반대는 장애인 자신들에 의한 관리와 정상인들에 의한 관리 간의 차이를 반영하는 경우가 흔하다. 대표자들의 특징적인 임무 중 하나는 문제의 범주를 지칭하기 위하여 좀더 유연한 명칭을 사용하라고 대중을 설득하는 것이다.

이러한 신념에 입각하여 행동하면서, 가령 과거 미국의 '연맹'(뉴욕 난청자 연맹)의 운영진은 '난청', '청각장애' 그리고 '청각상실'과 같은 용어들만 사용하기로 합의하였다. 청각장애인들의 대화에서 편지나 다른 글에서 강의나 공개적인 연설 등에서 귀머거리라는 말을 아예 뽑아 없애기 위해서였다. 그것은 효과가 있었다. 뉴욕은 점진적으로 새로운 어휘들을 사용하기 시작하였다. 올바른 사고방식이 자리 잡기 시작했던 것이다.

그들의 통상적인 임무 중 또 다른 하나는 정상인과 장애인의 다양한 청중을 상대로 강연을 하는 것이다. 그들은 장애인을 옹호하는 주장을 편다. 자기 자신이 그 집단의 기간요원일 경우에는 완전한 성취의 살아 있는 모형을 제시하기도 한다. 장애인도 성공적인 삶을 살 수 있는 성숙한 인간임을 입증했다고 하여 공개적인 시상의 수상자로서 서기도 하는데 이는 적응의 달인으로서 특정 장애를 지닌 사람들이기에 가능한 일이다.

흔히 특정 장애를 지닌 장애인들은 공감대가 형성된 감정을 표출해주는 모종의 간행물의 후원자가 되어 자기 집단의 '참됨'과 그에 대한 자신의 애착을 독자들에게 확인시킨다. 여기에서 구성원들의 이념(*ideology*)이 체계화된다. 그들의 불평, 포부, 정치적 소견들이 모양새를 갖추게 된다는 말이다. '집단'의 잘 알려진 친구와 적의 이름이 그들의 장단점에 관한 정보와 함께 게재되고, 성공담들이 발표된다. 정상적으로 받아들여진 새로운 분야에 파고든 동화와 적응의 주인공에 관한 이야기들과 장애인을 상대로 정상인이 저지르는 최근 역사 속의 극단적인 만행의 사례들이 기록된다. 또한 장애인을 위하여 바람직한 행동 규범을 가르치는 전기 또는 자서전 형식의 교훈적 이야기들이 제공된다. 이 간행물은 장애인의 현상 타개를 위하여 취해야 할 최선의 대응책은 무엇인가와 같은 의견을 제시하기 위한 토론의 장(*forum*)으로서 활용될 수도 있다. 어떤 개인의 장애가 특수 장비를 필요로 하는 경우에는, 여기에 광고하는 것도 검토할 수 있다. 이들 출판물의 독자층은 비슷한 노선을 지향하는 도서들과 소책자들을 위한 시장을 조성해 주기도 한다.

또한 장애인으로 분류되는 집단의 대표자 역할을 맡는 사람들에 관하여 여기에서 한마디 논평이 필요해진다. 이들은 그저 동료 장애인들보다 약간 더 목소리가 크고, 약간 더 알려져 있거나 발이 넓은 사람으로서 시작하여 어느새 같은 장애인이면서도 자신이 참여하는 운동에 하루를 모두 사용하는 그 방면의 전문인이 되어 있음을 알게 된다.

덧붙여 말할 수 있는 것은 어떤 특정 장애인이 직업상 정치적으로나 재정적으로 높은 지위에 일단 오르게 되면(얼마나 높은 지위인가는 그가 속한 문제의 그 집단에 따라 다르겠지만) 그는 해당 집단을 대표하는 자로서의 새로운 생애를 맞게 된다. 그는 자신이 너무 저명해져서 장애인을 대표하지 않을 수 없다고 여긴다. 그래서 어떤 장애의 약점은 그 범주에 속하는 장애인의 지명도에 의하여 측정될 수 있게 된다. 이런 종류의 전문화에 관하여서는 두 가지 사항을 지적할 수 있다.

첫째, 자신의 장애를 직업화함에 있어서 그 집단 고유의 지도자들은 다른 범주의 지도자들과 관계를 갖지 않을 수 없게 되며 그래서 자기 자신의 폐쇄된 집단을 박차고 나오게 되는 것이다. 목발에 의지하는 것이 아니라 그걸 가지고 골프를 하려 들면서 사회적 참여라는 견지에서 자신들이 대표하는 사람들의 대표이기를 포기하고 마는 것이다.

둘째로는, 자신이 속한 집단의 견해를 전문적으로 제시하는 사람들은 자신들이 그 점에 관하여서는 숙지하고 있다는 바로 그 이유만으로 모종의 체계적인 편견을 도입할 수도 있을 것이다. 어떤 장애 집단이건 노선이 다르고 심지어는 다른 프로그램을 옹호하는 전문적인 대변자들이 있기 마련이지만 바로 그 장애를 지닌 한 개인의 상황이 주목해 볼 만한 가치가 있다는 점엔 모두가 무언의 합의를 하고 있다. 장애에 관하여 글을 쓰는 사람이 장애를 심각하게 받아들이건 가볍게 여기건 간에 자기가 쓰는 글의 주제로서 가치가 있는 것으로 그 장애를 정의하여야 한다. 최소한 이 정도의 합의는 장애가 자기 이해의 토대라는 신념을 강화시키는 데에 도움이 된다. 그러기에 대표자의 자격은 여기에서 끝나는 것이다. 구성원들의 장애에 관심을 두지 않는 사람이나 장애에 관하여 아는 것이 없는 사람이 장애인을 대표할 수는 없기 때문이다.

장애인이 어느 정도의 도움을 기대할 수 있을 일단의 사람들을 생각해 보았다. 즉, 같은 장애를 지니고 있고 그 장애로 인하여 자신과 동류라고 정의되거나 스스로를 '동류'(*his own kind*) 라고 정의하는 사람들이 그 첫 번째이고 두 번째는 한때 동성애자들이 즐겨 사용하던 용어를 빌리자면, '꾀보'(*the Wise*) 들이 그들인데 다시 말해서 이들은 정상인이면서도 특수한 상황으로 인하여 장애인의 은밀한 생활과 관련을 맺고 있고 동정적이며 자신도 어느 정도까지 그 집단의 일원이라고 여기는 사람들과 자신의 결함에도 불구하고 조만간 정상적인 타인으로 여겨지리라고 생각하는 사람들이다.

어떤 특정한 장애를 지닌 사람들의 견해를 취하기 전에, '꾀보'가 되어가는 정상인은 마음이 변하는 경험을 먼저 거쳐야 할 것이다. 그런데 이 마음을 변화시키는 경험에 관하여서는 문헌기록이 많다. 그리고 동정적인 정상인이 장애인에게 봉사를 시작한 후, 장애인들이 그를 자기네 집단의 명예회원쯤으로라도 인정해 줄 때까지 기다려야 하는 경우가 흔하다. 그 사람 자아 전체가 제공되어야 할 뿐 아니라 받아들여져야 하는 것이다.

꾀보형의 예를 하나 들어보면 어떤 특정한 장애를 지닌 사람들의 어려움을 보살피거나 사회가 이 장애인들에 관하여 취하는 조치들을 보살피는 등 기성시설이나 단체에서 일한 경험으로부터 그 꾀(*wiseness*)를 얻어내는 사람이 있다. 예컨대, 간호사나 물리 치료사들은 꾀보일 수 있다. 환자가 그의 장애를 최소화하기 위하여 사용법을 배워야 하는 인공 보철 기구나 장치에 관하여 장애인보다 더 많은 것을 알게 될 수 있기에 그렇다.

꾀보형의 두 번째 예를 들어보면 사회구조를 통하여 장애인과 관계를 가지고 있는 사람이다. 즉, 정신질환자의 충실한 배우자, 전과자의 딸, 지체장애인의 부모, 시각장애인의 동행 인도자 등 이들 모두는 자신과 관계있는 장애인이 당하는 불명예의 일부를 나누어 받지 않으면 안 되는 것이다. 이 운명에 대한 한 가지 반응은 운명을 포용하고 자신의 장애인 친지가 살고 있는 세계 속에 적극적으로 들어가 사는 것이다. 여기에서 덧붙여 말해야 할 사실은 이런 식으로 그 자신이 어느 정도 장애인이 되는 사람들이 이번에는 그들 나름대로 장애를 후천적으로 얻게 되는 친지들을 만들어 낸다는 점이다.

이러한 '가성 장애'(*courtesy stigma*)를 지닌 사람들이 정상화의 모델을 제시하여 주면서 어느 정도까지 장애인을 장애인이 아닌 것처럼 대할 수 있겠는가를 보여준다. 정상화(*normalization*)와 모범화(*normification*), 즉 장애인이 자신을 정상인으로 내세우려하는 노력(자신의 결함을 반드시 숨기려 하지는 않는다), 게다가 장애인 숭배 풍조까지도 일어날 수 있다. 정상인들의 장애인 혐오적 반응(*stigmaphobic response*)이 '꾀보'들의 장애인 친화적 반응(*stigmaphile response*)에 의하여 반격을 당하는 것이다. '가성 장애'를 지닌 사람이 사실상 실제 장애인과 정상인 양자를 다 같이 불편하게 할 수도 있다. 자신의 것도 아닌 짐을 쓸데없이 자청해서 짊어지고 나섬으로써 말이다. 그들이 지나친 도덕성으로 인하여 이 사람 저 사람 할 것 없이 좌충우돌을 일삼고 장애를 직접적이고 스스럼없이 대하여야 할 중립적인 일로 취급함으로써 자신이나 장애인들이 다 같이 정상인들에게 오해를 받을 수 있는 소지를 만들곤 하는 것이다.

3) 도덕적 생애

특정 장애를 지닌 사람들은 자신들의 딱한 처지에 관하여 비슷한 경험을 통해 알게 되며 자아인식 과정에 있어서도 비슷한 변화를 거친다. 이들은 장애에 대한 적응노력의 원인이자 결과로 비슷한 '도덕적 생애'를 경험하는 체험이 있다.

이 사회화 과정의 한 단계는 장애인이 정상인들의 견해를 배워서 자신의 것으로 삼음으로써 보다 넓은 사회에 관한 정체성 신념과 장애를 지닌다는 것이 어떤 것인가에 관한 일반적 견해를 터득하는 단계이다. 또 다른 하나의 단계는 장애인이 자신의 장애 보유사실을 깨닫는 단계인데 여기에서는 그 장애를 지니게 된 전 과정을 순서대로 자세하게 알게 된다. 처음 두 단계의 시기 결정과 상호작용은 중요한 패턴을 형성하며 후에 이루어질 발달의 기초를 세워주고 그 장애인이 추구할 수 있는 도덕적 생애를 택일할 수 있는 수단을 제공하여 준다. 그러한 유형 네 가지를 언급할 수 있겠다.

첫 번째 유형은 선천적인 장애를 지닌 사람들과 관계있는 것으로 이 사람들은 자신들이 미치지 못하는 기준들을 배우면서 자신들의 것으로 삼고자 노력하고 바로 그 시점에서도 자신들의 불리한 상황에 사회적으로 적응해 간다. 예컨대, 고아는 어린이들에게는 부모가 있는 것이 당연하며 정상적인 일이라는 것을 알게 된다. 바로 그와 동시에 부모가 없는 것이 무엇을 의미하는지를 알아차리면서도 말이다. 생애의 첫 16년을 시설에서 보내고 난 후에도, 그는 역시 자신의 아들에게 아버지 노릇을 하는 방법에 관하여 알고 있다고 느끼는 것이다.

두 번째 유형은 한 가정과 그 정도는 훨씬 덜하지만 지역사회가 젊은 이들을 위한 보호갑(*protective capsule*)이 되어줄 수 있는 능력에서 비롯되는 것이다. 그러한 보호갑 속에 선천적 장애아는 정보 통제에 의하여 세심하게 보살핌을 받을 수 있다. 자기폄하적 정의가 그 장애인들의 무리 중에 발을 들여놓지 못하게 되며 보다 넓은 사회가 지닌 다른 자아

정의에 폭넓게 접할 수 있게 된다. 이는 보호갑 속의 어린이로 하여금 스스로를 완전한 자질을 갖춘 보통사람으로 여기게 하는 자아 정의에 접할 수 있게 해 주는 능력에서 얻어지는 패턴이다.

한 개인의 보호받는 삶에 있어서 가정이라는 울타리가 그를 더 이상 보호할 수 없게 되는 시점은 사회계층, 거주지 그리고 장애의 유형에 따라서 다른 것이지만 그런 일이 일어날 때마다 하나의 도덕적 경험을 하게 할 것이다. 그래서 특수학교에의 입학은 장애 학습의 기회라고 흔히 보고되는 것이다. 그 경험(장애 학습이라는)은 학교에서의 첫날 조롱, 집적거리기, 따돌리기 그리고 싸움걸기 등의 형태로 갑자기 찾아오는데 흥미로운 것은 어린이의 '장애' 정도가 심하면 심할수록 이런 식의 사람들을 위한 특수학교로 보내어지는 경향이 있다는 점이다. 그래서 그는 대중이 자기에 대하여 갖는 견해에 보다 갑작스럽게 접하지 않을 수 없게 된다. '자신의 동류들'과 함께 있으면서 자신만이 지니고 있다고 생각했던 장애가 자신에게만 있는 것이 아님을 알게 된다. 젖먹이 시절에 장애를 일으킨 아이가 초년기 학교생활을 성공적으로 꾸려 나가는 경우에 이성과의 데이트가 시작되거나 직장을 갖게 되면 진실의 순간에 부딪히게 될 것이다. 자신의 장애에 대하여 그저 우연하게 눈을 뜨게 될 가능성이 증가한다는 말이다.

> 내가 나의 상황을 처음으로 깨닫고 그래서 일어난 그 격심한 비탄이 찾아온 것은 어느 날 우리들 십대 초반의 처지가 같은 또래들이 기분전환을 위해 해변 모래사장으로 함께 놀러 갔을 때였다. 나는 모래위에 누워 있었는데 아마 그들은 내가 잠들어 있다고 생각했던 모양이다. 그 패거리 중 남자 녀석 하나가 말했다. "나는 도메니카를 퍽 좋아해. 그러나 눈먼 여자애와 데이트만큼은 절대로 하지 않겠어." 이처럼 사람을 철두철미하게 거부하는 편견을 생각조차 할 수 없다.

사회화의 세 번째 유형은 만년에 장애를 일으키거나 자신이 언제나 장애인이 될 수 있었다는 것을 알게 되는 사람에 의하여 잘 드러난다.

첫 번째 경우는 자신의 과거에 관한 견해를 과감하게 재조직할 필요까지는 없지만 이 유형의 경우에는 이런 요인을 포함하고 있는 것이다.

어른이 다 되어서야 자신이 장애인이라는 종족 집단에 속해 있다는 것, 또는 자신의 부모들이 전염성이 있는 도덕적 결함을 지니고 있다는 것을 비로소 깨닫는 사람들의 사례가 확실히 있지만, 여기에서의 일반적 사례는 인생의 만년에 접어들어 어느 날 갑자기 엄습하는 신체장애의 경우이다.

> 갑자기 어느 날 아침, 잠에서 깨어보니 내가 일어서질 못하는 것이었다. 내가 소아마비에 걸린 것이었고 소아마비란 그렇게도 간단하고 단순한 것이었다. 나는 마치 커다란 블랙홀에 빠져 버린 어린 아이와 같았다. 내가 확실히 알 수 있는 일이란 그저 누군가의 도움을 받지 않고는 이 블랙홀에서 벗어날 수 없다는 것뿐이었다. 내가 24년 동안 받았던 교육, 강의들, 그리고 부모로서의 훈련, 그 어느 것도 지금의 나를 위해서 도움이 될 수 있는 어떤 일을 나 스스로 할 수 있게 해주는 것 같지 않았다. 나는 다른 모든 사람과 다를 바 없는 사람이었다. 평범하고, 다투기 좋아하고, 쾌활하고, 매사에 계획만 잔뜩 세워 놓는 그런 위인인 것이다. 그런데 갑자기 무엇인가가 일어난 것이다. 그래서 나는 전혀 딴 사람, 낯선 이방인이 되고 말았다. 나는 다른 누구보다 내 자신에게 더 낯선 이방인이 되어 있었다. 나의 꿈들조차 나를 알지 못했다. 별안간 나는 이중생활을 하는 여인으로서의 정신적·정서적 혼란과 갈등을 겪는 것이었다. 그건 너무 비현실적이었고 나를 곤혹스럽게 했다. 그걸 골똘히 생각해 보지 않을 수 없었다.

여기에서 의료진이 환자에게 그가 어떤 사람이 될 것인지, 되어야 할 것인지에 관하여 알려주어야 하는 특별한 임무를 떠맡게 되어야 할 것이다.

이같은 임무는 정상인들의 사회 안쪽이건 바깥쪽이건 낯선 이들의 공동체에게서 처음으로 사회생활을 하게 된 사람들에 의하여 잘 묘사

된다. 그런데 이 사람들은 자기 주변 사람들이 현실적이며 건실한 삶이라고 생각할 두 번째 생활양식을 배워야 하는 것이다.

한 가지 덧붙여 말해야 할 것은 어떤 사람이 생의 만년에 이르러서 새로이 장애를 일으킨다면 그가 새로 사귀는 사람들에 대하여 느끼는 불안감은 전에 옛날 친구들에 관하여 느꼈던 불안감으로 점차 대체될 것이다. 장애 이후의 지인들은 그를 그저 결함 있는 한 사람으로 여길 따름일 것이다. 그 이전의 그가 어떤 인물이었는지를 잘 알지 못할 것이기에 말이다.

> 자신의 작품을 구입해 줄 미래의 고객들을 인터뷰하는 작가로서의 내 임무는 회견을 위해 내가 만나러 온 그 사람을 편하게 해 주는 것이었다. 흔히 있는 상황과 정반대의 형편이었다. 이상하게도, 전에 만나 본 적이 없는 사람과의 회견이 훨씬 더 쉽게 여겨졌다. 아마 그 이유는 본격적 용무가 시작되기 전에 정리해야 할 과거사에 대한 회고 따위가 처음 만나는 사람과의 사이에는 있을 수가 없어서였을 것이다. 현재와 대비되는 불쾌한 일은 없었다.

장애인의 도덕적 생애가 어떤 일반적 패턴을 그려내느냐 여부와는 상관없이 자신이 장애를 보유하고 있다는 것을 알게 되는 경험의 단계는 특히 흥미로울 것이다. 이때쯤이면 그는 역시 같은 장애를 지닌 다른 사람들과 어울리고 있을 것이기 때문이다.

경우에 따라서는 장애인이 자신의 동류와 갖는 유일한 교제는 일과성의 것뿐이지만 자신과 같은 다른 사람들도 있다는 것을 보여줄 수 있을 만큼은 충분한 정도이다.

> 철수가 클리닉에 처음 찾아왔을 때, 거기에는 다른 두 명의 꼬마 소년들이 있었는데 그 아이들 둘 다 각각 선천적으로 한쪽 귀가 없었다. 철수가 그들을 보자 그의 오른손이 자신의 결함 있는 귀로 올라갔다. 그는 눈을 커다랗게 뜨고 자기 아버지를 향해 말했다. "저기 귀가 내 귀와 같은 애가 또 하나 있어요."

최근에 신체장애인이 된 사람의 경우 그 장애를 다루는 데 더 많은 경험을 지닌 동류 장애인들이 그가 자기들의 클럽에 들어온 것을 환영하고 신체적·정신적으로 스스로를 다루는 방법을 가르쳐 주기 위하여 그를 연이어 방문할 것이다.

장애로 인하여 보호시설에 수용되는 경우 자신의 장애에 관하여 많은 부분을 자신과 비슷한 처지에 있는 사람과의 오랜 그리고 친근한 교제를 통하여 알게 된다.

이미 시사한 대로, 장애인이 이제 자기 자신이라고 인정해야 할 사람이 누구인가를 처음으로 알게 될 때 그는 약간 이율배반적 감정을 느끼기 십상일 것이다. 왜냐면 이들 타인들이 다른 사람과는 전혀 다른 장애를 지니고 있어서 자신이 스스로 생각하고 있는 자신, 즉 정상인으로서의 자신과 전혀 다를 뿐만 아니라 자신과 연루시킬 수 없는 다른 속성들을 지니고 있을지도 모르기 때문이다. 자유로운 조직원으로서 끝났음 직한 일이 전율로부터 시작될 수 있다. 다음이 사례는 새로이 눈이 멀게 된 한 소녀가 병원에서 나오는 길로 '시각장애인의 집'을 방문했던 이야기이다.

> 맹도견에 관한 나의 질문들은 정중하게 묵살되었다. 또 다른 정안인 봉사자가 나를 끌고 돌아다니며 길을 가르쳐 주었다. 우리는 도서실, 교실 그리고 시각장애인 음악부원과 연극부원들이 모이는 클럽 연습실을 방문했다. 축제일 같은 때에 시각장애인들이 끼리끼리 춤도 추곤 하는 레크리에이션 룸도 방문했다. 또 시각장애인들이 함께 경기를 벌이는 볼링장과 모든 시각장애인들이 함께 모여 식사하는 카페테리아에도 가 보았고 시각장애인들이 막대걸레와 빗자루를 만들거나 양탄자를 짜서 생활비를 버는 거대한 작업장들도 방문하였다. 우리가 이 방 저 방으로 돌아다닐 때에 나는 발자국 소리와 속삭이듯 음량을 낮추어 말하는 음성과 수수깡을 탁탁 치는 소리를 들을 수 있었다. 여기가 바로 안전하게 격리된 시각장애인들의 세계였다. 전혀 다른 세계가 거기 있었다. 내가 막 헤어진 사회복지사가 나에게 다짐하듯 들려 준 말이었다.

> 나는 이 세계에 들어가도록 되어 있었다. 나의 직업을 포기하고 막대걸레를 만들어 생계를 유지하기 위해서 '시각장애인의 집'(*lighthouse*)에서는 기꺼이 나에게 막대걸레 만드는 법을 가르쳐 줄 것이라 했다. 나는 나의 여생을 다른 시각장애인들과 함께 막대걸레를 만들며 보내야 할 것이다. 그들과 함께 식사하고 춤추며 나머지 한 평생을 살아야 한다는 것이다. 나는 그만 두려움으로 토할 것만 같았다. 그 그림이 내 마음 속에서 자꾸 커졌다. 내가 일찍이 이보다 더 파괴적인 소외에 부딪혀 본 적이 없었다.

같은 장애를 지닌 사람들에게 느끼는 애착에 끼워 넣어지는 애증의 이율배반적 감정에 비추어 볼 때 자신과 같은 동류들에게 참여하고 동일화하는 것을 지지하는 데에 망설임이 찾아오리라는 것은 이해할 수 있는 일이다.

'가입주기'(*affiliation cycles*)라는 것이 있어서 이 기간 중에 장애인이 참여를 위한 특별한 기회를 받아들이거나 전에는 받아들였더라도 거부하기도 한다. 동류집단의 성격과 정상인의 성격에 관한 믿음에 상응하는 결심과 번의가 반복되는 동요가 있을 것이다. 예컨대, 사춘기 청소년들(동년배의 고등학생들을 포함하여)은 동류집단과의 동일화에 있어서 뚜렷한 감소 추세를 보이지만 정상인들과의 동일화에 있어서는 뚜렷한 증가 추세를 보인다. 장애인의 도덕적 생애에 있어서 후기 단계들은 참여와 신념의 이러한 변동에서 찾아볼 수 있는 것이다. 그렇게 되면 비공식적 공동체와 공식적 단체에 대한 장애인의 관계는 중차대한 것이 된다. 예컨대 이 관계는 그 장애로 인하여 새로운 '우리'에 해당되는 사람들과 소수 민족 집단의 경우와 같은 '저 사람들' 간에 커다란 차이를 드러나게 할 것이기 때문이다. 소위 이 '저 사람들'에 해당되는 사람들은 자기 자신을 유서 깊은 전통을 지닌 잘 조직된 공동체의 일부라고 여긴다. 이 공동체는 충성심과 수입을 수긍할 만하게 요구하면서 구성원을 자신의 장애를 긍지로 여기고 회복하려고 노력하지 않는 사람이라고 규정한다. 하여튼, 장애인 집단이 기성 조직이건 아니건 간에, 장애인의 이력과 도덕적 생애에 관한 토론이 가능한 것은 바로 이 동류집단과의 관계에 있는 것이다.

자기 자신의 도덕적 생애를 평가할 때 자신과 같은 장애인들과 정상인들에 관하여 자신이 현재 지니고 있는 신념과 관행에 도달하게 된 이유를 설명하도록 도와주는 경험들을 간추려내고 돌이켜보면서 정교하게 다듬어보기도 한다. 이렇게 해서 일생일대의 사건이 도덕적 생애와 이중적인 관계를 가질 수 있다. 첫째, 실제적인 전환점을 밑받침하는 직접적인 근거로써, 다음으로는 최근에 취한 입장을 위한 수단으로써의 이중적인 관계이다. 이 나중의 목표를 위해 흔히 선택되는 한 가지 경험은 새로이 장애를 일으킨 사람들이 해묵은 장애인들은 정상인과 다름이 없다는 것을 알게 해주는 경험이다.

또 다른 하나의 전환점은 고립시키고 장애를 일으키는 경험인데, 입원 기간 중의 것으로, 장애인 당사자가 자신의 문제를 통찰할 수 있었던 시기라고 나중에 가서 인정하게 되는 시기이다. 이 통찰이 시기 중 장애인은 자신의 문제에 관하여 생각하고 상황을 분류하여 자신의 생에서 추구할 가치가 있는 것이 무엇인지를 새삼스럽게 이해하게 되는 것이다.

장애인: 사회복지실천의 도전 제 2 장

사회복지사들에게 있어서 장애인을 위한 재활과 지역사회에 토대를 둔 보호를 강조하는 것은 크게 신장된 사회복지실천 기회에 대한 약속과 동시에 심각한 직업상의 책임이라는 부담을 의미하기도 한다. 사회복지실천을 위한 정부 재원과 기타 기금의 축소 및 정상화와 사회통합에 대한 장애 당사자들의 강력한 욕구 그리고 장애인에게 제공되는 많은 사회복지실천 서비스의 성격 등으로 미루어 볼 때, 전통적인 사회복지 기관이 장애인에게 가장 적절한 도움의 통로라는 사실에는 의심의 여지가 없다.

상당한 장애가 있는 사람들의 욕구를 충족시킬 수 있도록 구상된 전문화된 사회복지실천 서비스를 개발하기 위한 정부 재원에 대한 요청은 이미 존재하고 있는 사회복지실천 서비스가 장애인들의 욕구를 충분하게 충족시킬 수 있는 경우엔 더 이상 수락되지 않는다. 오늘 우리 정부는 어떻게든 장애인복지 예산을 최대한 줄이지 않으려고 애쓰고 있으나 현실은 그리 녹록치 않아 보인다.

다양한 사회복지실천에 보다 많이 접할수록 전문화된 사회복지실천에 대한 요구는 줄어들게 되는데, 많이 좋아졌다고 해도 여전히 장애인들의 요구와 욕구가 큰 것을 보면 우리 사회가 감당해야 할 장애인을 대상으로 하는 사회복지실천 서비스들이 보다 더 확충되어야 할 것으로 판단된다. 특히 거주시설[1]에서 생활하는 장애인을 지역사회로 복귀시키기 위해서뿐만 아니라 이미 지역사회에서 살고 있는 장애인의 생계를 위해 현재 사회복지 기관에 존재하는 지원 서비스를 보다 효과적으로 확산해 가는 일이 필요하다. 사회복지사들은 지역사회에 대한 폭넓은 지식을 갖고 있어야 하며 지역사회의 실제적인 문제를 사정하고, 나아가 그 문제를 해결하기 위한 기술 및 조직관리 운영에 관한 전문 지식까지도 공유하고 있어야 한다. 뿐만 아니라 입법과 자금 운용의 작용 원리도 파악하고 있어야 한다.

이런 맥락에서 장애인을 대상으로 개입실천을 해야 할 사회복지사가 수행해야 하는 중요한 업무와 관련된 내용들을 요약하면 첫째, 사례관리, 둘째, 장애아동의 교육과 재활, 셋째, 장애인 가족의 역량 강화, 넷째, 장애인의 직업 능력 함양, 다섯째, 지역사회에서의 생활 여건 개선, 여섯째, 다양한 지역사회 자원의 발굴과 연계, 일곱째, 장애인의 권익을 옹호하여 법과 제도를 입안하게끔 하거나 개선하는 일 등으로 정리할 수 있다.

특히 사회복지사의 옹호 활동은 가능한 한 제도 개선과 입법으로 연결되게끔 해야 한다. 물론 입법이 사회복지사들과 장애인 간의 관계를 변화시키는 정책 결정의 유일한 도구는 아니다. 사법부가 사회복지 기관과 시설들의 실천과 업무 수행을 검토해야 한다는 요청을 점점 더 많이 받아온 사실에 비추어 사회복지사들과 다른 이 분야의 전문가들

---

1) 사회복지시설은 이용 형태에 따라 24시간 거주와 보호서비스를 제공하는 '생활시설'과 주로 낮 시간 동안 다양한 서비스를 제공하는 '이용시설'로 구분한다. 이 책에서 사용하는 '거주시설'이란 용어는 생활시설을 말한다. 생활시설 대신 거주시설을 사용하는 것은 생활시설이 함축하고 있는 지역사회와의 단절성을 극복하기 위해서이다. 생활시설은 그 용어에서부터 시설 내에서 모든 생활이 이루어짐을 가정하고 있는데 저자는 이와 같은 인식을 하루 속히 바꿔야 한다고 생각한다.

은 직접적으로건 간접적으로건 이 과정에 참여하기 마련이다. 가령 보호자 없이 방임되고 있는 중증 지적장애아동의 경우에도 법원은 치료를 받을 수 있는 헌법상의 권리를 확인했으며, 거주시설 수용을 위한 조건을 정했고, 개별적인 치료계획을 마련할 것을 요청하였던 것을 예로 들 수 있다. 이는 최소한의 제약을 받는 여건에서 치료를 받을 수 있는 헌법상의 권리를 인정하고 충분한 재활을 위한 일련의 기준들을 채택할 것을 명령한 것이었는데 그 기준은 사회복지사의 자격 요건과 담당해야 할 적정량의 사례 수를 명시적으로 밝히고 있다.

더욱이 최근 사회적으로 엄청난 반향을 불러일으킨 '도가니 사태'[2]로 인해 시설 내에 존재했던 용납될 수 없는 상태가 장애인 당사자와 그 부모들 그리고 관련 교사 및 전문가 나아가 일반인들에게도 널리 알려지게 되었다. 이 사건은 시설장 내지 특수학교 교사 그리고 사회

2) 2000년부터 광주 인화학교에 재학 중인 청각장애 여학생들을 대상으로 학교 직원들의 상습적인 성폭력 가해가 발생했다. 이 사실을 우연히 알게 된 한 교직원이 2005년 6월 장애인성폭력상담소에 일부 교직원의 성폭행 사실을 제보하면서 세상에 알려졌다. 이후 시민단체들과 방송을 통해 실상이 밝혀지고 성폭력 사건이 전말이 보도되면서 학교장과 해당 교직원들에 대한 법적 처벌을 촉구했다. 그러나 사태의 심각성과 달리 가해자들은 집행유예로 풀려나 다시 학교로 돌아오고 오히려 이 사실을 제보한 교직원이 해임되면서 사태는 그렇게 일단락되는 듯했다. 물론 사건의 중심에서 장애아동에 대한 인권은 전혀 찾아볼 수 없었다. 이후 이 사건은 2009년 6월 소설가 공지영에 의해 소설 《도가니》로 출간되었고, 2011년 9월 영화 〈도가니〉가 개봉과 동시에 흥행하면서 사건이 세상에 알려진지 6년 만에 해결의 급물살을 타게 되었다. 영화를 접한 대중들의 공분에 놀란 당국과 정치권에서는 사건의 실체를 다시 조사하게 되었고 서둘러 대책을 내놓기 시작했다. 인화학교를 운영하던 사회복지법인 우석법인은 법인설립 허가 취소 통보를 받았으며, 보건복지부와 교육과학기술부는 장애인거주시설과 특수학교 등을 대상으로 긴급 인권점검에 들어갔다. 대법원 양형위원회는 장애인 성폭행 범죄에 대한 권고 형량을 높이는 안을 추진하였으며, 국회에서는 이른바 도가니법이라고 불리는 사회복지사업법과 성폭력범죄의 처벌 등에 관한 특례법 개정 추진에 들어갔다.

복지사의 자질에 대한 관심을 유발하였다. 여러 가지 면에서 법원의 조치는 서비스이용자인 장애인의 권익보호에 앞장서야 할 사회복지사의 책임을 입증해주었다. 결국 도가니의 현장인 바로 그 학교와 시설은 폐쇄되었고 그곳에 수용된 인원들은 적절한 지역사회의 생활터전으로 재배치되었다.

오늘날 크게 강조되고 있는 중재자로서 그리고 인간존엄성의 옹호자로서 기대되는 역할로 인하여 사회복지사가 처한 위치는 아주 독특하다. 법원들이 그 임무를 완수하려 한다면 다양한 전문 직업인과 전문가 단체의 전문지식에 의존하게 될 것이다. 전문적인 증인으로서, 기획담당자로서, 사회복지실천 서비스 제공자로서 이 과정에서 맡아야 할 중요한 역할이 있다. 법원명령의 큰 부분들이 사회복지실천의 실시와 가족의 참여 그리고 지역사회의 통합에 관한 것이므로, 그것을 실행하는 책임은 확인된 어려움에 대처할 수 있도록 훈련되고 적절한 기술을 보유하고 있는 사람에게 맡겨지리라는 것은 자명하다.

1. 장애: 사회복지사들을 위한 기회

장애인에 대한 사회복지실천은 사회복지사에게는 무한하게 열린 현장이며 도전이자 일할 수 있는 엄청난 기회가 되기도 한다. 그러므로 사회복지사를 양성하는 사회복지 교육과 훈련 과정에서는 장애와 장애인에 대한 이해와 그들을 대상으로 서비스 개입실천을 할 수 있는 전략과 방법 등을 충실히 담아내야 한다.

현재 우리나라의 경우 학사 학위 수준의 교육에 있어서는 제너럴리스트(일반 사회복지사)를 양성하는 것이 일차적 목표이므로 전반적인 사회복지 교육과 훈련을 강조하고 있다. 이는 사회복지 기관에서 그들이 하는 사회복지실천이 장애인과 부딪치면서 겪게 되는 당면한 문제점들에 적절하게 대응할 수 있도록 최소한의 기초적인 준비를 시켜주기 위해서이다. 대학원 석사 과정에서는 사회복지 정책과 입법 및 사법과정에 대하여 점차 강도 높게 공부한다. 그 이유는 역시 변모하는 사회복지실천 여건에 졸업생들이 대처할 수 있도록 준비시키는 데에 도움을 주어야 하기 때문이다.

그럼에도 급변하는 장애인복지 현장의 상황을 볼 때, 학교 교육만으로는 미흡하다. 그래서 현장에서 일하는 사회복지사들을 위한 재보수 교육이 교육기관과 사회복지사협회 등과 같은 전문 사회복지단체의 주관하에 보다 더 활발하게 개발되고 실시되어야 할 필요가 있다. 전반적인 지역사회 연계 체제 개발의 필요성은 물론 지역사회에 기초를 둔 보호와 재활에 대한 강조가 증가일로에 있어 사회복지실천 교육 프로그램은 앞으로도 지속적으로 융통성 있고 혁신적인 방향으로 나가야 한다.

1) 과거의 공헌

우리나라의 경우 과거 사회복지 전문단체나 대학 및 대학원 등에서 사회복지 교육을 체계적으로 받지 못했으면서도 소수의 선구적 사회복지사들이 투철한 사명감으로 장애 분야에 헌신해 왔다는 사실은 주목할 만하다. 이들 장애인복지 초창기 사회복지사들이 끼친 공헌은 다음과 같은 분야에 걸쳐 있다.

첫째, 장애인을 대상으로 하였을 뿐만 아니라 그 부모와 형제자매들까지 개별적 또는 집단적 개입을 실시하였다. 이는 가족 전체를 지원하려는 노력의 일환이었다.

둘째, 사정과 평가를 통해 사회복지서비스를 제공받는 장애인의 변화를 파악해내려고 애썼다.

셋째, 대안적 생활 여건, 특히 다양한 유형의 위탁가정과 그룹홈 등을 운영하였다.

넷째, 가족과 장애인을 위한 사회복지실천을 확보하는 데 있어서 그들을 돕도록 구상된 돌봄과 보호의 성격을 띤 사회복지실천과 지역사회 연계 및 권익옹호 등을 폭넓게 실행하였다.

다섯째, 사회복지실천의 조직체계 내에서 장애인의 배치와 접수, 사전 퇴소, 퇴소의 계획과 사례관리 실천 등을 수행하였다.

여섯째, 지역사회의 여러 단체와 조직과의 협력을 기반으로 한 사회복지실천 기획과 운영 등을 시도하였다.

만약 이상에서와 같이 사회복지계가 장애 분야에서 일익을 담당하지 않았더라면, 장애인복지 현장은 존재하지 않았을 것이다. 아마도 장애 분야는 사회복지가 아닌 또 다른 전문 영역이 담당하고 있을지도 모른다. 다행스러운 일은 사회복지실천이 장애 분야에서 큰 역할을 감당함으로써 다양한 사회적 영역 상호 간의 중간 부분을 감당하는 소위 "영역 간 실천"이 가능하게 되었다는 것이다. 개인과 가족, 집단과 지역사회 등이 연계되었으며 여러 지역사회의 기관 내지 자원 혹은 조직들이 상호 연결되어 효과적으로 장애를 가진 서비스이용자들의 바람직한 변화를 위해서 활용될 수 있었다.

실제로 사회복지실천 중 많은 부분이 한 체계의 실천이 또 다른 하나의 체계와 상호작용하는 방법을 개선하는 데에 역점을 두고 있다. 사회복지실천 개입은 한 체계가 다른 체계와 만나거나 유대관계를 형성하는 시점에 일어난다. 예컨대 어떤 가족(하나의 체계)이 장애인을 위한 협회(또 다른 하나의 체계)와 관계를 맺도록 돕는 것이 영역 간 실천이다. 또한 지적장애인이 시설에서 퇴소하여 지역사회 내에 있는 그룹홈에 수용되는 것을 돕는 것도 영역 간 실천이다. 그리고 어떤 장애인 개인이 보충적인 사회보장 소득을 얻도록 돕는 것도 영역 간 실천이다. 나아가 어떤 사회복지 기관이 사회복지실천을 다른 기관에서 하는 사회복지실천과 협조하여 서비스 개입을 수행하는 것 또한 영역 간 실천이다. 접수, 퇴소계획, 배치, 사례개입, 정보수집 및 조회와 같은 일들과 중개, 중재, 권익옹호와 같은 역할들도 영역 간 실천 또는 체계 간 영역에서의 개입실천이다.

이렇게 사회복지실천을 영역 간 실천이라고 본다면, 장애 분야는 자극적이기도 하고, 도전적이기도 한 것이다. 장애인의 어려움과 관심사 그리고 그 부모와 형제자매들의 애로사항과 실제적인 욕구들은 부단하게 변화하고 있으며 거의 모든 사회복지실천 프로그램, 즉 건강보호, 상담, 소득유지, 교육, 법률상의 원조, 주택문제, 자조집단, 정신건강, 취업, 직업훈련 등 이 모든 것이 그들의 생활에 영향을 끼친다. 이 모든 체계 간에 연결 장치를 구축하는 것은 기념비적인 과업이다. 더더욱 도전적인 그래서 어려운 일은 장애의 상태가 대체로 일생 동안 계속되는 상태라는 사실이다. 따라서 사회복지사는 광범위한 여러 체계들을 연계하고 조정하여 효과적으로 활용하는 능력을 갖고 있어야 할 뿐만 아니라 장애 유아로부터 장애 노인에 이르기까지 모든 연령층에 대해서 큰 관심을 가져야 한다.

지난 삼십 년 동안 전문분야로서 사회복지계와 장애 분야는 모두 급속한 변화를 겪어 왔다. 이러한 변화들로 인하여 다음 4반세기에는 사회복지계가 장애 분야에 보다 더 커다란 기여를 할 수 있을 것이다. 장애 분야 내에서 특수교육과 재활의 내용이 실제로는 사회복지실천 과정과 같은 영역의 테두리 안에서 거의 근접한 거리루 평행을 이루거나 겹치는 방향으로 전진하고 있기 때문이다. 잠재적으로 이러한 겹침 현상은 사회복지실천의 주류를 장애 문제에 더욱 접근시키고, 사회복지실천에 대한 수요를 더욱 크게 창출할 수 있을 것이다.

2) 변화하는 정의

장애의 현대적 정의는 사회복지실천 개입의 전통적 개념화와 마찬가지로 개인과 그의 사회적 환경 간의 호혜적 관계를 강조한다. 사회복지실천은 항상 인간과 그의 환경 모두에 역점을 두어 왔다. 이 역점은 어떤 경우엔 그 일방, 즉 사람 쪽에 주어지는가 하면 또 다른 어떤 경우엔 환경 쪽에 주어지기도 하였다. 사람 쪽에 역점이 주어지는 것은 심리학적 해석을 따르는 것이고 환경 쪽에 역점을 두는 것은 사회학 및 경제이론의 해석을 따르는 것이다. 그러나 사회복지실천의 주류는 응용심리학이 되지 않았고 응용사회학도 되지 않았다. 오히려 사회복지실천은 인간과 환경을 절묘하게 통합하면서 새로운 절충주의적 모델로 자리잡게 되었다.

따라서 사회복지실천의 중심적 관심사는 사람들의 문제에 대한 대처양상과 부딪치는 환경의 특질을 조화시키는 일이다. 하지만 이는 쉬운 일이 아니다. 예를 들어 아무리 장애 당사자와 사회복지사가 애쓰고 수고해도 지역사회 주민들의 편견이 해소되지 않는다면 그들의 지역사회 통합은 불가능하다는 것이다. 사회통합은 물리적 통합만으로 가능한 것이 아니라 지역사회에서 호흡하며 살아가는 비장애인들의 의식이 장애인도 동등한 인격체라고 인정하고 받아들이는 데까지 나아가는 의식의 통합이 병행될 때 비로소 이루어질 수 있다. 우리끼리 아무리 "우리는 평등하다! 우리는 장애를 극복할 수 있다!" 하여도 함께 더불어 사는 사람들이 그렇게 보지 않는다면 진정한 장애 극복은 이루어질 수 없는 것이다.

그러므로 장애인을 대상으로 하는 사회복지실천 체계는 서비스이용자와 그의 문화적 환경 사이에서 중재를 맡는다. 서비스이용자의 자립능력을 향상시키고 환경 조건이 개인적 자원과 정상적인 욕구 충족 간에 아직 남아 있는 간격을 메우도록 개선함으로써 장애가 비정상화시키는 영향을 완화시켜 주고 보상해 주기 위해서이다. 가령 지적장애에 대한 최근의 일반적인 정의는 "적응성 행동"의 개념을 IQ 점수와 전반적 사회적응 간의 차이를 부각시키도록 통합하였다.

사회적 능력과 적응성 행동이라는 개념은 양립 가능하다. 양자는 다 같이 임무와 사회적 및 문화적 규범과 일생 동안 기대는 변화한다는 견해와 마찬가지로 역할 수행에 근거를 두고 있다. 그런 이유로 이 두 분야 간의 간격을 메우는 개념적 교량이 구축되어왔다. 적응성 행동에 주어진 관심은 사회복지실천에서는 특별한 관심사인 많은 행동 유형과 임무 수행 분야들을 부각시켜 주었다. 예를 들면 이들 중에 포함되는 것들로는 사회적 상호작용, 지역사회 성향, 가정에서의 행동, 금전 관리, 여가시간 실천 등이 있다. 적응성 행동에 대한 강조는 사회복지계에 개입의 명백한 근거와 개입 대상 및 다계열적 분야에서의 정해진 역할을 성취할 수 있는 기회를 제공해 주고 있다.

이런 맥락에서 많은 사회복지사들은 다음과 같은 근본적 문제를 붙들고 고심해 왔다. 즉, "장애 분야에 있어서 사회복지실천의 역할은 무엇인가?" 사회복지계가 특히 장애 분야와 관계있는 답변들로 대응하리라고 믿을 만한 충분한 이유가 있다. 보호와 유지 관리의 기능에 대한 점증하는 강조를 한때는 포기하기도 했으나, 아직도 사회는 소중히 여기고 있으며 다른 어떤 전문 직종도 떠맡지 않은 사회적 기능, 즉 임무가 바로 이것이다.

그렇다면 그것은 무엇인가? "사회복지계는 자신의 주요한 책임은 의존적이며 독자적으로 생활할 수 없는 장애인들을 인간적으로 그리고 신체적으로 보호하는 것이라고 단언할 필요가 있다. 이 일은 전문화된 주택제공(사회복귀 이전 대기 거주시설, 기타 등을 포함)과 만족스러운 직업재활의 알선(직업훈련과 직업상담, 보호작업장 제공 및 지원고용까지도 포함)으로부터 자립생활을 지탱해줄 수 있도록 가사상의 자질구레한 일들을 도와주는 것(활동보조지원 등)까지에 폭넓게 걸쳐 있다. 한마디로 말해서 손을 잡아주는 식의 지원만이 아니라, 그들이 완전히 자립할 수 있을 것이라는 기대를 가지고 도덕적인 지원을 지속적으로 수행해야 한다고 다짐해야 한다"는 말이다.

이는 장애 분야의 사회복지실천에서 이미 적용되고 있는 개입실천들이다. 여기에서처럼, 만약 사회적 보호라는 기능이 사회복지실천에 있어서 중심적인 자리를 차지한다면, 이 전문 직종의 임무와 역점사항들을 명확하게 밝히는 데 크게 기여하고 궁극적으로는 사회복지실천의 주류를 장애 분야에 더욱 근접시킬 것이다.

3) 개인과 가족을 향한 주요 접근 방법들

장애인복지 현장에서 효과적으로 활용할 수 있는 사회복지실천 방법의 하나로 먼저, 장애 개인과 그 가족을 주된 대상으로 하는 사회적 치료법(*social treatment method*)을 들 수 있다. 이는 심리치료적인 사회복지실천과는 전혀 다른 직접적인 사회복지실천의 한 가지 양상을 두드러지게 드러내는 새삼스러운 시도이다. 즉, 사회적 문제를 의학적인 증세로 보는 시각에 대한 보다 적합한 대안을 제시하여 준다. 바로 전통적인 병리적·의료적 모형을 떠나 다차원적이면서 동시에 전반적인 사회복지실천의 개입 모형을 지향하여 움직이고 있다. 사회적 치료법이라 할 수 있는 사회복지실천의 새로운 방법은 치료사, 권익옹호자, 민원 수렴자, 교사, 상담자, 중재자 등으로서의 역할을 한 사람의 사회복지사에게 종합적으로 맡김으로써 통합적 개입실천을 하게끔 한다.

다음으로는 응용 행동 분석(*applied behavior analysis*) 방법을 제시할 수 있다. 특히 이 방법은 말을 바꾸어 행동을 개선(*behavior modification*)하는 것인데, 대부분의 지적장애인을 대상으로 개입실천하는 가장 효과적인 방법이다. 그러나 사회복지 교육을 담당한 각 대학 및 대학원들이 학습이론에 입각한 기법들을 강조하지 않았던 탓으로 이 방법은 현장에서 일하고 있는 몇몇 뛰어난 일선 사회복지사들에 의하여 고안되어 동료, 선후배 사회복지사들에게 전해져 오고 있다. 이 사실에 입각하여 내릴 수 있는 결론은 사회복지사들이 장애인을 대상으로 개입 실천하는데 특히 유용한 일련의 지식에 점차 많은 관심을 기울이고 있다는 것이다. 행동주의와 인지주의를 통합하여 과학적인 효과성 측정 방식에 근거하는 응용 행동 분석 방법은 특히 지적장애인의 치료와 재활 분야에 있어서 사회복지사의 역할을 크게 신장시켜줄 것이다.

또 하나 제시할 수 있는 것은 가족 중심의 개입실천 방법이다. 오늘날 가족에 대한 고려의 중요성이 새롭게 대두되었다. 가족의 심리사회적인 반응과 이에 대한 치료적 대처에 관심이 기울어졌고, 나아가 부모와 형제자매들이 치료의 대상으로서뿐만 아니라 재활을 위한 강력한 자원이 될 수 있다는 사실이 최근에 널리 인식되고 있다. 예를 들면, 유아 자극, 유치원급 프로그램과 다양한 기타 형식의 '조기' 유년기 강화 프로그램들은 부모들이 자녀들에게 적극적으로 관심을 갖고 '개입자'가 되도록 배워야 한다고 강조한다. 이러한 가족 지향성 프로그램들이 효과가 있다는 것은 여러 연구자들의 연구결과들을 보면 쉽게 알 수 있다. 다만 그러한 프로그램의 큰 약점은 일부 부모들의 참여 그 자체를 얻어 내기가 어렵다는 데에 주로 집중되어 있다.

한편 복합적인 문제를 갖고 있는 장애인 가정 또는 경제 및 환경상의 압력에 압도되어 있는 장애인 가정은 더욱 특별한 도전의 대상이 된다. 그러나 바로 이들 장애인 가정들이 조기 개입을 가장 절실하게 필요로 하는 가정들이다. 다른 어떤 전문 직종보다 사회복지계가 경제적으로 곤란하고 복합적인 문제들을 지닌 장애인 가정들을 상대로 실천을 해 본 경험이 있으며 이런 장애인 가정들을 대상으로 실천하는 기법들을 설명해 주는 전문적인 자료도 있다. 따라서 장애인 가정은 사회복지 지식을 개입실천을 통해 활용할 수 있는 진정한 기회를 제공해 준다.

그러므로 장애인 서비스이용자와 그의 가족들이 개별화된 재활계획에 참여해야 하는 것은 당연한 일이다. 이들 지침은 전통적인 사회복지실천의 두 가지 원칙, 즉 서비스이용자의 자기결정과 서비스이용자의 적극적 참여를 구현하는 것이다. 서비스이용자와 가족의 참여를 강조하는 것은 사회복지 지식과 기술을 응용할 수 있는 비옥한 터전을 제공해 주는 것이다. 사회복지계는 가족에 대한 개입 분야에 오랜 경험을 지니고 있으며 가족이 환경상의 장애들을 극복하도록 돕는 중요한 기술들을 이미 터득하고 있다.

4) 지역사회복지실천

정상화와 사회통합을 지향하는 다양한 노력과 그에 따른 지역사회에 바탕을 둔 사회복지실천의 확대는 복합적인 사회복지실천 체계를 창출하였고 체계 간 영역의 숫자를 배가시키는 데에 성공을 거두었다. 이제 이전 그 어느 때보다 통합적인 사회복지실천 기술이 요구된다.

모든 사람과 마찬가지로 장애인들도 다양한 능력과 관심 그리고 가치관과 욕구를 지니고 있다. 각자가 나름대로 독특한 잠재적 발달 가능성을 지닌 독특한 개인인 것이다. 따라서 사회복지실천 기회와 책임 등도 개별화되고 융통성이 있어야 한다. 장애인 각자는 전 생애에 걸쳐서 변화 가능한 종합적이며 통합적인 사회복지실천을 요구한다. 다음 사례는 장애인이 필요로 할 수도 있을 다양한 사회복지실천들을 보여준다.

> 철수는 열아홉 살이다. 지적장애인을 위한 어느 시설에서 여러 해를 보낸 후 지역사회의 그룹홈에 이제 막 배치되려 하고 있다. 그는 몇 가지 기본적인 작업 기술을 배울 수 있는 장애인복지관 부설 '보호작업장'에서 훈련받으며 일할 수 있기를 원한다. 그곳에서 그는 약간의 돈을 벌긴 하겠지만 생활비로 쓸 만큼 충분하지는 못할 것이다. 따라서 그는 보충적인 소득보장에 따른 재정적 원조가 필요하다. 시설에 수용되어 있을 때 그는 수영을 즐겼다. 지역사회에서도 비슷한 유형의 레크리에이션을 하고 싶어 한다. 그는 또한 직장과 수영장에 다니기 위한 교통수단이 필요한 형편이다. 시설에 수용되어 있는 동안 돈을 다루는 법이나 의복을 챙겨 입는 법, 또는 대중교통 수단을 이용하는 요령을 배울 기회가 거의 없었다. 지역사회로 옮겨 들어가는 것은 많은 개인적인 적응을 요구할 것이며 이미 계속하고 있는 의료보호와 치과보호뿐만 아니라 상담도 필요해질 것이다.
>
> 철수가 스물두 살이 될 때쯤에는 보호작업장을 떠나 현지 공장의 장애인 생산라인으로 옮길 수 있을 만큼 충분한 기술을 습득할 것이다. 그의 일상생활에 있어서 보호와 감독을 받아야 할 일이 줄면 좀

더 확실한 자립을 요구하는 다른 유형의 그룹홈이나 준자립 생활 시설로 옮겨갈 준비가 된 것이다.

철수가 완전 서비스 체제인 거주시설들로 옮겨 다닐 때에는, 시설의 지도감독과 시설에서 지원했던 옹호에 의존해야 했다. 그는 시설에서 주어지는 프로그램과 환경에 적응해야 했다. 보호와 감독이 그에게 적절하며 그의 인권에 합일되도록 개입되었음을 확인하기 위하여 때때로 그는 구청의 사회복지 담당 공무원과 면담하는 일을 제외하고는 주어지는 사회복지실천 서비스의 내용과 질에 대해서 생각할 필요가 없었다. 하지만 지역사회의 일원으로 그룹홈이나 거의 독립적인 생활을 해야 하는 자립공동체 형식의 가정에서 생활할 때는 스스로 해결해야 할 많은 생활 요령을 습득해야 할 필요가 있었다. 따라서 이런 상황에서의 사회복지실천은 철수의 재활 치료적인 진전과 욕구 및 소망에 대한 지속적인 평가가 연계되어야 한다.

장애인을 위한 복잡다단한 사회복지실천과 세분화된 관련 사회복지실천 프로그램에 비추어 가족을 대상으로 하는 사례관리자가 필요하다는 것이 분명해진다. 즉, 사례관리자로서의 사회복지사에게는 장애 당사자 개인에게만이 아니라 장애인이 가족 구성원으로 있는 가정이 중심적인 관심사가 되어야 한다. 사례관리자의 개입에 의해 부모와 형제자매들은 장애인과 전문가 사이에서 마치 통역사와 같은 역할을 할 수 있다. 그리고 사례관리자는 장애인을 돕고자 노력하며 사회복지실천에 개입하는 핵심적인 사회복지사와 접촉할 수 있어야 한다. 물론 이와 같은 사례관리자의 임무는 매우 어렵다. 따라서 사례관리자에게는 높은 수준의 '영역 간' 기술이 요구된다.

어쩌면 이와 같은 사례관리자의 모습이 현대 사회복지실천에서 요구하는 사회복지사일 것이다. 실제로 사회복지실천은 임상적 배려와 사회복지실천에 영향을 주는 사회정책과 조직의 제 측면에도 관심을 기울이는 유일한 원조 체계이다. 지난 수십 년 동안에, 사회복지실천 기획과 지역사회 조직 분야에 있어서 엄청나게 많은 사회복지실천의 모습이 등장하였다. 여기서도 역시 사회복지사가 지역사회 조직에서 사용된 전략에 대해서 터득된 것을 받아들이고 그 지식을 지적장애 분야에 있어서 확대일로에 있는 프로그램에 적용할 수 있는 기회가 있다.

5) 인권 보장을 위한 노력

사회는 장애인을 인간 이하로 간주하려는 경향을 보여 왔다. 특히 시설에 수용된 사람들은 압제와 차별을 받기 마련이었다. 장애인은 비단 일반 대중에 의해서뿐만 아니라 사회복지사를 포함하여 전문가들에게조차 인권을 거부당해 온 것이 사실이다. 사회의 가치체계를 반영하여 사회복지사들은 어쩌다보니 장애인이 된 사람들을 비인간화시키도록 허용했거나 아니면 적어도 그들의 비인간화에 기여한 관행들에 참여해 왔다. 사회복지계가 소송에서 피소되거나 혹은 일부 심각한 인권유린을 저지른 시설이 사회적 지탄의 대상이 됨으로써 그 관행과 태도 및 신념을 재검토하지 않을 수 없게 되었다. 이제는 사회복지사가 인권문제에 적극 개입하지 않으면 오히려 그가 그런 분쟁의 앞잡이가 될 수도 있다.

장애인들이 제공받을 수 있는 사회복지실천의 질과 장애인들의 기본적인 인권에 대한 관심과 사회복지실천에 있어서 정상화 원칙의 고수 그리고 점차 증가하고 있는 장애인의 자기의사 표명 및 욕구 표현 등이 급속한 사회적 변화의 분위기를 조성하였다. 사회복지계의 중요한 전통을 생각할 때, 인권을 위한 투쟁은 사회복지실천의 독특한 분야의 하나이며 사회복지실천은 인간 존엄성을 위한 이 투쟁에 지원할 마음과 기회를 가져야 한다.

2. 장애인과 그 가족들을 대상으로 하는 실천에 있어서 윤리적 문제점들

윤리가 장애 분야와 이 분야에 있어서 사회복지사의 역할에 대하여 갖는 관계를 이해하기 위하여서는 '윤리'라는 말이 무엇을 의미하는지를 대강이나마 이해하는 것이 중요하다. 흔히 '윤리'(*ethics*)라는 말과 그 형용사 '윤리적'(*ethical*)은 대체로 강력한 '불쾌감'과 '반대'의 뜻을 내포한 혼란스러운 개념들의 복합체를 표현하는 속기용 용어이다. 이 말이 무엇인지를 알기란 쉽지 않을 것이다. 이해를 돕기 위해, 장애인을 생각하면서 예를 들어 보겠다.

신체적으로 아주 불편해 보이고, 지적장애가 있는 어눌한 성인이 아페르 증후군(Apert's syndrome)이나 후믈러 병(Hurler's disease) 등의 상태를 시범하기 위해서 의과 대학생들 앞으로 빙빙 돌면서 행진하는 것처럼 전시될 때, 다시 말해 마치 동물원의 동물처럼 자신의 의사와는 상관없이 다른 사람들 앞에서 발가벗겨 보이는 것처럼 다뤄질 때, 혹자들은 그 당사자의 입장에 동정하여 항의하려고 용기를 낼 수도 있을 것이다. 인간 존엄성에 대한 이런 식의 모욕에 대하여 불쾌함을 내보이는 것은 환자가 이런 종류의 착취나 모욕을 거부할 수 있다는 것을 통고받아야 할 권리를 보유하고 있다는 기본적 윤리문제를 인식하고 있다는 것을 보여준다. 그러나 윤리적 문제들이 거기에서 끝나는 건 아니다. 바로 이 특정 환자의 권리를 묵살한 것에 반대하는 인도주의적 주장과 병립하여 분명히 존재하는 또 하나의 사실은 그 환자의 질환을 의대생들에게 보여주는 일도 매우 중요하다는 것이다. 이 일은 의대생의 훈련과 의학의 발전을 위하여 반드시 필요하다. 만약 아페르 증후군이나 후믈러 병에 의한 앞으로의 위험을 막을 수 있는 방법이 이로 인하여 모색될 수 있다면 이 환자의 고충은 정당화될 수 있다는 것이다. 일리 있는 주장이다.

이상과 같은 사례는 많은 윤리적 문제들을 밝혀 주었는데 이들은 윤리적 문제의 복잡한 성격과 이 문제의 토론을 처음부터 분명하게 이해해야 할 당위성을 보여주고 있다. 윤리는 도덕적 의무와 인간 행동의 도덕적 목적에 관한 학문의 테두리를 그려보려고 시도하는 사상과 지식의 집합체를 의미한다.

이런 맥락에서 '도덕적'(*moral*)이라는 말은 의로움과 선함을 그 가장 넓은 의미에서 인간행동에 부여하는 것을 의미한다. 보다 실용적인 용어로 말하면, 윤리적 체계란 선한 행동과 나쁜 행동을 합리적으로 분석하기 위하여 짜인 사상 또는 규칙의 묶음이라는 것이다. 여기에서 나오는 것이 대부분의 경우, 대부분의 상황에서 적용될 수 있는 결정을 위한 청사진이다.

1) 윤리적 상대성

오늘날 전문적인 사회복지실천이 윤리적 측면과 상당한 관계가 있음으로 인하여 제대로 인정을 받진 못하고 있지만 언급할 가치가 있는 윤리의 또 다른 일면이 있다. 이 흔히 인정받지 못하는 문제는 윤리가 개인 및 사회적 행동을 규제하는 초월적 힘이 아니라 그 도덕성이 윤리의 영향을 받는 사회의 소산이라는 점이다. 따라서 윤리는 그 자체가 그 사회 내부에서 압도적인 힘에 지배를 받게 된다는 것이다. 이런 식의 윤리 해석은 다양한 윤리적 규범들이 역사의 각기 다른 단계에 있는 다양한 장소와 다양한 문화권에서 우위에 있는 이유를 설명하는데 도움이 된다.

하나의 명백한 예는 인간의 삶이 고결하다는 견해로 서구 유럽 사회가 지녀온 윤리규범의 가장 두드러진 특징이라고 할 수 있다. 중세시대 유럽 전역에서는 가난과 원치 않는 임신으로 태어난 영아들을 살해하는 행위가 성행했는데 그중에서도 노동력이 상대적으로 떨어지는 여아들을 대상으로 의도적 영아살해가 이뤄졌다. 또한 에스키모들은 생산력을 잃은 고령자를 외딴 얼음 덩어리 위에 유기함으로써 흰곰의 포식감이 되게 했다. 이와 같은 실제 사례에서 보듯이 경제적 자원과 지배적 사회구조가 그 사회적 가치와는 상관없이 삶을 유지한다는 호사스러운 윤리를 뒷받침해 줄 수는 없다. 이 두 가지 예에 의하여 설명된 각기 다른 윤리적·사회적 철학은 흥미로운 문제를 제기한다.

삶이 소중하다는 견해를 그렇게 힘 있게 지지하는 서구적 윤리를 어떤 "숨겨진 힘"이 지탱하여 주는가? 또 한편으론 우리들의 많은 실제적인 정책들과 관행들은 그와 같은 서구적 윤리를 왜 강력하게 무시하고 있는가? 그렇게 하는 숨겨진 힘은 무엇인가?

차원을 넓혀 생각해 보면, 이러한 모순은 핵무기 경쟁에 의하여 잘 드러난다. 이 경쟁은 모든 인간을 위험에 빠트리고 있기 때문이다. 또 다른 하나의 차원에서 볼 것 같으면, 군비경쟁은 막대한 국가 자원을 우리의 타락한 도시 및 농촌지역의 열악한 생활 여건을 효과적으로 개선하고, 아름다우며 건전한 사회를 확립하기 위해서보다는 오히려 쓸데없는 목적을 위해 배당하고 있다는 사실에서 반영되고 있다.

이러한 정책으로 인하여 끝날 줄 모르고 지속되는 많은 사람들의 빈곤에 찌든 생존은 삶의 가치를 심각하게 부정하는 것이다. 윤리의 이런 상대적 성격은 사회복지사에겐 매우 중요하다. 왜냐하면 그들이 사회복지실천을 하는 가운데에 부딪치는 수많은 난관들은 한결같이 "윤리적 규범은 변할 수 없으며 모든 경우에 적용되어야 한다"는 시대착오적 믿음에서 비롯되기 때문이다. 서양사회에서 두 가지 지배적인 윤리체계는 형식주의(*formalism*)와 공리주의(*utilitarianism*)이다.

형식주의는 선한 행동의 토대로서 네 가지 원칙을 제시한다. 첫째, 공정하게 행동한다, 둘째, 약속을 지킨다, 셋째, 정직하게 거래한다, 넷째, 고의적인 상해를 삼간다는 것이다.

이것들은 사회의 모든 구성원들이 따라주기만 하면 화목하고 결집력 있는 사회질서를 만들어 줄 순수하고 건설적인 상호작용을 위한 기본요소들이 된다. 이런 윤리체계에 의하여 유지되는 사회적 규제는 그 기본 원칙에 명확하게 함축되어 있다. 반면 공리주의는 공정하고 원활하게 작동하는 사회질서라는 동일한 목표를 추구한다. 그러나 그 주된 신조는 이것을 보다 뚜렷하게 드러내도록 명시하고 있으며 그 목적은 집단행동이 최대한의 효율성을 갖도록 지도하는 것이라고 밝힌다. 공리주의가 이 일을 하는 것은 어떤 행동이나 결정의 정당성을 그 결과에 의하여 결정하려고 시도하기 때문이다.

어떤 행동이나 결정이 최대 다수를 위한 최대의 선을 초래하는 정도가 꼬집어 말하자면 그 결과에 해당하는 것이다. 형식주의와 공리주의 사이의 차이는 개인의 권리 대 사회의 이익에 주어지는 그들의 상대적인 강조점에 있다. 공리주의는 필연적으로 개인의 욕구와 권리주장을 보다 광범위한 상황과 다수의 행복에 종속시킨다.

형식주의와 공리주의는 양자가 다 같이 사회복지실천의 원칙과 관행에 호소한다. 그것들이 동시에 개별적인 서비스이용자들로 하여금 최고 수준의 인간적 발달을 성취하도록 도울 수 있는, 그리고 개인과 전체 사회를 형성하는 집단, 나아가 체제와 제도 사이의 효과적 상호작용을 촉진할 수 있는 준비를 갖추고 있기 때문이다. 하지만 이들 두 윤리적 체계의 각기 다른 역점은 사회복지실천의 불가피한 특징을 반영한다.

다시 말해서 곤경에 처하나 위기에 빠져 있는 서비스이용자 개인의 주장과 마찬가지로 유효한 사회체제의 주장을 대비시켜 공평하게 균형을 이루려고 노력하는 중에 겪는 갈등은 이 직종의 실천 전역에 고루 분포되어 있다.

사례별 실천 중에, 이 문제가 중증장애인 부양가족을 보호하기 위한 계획을 놓고 발생할 수도 있다. 장애인이 나이 많은 노인이건 정신병 상태의 사춘기 청소년이건 중증 지적장애의 어린이이건 그의 욕구는 그가 가족 내에 남아 있으면서 충족되는 것이 최상책이 될 것이다. 그러나 가족에게 지나친 파괴적 부담을 안겨줄 우려가 있는 경우엔 문제가 가족 구성원 모두를 향해 사회복지실천이 이루어지고 있는 가운데에서 발생할 수 있다. 예를 들면 직업훈련센터의 나이 어린 지적장애청년의 행동이 프로그램 전체의 기능을 마비시킬 수도 있음으로 해서 배제되어야 할 때와 같은 경우이다.

궁극적으로 이런 갈등의 해결은 서비스이용자 개인의 이익에 따라 이루어져야 한다. 예를 들면 병원의 신생아를 위한 집중 치료실로부터 지역사회에 기초를 둔 '출산 전후 보호'를 제공하는 사회복지실천 기관으로 기금이 돌려졌을 때, 훨씬 더 많은 아동과 성인이 혜택을 입게 될 것이다. 하지만 출산체중 미달의 호흡기 장애가 있는 신경계통의 결함을 지닌 일부 신생아들은 집중적 개입이 없으면 죽고 말 것이다.

윤리적 기준으로 말할 것 같으면 이들에 대한 개입은 정책적으로 반드시 보장되어야 한다. 그러나 정책 결정은 최대 다수를 위한 최다의 선을 성취한다는 공리적인 방향으로 이루어져야 한다. 물론 이는 동시에 의도적 상해를 삼간다는 형식주의의 신조를 위반하게 될 것이다. 그러한 이유는 경우에 따라서 개입을 받지 않으면 부정적인 결과가 나타날 수도 있기 때문이다.

2) 개입실천상의 윤리적 관심사

이제 막 기술된 것과 같은 종류의 딜레마는 장애아동과 성인들을 보살피는 일에 종사하는 모든 이들이 부딪치는 일이지만 사회복지사들에게는 특히 거세게 부딪치는데 이는 두 가지 이유에서이다.

그 첫째는 사회복지실천이 위임받은 임무가 유사한 일을 하는 다른 직종의 그것보다 훨씬 더 광범위하다는 것이다. 두 번째 이유는 사회복지사들의 권익보호 역할이 가장 어려운 처지에 있는 개인이나 집단의 대의를 옹호해야 할 의무를 수반한다는 점이다.

경쟁 중인 이 두 가지 원칙 중 어느 쪽이 마땅히 관심의 대상이 되어야 할지를 결정하기란 지극히 어렵다. 다음과 같은 경우가 하나의 예가 될 수 있을 것이다. 어떤 장애아의 어머니가 병이 드는데 그 장애아를 보살피는 일을 계속해야 한다면 틀림없이 그녀의 상태는 악화될 것이다. 그 어머니의 건강을 보호해야 할 명백한 필요성에 부딪치기 마련인 것은 그 아이가 받을 수 있는 단 한 가지 대리보호가 집에서의 그것과 비견될 수 없다는 유쾌하지 못한 사실이다. 이렇게 하여 그 아이의 어려운 처지는 집에서 받는 보살핌에 미치지는 못하지만 아이를 위탁보호 할 만한 곳을 찾아 줌으로써 해결될 수 있을 것이다. 이 모든 배려 사항들, 그저 어느 일방에만 관련된 것이 아닌 이것이 사회복지사의 관심사일 것이다.

이상과 같은 예상되는 일들을 생각해 볼 때, 장애 분야가 엄청난 일련의 윤리적 문제점과 딜레마로 가득 차 있다는 것이 분명해진다.

(1) 출산과 진단

심각한 윤리적 문제를 처음 제기하는 장애의 단계는 임신 중 탐지될 수 있으며 심한 장애를 유발할 수 있는 결함을 지닌 유아들을 포함할 가능성이 높다.

이러한 결함들은 첫째, 임신할 때 유전적으로 결정되었거나, 둘째, 자궁에서 생겼거나 셋째, 출산 중 혹은 출산 후 기간 중 얻어진 것이다. 이 세 가지 가능성은 다운증후군(Down's syndrome)이나 다른 염색체 이상 혹은 신경계통 결함과 난산, 질식성 가사상태, 호흡장애, 체중미달에 기인하는 다양한 출산 시 충격 등에 의하여 설명된다.

장애의 이 초기단계에 관한 두 가지 의미 깊은 의문은 검토할 만한 가치가 있다. 그 두 문제는 다 같이 인간생명이라는 개념, 즉 생명을 존속시킬 수 있는 권리와 이 개념을 발달이 매우 부실할 것으로 예상되는 심하게 훼손된 태아에게 적용함으로써 발생하는 불행한 후유증과 관계있는 지극히 감정적 문제들을 포함하는 것들이다. 첫 번째 의문은 양수 검사에 의한 출산 전 진단과 선택적 낙태에 관한 것이다. 두 번째는 심하게 훼손된 신생아를 살리기 위해서 어느 정도까지 개입하느냐의 문제에 관한 것이다.

출산 전 진단은 염색체 이상과 신경계통 결함이나 모종의 대사 질환과 기타 다양한 희귀 증상을 지니고 태어나는 아이들의 숫자를 줄일 수 있는 예방의학의 효과적 도구임에는 이론의 여지가 없다. 그런 상태의 신생아 출산을 미리 봉쇄하는 것은 다양한 근거로 인하여 형식주의와 공리주의 양측 학파의 윤리에 부합된다. 형식주의의 견해로는 치료불능 장애를 지닌 태아의 출산을 막는 것은 고의적으로 상해를 입히는 것을 삼간다는 윤리적 의무에 충실한 것으로 해석될 수 있다. 또 달리 말하자면, 이렇게 함으로써 그 아이를 소위 '잘못된 인생'을 감내하고 살아야 하는 고통으로부터 구해주리라는 것이다. 이 잘못된 인생이란 정상적인 발달과 인간 운명의 일부인 자기실현의 장래가 전혀 보장되지 않는 그런 삶을 말하는 것이다.

공리주의의 시각에서는 중증 장애아의 출산과 그에 따른 불리한 사회적 결과들을 예방하는 것은 여러 가지 점에서 최대 다수의 최대의 선을 촉진한다는 것이다.

첫째, 태어나지 않은 그 아이는 일생 동안 괴로운 장애와 대결해야 할 부럽지 않은 운명을 벗어나게 되고, 그 아이를 보살피는 책임을 떠맡게 되었을 가족은 이런 종류의 책임이 생활 속에 강요하는 압력과 제약으로부터 해방된다. 둘째, 보다 광범위한 공중보건상의 혜택을 얻어낼 수 있다. 즉, 결함이 있는 아이들의 출산을 미리 막음으로써 사회전반의 불건전성을 감소시킨다. 셋째, 예방조치를 취함으로써 그 장애아를 키우고 가족을 후원하는 데에 필요한 재원을 다른 데로, 하지만 마찬가지로 취약한 주민들에게 혜택을 주는 방향으로 재분배 할 수 있게 되리라는 것이다. 이 대안적 보호대상은 사회적으로 박탈당한 어린이들의 집단으로 이들이 경도 지적장애인 집단(확인된 지적장애인 인구의 75~90%를 차지한다)을 형성하게 된다. 적어도 그들 생애의 유년기에 효과적인 개입 실천이 제공되지 않으면 그렇다는 것이다.

이러한 형식주의적·공리주의적 고려사항들에 첫째이자 가장 강력한 장애는 많은 종교계 인사들과 개인의 지지를 받고 있는 낙태 금지이다. 이 금지는 '배아'(*embryo*)도 완전한 인간이며 그 삶을 종식시키는 것은 명백한 살인행위에 해당된다는 신념에 입각한다. 이러한 태도로 인하여 '사회-의학적 조치'인 낙태는 위법행위라고 인식되면서 사법무대에 등장하게 되었고, 종교적으로는 죄악의 궤도에 옮겨지게 된 것이다. 사회복지적 시각에서 보면, 낙태는 장애아 개인의 안녕과 장애아를 제외한 다른 모든 가족들의 '경제적 · 사회적 · 심리적 문제' 해결을 위하여 사회복지사가 당연히 고려할 수 있는 선택방법의 하나이다. 여러 가지 신중히 생각해야 할 다양한 관심거리들을 제공해 줌으로 신경이 쓰이긴 하지만, 그렇다고 절대로 무시할 수 없는 대단히 중요한 사안임에 틀림없다.

그러나 사회복지사는 기억해야 한다. 낙태에 대하여 고려하거나 인정하며 나아가 수용하는 일이 얼마나 심각한 문제들을 결과적으로 초래할지를 예측하고 고민해야 한다.

첫째, 낙태는 낙태를 당하는 아이의 자율적 결정과 스스로의 삶에 관한 결정을 내릴 수 있는 개인의 권리라는 신성한 원칙을 위협한다. 직업적 견지에서, 사회복지사는 양수 검사가 심하게 훼손된 태아를 확인했지만 임신중절을 꺼리는 어머니에 대하여 어떤 태도를 취해야 할지 몰라 갈등을 느낄 수도 있다. 한편 이 결정을 내려야 하는 어머니의 권리는 존중되어야 한다. 임신과 부모가 되는 일에 관한 오묘한 감정에 비추어 볼 때 특히 그렇다. 그러나 아이를 원치 않는다고 해서 어머니에게 태아를 유산시키도록 가하는 압력은 상당한 심리적 불안상태를 초래할 수도 있다. 반면 장애아일지라도 아이를 반드시 낳아야 하겠다는 강한 의지를 보이는 어머니라고 해서 모든 문제가 해결되었다고 낙관해서는 안 될 것이다. 가령 그 어머니가 장애에 대하여 매우 비현실적인 태도를 지니고 있어서 장애아를 낳고 키우는 문제를 제대로 파악하고 있지 못할 경우에는, 사회복지사는 그 어머니와 그녀의 가족들이 겪게 될 어려움과 마음 아플 일들을 이해시켜야 할 강력한 의무를 지니게 된다.

사회복지사에게 중요한 두 번째 고려사항은 장애아의 출생은 거의 틀림없이 집안의 다른 식구들에게 강력한 영향을 끼친다는 사실이다. 만약 갓 태어난 장애아가 특히 부모의 시간과 정력을 독차지하여 다른 형제자매들이 소홀한 취급을 받게 되면 형제자매들이 특히 영향을 받게 될 것이다. 사회복지사의 관심은 서비스이용자 개인만이 아니라 서비스이용자를 둘러싼 여러 체계까지 걸쳐 있기 때문에 당연히 장애아와 그 가정 전체의 복지까지 안전하게 지켜 줄 확고부동한 각오가 있어야 한다.

셋째, 사회복지실천 영역의 또 다른 하나의 중요한 일부인 사회정책이라는 각도에서 볼 때, 사회복지사가 민감하게 대하여야 할 문제는 만약 그 부모가 임신 중절을 선택했더라면 그 출생이 예방될 수도 있었을 장애아에 대한 특별 보호를 재정적으로 지원하기 위하여 공공의 재원이 소요될 수 있는 여건에 대해 사회가 어떻게 반응할 것이냐이다. 사회정책에 대한 관심과 감시를 사회복지사가 조금이라도 소홀하게 되면 사회는 복지 예산을 삭감하려고 할 것이다. 공공 재원에서 복지 예산이 편성되고 그 예산의 지출 요구가 불가피한 것은 아니라고 사회가 깨닫게 됨으로써 장애인과 기타 불우한 모든 시민에 대한 당연한 권리와 사회의 책임, 나아가 관용과 사랑의 정이 눈에 보이지 않게 조금씩 약화되어 결국에 가서는 이 분야에 대한 지원이 철회될지도 모른다. 이것이야말로 위험스러운 윤리적·사회적 문제가 아닐 수 없다. 재정적으로 사회의 도움을 받아야 할 사람들을 도외시한 그 무책임성과 파렴치성으로 인하여 더욱 그렇다.

(2) 사회복지실천 개입: 어느 정도까지?

임신기와 태아단계에 관한 윤리적 문제점들을 넘어가면, 장애아동의 생애초기단계의 두 번째 표징기와 관계있는 다른 문제들이 발생한다. 심각한 (그리고 아마 전혀 예상하지 못했던) 장애를 가져 생존능력이 제한된 아이가 실제로 태어나면 그 아이를 살리기 위하여 취하는 즉각적인 조치에 어느 정도를 투자해야 하느냐를 놓고 임상학적 그리고 사회적 딜레마가 형성된다. 이러한 상황은 신생아 관리에 관한 전문지식이 발달함에 따라 보다 흔해지며, 출생 이전의 진단내용이 제기하는 것과 똑같은 사회적 · 윤리적 문제들을 다수 제기한다. 즉, 삶에 대한 개인의 권리는 무엇인가? 여기서 논의하고 있는 이 불안한 여건 하에서라도 생명을 지키기 위해서 이용할 수 있는 모든 치료방법이 사용되어야 하는가?

하지만 이런 의문이 제기될 때의 역점은 관심의 대상이 태아가 아니라 하나의 완숙한 인간 생명일 때에는 약간 달라진다. 왜냐하면 이 태아에게는 모든 사람이 다 같이 완전한 인간의 지위를 부여하는 것은 아니기 때문이다. 물론 법률을 포함해서 말이다. 이 완전한 생명체를 보호하는 법률상의 제약은 태아의 생명을 보장하는 법률상의 제약보다 더 강력하다. 뿐만 아니라 생명권 논쟁은 그 생명에 대한 권리의 취약함 때문에 주위 모든 사람의 양호 및 의학 기술을 필요로 했던 허약한 영아에게서 구현이 되면 보다 통렬한 의미를 갖게 된다.

사실상 위험에 처한 신생아에 관해서는 무척 다양한 일련의 관심사와 문제점이 발생하는 실정이다. 하나의 근본적인 문제는 신생아에 있어서 장애의 정도나 드러나지 않은 잠재능력을 정확히 예측하는 것이 거의 불가능하다는 점이다. 이러한 임상학적 불확실성은 장래 없는 인생에 대비되는 훌륭한 값어치가 있는 인생의 구성요소가 무엇인지에 관한 십인십색의 견해와 감정 그리고 철학적인 사상에 의하여 복잡해진다. 어떤 부모들은 자신의 장애인 자녀를 어떤 대가를 치르고라도 살리고자 하며, 그 보호의 부담을 기꺼이 떠맡는가 하면 또 다른 부모들은 자신들의 시간과 정력 그리고 재력을 투자해서 중증의 장애인 자녀를 집중적인 의학적 노력을 경주하여 돌보는 일이 과연 현명하며 가치 있는 일인가 하고 공공연하게 의문을 표시하기도 한다. 신경계통 결함을 지니고 태어나 집중적인 사회복지실천 개입에 의하여 살아남은 자녀들을 둔 가정들을 상대로 행하여진 회고적 성격의 한 연구에 의하면 일부 어머니들은 살리기로 한 결정에 대해서 공공연한 유감을 표시하기도 했다고 한다.

따라서 영웅적인 의학적 개입 실천의 드라마는 그러한 임상학적 모험의 생존자를 돌보아야 하는 길고, 흔히는 외로운 싸움과는 너무 어울리지 않는 것이다. 이러한 현실을 보고 절실하게 우리 마음에 와 닿는 사실은 사회복지사들이 생존 노력의 정도와 심도를 결정하는 임상학적 딜레마를 해결하는 데 있어서 필수적인 역할을 맡아야 한다는 점이다. 사회복지사는 장애인이 살아남음으로써 남기는 장기적인 사회적 결과를 인식할 수 있고, 이 사실들을 그 가족에게 의사와 의학적·임상학적 조절 실천에 대한 필연적인 편견을 갖게 하지 않으면서 전달할 수 있는 최선의 입장에 있는 것이다.

일부 부모들은 자신들의 장애자녀가 차라리 죽기를 바라면서도 의사에게는 차마 그 사실을 인정하지 못하면서 의료진의 일부라고 생각되지 않는 사회복지사에게 이 숨겨진 소망을 털어놓을 수 있다고 여긴다. 또한 사회복지사는 그 부모들이 장차 겪게 될 곤경을 보다 현실적으로 평가할 수 있도록 도울 수 있는 이점을 지니고 있다. 사회복지사는 이 분야의 사회복지실천에 정통해 있기 때문이라는 간단명료한 이유에서이다.

(3) 보통 보호 VS 특별 보호

장애아동의 출산 전 및 신생아 단계에 관하여 논의되는 많은 윤리적인 문제들은 역시 장애인 청소년과 성인의 관리에 관한 것이다. 정신장애이거나 신체적으로 심히 훼손된 아동이나 성인이 정신적으로 제어할 수는 있으나 그 치유는 식물적 생존을 공허하게 지속시키는 것을 의미하게 될 2차 질병이나 상태를 내보일 때는 언제나 생존과 생명권의 문제가 대두될 것이다.

한 가지 사례를 들어 보자. 26세의 한 여인은 아주 어린 시절부터 사립 장애인 특수학교에서 살아 왔다. 그녀는 시각장애인으로 사지가 바짝 마르고 흉하게 비틀린 체격을 하고 있었으며 자신의 환경을 사실상 거의 의식하지 못하였다. 이 여인은 주기적으로 폐렴을 앓았고 항생제 치료를 받기 위하여 학교 부속진료소에 입원했다. 그 정도의 의료행위가 그녀의 병을 다스리고 죽음을 면하게 해 주긴 하였지만 다각적인 장애와 원시적인 기능을 어떻게 할 수는 없었다. 간단하고 안전한 치료를 이 여인에게서 박탈하여 보다 효과가 좋으며 쉽게 나타나는 다른 환자에게 제공하는 것을 윤리적으로 정당화할 수는 없을 것이다. 그러나 다른 한편으로는, 이런 주장도 가능해진다. 즉, 그 젊은 여성이 너무나 원시적인 수준에서 기능하고 있으며 그녀의 생체 자원이 너무 제한되어 있어서 주제넘은 의학 기술이 개입하지만 않았더라면 자연스러운 해결책이 가까이 있었을 것임에도 그녀의 그 짧아진 생명을 지속시키도록 돕는 것은 자연에 역행하는 것이라는 주장이다. 누구에게도 이롭지 않은(이 경우 관련 가족이 아무도 없었다) 삶, 즉 죽음 속의 삶을 중단하도록 허용할 뿐만 아니라, 가까이 있는 해결책은 시간과 돈의 절약을 의미했을 것이다. 물론 이 여인을 먹이고 입히며 청결하고 편안하게 돌보는 데에 필요한 전문적 재원을 절약하는 것은 말할 것도 없는 일이다.

그럼에도 불구하고, 이 사례에 대한 이와 같이 합리적인 사정의 결과에도 불구하고 가볍게 일축할 수 없는 사회적·윤리적 고려 사항들이 있다.

이들 중 첫째는 중증 장애환자들을 수용하는 수용시설을 지도 점검하는 기준들에 관한 것이다. 그러한 시설들이 관리와 치료에 있어서 엄격한 기준을 유지하고 있으며 혹은 유지하는 것으로 여겨지는 것은 지극히 중요하다. 왜냐하면 이것이 어눌하고 외견상 인식력이 없고 완전히 무력한 서비스이용자들을 위한 격리 수용시설 내에서 있을 수 있는 가학 행위에 대비한 보험이기 때문이다. 나무랄 데 없이 완벽한 기준들을 고수하는 것은 사회복지사의 사기를 진작하는 데에는 역시 필요하며 특히 사회적 가치가 있는 과업을 수행하고 있다는 사회복지실천 종사자들의 직업의식을 강화시키는 데에도 역시 필요한 일이다. 이

점은 원초적으로 냉담한 서비스이용자들을 다루는 얼핏 보면 보람 없는 것으로 여겨지는 일을 하는 사람들에겐 중차대한 일이다.

둘째, 가족의 한 사람을 대리인의 관리에 위탁한 부모와 다른 친족들이 자기들이 내린 결정이 언제까지든 환자에 가장 유익한 일이었다고 느끼는 것이 중요하다.

셋째, 주변 지역사회 구성원들이 수용관리로 대표되는 사회복지실천은 그들 자신이 간접적으로 위임하고 재정지원을 해 온 것으로 인격적 목적으로 운영되고 있으며 의문의 여지없는 순수성을 반영하고 있음을 주지하는 것이 중요하다. 뚜렷한 결함과 사회적 유용도가 낮은 인구로서 시설에 수용되어 있는 이들은 가장 평가 절하된 집단일 것이다. 여기에서 언급된 윤리적 보호책들이 아니면, 이 집단을 일반대중이 완전하지 못한 사회의 다른 구성원들이 당연하게 누리는 배려를 받을 자격이 없는 인간 이하로 여기는 의식구조(*frame of mind*)에 빠져들기가 쉽다.

중증 장애 성인을 폐렴에서 구해내기 위하여 의학적 관심을 요구하는 것은 장애 신생아를 위한 집중적인 치료를 주장하지 못한 사실에 대조해 볼 때, 비논리적으로 보일지도 모른다. 그러나 폐렴과 같은 질환으로 누구나 받을 수 있는 의료 보호를 어떤 특정 개인에게 보류하는 것은 의도적이고 차별적인 행위로서 환자의 생명이 정상인의 모든 기준으로 볼 때 무용지물이라는 식의 가치판단에 근거한 것이다.

훨씬 더 중요한 것은 그러한 결정은 우발적인 의학적 사례, 즉 그 환자의 지병인 장애와는 상관이 없는 폐렴의 감염을 이용하리라는 사실이다. 이에 비해, 복합적인 임상의학상의 발달 이상을 지니고 태어난 신생아의 경우는 전혀 상황이 다르다. 그러한 아이는 심하게 손상을 입은 생체 조직을 지니고 살아남으리라는 기대도 별로 받지 못한 채 스스로의 강인한 생명력에 의해 삶을 시작하면서 집중적인 의료 보호를 받지만, 반쯤 정상이라고 간주될 만한 수준의 정신적 또는 신체적 기능마저도 발달시키지 못하고 만다. 이런 아이를 위하여 영웅적인 구명 노력을 경주하지 않기로 한 결정은 따라서 정상적인 치료를 의도적으로 생략한 것이 아니라, 특별한 종류의 예외적인 치료를 유보시킨 것에 지나지 않는다. 이런 식의 치료를 하는 것은 의학적 증거가 그 신생아의 장래로서 예측하고 있는 열악한 삶의 질에 비추어 볼 때 정당화되지는 않는 것 같다.

(4) 삶의 질

어떤 특정한 질병으로 인하여 필요하긴 하지만 만성적 통증이나 불안 또는 신체기능의 변화와 같은 많은 부작용을 일으키는 의학적 치료법에 관련하여 또 다른 유형의 문제가 하나 생긴다. 그러한 치료가 장애인에겐 이익보다는 오히려 더 큰 해를 끼칠 수도 있다. 특히 그 결과가 확실하지 못할 때 그렇다.

가령 정상적인 지능의 환자라면 그 의학적 치료의 일시적 역효과를 성공에서 오는 장기적인 혜택이 상쇄시킬 수 있는지 결정할 수 있도록 가능한 발병이나 합병증에 대한 설명을 해줄 수 있겠지만 지적장애 환자들은 "단기간의 고통이냐" 아니면 "죽음으로부터 구제받는다는 가능성이냐"의 선택을 이해할 것 같지 않다. 그들은 신체적 역경과 정신적 시련을 통해 그들을 지탱해 줄 보상적 희망을 지니지 못할 것이다.

더욱이 좋은 결과가 나올 가능성이 반반이거나 그 이하일 때 그 환자를 치료하지 않는 것이 그에게 이로운 일이라고 주장할 수도 있을 것이다. 이러한 태도가 시사하는 것은 지적장애인의 생명은 정상지능을 가진 사람의 생명만큼 보존할 만한 가치가 없다는 가치판단이다. 그러나 사회복지사의 가치는 분명히 이런 가치관과는 근본적으로 달라야 한다. 비록 효과가 크지 않다고 판단되는 상황일지라도, 더욱이 경제적인 여건으로 볼 때 낭비라고 여겨지더라도, 스스로 자신의 의사를 표현하는 데 장애를 가진 지적장애와 자폐경향이 있는 사람들에게 필요한 의학적 조치는 반드시 이루어져야 한다는 신념이 필요하다.

그 신념이 비록 틀렸다 할지라도 장애인 인권을 보호하는 최종의 마지노선이 바로 사회복지사라고 할 때, 사회복지사의 노력이 절대적으로 필요한 것이다. 실제로 이러한 사회복지사의 가치판단은 지적장애인뿐만 아니라 어떤 장애이든지 장애를 갖고 있는 사람을 존중하는 태도와 그들을 위해 삶의 질을 갖추어주는 것들을 수용하는 것을 의미한다. 사회복지적 견지에서 볼 때, 이것은 서비스이용자들에게 일반적 처방을 적용하는 것이 아니라 서비스이용자의 독특한 욕구들을 개별화시킨 하나의 실례로서 사례관리의 중요한 한 단면이다. 사실 사회복지실천에서 사례관리는 매우 중요하다. 이 사례관리가 장애인복지 현장에 좀더 빨리 대두되지 못해 답답한 느낌마저 있지만 한편으론 그동안 소홀히 다루어졌던 장애인의 권리를 확보해 주는 일을 그나마 사례관리적인 측면에서 보고, 사회복지실천이 통합적인 관점 하에서 수행되고 있는 사실은 다행이다.

하지만 이와 같은 사회복지적 접근이 장애인을 대상으로 일하는 모든 사회복지사들에게 공통적으로 이루어지고 있는 것은 아니다. 아직도 많은 사회복지사들은 일반 대중이 가진 사회적 편견을 고스란히 갖고 사회복지실천을 하고 있다. 그래서 그들은 나름대로 장애인이 당연히 누려야 할 여러 권리 중 어떤 것들은 간과될 수 있다는 위험을 수반한다. 그 결과 이들 장애인 개인의 개성적 특성을 수용하려는 시도가 전혀 없이 '정상'과 관계된 장애인의 권리만이 추구될는지도 모른다.

예를 들어보자. 이 사람은 어느 사회복지법인 산하의 거주시설에 오래도록 수용되어 있던 지적장애인이었는데, 67세의 나이에 치명적인 백혈병에 걸리고 말았다. 시설에 촉탁된 의사와 두 사람의 가까운 친척은 적절한 치료방법을 논의한 끝에 이 사람의 병을 제어하고 생명을 연장하는 데엔 효과가 있겠지만 동시에 심한 통증을 안겨줄 어떤 약품을 투약하는 것은 유보하기로 결정하였다. 그 장애인은 튼튼하고 당당한 체격을 지닌 남자였으나 이해력은 몹시 제한되어 있었다. 그 약물치료를 하지 않는 대신 약물로 조절되어 왔던 그의 부적응적 행동과 반응을 억제하기 위해서 엄격한 신체적 제한이 필요할 것이라고 여겨졌다. 엄한 관리와 동시에 사랑의 돌봄은 필연적으로 여러 사회복지사의 노력과 수고가 수반되어야 했다. 과중한 업무에 비해 초라한 급여와 부족한 인력 등이 이 거주시설의 상황을 더욱 절망적으로 보게 하는 결과를 초래하였다. 물론 촉탁 의사나 사회복지사는 전반적으로 제안된 약물치료에 수반하는 심신의 고통은 그 약을 유보했을 경우보다 환자에게 더 해로울 것이라고 인정하고 있었다. 하지만 유감스럽게도 이 거주시설의 시설장과 관계자들은 이 사람이 빨리 생을 마감하는 것이 그 자신과 가족이나 주위의 모든 사람에게 유익하리라고 판단하였다. 하지만 지적장애 시민들을 위한 현지의 한 시민단체는 치료를 받을 수 있는 서비스이용자의 권리를 침해한 것이 분명한 이 사태에 대하여 걱정이 되었고 이 사건을 법원에 제소하였다. 법원에서 판사는 변호인을 지명했다. 그 변호인은 처음엔 그 약물 사용을 금지할 법적 조치를 지지하였으나 결국 그도 그 약이 투여되어야할 당위성과 어느 누구도 이 사람의 생명을 연장하는 약물치료를 막을 수 없다는 사실을 인정하고 약물치료를 허가해 달라고 법원에 신청하였다. 우리의 권한은 약물치료를 하거나 하지 못하도록 하는 데에 있는 것이 아니라 어떻게 하면 고통을 줄이면서 약물치료를 받아야 하는 데에 있다고 그 변호인은 강조하였다.

(5) 전문화된 치료

장애인이 값이 비싸고 공급이 딸리는 전문화된 치료를 필요로 할 때, 또 다른 문제가 발생한다. “그러한 치료가 장애인이나 사회적 잠재력을 더 많이 지니고 있는 정상인에게 똑같이 제공되어야 하는가?”이다.

앞서 설명한 시설수용 서비스이용자의 경우에서처럼 장애인 서비스이용자에게 이로울 것으로 알려진 치료를 박탈하는 것이 정당화될 수 없는 것처럼 보일 것이다. 더욱이 치료를 유보하는 것은 명백한 인권침해에 해당되며 의학적 기준이 아니라, 사회적 특성에 입각하여 의료에 대한 적격 여부를 가리는 것은 공평해야 한다는 형식주의의 신조에도 어긋나는 일이 될 것이다. 왜냐하면 그렇게 하는 것은 건강관리를 받을 수 있는 당연한 권리를 박탈하는 것이기 때문이다.

하지만 다른 배려사항들도 관련이 있다. 그 중엔 전문 요원과 기술 및 재원 등의 제한된 자원을 다루는 것은 물론 최대 다수를 위한 최선의 행복을 촉진하는 방법에 관한 공리주의적 윤리도 포함되어 있다(이렇게 자원이 제한되어 있을 때에는 어떻게든 우선순위를 결정해 두는 것이 불가피해진다). 의료적 실천은 그 기본적 목적이 활력 있는 사회의 건강을 유지하자는 것이므로 제한된 자원을 배당하는 것은 당사자의 목전의 요구는 물론 생산성이라는 보다 장기적 목표와 현실적으로 관계가 있어야 할 것이다. 사회복지적인 시각에서 볼 때, 훨씬 더 중요한 문제는 공급이 부족한 의료실천을 위한 선별절차가 제도화되어야 하느냐가 아니라 의료 실천의 수혜자로서 적격 여부를 가리는 기준들이 상황의 합리적 분석과 잘못 생각된 편견이 아니라 의료에 대해 경쟁 중인 여러 요구 중 그 정당성에 입각하여 설정되었느냐이다.

이미 말한 것처럼 사회복지사들은 장애의 의학적 측면은 물론 사회적 측면에도 역점을 두도록 교육을 받는다. 그들은 위에서 설명한 일부 문제들을 해결하는 데 있어서 눈에 띄지 않는 사회적 면모들을 지적해 줌으로써 중요한 역할을 할 수 있다. 즉, 장애 환자를 위한 도움이 그 가족에게 끼칠 영향을 명시해 주는 것과 같은 일을 말하는 것이다. 어떤 특정한 치료가 환자의 능력을 향상시킬 수 없는 것처럼 보이더라도 그로 인한 최소한의 진전은 그 가족이 겪는 스트레스에 비추어 볼 때 매우 중요할 수 있으며, 환자를 계속 집에 둘 것인지 수용시설에 보낼 것인지를 결정하는 데 큰 몫을 할 수도 있다. 의학적 개입의 사회복지적인 구성요소를 무시할 때 일어날 수 있는 해로운 영향은 다운증후군으로 인한 지적장애를 지니고 있던 한 남자의 다음과 같은 사례에 의하여 잘 설명되어 있다.

> 경기도 수원시에 살고 있던 한 남자가 심한 청각장애를 일으켰다. 그가 처음 가게 된 병원 부설 '언어 및 청각문제 전문 치료센터'에서는 보청기 회사를 통해 구입할 수 있는 보청기 처방을 거부하였다. 그 이유는 그 남자가 보청기를 제대로 조작하는 법을 이해할 수 있겠느냐는 의심 때문이었다. 이러한 태도는 청각상실이 이미 '정상 이하'의 지능과 제한적인 사회적 능력으로 고통을 당하고 있는 사람에겐 별 영향을 끼치지 못하리라는 생각 때문에 강화되었을지도 모른다. 이러한 결정에 불만을 느낀 그 남자의 가족은 다시 상담할 곳을 찾았고 그들의 이야기를 경청해 줄 용의가 있는 의사를 만났다. 그들은 그의 훼손된 언어 능력에도 불구하고 자기네 아들이 자신들과 의사소통을 할 수 있다면 간단한 지시쯤은 이해하고 따라할 것이라고 생각하였다. 나아가 자신들의 아들이 보청기 사용법을 곧 익힐 것이라고 확신하고 있다고 설명했다. MP3나 핸드폰 혹은 라디오 등에서 음악을 감상하는 것이 그 아들 생애 최고의 즐거움이라고 부연하기까지 하였다. 이 같은 강력한 필요에 따라서 그에게도 보청기가 처방되었고, 다소 복잡한 조작 방법에도 불구하고 계속 노력하여 결국은 숙달되어 같은 보청기를 착용한 다른 어떤 난청인과 마찬가지로 정상적인 생활을 할 수 있게 되었다.

이 사례에서 사회복지사는 많은 것을 배울 수 있다. 무엇보다도 먼저, 만약 그 지적장애와 청각장애를 동시에 가진 남자에게 보청기가 영영 보류되었더라면 어떻게 되었을 것인지를 숙고해 볼 수 있겠다. 그 남자는 음악 감상이라는 자신의 취미를 빼앗겼을 것이며 그가 다니던 직업재활센터에서의 사회적 상호작용이 심각하게 제약을 받았을 것이다. 그래서 그때까지 행복하고 적응 잘하던, 사회적으로 아무런 문제없던 사람이 침울하고 불행한 사람이 되고 말았을 것이다. 뿐만 아니라 정서와 행동상의 문제들이 발생하여 그 남자 자신과 그 가정에 대단히 불행한 재난을 끼쳤을지도 모르는 일이다.

다음으로 이 사례는 간단해 보이는 의학적 치료에도 잠재되어 있는 사회적·윤리적 문제들을 보여 준다. 그 중에서도 맨 먼저 유의해야 할 문제는 처음 의사를 찾아갔을 때 드러난 결점들이다. 첫 번째 의사와의 상담에서 그 남자의 지적능력과 새로운 복잡한 임무를 터득할 수 있는 능력에 대한 정확한 진단이나 사정이 수행되지 않았다는 점이다. 둘째로, 그의 청각 상실이 갖는 사회적 함축성이나 상실이 그의 사회적 기능에 강요하게 될 제약들 또는 그에 따라 초래되었을 주눅이 들거나 왜소해질 사회적 지위에 대하여서는 전혀 배려가 없었던 것으로 보인다는 점이다. 셋째, 그 남자의 상태에 적합한 권리는 국가의 건강관리 실천을 이용할 수 있는 누구에게나 적용되는 권리이다.

이 사례의 초기 상황은 치료의 사회적·윤리적 구성요소들이 간과되고 무시당했을 때 어떤 일이 일어날 수 있는가를 잘 보여 주고 있다. 이 사례는 또한 이 사태에 관련하여 사회복지사가 의학적 준거집단(*Frame of Reference*)에 속하지 않은 이 남자의 여러 측면들에 관하여 통역자로서의 역할과 권익 옹호자로서의 역할을 동시에 했어야 할 절대적인 필요성을 지적해 주기도 한다.

하지만 문제의 보청기가 절품되었거나 터무니없이 비쌌더라면 당연히 제기될 수 있는 의문은 보청기가 없으면 더 크게 고통을 당할 사회적으로 더 가능성이 많은 사람, 즉 대학생 같은 이를 위해서 이 보청기가 양보되어야 하지 않았겠느냐는 점이다. 그 대학생이 학교에서 중도 탈락하는 것보다는 이 사람이 청각장애 상태로 남아 있더라도 대학에서 교육을 받는 것이 향후 사회적으로 훨씬 더 큰 이익이 되었을 것이기 때문이다.

이런 맥락에서 그 대학생과 같은 사람에게 치료의 우선순위를 주는 것을 윤리기준의 위반이라고 생각하지는 않는다. 그 결정이 복잡한 사회적 변수들을 합리적이고 정확한 방법으로 평가한 결과에 입각하여 내려진 것이기만 하다면 말이다. 이러한 접근 방식은 의료보호가 사회적 적응력과 생산성을 얼마나 촉진시키느냐에 따라서 어느 정도 경비에 대비한 효율이 높아야 함을 인정하고 있다.

3) 추가적인 고려사항들

윤리와 사회복지실천 및 장애 간의 관계에 관하여 지적될 수 있는 마지막 문제점은 여기에서 다루어진 복잡한 사회적·의학적 문제점들을 다루기 위한 행정관리상의 작용기능에 관한 것이다. 장애를 효과적으로 관리하려면 사회복지사가 사정(*assessment*)과 개입(*intervention*) 실천에 있어서 중요한 역할을 맡는다는 것을 인정하는 다분야 간 종합팀이 필요하다. 다분야 간 종합적인 실천은 장애에 관련하여 끊임없이 생겨나는 윤리적 문제들을 다루기 위해서 특히 필요하다.

의학적 여건에서 발생하는 임상적 사건들 때문에 이 문제점들을 고려하지 않을 수 없지만, 윤리적 숙고와 결정이라는 목전의 급한 상황은 사회적 기대, 요구와 욕구(이것들에 관해서는 사회복지사가 가장 첨예한 관심과 통달한 지식을 갖추고 있다) 등을 배경으로 하는 무대에서 이미 공연이 끝나고 만다는 것이다.

다음의 사례가 이 점을 잘 설명해 준다. 이것은 다운증후군을 지니고 태어난 신생아의 십이지장 폐쇄증을 수술하느냐 마느냐에 관한 윤리적인 딜레마였다(물론 그 부모가 그 아이의 생존을 원치 않는 경우에 한하여). 만약 이러한 사례에 관여한 전문가들이 정상적이고 통상적인 치료를 보류하는 것인 윤리적으로 잘못된 일이라고 결정한다면, 그들은 역시 그 아이의 보호가 부모의 집이 아닌 곳에서 적절하게 이루어지도록 확인해야 할 책임이 있는 것이다. 실제로 이것이 의미하는 것은 그 지적장애아에게 제공될 수 있는 전폭적인 사회복지실천이 이루어지도록 두 눈을 부릅뜨고 감시해야 한다는 것이다. 이 경우에는 그러한 형편의 신생아들이 태어나자마자 맡겨질 위탁가정들이 항상 충분하게 준비되어 있어야 한다는 것을 역시 의미하기도 한다.

이 기본적인 사회복지실천 프로그램을 강화하는 것은 일생의 모든 단계 중 그 아이가 접할 수 있는 일련의 후원 프로그램이어야 한다. 이 사회복지실천에는 의학적 조사, 특수교육과 직업훈련, 보호작업장과 같은 보호된 일자리와 탁아 및 지역사회 내에서의 수용보호 보장 등이 포함된다. 이렇게 부모를 대신하여 필수적인 보호를 제공하지 않으면 신생아를 틀림없이 살려내려는 윤리적인 노력도 그 아이가 무균상태의 환경에서 그저 삶을 질질 끌어가는 형편에서의 공허한 혜택으로 끝나고 말 것이다.

따라서 이렇게 전문화된 사회복지실천의 제공은 당면한 문제의 전반적 관리에 있어서 매우 중요한 구성요소가 된다. 왜냐하면 그렇게 함으로써 그 아이 가족의 보호를 대체하고 이 대체가 그 아이의 인간적·사회적 안녕을 위해 지니는 모든 함축된 의미를 참작하는 데에 필요한 양육환경을 그 아이에게 확보해 주는 데에 도움이 되기 때문이다. 이런 이유들을 근거로 하여 전문화된 사회복지실천의 제공은 사회복지실천의 영역 내에 자리하게 되고, 이러한 임상적 상황이 제기하는 사회적·윤리적 딜레마를 해결하는 데에 없어서는 안 될 사회복지적인 공헌을 하는 것이다.

그러나 각도를 바꾸어 상황을 보면 또 다른 하나의 문제가 발생한다. 즉, 사회가 앞으로 일생동안 도와야 할 이 장애아의 생명을 구하기 위해 사회 자체이 자원을 효과적으로 분배하고 있는가이다. 개입하지 않았더라면 그 아이는 결국 죽었을 것이고 사회는 그 아이의 궁극적인 복지에 대한 책임을 면제받을 수 있었을 터인 데도 말이다.

이는 매우 까다로운 문제임과 동시에 쉽게 해결할 수 없는 난제이기도 하다. 두 가지 점에서 그러한데, 첫째, 이것이 형식주의와 공리주의의 윤리체계가 각각 내세우는 서로 상치되는 주장들을 부각시킨다는 점이다. 그 윤리적 체계들이 갓난아이를 죽음으로부터 보호해주어야 한다는 의무와 최대 다수의 최다의 선을 위해 그 자원을 분배할 수 있는 사회의 권리를 보호해야 할 필요성에 의하여 각각 구현되고 있기에 그렇다. 둘째, 개인의 복지와 권리에 대한 관심과 사회전반과 마찬가지로 절박한 어려움을 지닌 수많은 무명의 다른 서비스이용자들의 보다 폭넓은 복지에의 공약 사이에 끼어 있는 사회복지실천 특유의 딜레마를 이것이 설명해준다는 점이다.

이러한 갈등이 사회복지실천에선 새삼스러운 것이 아니다. 이것은 사회와 사회조직이라는 바로 그 개념과 개인과 집단적 정의가 각각 내세우는 요구들 간에 균형을 이루어야 할 필요성에 내재한다. 이런 이유로 사회복지사는 장애 분야에서 맡아야 할 특히 중요한 역할, 즉 이 복잡한 문제들을 판별하고, 그 성격을 정의하며, 장애를 다루는 데 있어서 이 문제들이 함축하고 있는 의미를 해석하여 제기된 도덕적 딜레마를 공정하게 해결하도록 돕는 역할을 하게 된다는 것이다.

3. 장애의 심리사회적 측면들

장애인의 행동과 발달은 다른 모든 인간의 경우와 마찬가지로, 당사자의 문화적 환경 안에서 실천하는 생물학적·심리적·사회적 요인들의 상호작용의 소산이다. 모든 사람은 어느 정도까지 자기 자신과 가정의 환경에 의하여 형성되며 각기 나름대로 다른 사람들에게 영향을 끼친다. 어떤 사람들에겐 그 영향의 권역이 멀리까지 미치도록 되어 있지만 대부분 사람들의 경우엔 그저 가정생활의 궤도에 한정되어 있기도 할 것이다.

모든 사람이 이 요인들에 영향을 받지만 한 사람의 타고난 재능이 그 요인들의 영향의 정도를 결정해 준다. 각 개인은 유전적으로 다른 개인과 그 지적 능력에 있어서 서로 다르다. 유리한 여건에서는 유전적 특질이 발달과 행위에 상한선을 부과하고, 부적절하거나 불리한 여건하에서는 환경이 개인의 성장에 보다 제한적인 요소이다.

이러한 행동주의 이론의 원칙은 특히 지적장애 분야의 많은 전문가들에게 대체로 무시당하고 있는 것 같다. IQ를 높이려는 열의와 열성으로 많은 사회복지사들이 수많은 개입 프로그램을 내어놓았지만, 초기의 성과가 지탱되지 못하자 이들은 곧 실망하고 말았다.

하지만 그렇다고 해서 행동주의적인 접근이 정말 실패작이었는가? 아마 그렇지 않을 것이다. 문제는 압도적 기대, 즉 극단적인 환경론적 낙관론에 있으며, 적절한 전략과 열정이 사용되면 어떤 사람이건 원하는 어떤 존재로 빚어 만들 수 있다고 낙천적으로 주장하는 원시적인 행동수정 심리학으로의 역행에 있는 것이다.

가령 지적장애인의 경우 지적 성장이 아니라 인간적 · 사회적 행동에 의하여 그 결과가 측정되고, 목표가 설정되었더라면 아마 보다 많은 전문가들이 스스로 성취한 일에 만족할 수 있었을 것이다. 그럼에도 불구하고 장애가 아니라 능력에만 주어진 역점은 하나의 긍정적 움직임을 반영해 주었다. 지적장애인, 나아가서 보다 중증인 장애인들의 잠재력이 과거에는 터무니없게 과소평가되었다. 그러나 오늘날엔 그 추가 정반대 방향의 극단으로 옮겨 가고 있다. '정상화'와 '제약 최소화 대안'(*least restrictive alternative*)을 강력하게 추진함으로써 개인적 한계는 무시되고 말았다. '정상화'와 '제약 최소화 대안'이 워낙 강력하게 추진되어서 심지어는 개인의 장애 그 자체가 흔히 부인되거나 간과될 정도였다.

마찬가지로 장애 분류 작업에 대한 관심과 그에 따른 '주류화' 운동이 초래한 것은 수천 명의 어린이들에게 장애라고 낙인을 찍는 것이었고, 그에 따라 그들은 특별 사회복지실천의 대상에서 제외되고 말았다. 이 사태에 대한 조사가 현재 진행되고 있지만 분류와 진단에 있어서 부정적 변화들은 전체 인구 중 장애의 비율이 상당히 감소했고 따라서 특수 프로그램을 위한 공공의 지원을 줄일 수 있고, 실제로 사회복지실천으로의 접근을 증가시켜 주었다는 착각을 일으킬 수 있다.

이것들은 장애의 심리사회적 측면과 관계있는 문제들 중 극소수에 지나지 않는다. 이 측면들 중 일부는 지적인 행위의 모든 양상과 관계가 있을 수도 있지만 대부분은 경증 지적장애인과 특히 관계가 있다. 심리사회적 요인들이 지적장애의 원인이 되고, 질환의 개선과 치료에 중요한 영향을 끼치며 가정의 안정과 지역사회의 이익에 크게 작용한다는 것을 유의하는 것이 중요하다. 이 요소들은 수정되고 조작되며 어느 정도까지 규제되고 통제될 수 있다.

더욱이 이것들은 사회복지적인 기술과 책임의 영역에 딱 들어맞는다. 현재의 사회복지실천 노력이 교실에서의 통합, 대안적 지역사회 배치, 가정의 안정과 장애인을 위한 취업과 여가의 기회와 같은 분야에서 결실을 거두려 한다면 사회복지사들은 지능의 성격과 기원 및 결정요소들과 개입 프로그램에 관련된 문제들 그리고 시설이냐 지역사회 보호냐 간의 지속되는 논쟁의 전문적 해결의 필요성을 이해하여야 한다.

1) 지능의 결정 요소

중추 신경체계의 병리학이 실증될 수 없는 경증 지적장애의 병인이 자연 발생이냐 양호의 문제이냐가 미해결의 상태로 남아 있는 반면에 그 두 가지 요소의 영향은 언제나 인정을 받아 왔다. 그러나 지난 수년간에 걸쳐서 용어의 변화들이 이 요소들의 상대적 중요성에 대한 평가에 있어서 상당한 변화가 있었음을 보여 주었다.

가령 경증 지적장애인은 원래 '혈통상의 결함'으로 분류되었다. 이는 그러한 상태가 가계에 따른 유전적 특질로 간주된다는 것을 시사한다. 이에 따라 사용된 용어들은 '문화적-혈통적 결함'과 '사회문화적 지체'(*sociocultural retardation*) 그리고 '심리사회적 불이익'(*psychosocially disadvantaged*) 등이다. 바뀌는 용어마다 환경상의 변수가 맡는 역할을 더욱 강조하고 있음을 반영해 준다.

지능의 기원과 결정요소에 관한 연구는 결론이 내려지지 않고 있는데 그 이유는 부분적으로는 인간의 발육을 다루는 연구들에서 부딪치는 어려움 때문이다. 원인성 의미가 있고 조작이 가능한 변수들과 행동과 두뇌 구조상의 변화를 알아보기 위하여 사용될 수 있다. 그러나 인간을 실험대상으로 하는 연구들은 자연발생적 여건에 주로 의존한다. 입양과 위탁가정 보호가 바로 그러한 경우에 해당한다. 이 경우들은 경험을 통한 연구조사를 위한 탁월한 기회를 제공해 주는 자연발생 사례들인 것이다.

그러나 일반적으로 교육을 통한 개입과 초기 자극 프로그램들은 발달에 영향을 주는 폭넓은 변수들을 거의 제어할 수 없는 의사경험적(*quasiexperimental*)인 성격을 갖고 있을 뿐이다. 지능에 영향을 끼치는 생물학적 요소와 심리사회적 요소는 경증 지적장애아들에게서는 쉽사리 서로 분리된다. 이들 경증 지적장애아들은 사회의 가장 낮은 사회경제 계층에서는 그 숫자가 과대평가되고 있으며 이들은 주택, 영양상태 그리고 외부 보호가 충분치 못하고, 질병이 흔하며, 어린이들이 받는 지적 자극이 매우 부실한 가정 출신들이다.

하지만 이러한 상태는 일반적으로 가난한 계층의 사람들에게는 흔한 일이다. 빈민층에 속하는 지적장애아 중 10%는 어머니의 교육과 IQ에 있어서 일반적인 빈민들과 다르다. 빈곤과 지적장애가 겹쳐있는 가정의 지체는 복합적인 유전의 탓인 것으로, 아니면 반대로 적합하지 않은 학습 환경의 탓인 것으로 또 그것도 아니라면 이들 양자 요소가 결합되어 있는 요인의 탓으로 해석될 수 있다.

2) 유전적 증거

동물에 관한 연구가 지능 수준을 결정하는 데 있어서 지배적인 역할을 유전적 특질의 탓으로 돌리고 있긴 하지만 환경상의 요인들도 역시 인정을 받고 있다는 것은 흥미로운 일이다. 자극요소가 풍부해지게끔 강화된 여건에 놓인 쥐들이 그렇지 않은 쥐들보다 더 잘 배우고 그들의 행동변화가 두뇌의 구조변화와 상관관계가 있다는 것을 실험들이 밝혀 주었다. 꼬집어 말하자면, 부화된 환경에 놓인 쥐들의 두뇌가 더 큰 세포는 물론 보다 두꺼운 피질로 학습능력과 관련된 종류의 효소를 더 많이 보유하고 있었다. 비슷한 화학적 또는 구조적 변화가 어린이들에게서도 일어나는지는 알려지지 않았다. 그러나 이러한 개입실천이 함축하는 의미는 명백하다. 동물의 경우 그리고 아마 어린이들에 있어서도, 유기체의 '본성'이 불가변의 것은 아니고 자극에 의하여 개조될 수 있다는 것이다.

그럼에도 불구하고, 지능과 행동상의 특성에 있어서 개별적 차이의 유전적 토대는 이론의 여지가 없을 정도로 훌륭하게 확립되어 있다. 다양한 사회경제적 집단 내에서의 특성을 결정하는 유전적 특질의 역할에 대해서는 확실한 것이 알려져 있지 않다. 지리적으로 격리되어 있는 집단들은 유전자 집합체(*gene pools*)에 있어서 다른 집단과 다르며 유전자 빈도의 분포는 거의 모든 해부학적 · 생리학적 · 생화학적 특성에 있어서 뚜렷하게 드러난다. 이러한 사실들을 지능과 중추신경체계의 속성에까지 연장하는 것은 그럴 듯해 보인다. 열띤 논쟁에도 불구하고 신망 있는 뇌 과학자들과 심리학자들은 인간의 지능을 증대시키기 위한 선택 프로그램이 어느 정도까지 성공을 거둘 것이며 아마 다른 행동상의 특질의 경우에도 그럴 것이라는 입장을 취한 바 있다. 그러나 그러한 프로그램은 현재 사회의 지배적인 가치 및 신념체계와는 병립할 수 없을지도 모른다. 더욱이 일반적인 지능이 존재하느냐의 여부, 또는 그게 존재한다면 정확하게 측정될 수 있느냐는 아직도 확실하지 않은 상태이다.

쌍둥이와 서로 혈연관계가 있는 다른 두 사람에 대한 연구는 지능 발달의 결정요소를 평가하기 위한 최선의 자연스러운 실험 대상일 것이다. 같은 환경에서 성장한 일란성 쌍둥이의 IQ가 가족들의 IQ 중에서 가장 높은 상관관계를 보인다. 따로 떨어져서 성장한 일란성 쌍둥이의 경우 IQ의 상관관계는 낮지만 이란성 쌍둥이의 경우보다는 그래도 역시 높다. 이 사실은 IQ가 유전적 특질에 의하여 주로 결정된다는 가장 강력한 증거이다.

입양문제를 다루는 연구에서 발달에 영향을 끼치는 중요한 변수들은 제어하거나 측정하기 어렵다. 이러한 제약에도 불구하고 최근까지 다각도로 실시된 수많은 연구들은 양부모가 제공하는 가정환경은 그들이 입양한 자녀의 지능 발달에 별로 영향을 끼치지 않는다고 결론을 내렸다. 즉, 양부모의 IQ와 입양 자녀의 IQ 간의 상관관계, 그리고 생물학적 부모의 IQ와 그 자녀들의 IQ 간의 상관관계는 분명 차이가 난다는 것이었다. 전반적으로 쌍둥이와 입양문제를 다루는 연구들은 개인의 지능 차이가 유전적 특질의 영향과 관계가 있다는 가설을 뒷받침해 주고 있다.

3) 환경상의 증거

신체적 요소들이 지능을 훼손하는 준임상적 결함의 생성에 있어서 불특정의 역할을 한다. 영양상의 요소들, 십대 임신, 마약과 알코올 그리고 여러 가지 화학제품과 같은 유해성 물질과 조숙함 등이 그런 요소들의 가장 흔한 예이다. 이들의 영향이 클 경우엔 그 임상적 증후도 분명하게 드러난다. 그 영향이 가벼울 때에는 심리사회적 요인들과 보다 미묘하게 상호작용하여 IQ를 낮춘다.

하지만 결론적으로 말하자면 삶의 질이 무엇보다 중요한 결정요소이다. 가족 관계, 자녀 양육관행, 정신적 자극과 애정이 개입된 경험 등은 질적으로 수준 이하일 경우가 흔하다. 뿐만 아니라 경증 지적장애아와 심리사회적 불우 아동의 부모와 형제자매들은 대가족을 이루고 있는 경우 일반적으로 의사소통 기술이 빈약하고 지능이 낮은 편이다. 그 부모의 말만 접함으로써 이런 아이들의 언어습득은 지장을 받을 수 있다.

학교에서 그들에게 요구될 바른 말하기에 익숙하지 못한 이 어린이들은 지능 발달의 기회를 박탈당하고 있는 셈이다. 더욱이 가계상의 병리(*pathology*)와 부부간의 갈등 그리고 법률상의 갈등이라는 문제들이 경증 지적장애인의 가정에서는 흔하다. 생활환경은 혼잡하고 사생활이란 것은 찾아보기 어렵고 어린이들의 호기심으로 가득 찬 탐구적 행동은 방치되고 있을 것이다. 그러한 가정에서는 어린이들이 모방할 수 있는 어른들의 행동규범이란 거의 없다고 해야 할 것이다.

따로 떼어내 하나씩 생각해 보면, 이들 변수들이 인식 행위에 끼치는 영향은 무시해도 좋을 정도이지만 한데 묶어 생각해 보면 이들의 상호작용에서 오는 영향은 기하급수적이다. 이렇게 되면 그 아이의 잠재능력이 꽃을 피우지 못하리라는 것은 분명해진다.

4) 변화를 위한 모형

가계 병리와 문화적 결손이 끼치는 파괴적 영향을 검토하기 위해 다양한 연구가 행하여졌고 동시에 환경상 요소들의 영향도 다각도로 측정되었다. 이 연구들은 세 가지 기본적인 모형을 따랐다. 그 내용은 다음과 같다.

첫째, 다수가 언어습득과 학문적·사회적·인성적 기술을 터득시키기 위하여 시행되는 아동 중심 프로그램의 형태를 취하였다. 이 프로그램들은 개념상 그리고 바탕이 되는 이론의 강도, 시행 기간과 내용 및 구조상 그리고 착수 시점과 종료 시의 연령에 있어서 각기 차이가 있었다. 이 범주에 속하는 프로그램들은 개입 실천에 가장 널리 응용되었고 심하게 비판을 받아 왔다. 이 프로그램들은 또한 IQ 차원의 결과에 몰두하였다. 이들의 노력을 평가하면서 한 합동 보고서는 이런 유형의 개입을 받은 어린이들은 특수 학급 배치를 거의 필요로 하지 않았고 학교에서 상급반으로 진급할 가능성이 더 높았다고 밝혔다. 그러나 참가자들의 IQ에 있어서 중요한 지속적 상승은 식별되지 않았다.

둘째 모형의 연구들은 방금 설명된 연구들보다 더 효과적이며 오래 지속되는 IQ 상승을 초래하는 것으로 보이는 부모-자녀 간 프로그램의 형태를 취하였다. 이 실험용 프로그램은 지적장애가 아니라 빈곤층의 부모들에게 적용되었다. 그것의 목표, 즉 부모-자녀 간 상호작용적 행동의 개조는 건전한 개념이지만 복합적 문제 가정의 경우에 있어서는 아직 더 시험되어야 한다.

셋째 모형의 연구들은 생태학적 접근방법을 택하였다. 기술되고 있는 세 모형들 중에서 이 방법이 가장 오랜 시간 동안 가장 큰 IQ 상승을 기록하게 하였다. 그러나 이 방법은 대규모로 적용되지는 않았다. 생태학적 접근이어서 이 방법은 개입 대상 가정을 선택할 때 윤리적인 문제와 부딪치게 된다. 당연히 부모의 자존심을 위협하고 저항을 자초할 수도 있다. 지능 발달을 보장하는 가장 효과적인 방법은 매우 취약한 어린이를 둔 가정을 새로이 찾는 것이겠지만 그것은 깊이 뿌리박힌 가치 기준에 역행하는 것이다. 장애인을 재배치함으로써 지능이 긍정적으로 변화될 수 있다는 것은 의심의 여지가 거의 없다. 하지만 이것을 사회전체라는 규모로 성취하기 위한 전략은 있다. 생애 초기에 최악의 환경으로부터 더할 나위가 없는 최선의 환경으로 옮겼을 때 IQ 점수가 상당 부분 상승하는 것으로 추산되고 있다. 그러나 가능 정도에 대한 추산은 어린이가 살아오면서 겪은 경험의 모든 매개변수를 참작하고 그 가정에 특별한 여건을 두어야 한다는 것이다.

가정에 관한 전문가로서, 사회복지사는 장애아동의 강점과 약점 그리고 변화의 능력과 그 가정의 욕구와 문제점들 및 개조 가능성 등을 현실적으로 평가할 것을 요구하는 무거운 책임 부담을 짊어져야 한다. 평가의 대상은 더 있다.

지역사회의 자원과 태도 그리고 장애아동을 받아들이고 통합하겠다는 사실도 역시 현실적으로 평가되어야 한다. 역시 검토되어야 할 것은 현재의 철학적 사조와 경향들 그리고 많은 학자 및 지식인 등의 활발한 논쟁이라 할 수 있는 '백가쟁명'식 견해들의 타당성과 이 모든 것들이 장애인과 그 가족들에게 끼치는 영향이다. 장애의 심리사회적 측면들은 복잡하다. 이것들을 다루는 것은 장애인을 대상으로 하는 사회복지실천의 기본적인 업무의 일부이다.

5) 현재의 추세

장애 분야에 있어서 오늘날의 철학은 정상화(*normalization*), 주류화(*mainstreaming*) 그리고 탈시설화(*de-institutionalization*) 등의 개념을 보편적으로 사용한다. 이들이 소중한 개념들이긴 하지만 새로운 것은 아니다. 역사적으로 볼 때, 장애인의 적어도 95%는 언제나 지역사회에서 거주하였고, 시설 이외의 장소에서 살게 하는 것이 애초부터 많은 프로그램의 순수한 일부였다. 마찬가지로 대다수 장애인은 언제나 정규 학급에서 공부하였고, '장애인'라고 공식적으로는 분류되지는 않았다.

하지만 정상화와 사회통합, 주류화, 탈시설화 등과 같은 개념이 이념(*ideology*)의 수준으로 승화됨에 따라 전문가와 부모를 두 진영으로 양극화하였다. 즉, 이 개념들이 당사자 개인별 장애의 성격과 그의 행동과는 상관없이 보편적으로 적용되어야 한다고 주장하는 사람들과 그렇지 않은 사람들로 나뉜다. 비록 논쟁의 양측이 다 같이 선한 의도를 가진 사람들이긴 하지만, 아무래도 약간은 이기적인 이해관계가 분쟁을 가열시키고 있다.

사회통합을 위해 탈시설화를 지지하는 추세에 의하여 촉진된 변화의 속도와 지역사회 대안에의 편중이, 수많은 경우에 있어서 장애인과 그 가족들에게 오히려 도움이 되지 못한다는 것이 입증되었다. 이를 위한 논쟁과 법정 분쟁들에서 시설에 관한 모든 것은 나쁜 것으로 그려졌고, 반면에 지역사회 대안의 모든 측면들은 완전무결의 후광을 차지하였다. 이 두 가지 견해 어느 쪽도 사실에 의하여 뒷받침되지 않고 있으며 불행하게도 한국 사회에서 많은 이로운 일이 성취되긴 했지만 한 때는 직업상의 판단이었던 일이 이제는 대부분 사법기관으로 이관되고 말았다.

일반적으로 인권에 관한 열성적인 관심은 최근에야 '장애'에도 적용되기 시작하였는데 인간 욕구와 보호에 관한 배려가 무시된 채 시설들을 폐쇄하려는 열의에 발목이 잡힌 많은 장애인이 이용당하면서 그들의 힘만으로는 대처할 수 없는 스트레스에 노출되고 있다. 거듭되는 좌절과 거부를 당하고만 있는 것이다. 한마디로 그들은 오도되고 있으며 그들의 권리는 예나 지금이나 다름없이 침해받고 있다.

적극적인 지역사회로의 통합과 과거 수용시설이라 불리던 거주시설에서 벗어나고자 하는 '탈시설화'에 관한 사실들이 이제 막 실체를 드러내기 시작하고 있다. 만약 그 운동의 성공이 시설에의 재수용 비율에 의하여 측정되는 것이라면 오늘날의 배치 프로그램들이 과거의 그것들보다 낫다는 것은 분명하다. 그럼에도 불구하고 실패율은 예상외로 훨씬 높다. 아직도 많은 장애아동들이 그런 일로 이어지는 한평생의 삶에 있어서 또다시 더욱 강도 높게 당면하는 거절로 인한 지역사회로의 이동을 경험하고 있는 것이다.

성공적인 지역사회 배치에 관한 기록도 장애인이 필요로 하는 가지각색의 사회복지실천을 제공하는 데 있어서 이제 시설들이 계속 맡아서 할 수 있는 역할이 없다는 견해를 신용할 수 있게 해 주지도 않는다. 가령 정신장애인은 지적장애인이나 시청각장애인, 지체장애인보다 사정이 더 나쁜 것으로 판단된다. 정신병원에서 퇴원해 지역사회로 복귀한 대다수 정신장애인이 반수가 일 년이 채 못 되어 돌아오고 있으며, 그들 중 또 대다수는 3년이 채 못 되어 재수용된다고 한다. 물론 정신장애인보다는 약간 더 나은 편이지만 지적장애인의 경우도 지역사회에 성공적으로 통합되는 사례가 매우 드물다고 한다. 여기에는 경제적 여건, 재배치, 훈련, 취업기회 제공, 그리고 지역사회의 후원 및 직업재활을 위한 사회복지서비스를 이용할 수 있는 여부 등에 따라 차이는 있다.

시설에서 나와 지역사회로 복귀한 장애인이 다시 시설로 돌아오는 것은 관리보호가 부실했거나 어떤 프로그램이 중단됐거나 지역사회의 냉대, 그리고 당사자의 능력이나 행동과는 관계가 없는 다른 약점이나 사건 때문이거나 그저 자원 부족해서일 수도 있을 것이다.

한편 완전한 사회통합을 향한 전진 기지라 할 수 있는 그룹홈을 운영하는 사회복지사들은 적절한 시기가 지나면 기존의 이용자를 지역사회로 내보내고 새로운 이용자를 맞이해야 하는데 도저히 내보낼 상황이 안 되어서 부득이하게 계속 기존 이용자를 받아들여야 하는 경우가 빈번하다. 어쩔 수 없이 이동의 자유를 제한하고 의존기간을 연장하고 괴기한 행동을 참아 주기도 할 것이다. 일련의 환경요인 때문에 생기는 부적응 행동이나 불충분한 사회적응이 분명함에도 그리고 완전한 사회통합이 아님에도 그룹홈에 입소해 있는 의외로 많은 이용자들은 지역사회 통합이라기보다는 지역사회에 잔류시켜야 할 수도 있다.

많은 사람들이 시설로 돌아가는 것은 실패로 간주하지만 어떤 형태로든지 그룹홈에 있으면 성공이라고 판단한다. 하지만 진정한 사회통합의 기준이나 성취된 사회적 통합의 성격과 정도에 관해서는 별로 거론하지 않는다.

6) 평가 노력

지역사회 배치 프로그램을 평가하는 데 있어서 지속적인 문제는 적응을 측정하는 기준이 될 관련 변수에 관하여 합의가 이루어지지 않고 있다는 점이다. 만약 성인 지적장애인을 일반 성인들에게 적용되는 것과 같은 기준에 따라 평가하려 한다면 중증 지적장애인과 상당수의 경증 지적장애인은 성취 기준들을 충족시키지 못할 것이다. 이들은 보호가 전혀 없는 독립된 생활 여건 속에서 자립하기가 어렵고 직장에서 효과적으로 경쟁할 수도 없을 것이며 나아가 결혼생활과 부모의 역할을 하는 데 있어서도 복잡한 일과 책임을 감당하지 못할 것이다. 그들은 일상생활을 이탈할, 기묘하고도 사회적으로 용납될 수 없는 행동을 나타내 보이기 십상일 것이다.

실제로 엄격하게 정의된 기준들에 의하여서라면, 현재 지역사회에서 거주하고 있는 장애인 중 많은 수가 실패한 사례들로 간주되어야 할 것이다. 가령 지적장애인들의 생활경험에 대한 최선의 통찰은 민족

지수 연구(*ethno graphic research*)에서 얻어진다. 참여자 관찰 연구에서 지적장애인들이 환경에 적응할 때 사용하는 절차와 문제들 그리고 전략에 관하여 많은 것을 알아낼 수 있다.

여기서 중요한 사실은 장애인이 단지 지역사회에 남아있는 것이 반드시 사회통합의 성공과 동의어가 되는 것은 아니라는 것이다. 많은 장애인들이 문제해결, 이성적 사고와 판단 그리고 충동 제어 등의 분야에서 지니고 있을 약점들 때문에 지역사회 생활의 스트레스에 적응하기가 어려울 것으로 판단된다. 일부 장애인들의 경우엔 재활과 치료를 위한 다른 자원들이 필요하다. 이 자원들 중에서는 특정 목적을 위한 단기간의 수용보호가 필수적이다. 가령 시설 수용이 없게 되면, 결국 많은 지적장애인이나 정신장애인들이 정신병원이나 요양병원 등에 입원하게 되거나, 열악한 미인가 거주시설에 수용될 것이다. 이런 여건에서 그들의 재활 가능성은 잘해야 본전으로 지극히 부실하다.

지역사회의 갈등요소로부터의 격리로 인한 안정이 시설에 수용된 적이 있는 장애인이 행동을 보다 잘 제어하고 효과적으로 재활하는 데 긍정적인 영향을 끼쳤다고 주장할 수 있을 것이다. 이것은 상당히 도발적인 견해일 수 있다. 안전하게 신중된 정설은 아니지만 말이다. 장애인들을 대상으로 실천할 때, 사회복지사들은 견해가 아닌 사실을 경험하고 그 사실을 정보로 갖고 있어야 한다. 또한 신화가 아니라 현실을, 철학이 아니라 임상학적 판단과 과학적 연구결과를 실천지침으로 삼아야 한다. 이렇게 해야만 장애인과 가족 및 그 지역사회의 욕구가 최선으로 충족될 것이다.

제2부

'자립생활'과 사회복지실천

제법 많은 수의 사회복지사들이 장애인을 대상으로 하는 사회복지실천에 관심을 갖게 된 것은 최근의 일이다. 이전에는 사회복지사의 역할은 단지 장애인이 있는 가족 구성원들에게 희망과 용기를 주기 위한 면담이나 이들이 부정적인 의식에서 긍정적인 의식으로 변화되도록 노력하는 데에 한정되었다. 하지만 사회복지사의 역할과 기능은 크게 변화되었다. 이러한 사회복지사의 역할 변화는 장애인에 대한 사회의 대처 방법상의 획기적인 변화에 따른 결과였다. 이러한 변화는 정상화 운동에 의하여 야기된 것이었다.

장애인을 그저 시설에 수용하기만 하면 된다고 여겨지는 한, 사회복지사는 장애인의 문제점들과 잠재능력을 무시하고 그 보호자들만 상대해도 괜찮았다. 장애인이 사회복지사의 실천에서 두드러지게 부각된 데에는 기라성 같은 대규모 장애인 수용시설과 장애인 단체들의 힘이 컸다. 이들 시설과 기관에 있는 수많은 장애인을 돌보기 위해 많은 사회복지사들이 요청되었던 것이다.

그러나 시설이 비워지자, 사회복지사의 시간은 점점 더 지역사회 내에서의 처소를 마련하는 데에 바쳐졌고, 관심도 필연적으로 한 사람의 독립된 개인으로서의 장애인에게 쏠리게 되었다. 이런 경험을 통하여 '장애인' 이라는 꼬리표의 일차적인 근거라 할 수 있는 지능지수(IQ)가 지역사회 적응의 성공여부를 반드시 신뢰성 있게 예측해 주지는 못한다는 것이 밝혀졌다. 그렇지만, 당사자의 장애 정도에 따라 대충 설정된 제약의 범위 내에서는 사회적응 능력(social competence)이 성공의 강력한 결정 요소였다. 사회적응 능력은 배울 수 있는 것이며 장애인 당사자는 적절한 개입 대상이 되었기 때문이다.

이렇게 사회복지서비스는 서비스이용자의 사회적 기능을 사정하고 개선해 나갈 수 있게 되었다. 특정한 사회적 행동에 있어서 서비스이용자들을 훈련하고 그들의 자존감을 높이기 위한 창의성 있는 프로그램들을 확립하는 것이 사회복지실천에 있어서 중요한 요소가 되었다. 직업적 태도의 이러한 변화는 또한 지역사회의 장애인이 당면하는 어려움에 관하여 다시 생각할 수 있게 하였다.

장애인은 심리치료(psychotherapy)의 혜택을 받지 못하리라는 생각이 휴먼서비스 전문가들 사이에서는 지배적이었고 사회복지사들 간에서도 흔했다. 그러나 지금 사회복지사들은 장애인의 사회적응 문제가 사회복지실천 분야의 지식과 기술의 영역 밖에 있는 것이 아니라는 것을 깨달아 가고 있다. 그리고 해당 장애인의 장애가 간질이건 청각장애이건 지적장애이건 아니면 뇌성마비로 인한 뇌병변이건, 그 무엇이든지 간에 유사한 심리사회적 문제점들은 비슷한 해결책을 요한다는 것을 임상적으로 알아가고 있다. 또한 사회복지사들은 공식적이건 비공식적이건 실제적인 지원을 위한 조직망을 키우고 문화적 가치 기준상의 갈등들을 판별하여 그 장애인과 가족 간에 긍정적이고 협조적인 관계를 구축하도록 도와야 할 필요가 있다.

장애를 가진 서비스이용자들을 대상으로 하는 사회복지실천을 다루는 제2부는 그 실천의 장을 지역사회에서 찾는다. 제2부에 속해 있는 각 장들은 장애인 개인의 심리사회적 능력을 향상시키기 위한 다양한 방법들을 강조하고 그 개입실천들을 다채로운 임상적 사례들을 곁들여 상세히 설명해 줄 것이다.

장애인의 자립생활 실현을 위한 사회복지실천 제3장

현대에 와서 '장애'의 개념은 점차로 병리적 측면이 아닌 기능상의 제약에 따른 사회적 불리라는 견지에서 규정되고 있다. 장애는 사람들을 일상생활의 책임으로부터 면제되거나 배제되도록 해 주는 객관적인 제약으로 여겨지고 있다. 이에 따라 장애인은 일상생활의 범주에서 쉽게 벗어날 수 있는 사회적응이 어려운 사람들로 간주된다. 이처럼 장애를 특정한 부분에서의 적응실패라고 인식하게 되면 장애 문제를 해결하기 위해서는 장애인들로 하여금 가정, 지역사회, 경제적 체계, 학교 그리고 건강 및 사회복지제도를 포함하는 중요한 사회조직에 재통합될 수 있도록 허용해 줄 적극적 지원이 담보되어야 할 것이다. 이렇게 장애와 장애인에 대한 시각이 변화할 수 있었던 것은 정상화와 사회통합을 지향하는 자립생활 운동이 널리 확산되었기 때문이다.

1. 자립생활 운동과 사회복지실천

자립생활 운동은 많은 분야에서 장애인과 그 가족들이 스스로 자조 자립할 수 있는 가능성을 인식할 수 있도록 도와주었다. 자조 단체들이 노인, 정신장애인, 지체장애인, 청각장애인, 시각장애인 그리고 지적장애인 집단들 가운데에서 우후죽순처럼 생겨났다. 김영삼, 김대중 정부와 노무현 정부를 거치면서 이 자조 단체들을 지원하는 다양한 입법 개혁들이 이와 같은 새로운 경향을 형성하는 데에 큰 힘이 되었다. 자조 단체들의 활동으로 장애인의 삶에는 많은 변화가 일어나고 있다. 가령 지하철과 같은 대중교통 체제에서 장애인도 불편함이 없도록 '이동권'과 '편의권'을 보장하는 방향으로 시설 개선이 일어나고 있으며 공공시설들도 장애인이 쉽게 이용할 수 있도록 설계되고 있다. 즉, 자조 단체의 문제제기와 사회운동 등으로 국가 제도가 개선되고 있다.

이런 성과로 인해 자조 단체의 활동은 장애인들로부터 크게 환영을 받고 있지만, 이 단체들에 의한 자조 운동은 사회복지실천을 감당하는 사회복지사들에게는 몇 가지 고민거리를 만들어 주기도 한다. 이제 전문적 원조는 덜 직접적이고, 서비스이용자를 보호하고 보살피기보다는 구체적 생존 기술을 가르치기를 지향해야 한다는 점과 장애인 자신이 기본적인 개인적 보호 관리의 기능을 스스로 수행해야 한다는 것이다. 전통적인 장애인복지실천의 전략과 방법, 기술 등이 새로운 현실에 맞추어 변화해 가야 하는 상황이 되었다.

자조 단체의 활발한 사회운동과 그와 동시에 나오는 여러 연구조사 보고서 및 관련 출판물은 장애인에게 지역사회의 통합을 위한 실질적인 정보 제공과 자원 연계 등을 자연스럽게 지원하는 효과를 거두고 있으며 그 결과 매우 유용한 사회복지실천 방법과 기술 등에 대한 통찰을 제공해 주기도 한다. 자조 단체의 활동이 이렇게 장애인의 자립에 효과적으로 기여할 수 있었던 그 시작은 미국 캘리포니아 주 버클리에 있는 에드 로버츠(Ed Roberts)라는 장애인이 설립한 '다양한 장애를 가진 사람들의 자립생활을 위한 센터'에서부터였다. 바로 여기에서 출발한 자립생활 운동은 우리나라에도 이제 보편화되고 있다.

또한 자립생활 운동은 필연적으로 자립을 뒷받침하는 재활공학 내지 보조공학의 지원을 강하게 요구할 수밖에 없다. 이는 자연스럽게 자립생활을 지원하는 재활공학과 보조공학을 크게 발전시키는 요인이 되고 있다. 이 같은 재활공학과 보조공학 등의 분야에서의 눈부신 발전은 결과적으로 자립생활 운동의 핵심 목표인 장애인이 사회복지사의 전문적인 도움을 최소한으로 줄이면서 자조하여 홀로서기를 하든가 장애인들이 상호 부조하면서 살 수 있도록 돕자는 사명을 실제적이면서도 구체적으로 실현되게끔 한다. 무척 당연한 일이지만, 이러한 자립생활 운동의 확산은 결과적으로 기존의 장애인들을 보호하고 치료하는 데에 집중해 온 일부 사회복지사나 재활치료사 등에 대한 적대감마저 불러왔다.

장애인들의 이러한 새로운 인식에 비추어 볼 때, 사회복지사들이 기여할 수 있는 한 가지 방법은 사소하긴 하지만 장애인이 꼭 필요로 하는 일들을 도와줄 수 있는 사람들의 연락망을 구축하는 데에 있다. 이것은 자립해서 생활하는 모든 장애인들이 해야 하는 일이다. 예를 들어 전구를 갈아 낄 수 없다든가, 마룻바닥에 떨어진 청구서를 집어들 수 없으며, 또한 층계 아래로 내려가지 못하여 소변 용기를 사용하지 못하게 되면, 결국 다른 모든 기능까지 발휘되지 못하고 말 것이다.

장애인에게 있어서 자립이란 이렇게 하찮은 일들을 완수하는 법을 터득하여야 한다는 것을 의미한다. 그들이 적응할 수 있는 일들도 있지만 조력자가 있어야만 할 일들도 있기 마련이다. 많은 장애인들에게 있어서 '기동성'에는 한계가 있다. 사회적 접촉도 거의 없으며, 꼭 필요한 사교적 기능마저도 없을 경우가 많다. 이러한 장애인을 위해서 사회복지사는 조력자를 찾아 주어야 한다.

그럼으로써 사회복지사는 장애인이 해야 할 일의 종류와 그에 따른 조력자의 종류를 파악하고 있어야 한다. 조력자들은 대체로 이 일을 하도록 선발될 수 있는 '활동보조인'이거나 아니면 '자원봉사자'일 것이다. 장애인이 해야 하는 일상적인 일들에 관한 상세한 지식은 아직 정리되어 있지 않다. 다만 여기에서는 장애인이 하기 어려운 네 가지 분야의 일을 논의하고자 한다. 이 네 가지에 근거하여 사회복지실천 프로그램들은 자립생활을 방해하는 기능상의 제약에서 비롯되는 장애인들의 어려움에 부합하도록 자조 자립을 위한 사회복지실천을 효과적으로 관리운영 할 수 있어야 한다.

일반적으로 자립생활을 위한 사회복지실천은 '자율적 임무'와 '사회적 임무'에 따라서, 그리고 친밀한 '대인 관계적 임무'와 '비대인성 임무'에 따라서 그 범주가 분류될 수 있다. 이 네 가지는 임무 그 자체에 관한 것이 아니라 오히려 그 일들의 사회적 의미와 그 일을 거들도록 선발될 사람들의 종류에 관한 것으로 보아야 한다. 한 개인이 지닌 장애의 정도는 혼자 해낼 수 없는 무능력과 관계가 있음은 물론이고, 적절한 도움을 줄 수 있는 사람들을 찾을 수 있는지와도 관계가 있다.

먼저 '자율적 임무'(*autonomous task*)란 일반적으로 도움을 받지 않고 수행할 수 있으며 그 일을 실행할 때 다른 사람으로부터의 협조를 함축하지 않는 개입실천 활동이다. 다음으로 '사회적 임무'(*social task*)란 완수하려면 한 사람 이상이 필요한 개입실천 활동을 말한다. 셋째로 '비대인성 임무'(*impersonal task*)란 전반적인 사회적 범주에 속한 사람들로 이웃사람들이나 일반적인 서비스 관련 직종에 종사하는 사람들 또는 이해관계가 공통인 사람들과 친지들에 의하여 수행되는 개입실천 활동이다. 마지막으로 '대인성 임무'(*personal task*)는 장애인과 인간적 관계를 가진 사람만이 해낼 수 있는 개입실천 활동이다. 대인성 임무에는 금기 사항도 있고 가까운 친구와 식구들과 엄선된 전문가들에 의하여서만 완수될 수 있는 친밀한 '대인 관계적 임무'(*intimate task*)가 포함된다.

이러한 네 가지 범주로 구분된 임무들은 다시 다음과 같이 구체적으로 실천할 때 유용한 네 가지 유형의 실제적인 임무들로 나타난다. 자질구레한 일상적인 임무들, 개인 위생상의 임무들, 지역사회 지원 임무들, 제도 관련 임무들이 그것들이다.

1) 자질구레한 일상적인 임무들

자질구레한 일상적인 임무들은 사람들이 매일 생각 없이 습관적으로 수행하는 사소한 활동이면서 동시에 사회적 자립을 위한 기초가 되는 활동이다. 이들은 따로따로 떨어져 있는 불연속적인 활동으로 시작과 끝이 분명하고, 비교적 짧은 시간 내에 완수되며, 그리 특별한 기술이 필요한 일도 아니다. 이 일들은 다음과 같이 몇 가지로 구분된다.

먼저 연쇄적 활동으로 이루어지는 일들 중 일부인 단계별 활동이다. 예를 들어 가전제품 중 하나인 가스레인지를 조작하는 것은 요리의 일부이고, 자동차의 시동을 거는 것은 운전의 일부이다. 또 여성들의 화장 역시 외출을 위한 한 단계로 볼 수 있을 것이다. 어떤 일들은 지금 바로 해야만 하는 것이 아니라 상황에 따라서 뒤로 미루어질 수도 있다. 예를 들어 전구를 갈아 끼우는 일은 집안의 전구 대부분이 나가버릴 때까지 연기할 수 있다.

이렇게 활동 그 자체로서는 사소한 일일지라도 이런 일상적인 일들 중 어떤 것들은 전략적으로 퍽 중요하게 위치해 있어서 당사자의 기능수행능력을 차단할 수도 있다. 가령 침대에서 나오기, 계단 오르내리기, 글쓰기나 물건 사기 등이 그런 일들의 예이다. 따라서 가족과 함께 살지 않거나 필요할 때마다 적절한 도움을 제공받지 못하는 경우, 장애인의 삶은 어려움에 놓이게 된다. 이와 같이 사소한 일상적인 임무들이야말로 장애인이 스스로 잘 해낼 수 없다고 여기기 쉬운 개별적인 일들이다. 이 중 일부를 완수하지 못하는 경우 이것이 장애를 규정하는 데에 사용되어 왔다.

이러한 임무가 두드러지는 것은 조력자를 구하기가 쉽기 때문이다. 이 일은 거들기도 쉬워서 시간이 그렇게 많이 들지 않는다. 마침 지나던 길에 잠시 들려서 수분 내에 다섯에서 열 가지 정도의 임무를 완수할 수도 있다. 장애인의 일상사를 도와줄 조력자를 구하기 위해서는 장애인의 주위에서 사람들의 교류가 충분히 확보되도록 해야 한다. 조력자는 연령이나 성별 또는 사회적 속성이나 문화 등으로 인해 특별한 제약을 받지 않기에 필요한 곳에서 가까운 곳에 있는 사람들을 찾아내 활용할 수 있을 것이다. 가족, 친구 그리고 이웃이 가장 훌륭한 조력자임에는 틀림이 없다.

2) 개인 위생상의 임무들

개인 위생상의 임무는 친밀한 인간 관계적 일이라고 간주되거나, 소홀히 하면 사람을 불결하게 하는 일들이다. 개입실천 활동으로써 이 일의 대부분은 사소한 일상사보다는 약간 더 많은 시간과 기술을 요한다. 물론 일부 비전문가들은 이 대인성 임무 중 어떤 것들, 예를 들면 정시에 주사를 놓는 것과 같은 일들을 께름칙하게 여기는 경우도 있겠지만 말이다.

어떤 임무를 친밀한 '대인 관계적'이라고 정의하게 하는 것 중 일부는 장애인이 거들어 줄 일손을 구하기가 어려운 점이다. 사소한 일상사를 도와줄 사람들을 어렵지 않게 잘 구하는 장애인조차 개인 위생상의 임무를 도울 사람을 구하기는 어렵다. 전혀 낯선 사람에겐 부탁하는 것조차 어렵기 때문이다. 변기 사용, 씻기, 옷 입기와 식사는 자립에는 기본적인 것이지만 우리 사회에서 낯선 사람들과의 사이에 반드시 있어야 하는 일정한 거리의 원칙을 위반하는 신체적 접촉을 의미한다.

만약 장애인 혼자서 이런 일을 실행할 수 없으면 집안 식구나 가정도우미 역할을 하는 활동보조인과 같은 유급 조력자에게 의존하는 수밖에 없다. 그러나 최근까지만 해도 건강보험과 장애인에 대한 공공원조 기관 등은 활동보조인을 쓰는 비용을 지불해 주지 않았고, 그래서 이것은 중산층과 부유층이나 누릴 수 있는 사치였다. 드문드문 가까운 친구들이 개인 위생상의 임무를 도와달라고 부탁 받을 수 있다. 그러한 도움이 우정의 일반적 역할과 일치한다면 친밀한 인간관계적 보호관리가 가능할 수 있다. 일반적으로 이런 식의 도움은 간헐적이거나 응급 조치식일 수밖에 없다. 친밀한 '인간 관계적' 보호관리가 역시 어려운 것은 그 임무들이 매일매일 완수되어야 하기 때문이다. 조력자들은 신체접촉을 꺼리는 우리의 일반적 금기를 극복하여야 하고 신뢰받을 수 있어야 하며 규칙적이어야 한다.

3) 지역사회 지원 임무들

어떤 임무들은 본질적으로 사회적이다. 그러한 임무를 실행하기 위해서는 공통의 이해관계를 누리는 사람들의 집단이나 공동체와 연계되어야 할 필요가 있다. 지역의 인적 조직망은 장애인들을 신체적인 공격행위와 착취 및 희롱으로부터 보호하기 위해 중요하다.

이런 맥락에서 가령 이웃 사람들이 지적장애인을 위해서 행하는 중요한 임무로서 그들의 약점을 이용하려 드는 외판원들로부터 그들을 보호해 주는 일 등을 예로 들 수 있다. 이 이웃들은 장애인들을 그들의 약점이라는 비밀을 누설시키지 않고 보호해 주기 위하여 최선을 다할 수도 있을 것이다. 또한 어떤 임무들은 장애인이 정보를 교환하는 연락망에 연결되어 있을 것을 요구하기도 한다. 이러한 임무들은 장애인에게는 특별한 문제가 되는 것들이다. 대부분의 경우, 마음에 드는 아파트나 좋은 일자리 또는 인간미 있는 의사 등을 구하는 일의 성공여부는 정보를 제공해 주고 필요한 절차를 밟을 수 있도록 도와줄 친구와 친지의 조직망이 있느냐에 달려 있다. 이런 조직망에 사람들이 연계되는 정도는 크게 차이가 난다. 이러한 유대가 없는 탓에 사회적 혜택으로부터 소외당하는 장애인들도 있다.

자립에의 잠재력은 장애인이 사는 곳이 '동질적인 지역사회' (*congenial community*), 즉 늘 생활해 왔던 '동네'일 때 증가한다. 소읍이나 '도시의 촌락'에서 사는 것은 서로에 관하여 익히 알고 있고 서로에 대하여 배려하는 사람들의 이미 짜인 조직망을 창출하는 셈이다. 그러한 주거 환경에서 조력자를 구하기는 그저 기동성만이 고려되어 모여 살게 된 주거지역에서보다 더 쉬우리라는 것은 당연하다. 실제로 사람들이 자기네 지역에서 일어나는 일에 대하여 책임의식을 느끼지 않으면 장애인이 조력자를 구하는 일도 어려워질 것이다.

한 사람이 지닌 장애의 사회적 결과는 그가 조직망과 어떻게 연결되어 있느냐와 조직망이 제공하는 도움의 양과 종류 그리고 그 도움을 받기 위해 다른 장애인과 벌이는 경쟁의 정도에 따라서 차이가 있을 것이다. 이것은 부분적으로 장애인 당사자가 태어난 지역사회의 종류와 장애의 원인이 된 여건에 좌우된다. 정상적인 능력을 지녔던 사람으로서 성인기에 심한 장애를 일으킨 사람들이 직장을 계속 지키고, 전이나 다름없는 대인관계를 유지하며 놀라우리만치 자립을 지켜나가는 것이 드문 일은 아니다.

그러나 많은 경우에 장애로 인하여 지역사회의 지원 조직망이 심각하게 와해되거나 훼손당할 수 있다. 탈시설화의 심각한 결과 중의 하나는 장애인 당사자 개인이 가족을 포함하여 타고난 도움의 조직망과 연락이 끊긴다는 점이다. 실제로 이런 경우는 빈번하게 일어나고 있다. 이들에게는 시설에서 나온 이후에 주택이나 일자리를 구하도록 도와줄 가족이나 친구가 없었다. 일자리를 구하여도 요양원과 급식소 등이며, 이곳의 고용주들은 감시에 익숙한 장애인들을 채용해 이득을 보는 데에 재미를 붙인 사람들일 경우가 많았다.

어떤 시설과도 연계가 되어있지 않은 장애인들도 주택을 구하는 데 비슷한 문제에 부딪치게 된다. 장애인은 접촉이 줄고 경쟁은 증가하는 쪽방이나 '고시원' 밀집지역과 같은 지역에서 다른 장애인과 함께 모이려 드는 경향을 보인다. 이렇게 되면 그들의 사회적 상황을 향상시켜주는 정보에 대한 접촉이 제한됨에도 그렇다.

이것은 해롭다. 잠재적 조력자와 직접 접할 수 있는 기회가 감소되어서만이 아니라 사람들을 구하고 그들의 관심을 유지하며 조력자의 역할에 대한 그들의 참여를 증가시킬 수 있는 사회적 기술은 필요한 조력자를 확보하는 데에 역시 중요한 일인 것이다. 장애인 개인은 조력자를 이용하는 요령을 향상시키기 위해 각기 다른 전략을 사용해야 한다. 지나치게 많은 것을 요구해서 사람들이 겁을 먹고 줄행랑을 놓게 해서는 안 될 것이다.

기능성 조력에 대한 요청과 효율적인 조력을 위한 요청을 혼동해서는 안 된다. 조력자와의 관계를 돈독하게 해 줄 공통의 관심사를 찾아내야 한다. 때에 따라서는, 장애인에게 쉽사리 도움을 주어야 하지는 않지만 중요하고 독창적인 정보를 제공하는 시혜자를 구하는 경우도 있을지 모른다. 장애인은 이런 기술들을 부모나 관심 있는 친구들로부터 배울 수 있을 것이다.

하지만 광범위한 계층의 사람들로부터의 소외는 그들에게서 배움을 얻을 수 있는 교훈적 착오를 범힐 수 있는 기회마저 빼앗아버리는 수가 있다. 더욱이 변화무쌍한 그들의 건강상태가 장애에 성공적으로 대처할 수 있는 법을 배우는 데에 필요한 시간을 제한할 수도 있다. 시설에 격리시키는 것은 그 때문에 인간적인 빈틸을 초래힐 수 있으며 이는 결과적으로 신체적인 상태를 더욱 약화시킬 수도 있다.

4) 제도 관련 임무들

장애인들이 보험회사, 의사, 복지 프로그램과 그 외의 다른 기관으로부터의 복잡한 사회복지실천의 대상이 되어야 할 경우가 빈번하지만 문제는 쉽게 도움을 받을 수 있는 실천능력이 결여되어 있다는 데에 있다. 예를 들면 그들은 실제로 존재하고 있는 프로그램의 내용과 그것이 제공하는 사회복지실천을 받을 수 있는 자신들의 권리에 관한 정보를 필요로 하게 된다.

제도 관련 임무는 세 가지가 특히 중요하다. 첫째는 각각의 서비스

체계의 복잡성을 숙지하는 것으로 이는 적절한 사회복지실천과 도움을 받으려면 갖추어야 할 요건들과 현재 이루어지고 있는 사회복지실천의 이행 경로에 관한 정보를 얻기 위함이다. 둘째는 서비스를 받을 수 있는 자신의 권리를 옹호하는 것이고, 셋째는 복잡하고 중복되는 사회복지 기관들이 요구하는 것들을 다루는 일이다.

더욱이 전문화와 확대일로에 있는 장애인 대상 사회복지실천에 소요되는 경비를 일반 국민이 지불한다는 사실은 장애인들이 소비자의 입장에서 자신들의 권익을 주장하는 일을 엄두조차 내지 못하게 하였다. 대부분의 경우, 고작해야 정보를 공유하는 사람들 간의 비공개적 전달망에 끼어들 수 있는 정도로 만족해야 할 따름이다. 그러나 집안에 있어야 하는 중증 장애인들에게는 이것마저 하기 어려울 것이다. 사회복지실천 자체의 힘겨운 신체적·정서적·일반적 사회통념 내지 지역사회의 장애인에 대한 인식상의 요구사항들에서 비롯되는 스트레스가 더 보태어진다. 줄지어 서서 차례를 기다리거나 이 사무실 저 사무실로 찾아 다녀야 하는 일 그리고 전화통에 매달려 있거나 이것저것 내용도 잘 모르는 서류를 작성하는 일 등은 장애인들이 가장 어려워하는 일 중의 하나다. 다른 사람들이 이런 일을 대신해 주는 정도만큼 장애인들이 받는 사회복지실천은 개선되어 있는 것이다.

옹호(*advocacy*)는 장애인에겐 특별한 문제이다. 장애인은 대안이 없는 경우엔 사회복지실천에 전적으로 의지하는 경향이 있다. 그들은 또한 스스로의 대리인(*agent*) 역할을 하는 능력이 결여되어 있는 것으로 간주되는 경향이 있다. 이로 인하여 그들이 마땅히 받을 수 있는 사회복지실천 서비스로부터 제외되거나 참여의 기회를 거부당했던 것도 사실이다. 장애인들은 자신들이 서비스 대상에서 제외될지도 모른다고 우려하기 시작하면 사회복지사에게 서비스의 질에 관한 반대의견을 표현하기 어려워한다. 특히 시설에 수용되어 있는 장애인들에게 이는 가장 심각한 문제이다. 외부 인사들이 시설 내에서 일어나는 일이 어떤 것인지 헤아리기는 매우 어렵다. 수용되어 있는 장애인들이 다른 대안을 찾기도 어렵다.

또한 '재가 장애인'이 자신의 이익을 주장한다는 것도 역시 어렵다. 많은 사회복지 기관들의 구분이 워낙 복잡해서 어떤 특정한 사회복지 실천을 어느 기관이 맡고 있는지를 판정하는 일까지 서비스이용자 자신의 책임하에 해야 할 정도이다. 서비스이용자들이 걱정하는 또 다른 한 가지의 일은 어느 한 조력자의 비위를 거슬러 놓으면 그로 인하여 다른 조력자들 간에 좋지 않은 평판이 나돌게 되리라는 것인데 이런 우려가 전혀 근거 없는 것도 아니다. 어떤 서비스이용자가 말썽을 일으킨 적이 있다면 다른 사회복지사들이 그 사실을 십중팔구 알게 되어 그에 따라 그 서비스이용자에 대한 자신들의 반응을 조절할 것이기 때문이다. 장애인은 최대한의 자립을 유지하기 위하여 특별한 옹호 활동을 요구한다.

성격이 전혀 다른 또 하나의 문제는 장애인이 되어 있다는 사실 자체가 지닌 복잡성이다. 장애인이 자립하려 한다면 병원에서 날아오는 청구서도 지불하고 보험회사들 간의 각기 다른 조건들을 견주어 판단을 내리며 사회복지실천을 펴는 복잡다단한 여러 기관들에 관한 정보도 얻어야 하고, 또한 사회복지실천에 관하여 관료들에게 말할 기회를 얻기 위해 기다려야 하는 것이다. 또는 요양원이나 의료비 따위를 놓고 가족들의 상반된 주장에 대처하기도 하여야 한다.

이런 일들은 장애인에게 돈이 있는 경우라면 변호사에 의하여 처리될 수 있으며, 교육받은 가족이 있다면 식구들 중 한 사람에 의해 처리될 수도 있지만 빈곤 계층이나 하류층 출신일 경우엔 특별한 부담이 되기도 할 것이다. 특히 사회복지실천을 통해 제공되는 조력으로부터 소외된 장애인들의 경우엔 이웃사람들, 친구들, 가족들마저도 복잡한 제도를 다루는 기술을 지니고 있지 못한 경우가 있는데 그럴 경우엔 사회계층의 경계선을 넘어서라도 조력자를 구해야 할 것이다. 바로 사회복지사가 나서야 할 임무인 것이다.

장애인의 지위가 변한 것은 사회복지사에게는 새로운 도전의 대상을 만들어 준 셈이었다. 장애인이 이제는 사회복지사나 의사와 같은 공식적인 조력자의 역할을 맡은 사람들을 불신할 수도 있게 됐다는 말이다. 이전에는 이 전문가들이 지향하는 방향은 서비스이용자 보호 쪽이었다. 그러나 지금 그렇게 하는 것은 장애인의 자립을 저해하는 일로 간주될 수도 있다. 자조 단체들이 장애인의 이익을 위하여 서비스를 하고 있음은 분명한 사실이다. 그리고 그 단체들이 전문적 원조를 베푸는 일에 과거만큼 역점을 두지도 않는다. 개인적 자립을 추구하는 이런 움직임에 부응하기 위해서 사회복지 전문가들은 일방적으로 사회복지실천을 하는 것이 아니라 소비자(*consumer*)의 요구에 대처하는 방식의 자세를 갖춰야 할 것이다.

이상의 내용을 토대로 하여 결론적으로 사회복지사들이 장애인의 자립을 위해 할 수 있는 두 가지 일반적인 종류의 사회복지실천을 제안하고자 한다.

첫 번째 종류의 사회복지실천은 사람들이 꾸미는 비공식적인 조직망을 지원하는 일이다. 이것은 적절한 사회적 기술을 습득하도록 장애인을 훈련하는 일이나 조력자를 구하기 쉽게 해 줄 장애인공동생활가정, 즉 '그룹홈'을 마련해 주는 일 또는 자조 단체를 돕는 일을 포함할 수 있다.

두 번째 종류의 사회복지실천은 사회복지사들이 전문적 옹호자의 역할을 맡아서 서비스이용자에 대하여 변호사와 비슷한 역할을 하는 것이다. 사회복지사들은 장애인들이 여러 다른 서비스 기관들과의 관계를 잘 유지하도록 돕거나 복잡 미묘한 법률을 배우고 이용 가능한 프로그램을 알아내서 해당 기관의 관계자들과 친교를 맺고 직접적 개입이 유효하도록 행정상의 지름길을 찾아낼 수 있다. 가장 중요한 것은, 사회복지사들이 필요하다면 자신의 서비스이용자를 위하여 인기 없는 입장이라도 취할 각오가 되어 있어야 한다는 점이다. 이것은 많은 사회복지사가 자신의 소속기관에서 일상적 업무에 종사하는 중에 배우게 되는 기술들이다. 이러한 권익 옹호 활동은 대단한 재교육을 요하는 일은 아니다.

2. 자립을 방해하는 정신건강상의 어려움들

'장애인'이라는 용어는 청각장애, 시각장애, 지체장애, 지적장애, 간질, 뇌성마비로 인한 뇌병변장애나 기타 정신장애나 정신 및 신경상의 질환을 앓고 있는 사람들을 가리킨다. 이들 장애인과 가족들에 있어서 정신건강상의 어려움이라는 개념은, 바로 이들 서비스이용자 집단의 욕구를 판별해내려는 사회복지 기관들의 계속되는 노력에도 불구하고 아직까지는 완전하게 그 모습이 다 드러나지는 않고 있다. 그럼에도 분명한 사실은 현실에서 나타나는 장애인의 정신건강상의 어려움들은 장애인의 자립생활에 큰 방해 요소가 된다는 것이다.

그래서 장애인이 가진 정신건강상의 문제를 해결하기 위한 사회복지실천과 단기적인 위기개입 실천이 지속적으로 이루어지고 있다. 더욱이 정신건강상의 문제를 해결하기 위해서 해당 사회복지 기관은 상담가로서의 사회복지사 역할과 책임에 관한 업무들을 심노 있게 다루고자 노력하는 중이다. 이들 기관들이 제공하는 다양한 사회복지실천과 상담 업무를 맡고 있는 사회복지사가 감당해야 하는 광범위한 책임 때문에, 많은 장애인과 그 가족들은 일관성 있고, 집중적인 임상 상담을 제대로 받지 못하는 경우가 많다. 때로는 또 다른 기관으로 넘겨져서 그쪽 전문가의 우선순위에 따라 간과되거나 간헐적으로 상담에 응하게 되기도 한다.

역사적으로 볼 때, 장애인의 정신건강상 어려움은 시혜적이고 보호적인 차원에서 다루어져 왔다. 이들에게서 정신 영역의 병리적 증세가 나타나면, 전문가들이 보이는 반응은 대체로 약물 치료나 어떤 형태의 시설에 수용함으로써 장애인을 그 자신의 환경으로부터 격리시키는 것이었다. 흔히 장애인들의 적절치 못한 행동 유형은 '지적장애'나 다른 명백한 장애현상으로 인하여 묵인되고 최소화되었다. 치료는 장애인 자신들의 현 위치에서 대체로 가족이나 지역사회 또는 해당 기관의 편의에 맞추어 조종되곤 하는 것이 다반사였다. '환경에 맞추는 조종'

(*environmental manipulation*), 즉 장애인의 현 위치에서의 조종이 유효한 치료수단으로써 배제될 수는 없지만 그 수단을 지나치게 많이 이용하는 것은 문제와 갈등을 해결하겠다는 장애인 자신의 의욕과 성장 잠재력을 간과하는 경우가 있다.

특히 정신건강 전문가들은 발달장애 서비스이용자들의 경우 정신건강상의 어려움에 대처하는 데에 있어 수동적인 방법을 사용해 왔다. 이들의 지적 및 언어상의 결함으로 인하여 전통적인 임상의학적 심리치료에 제대로 반응하지 못한다고 이들은 믿고 있다. 치료에 대한 반응이 이렇게 부실한 탓으로 많은 정신건강 전문가들은 이들 발달장애인들이 직접적인 사회복지실천을 필요로 하지 않다고 역시 믿고 있다. 발달장애로 확인된 대부분의 사람들은 대규모 사회복지 기관으로부터 사회복지실천 서비스를 제공 받는다. 비영리 단체가 이들을 위한 프로그램을 주관하지만, 이 기관들은 그러한 프로그램을 위한 자금을 정부에 의존하기도 한다. 이런 형편 때문에 발달장애 서비스이용자가 부딪치는 목전의 어려움에 대비하는 것과 서비스이용자의 치료와 추적상황을 기록으로 남겨달라는 정부의 증가일로에 있는 요구에 응하는 일 사이에 갈등이 일어나고 있는 것이다.

이렇게 되면 그 서비스이용자는 사회복지실천의 효율성을 입증하려는 사회복지사들에 의하여 이루어지는 공문서 수발의 미로 속에서 행방불명이 될 수 있는 위험을 무릅쓰게 된다. 그 결과 이러한 실천 규범 내에서만 기능해야 하는 전문가들은 자신들의 서비스이용자들을 위하여 정신건강상 예방적 사회복지실천을 펴기엔 시간과 정력이 넉넉하지 못한 형편에 빠지고 말 것이다. 이는 비단 발달장애인에게만 국한되는 것이 아니다. 거의 모든 장애인들이 누구나 경험할 수 있는 문제이다.

서로 충돌하는 우선순위 때문에 장애인에게 정신건강상의 상담을 담당할 수 있는 사회복지사들마저도 기본적인 역할을 간과하거나 정신건강상의 상담을 위해서 외부 전문가와 계약을 맺게 된다. 그래서 결국

치료과정을 제한되거나 지리멸렬하게 만들고 만다. 정신건강 분야의 전문가들의 인식이 개선되어감에 따라 이런 형태의 우려가 척결되고, 장애인에게 실천 개입하는 일을 담당한 사회복지 기관이 보유한 자원들이 충분히 활용되기를 모든 관심 있는 사회복지사들은 바란다.

다음은 장애인들이 경험하는 스트레스의 유형들을 밝혀주는 두 건의 개인력(*case history*)이다. 여기서 장애인의 가족에 대한 사회복지실천에서 흔히 무시되곤 하는 역동(*dynamics*)을 논의하며 치료개입(*therapeutic intervention*)을 위한 제안까지 포함하려고 하였다.

1) 개인력

▶ 사례 1

영희는 35세의 여성으로 경증 지적장애인이다. 그녀는 보행에는 전혀 문제가 없으며 자신의 건강상의 욕구와 위생상 문제들을 완전히 독자적으로 해결 할 수 있다(IQ 50 정도). 자신의 견해를 분명하게 그리고 정확하게 표현한다. 영희는 평생 부모와 함께 살아왔고 다른 생활양식을 접해본 적도 없다. 그녀의 양친은 두 사람 다 70대이며 여러 가지 건강상의 문제로 고통을 당하고 있다. 그녀의 어머니는 집 안에서 돌아다니는 것조차 퍽 힘겨워하며 쉬운 일상적인 집안일까지도 딸에게 의존해야 한다. 그러나 그녀의 아버지는 어머니보다 실천적이다. 예를 들면 그는 손수 정원도 가꾸어 원예를 취미생활로 즐긴다. 영희의 결혼한 언니는 비장애인이며 인접한 지역에서 살고 있다.

영희는 장애인종합사회복지관에 다니면서 자신과 함께 일하는 동료들의 다양한 삶의 체험에 대하여 알게 되었다. 정기적으로 그녀는 사회복지사들과 동료들에게 자신의 걱정거리를 털어놓곤 해왔다. 그녀가 표명한 걱정거리 중 큼직한 것들은 자신의 집안 환경의 각종 제약에 대한 그녀의 감정과 집을 나가고 싶다는 그녀의 소망이다. 영희는 양친이 자신에게 전적으로 의지하고 있다는 것을 잘 알고 있으면서도 가족제도 안에 갇혀 있다고 느낀다.

비록 그녀가 자신의 부모를 사랑하고 그들에 대한 강력한 의무감도 느끼고 있지만 그들로부터 독립해야 하겠다는 생각 역시 마찬가지로 강한 딜레마에 직면해 있다. 집을 떠나기를 원한다는 사실로 인하여 죄책감을 느끼는 것이 사실이지만 또한 동시에 부모와는 별개의 인간으로서 자기 자신의 권리를 인식하고 있는 것이다.

얼핏 해결될 성 싶지 않은 갈등이 영희의 불안감의 도수를 높였고 그로 인하여 그녀의 일상적인 활동들에까지 지장이 초래되었다. 때때로 그녀는 이런 생각에 너무 골몰하여 눈물을 흘리거나 슬픈 생각에 잠겨, 하는 일이 비능률적이 되고 만다. 치료개입 최초의 사회복지 상담은 영희가 보다 단호한 태도를 갖도록 하는 쪽으로 행하여졌다. 치료계획에는 일대일 면접과 집단 상담의 형태 어느 경우에나 다 같이 역할극이 포함되었다. 상담과정이 영희가 견디기엔 좀 어려울 정도로 오래 걸릴 것처럼 보였으므로 상담을 담당하는 사회복지사는 영희 부모와 만나서 딸의 갈등에 대하여 이야기해 보았다.

부모 어느 쪽도 딸의 갈등에 대하여 알고 있는 것 같지 않았다. 어머니는 눈물을 터뜨리고 상담하는 사회복지사에게 자기들이 딸에게 의지하고 있다는 사실을 상기시켜 주면서 영희가 집을 떠나기를 원하는 이유를 이해할 수 없다고 말했다. 아버지는 만약 영희가 꼭 나가야 하겠다면 한번 시도해 봄직한 일이라고 머뭇거리며 넌지시 말했다. 영희에게 이 방문 사실이 통고되었는데 혈육끼리의 상황이 그렇게 심각하지만은 않다는 것이 결국 드러났으나 영희로 하여금 결정의 최종책임자가 되게 했다. 그녀는 마침내 부모와 담판을 했고 그들은 가까운 지역사회에 있는 가족위탁 시설인 여성쉼터에 그녀를 맡기기로 고통을 참으며 동의하였다.

이 사례에서 정신건강에 필요한 구성요소는 영희가 자신이 성인임을 확인해야 한다는 점이었다. 그녀는 35살이 될 때까지 그 사실을 단 한 번도 의식해 본 적이 없었던 것이다. 영희의 가족상황 때문에 그녀는 정서 불안을 일으킬 수 있는 매우 위험한 처지에 있었다. 그녀를 상대한 사회복지사들이 그녀의 행동상의 위험신호에 주의를 기울였다는 것은 아주 중요한 일이었다.

많은 경증 또는 그에 유사한 정도의 지적장애인의 경우에 그렇듯이 영희도 신체적으로는 비장애인들과 얼핏 구별이 되지 않는다. 그녀는 사회의 규범과 역할을 정확하게 인식하고 있지만 '문제-해결' 분야와 실용적인 기술을 구사하는 데에 자유스럽지 못하다는 말이다. 자기 자신의 개념을 스스로 찾아보려 하는 탐색은 이 정도의 지능 수준에선 손에 잡힐 듯하면서도 마음대로 잘 되지 않는데, 이는 한편으로는 거의 정상에 가까움을 시사하는 요인들 때문이고, 또 다른 한편으로는 보호와 조력에 대한 요구 때문이다.

바로 이 두 가지 이유로 인하여 지역사회의 경증 지적장애인은 승산 없는 싸움을 계속하지 않을 수가 없다. 이런 지역사회일수록 장애인 스스로 문제해결을 시도해 볼 기회를 거의 허용하지 않는다. 장애 그 사실만으로도 선의의 가족과 지역사회 지원체계의 전폭적인 과잉보호를 유도하는 경향이 있기 때문이기도 하다. 과잉보호는 장애인이 현실에 의하여 장애를 개선할 수 있는 기회를 박탈하며 성장과정에 당연히 따라 다니는 아픔으로 실패에 의연하게 대처할 수 없게 한다. 그 부모가 보다 성취도가 높은 행동에 대한 기대를 말하면서도 그 성년의 장애인 자녀를 위해 의존과 과잉보호를 의미하는 생활양식을 마련해 줄 때, 해당 장애인에게는 고질적인 이중의 속박이 있게 된다.

이러한 딜레마로 인하여 정신분열 증세가 발생할 수도 있다. 그런 경우에 사회복지사는 장애인이 그들의 줏대 없는 생활양식을 바꾸는 방법을 찾도록 도울 뿐 아니라 그 가족들이 의사소통 패턴을 재평가하도록 돕는 데에도 전념해야 한다. 그뿐만 아니라 사회복지사는 서비스이용자의 후원 체계를 포괄적으로 재훈련하고 가족의 의사소통 방식을 재구성하도록 노력해야 한다.

그 가족이 원하기만 한다면 이 일은 일정한 시간이 경과되어 가족 공동 치료와 모형 및 교훈적인 지시 그리고 메시지(구두상의 것과 그렇지 않은 것들 다같이)를 재천명함으로써 성취될 수 있다. 이때 사회복지사가 담당하는 가정 상담자의 역할은 잘못된 의사소통의 장벽을 뚫고, 성년의 장애인이 일정 수준의 자기 실체 인식(*self-actualization*)에 도달하도록 돕는 권익 옹호자로서 서비스이용자와 제휴하여 공동전선을 펴는 것이다. 이러한 역할은 서비스이용자의 제약이라는 현실을 부정하는 것은 아니며 인간적 성장을 억제하지 않고도 장애인의 특정한 욕구들을 중심으로 통합될 수 있을 것이다.

▶ 사례 2

이 사례는 사춘기 장애인의 정서적 어려움을 묘사하고 있다. 매력적인 눈과 훤칠한 키의 열세 살인 철수는 기숙사가 있는 학교를 찾도록 도와 달라고 의뢰되어 왔다. 그는 몇 가지 특별한 학습상의 문제점을 지니고 있음을 보여 주었고 78에서 86 사이의 IQ 범위에서 경계선 수준의 지적장애 상태로 생활하고 있었다. 처음 의뢰되어 왔을 때, 그는 32세의 어머니와 여섯 살짜리 여동생과 함께 집에서 살고 있었다. 어머니는 결혼을 해 본 적이 없는 사람이었고 아이들은 그 행방이 묘연한 각기 다른 아버지의 자녀들이었다.

철수가 열한 살쯤 됐을 때 그와 그의 누이는 어머니로부터 격리되었다. 소년법원의 보호대상으로 선고되어 아동보호시설에 배치됐기 때문이었다. 어머니는 자녀들을 학대하는 행동성향을 보였고, 정신질환을 이유로 정신병원에 입원되었다. 성격장애라는 진단이었다. 그녀는 일 년 동안 병원에 입원해 있었는데 그동안 철수는 두 군데의 다른 아동보호시설로 옮겨 다녔다.

공격적이고 예측 불허의 행동 때문에 그의 누이는 최초의 시설에 그냥 남아 있었다. 그 어머니가 치료를 끝내고 지역사회로 돌아왔을 때 그녀는 자신의 자녀에 대한 양육권을 요구하여 이를 허용 받았다. 그 후 아홉 달 동안 어머니는 넉넉하지 못한 살림살이로 인하여 철수와 그의 누이에게 대결을 시도하였고 철수는 열세 살의 나이에 벌써 자기 어머니를 조종하고 통제하는 효과적인 방법들을 터득하고 있었다. 그는 학습 장애인을 위한 학급과 연대하여 외래환자 치료를 받기 위하여 정신건강 시설에 동원되고 있었다. 그러나 그가 의뢰되어 왔을 때, 사람들에게 물건을 집어 던진다던가 교실에서 반항적인 행동을 하는 식의 폭발적이고 위협적인 행동을 보인 일들로 인해 그 정신건강 프로그램에서 쫓겨나 앞으로의 처분을 기다리고 있는 상태였다.

아버지 모델이 없다거나, 양육능력이 전무 상태인 어머니와 보낸 유년기 그리고 어머니와의 이별과 같은 명백한 요인들이 이 어린 소년에게 희생을 강요했던 것이다. 그는 한편으로는 자신의 분노를, 다른 한편으로는 의지하거나 기댈 곳이 없다는 허무함과 '소외' 의식을 표현하는 그 나름의 독특한 대처양식을 형성한 것이었다. 있다가 또 다시 없어지곤 하는 어머니의 존재가 이 소년의 가족 정체성(*family identity*)에 대한 의식에 부정적 영향을 끼친 것이다. 이렇게 철수의 청소년기, 즉 어느 정도의 안정감이 자리 잡아야 할 사춘기가 벌써 와해되어 결정적으로 뒤죽박죽이 된 자아 영역(*ego boundaries*)만을 남겨 놓았던 것이다.

2) 역동에 대한 사정(*Assessment of Dynamics*)

철수의 무의식을 겉으로 드러내는 행동(*acting-out behavior*)으로 고찰할 때, 즉시 가려내야 할 것은 그 행동이 그저 에너지의 분출에 지나지 않는 것인지, 집중되어 있는지, 어떤 뚜렷한 원인이 없는 것은 아닌지 또는 이전의 충족되지 않은 욕구나 미해결의 갈등을 표현하고 있지는 않은지 등이다. 이상 어느 경우이건 그 소년의 현실 감각은 어느 쪽으로이든지 왜곡되어 일상적 궤도를 벗어난 것임이 분명한 행동 패턴을 갖게 되었다.

무의식을 겉으로 드러내는 행동(*acting-out behavior*)은 개인적인 항상성(*homeopathies*)을 추구하는 것이라 할 수 있다. 이것을 추구하는 시기 중에 무의식을 겉으로 드러내는 청소년은 일종의 배상 기능을 하는 활동을 창출함으로써 해결되지 못한 과거에 대한 긴장을 감소시키려고 한다. 철수를 다루는 관련 인사들은 그를 '희망 없음', '치료 불능'이라고 일축하고 그를 보호적이고 조직화된 시설에 수용하고 그가 성장해서 문제점들이 해소될 때까지 기다리고 싶은 생각을 해보기도 할 것이다. 나이가 열세 살이나 되었음에도 이 소년은 자신이 입은 손실과 어려움에 관하여 다른 사람들에게 의사전달을 하지 못한다. 자신의 감정을 다스리기 위해서 자기가 지니고 있는 원초적인 자원을 사용할 따름인 것이다.

가령 성장 모형(*growth model*)은 병적 증세를 지니지 않으려면 자신의 어려움과 공존할 수 있게끔 생산적이고 창의성이 있어야 한다고 충고하고 있다. 이 모형에 의하면 철수의 공격적 행위들은 에너지를 방출하며 고통과 분노를 표현하고 그로 하여금 자기 자신과 접촉을 유지하도록 허용해 준다는 것이다. 지역사회는 그런 행동을 일상 궤도를 일탈한 비정상적인 것으로 여기지만 앞에서 열거한 맥락에서 볼 것 같으면, 철수의 행동은 청소년층에게서 예상될 수 있는 비교적 정상적인 반응으로 여겨져야 한다. 고통과 혼란 그리고 커다란 손실에 대한 반응으로 보아야 한다.

만약 위협을 당했다고 느낀 지역사회가 그 행동을 새로운 시각으로 대한다면 소년의 가정이 그의 적응 불량성 행동에 대처하고, 다양한 수세적 반응이 구축한 힘 싸움을 제거할 수 있는 보다 창의성 있는 수단을 찾도록 도와줄 개별 사회복지실천으로써의 상담을 할 수 있을 것이다. 그러한 사회복지실천 개입은 모종의 위험부담이 따르기 마련인 성장 경험을 택할 수 있는 그 아이의 권리를 지역사회가 수용하도록 촉구할 수 있을 것이다.

3) 서비스이용자의 시각

장애인의 정신건강상 욕구에 관한 전문적인 문헌이 증가하고 있기는 하지만 장애인의 세계를 그들의 시각에서 볼 수 있는 기회는 거의 없다. 다음은 영희가 작성한 진술서인데 장애인으로서 그녀의 감정을 표현한 것이다.

내 생각을 말로 표현하기가 매우 어렵다. 내가 내 자신의 모든 감정을 이해하고 있는 건지 확신할 수 없기 때문이다. 지금 당장, 오늘, 나는 울고 싶다고 느낀다. 나는 잘 운다. '울음'이 나를 쉽게 찾아오기 때문인데 그 이유는 사람들에게 털어놓기 어려운 감정을 내가 지니고 있기 때문이다. 때때로 사람들이 내 말을 듣고 있다고 내가 생각할 때 그들은 그저 내 등을 토닥거려 주고 "여기 이대로 좀 있어요"라고 말하곤 어디론가 사라져 버린다.

가끔 내가 사람들에게 말하고자 하는 것이 그들에게는 중요하지 않은 것처럼 보인다. 그들은 그저 나의 모든 문제에 대하여 한두 마디 조언 같은 것을 던져놓고는 그 모든 문제들이 사라져 버릴 것처럼 행동한다. 예를 들어, 왜 사람들은 나에게 말을 할 때면 나를 그저 어린애 다루듯 할까? 나는 서른다섯 살이나 먹었는데 말이다.

왜 사람들은 항상 내가 스스로 내 형편을 표현하기까지 기다려 주지 않고 나를 대신해서 말을 하려고 할까? 왜 사람들은 나에게 가장 좋은 것이 무엇인지를 자기들이 잘 안다고 항상 생각하는 걸까? 그게 정말 나를 숨 막히게 하는 것이다. 예를 들면 나의 부모를 한번 보자. 엄마와 아빠는 내가 집안에서 많은 책임을 맡고 있다는 걸 알고 있다. 그래도 그들은 내가 아직도 자신들의 꼬마 아기인 것처럼 대할 뿐이다. 단 한번 친구들과 쇼핑이라도 할라치면 정말 한바탕 굿을 해야 한다. 직장 사람들은 나에게 잘들 해주지만 일이 때때로 너무 지겨워져서 내가 기분전환이 필요할 거라고 느끼기도 한다. 다른 사람들은 내가 다른 어떤 일은 하지도 못한 채 이런 식으로 영영 살아갈 수밖에 없을 거라고 그저 짐작할 뿐이다. 지난 주 언젠가 사람들의 무슨 말끝에 내가 몹시 화가 나서 미칠 지경이 됐는데도 아무도 그걸 진지하게 받아들이려 하지 않았다. 어떤 점에선 내가 무책임하다고 사람들은 말하면서도 내가 스스로 결정을 내리지도 못한다고 한다. 정말 뭐가 뭔지 알 수 없다. 온통 뒤죽박죽이다.

다음은 자신의 내적 경험을 평가해보려는 철수의 시도를 보여주는 한 가지 예이다.

제기랄! 끔찍하기도 해라. 내가 얼마나 이곳을 싫어하는가! 내가 왜 이렇게 엉망이 되고 말았지? 내가 무슨 이유 때문에 여기를 떠나 엄마를 찾아 집으로 가지 못하는 거지? 미친 생각들이 내 머릿속으로 들어오곤 한다. 어떤 때는 모든 일이 다 잘 돼 가는 것 같다가도 느닷없이 사람마다 내 일에 간섭하고 나서는 거다. 누가 아버지인지도 모르고 세 군데나 다른 아동보호시설에서 살아왔다면, 그래 어떤 기분이겠는가 말이다. 하여튼 나에 대해서는 그 누구도 관심을 갖고 있지 않으니까. 이곳의 규칙 따윈 엿이나 먹으라고 해라. 내가 무슨 짓이든 하기만 하면 여기서는 소동이 나곤 한다.

누군가 나에게 무슨 말을 했다하면 그건 언제나 이렇게 해라, 그렇게 하는 게 아니에요, 그렇게 하지 말아라, 뭐 그런 거뿐이다. 내 기분이 어떠냐고 묻는 사람은 눈 씻고 찾아봐도 없다. 어쩌면 내 자신도 내 기분을 확실하게 알고 있지 못한 것 같다. 그럴 때는 벽을 발로 힘껏 차본다. 그래야 직성이 풀리거든. 그래, 맞았어. 바로 그거야. 마음속에서 너무 너무 화가 나서 가슴이 터질 듯 아프기 시작하거든. 미치고 싶어지는 거다. 그렇게 되면 한바탕 소동이 일어나고, 나는 또 다른 시설로 다시 가 있게 되는 거다. 사정이 항상 그런 식으로 꼬이지만 않으면 좋을 텐데… 그저 조금만 달라지기만 해도 좋을 것 같은데….

영희와 철수 사이의 공통분모는 지적장애인과 학습장애인들을 대상으로 사회복지실천을 하는 사람들은 다 잘 알고 있는 것들인데, 그것들은 다음과 같다. 첫째, 누군가 참을성 있게 경청해 주어야 할 필요성, 둘째, 독자적인 결정을 내릴 수 있어야 할 것, 셋째, 쉽게 접근할 수 있거나 그러한 지원체계에 대한 필요성 등이 그것이다.

확장될 수 있는 이 목록은 모든 사람들의 욕구와 관련된 것이지만 특히 제대로 충족되지 않는 경우가 흔한 장애인의 욕구를 표현하고 있다. 종종 거의 어떤 단계에서의 사회복지실천 개입에서 이런 가족상담은 불화의 갈등을 모면하고, 가족의 성장을 저해하는 위험부담을 무릅쓰는 것을 피하려 하는 식의 방어적 태도를 찾아내서 와해시키는 과정을 포함한다.

지적장애아동이나 성인이 있는 가정에서 이러한 방어적 태도는 훨씬 더 분명할 것이다. 지적장애인은 고통과 욕구를 직접적으로나 간접적으로 표현할 것이다. 건강한 통합된 가정에서는 이런 메시지를 인식하고 대처하려 할 것이다. 그러나 또 어떤 가정에서는 그 문제에 부딪혀 보고 나서야 심각한 내부적 평가에 직면하고 이미 오래 전부터 누려온 현상이 와해되는 것을 겪게 될 것이다.

4) 함 의

항상 건강한 상태를 유지하려 한다면, 가정은 하나의 단위체로 기능하면서 그 구성원 각자가 서로 돕는 역할을 맡아야 한다. 그러나 두 사람이 역할을 정의하는 데 의견을 일치시키지 못하면, 관계는 왜곡된다. 이러한 왜곡은 관계를 장악하려는 투쟁이 특징인 일련의 역동적 관계를 야기한다.

실제로 두 사람 중의 어느 한 사람이 다른 사람의 행동을 제한하려고 시도하면 그 관계는 정신 병리학적인 것이 된다. 본질적으로 부모들이 자기 자신의 정서적 욕구를 충족시키려고 함에 따라 가정의 분위기는 점점 딱딱해진다. 장애인 자녀들은 부모의 지나친 평등의식(내 자식이 남의 자식과 같아야 된다는 의식)이 오히려 자신의 자아상(*self-image*)을 위협한다고 불만을 가질 수도 있을 것이다.

그래서 경우에 따라서는 부모들이 자녀의 발달과업(*developmental tasks*) 중 어떤 것들을 봉쇄해 버리기도 한다. 자녀의 건강한 품성을 도야하는 데에 필요한 실천을 실행하지 못하면 그 가정은 정신분열의 심각한 위험에 직면하게 된다. 그 자녀의 발달과업에 따른 성장은 기질적 또는 지적 결함에 의하여 복잡해질 수 있다. 장애인을 둔 가정은 장애인의 행동을 조종하려 하는 그들의 경향 때문에 의사소통상의 왜곡에 특히 취약하다. 조종의 한 가지 실례는 어떤 어머니가 자신이 부족한 사람이라는 느낌과 무력감을 자녀에게 투사하려고 시도하는 경우이다.

그 아이는 그렇게 되면 이런 감정을 행동으로 드러내거나 경험하기 시작함으로써 소위 '혼미화' 과정(*process of 'mystification'*)이라 할 수 있는 순환 주기를 완성하는 것이다. 이 과정은 아동이 자신과 다른 사람들 간에 강력한 자아 영역을 확립하지 못하게 하여 결국 정신병의 높은 위험 부담을 떠안게 한다. 습관적인 현실 왜곡과 부정이 발달장애에 대한 방어책으로 작용하는 수도 있겠지만 어떤 특정 유형의 가정 체계를 영속화하는 방법으로 여겨질 수도 있다.

가족구성원 각자의 특성과 행동을 인정해 주지 않는다면 당연히 일어나는 일은 상대방의 욕구에 응답하기 어려워진다는 것이다. 감정이 집단적으로 부정되는 가정에서 그 구성원들은 정신 이상적인 행동을 발달시킬 수 있는 높은 위험에 직면하는데, 그것은 식구들 간의 대인관계에 있어서 순수한 따뜻함과 애정의 표현이 없다는 사실에 의하여 드러나게 된다. 어떤 가정은 장애인 식구에게 성장을 촉진하고 위험을 무릅쓰게 하기보다는 장애인을 보호하는 데에 더 많은 정력을 소모한다.

5) 소 결

지역사회는 지적장애인이 보다 발달한 지적능력을 지닌 사람들과 똑같은 정서상의 체험을 하지 않는다는 미신을 불식시켜야 할 책임을 여전히 떠맡고 있다. 장애인들이 건강한 품성을 계발할 수 있는 가능성은 그러한 미신을 키우는 가치체계에 의해 좌우된다. 실제로 일상생활과 같은 그런 문제에 관하여 치료 중에 제공되는 특정 정보를 이내 잊어버릴 수 있기 때문에 다양한 현실생활에서 그들이 터득한 것을 측정할 때보다 끈기 있는 검토와 도움을 필요로 할 것이다. 비장애인 서비스이용자에게 사용되는 것과 똑같은 상담 및 치료적인 사회복지실천 개입 기법의 원칙들이 장애인을 대상으로 하여서도 역시 사용될 수 있다. 단 학습속도가 더디다는 것을 당사자가 인식하고 있는 경우에 한하여서만 말이다. 많은 장애인이 비장애인보다 더 많은 실패를 경험했기 때문에 그들이 우호적이고 지지적이며 수용적인 집단을 경험한다는 것은 중요하다.

영희와 철수의 사례는 이 사람들이 사회 및 가족 관계에 민감하지만 현실적 판단과 결정을 내릴 수 있는 능력과 기술을 지니고 있지 않다는 것을 보여 주고 있다. 장애인에게 사회복지실천을 펴는 대부분의 사회복지 기관들에는 집중적 심리치료를 요하는 심각한 병리학적 사례들을 다룰 수 있는 경험 있는 전문 사회복지사들이 부족한 형편이다. 그러나 치료가 필요하고 가족이 그것을 원할 경우엔 심리치료란 수용 및 진단 과정의 계속이라고 간주되어야 한다. 첫 치료의 역점이 장애인 가족 중 한 사람의 어려움을 해결하는 데에 주어지는 것이라면 다른 식구들도 마음을 놓고 자신도 상담을 받을 수 있도록 준비할 것이다. 이것이 기관의 예방적 역할을 이용하는 것이다.

가정을 하나의 단위로 다룬다는 견지에서 시간제약을 받는 치료법을 사용하는 것은 지역사회에서 공공기관으로 넘어오는 많은 수의 의뢰건들을 다룰 수 있는 가능한 방법이다. 본질적으로 시간제약을 받는 사회복지 상담 방법은 6회에서 10회까지의 면담이라는 기준 내에서 실행하는 것을 시사한다. 서비스이용자와 그의 가정을 상대로 하게 될 이들 상담 및 면담은 의례적인 치료시간을 초과할 수도 있다. 역할극과 환상 운동(*Fantasy exercise*) 그리고 지시적 방법 등이 사용될 수 있을 것이다. 이 기법들은 다른 방법들과 마찬가지로 서비스이용자와 그 가족이 보다 책임감 있는 행동을 발달시키거나 일상생활의 갈등과 스트레스를 처리할 수 있도록 도와줄 것이다. 그 가정환경 내에서 서비스이용자에게 상담 실천을 펴는 것의 한 가지 이점은 상담을 수행하는 사회복지사가 그 부모나 보호자에게 바로 역할 모델(*role model*)이 된다는 점이다.

사회복지 상담에 시간제한을 두는 것은 장기 치료의 '머리-위축' 정형(*'Head-shrinking' stereotype*)을 제거해 주는 경향이 있다. 단기치료의 긍정적 측면을 확인하면서 동시에 문제들이 없어지지 않고 계속 남아 있는 것은 그것들이 서비스이용자와 그가 상호작용하는 사람들의 지속되는 행동에 의하여 강화될 경우뿐이다(이것은 많은 장애인이 일상생활의 문제점에 대처할 수 있게 되려면 수년 동안의 정기적 상담을 받아야 한다는 사실을 부인하는 것은 아니다).

장애인이 그가 속한 조직 안에서 조직과 관련된 여러 가지 문제들을 나타내는 경우 가족제도를 비롯한 그 가정의 구조적 문제가 원인일 때가 많다. 장애인이 있는 가정에는 대체로 어느 정도의 스트레스가 쌓이기 마련이다. 이러한 스트레스가 가족구성원은 물론 장애인으로 하여금 정서불안 및 생활상의 위험요소가 되지 않도록 사회복지사는 즉각적인 개입실천은 물론 지속적으로 장애인의 생활경험을 관찰하고 평가해야 한다.

3. 지적장애인을 대상으로 하는 심리치료

지적장애인도 비장애인과 같은 범위의 정신병적 장애를 일으키지만 이 계층을 대상으로 하는 치료적 개입이 우리나라에서 시도된 것은 최근의 일이다.[1] 서구 복지선진국의 경우에는 1970년대부터 지적장애인을 대상으로 하는 심리치료 분야에 있어서 대체적으로 만족스러운 결과를 보고하였으나 우리의 경우에는 이제야 지적장애인도 심리치료가 필요할 때 서비스 개입을 해야 한다고 인식하기 시작하였다.

지적장애인도 비장애인과 마찬가지로 정신병적 어려움을 만날 때 다

1) 왜 하필 지적장애인만 따로 떼어내 다루어야 하는지에 대한 의문이 있을 수 있다고 본다. 이에 대한 답은 이렇다. 청각장애인은 수화를 비롯한 의사소통의 문제를 해결하면 비장애인과 거의 유사한 서비스 개입을 시도해 볼 수 있고, 시각장애인과 지체장애인, 정신장애인 등은 비장애인을 대상으로 하는 전문적인 개입실천 활동을 통해서 얼마든지 서비스 제공을 받을 수 있다는 것이다. 단, 지적장애인의 경우에는 보다 그들 장애에 적합한 특화된 접근이 필요하며 이에 지적장애인을 위한 특별한 설명이 요구된다.

음과 같은 치료적 개입의 목표를 가질 수 있어야 한다.

첫째, 고통스럽거나 불편한 증세의 완화
둘째, 지적 잠재력의 현실화
셋째, 사회적으로 용납될 수 없는 행동의 제거 또는 개선
넷째, 정서적 성숙의 함양
다섯째, 대처능력 기제(*coping mechanism*)의 강화 등이 그것들이다.

여기에서는 이 다섯 가지 목표를 성취하기 위해 몇 가지 특별한 기술을 응용하는 것을 설명하고자 한다. 그런 후에는 장애인을 대상으로 한 심리치료를 사회복지실천에서 활용하고 있는 사회복지사에게 필요한 인성적 특징들을 살펴보고자 한다.

1) 문제에 부딪침

심리치료의 성격이나 과정을 이해하지 못하는 지적장애인이 스스로의 의사에 따라 이 치료를 받겠다고 하는 경우는 거의 없다. 오히려 그들은 익히 알고 있는 일상과 습성에 완강하게 매달림으로써 변화에 저항하는 경향이 있다. 지적장애인은 자신과 가까운 어떤 사람, 즉 그 행동 유형에 대하여 본인보다 오히려 더 심각하게 걱정해 마지않는 친지에 의하여 사회복지사, 정신과 의사 그리고 심리학자에게 회부되어 온다. 따라서 심리치료 서비스를 제공하는 사회복지사나 혹은 사회복지사로부터 의뢰되었거나 협력 개입실천을 하는 심리치료사는 지적장애 서비스이용자가 아닌 '어떤 사람'(예: 가족, 후견인 등)과 처음으로 계약을 체결한다. 이는 치료과정에 대하여 중요한 의미를 내포하는 사실이다. 서비스이용자 자신의 기대는 대수롭지 않거나 전혀 없기도 하지만 그를 맡긴 사람은 정신의학적·심리적 상담치료에서 기적이라도 일어나기를 기대하는 것이다.

특히 지적장애인은 끊임없이 다른 사람들의 손길에 맡겨져야 하고 은밀하게 건드려 내어놓고는 책망을 당하곤 하기 때문에 그들의 증세는 더욱 불안해진다. 치료적 개입을 하는 전문가는 이중의 임무를 떠맡게 되는데 사회가 요구하는 것과 일치하는 목표를 결정하면서 동시에 서비스이용자의 정서적 부담도 덜어주고자 노력해야 한다. 따라서 치료 전문가는 상담 시 처음 시작하는 말을 매우 신중하게 선택하여야 한다. 실제로 많은 지적장애인들은 전문가를 향해 엄청나게 쌓여있는 불신과 적대감을 내보이는 경우가 종종 있다. 아마도 그것은 상담 초기의 실망 때문이었을 것이다. 이들은 누군가가 진심으로 자기에게 관심을 가지고 있다고 믿기가 어려운 것이다. 흔히 첫 질문에 대한 응답은 다음과 같은 식이다.

"나는 괜찮아요. 문제가 있는 건 나를 상대하는 그쪽이죠. 한사코 나만 붙들고 늘어진다니까요. 혼자 있게 내버려두는 법이 없어요. 나를 집적거리고 못살게 굴어요. 가끔 욕도 하구요." 자신의 문제를 밝힐 의도는 없었지만 실은 바로 그렇게 하고 있는 것이다. 치료 전문가가 이렇게 지적할 수 있을 것이다. "그래. 사람들이 집적대고 귀찮게 구는 걸 달게 받을 사람은 아무도 없지. 기분이 언짢아질 수밖에 없는 일이야." 이런 식으로 하여 자신이 불행하다고 느껴지는 이유를 이해하지 못하는 서비스이용자를 위하여 부담 없는 설명의 기회가 확립되는 것이다.

지적장애인은 불행의 직접적 원인(이 경우엔 집적거리고 골려대기)이 꼬집어 지적되지 않으면 불행과 같은 결과를 다룰 수 없는 경우가 흔하다. 이렇게 직접적인 '여기에서 지금'식의 접근 방식은 대체로 적극적 정보 교환을 위한 물꼬를 터주기도 한다. 그래서 치료 전문가는 서비스이용자가 가장 싫어하는 호칭이 무엇인지, 그가 집에서도 집적거림을 당하는지의 여부와 사람들이 집적거리고 성가시게 굴 때 어떻게 반응하는지, 가령 달아나 버리는가? 우는가? 아니면 싸우는가? 등을 알아내야 한다.

지적장애인 서비스이용자를 대상으로 개입 실천하는 사회복지사는 적극적이면서 동시에 다소 명령적이 되어야 할 필요가 있다. 비지시적 방법(*non-directive methods*)을 사용하여 거둔 치료의 성공 여부는 치료 전문가의 기대를 담은 희미한 신호를 인식할 수 있는 서비스이용자의 능력에 주로 달려 있다. 그러나 이것은 지적장애인의 경우 가능하지 않다. 왜냐하면 지적장애인은 침묵을 치료 전문가의 적대감이나 무관심으로 해석하는 경우가 흔하기 때문이다. 대체로 치료시간이 전적으로 서비스이용자의 주의 집중시간에 따라 10분에서 45분까지 계속될 수 있다는 것이 일반적이다. 이러한 주의집중 시간이 연장되면, 서비스이용자는 소외시킬 수도 제거할 수도 없는 '정신적 쓰레기'(*mental garbage*)로 인하여 혼란에 빠져버리고 말 것이다.

첫 만남은 상담의 내용을 요약하여 주고 명확한 치료목표를 제시하여 줌으로써 끝내는 것이 대체로 무난하다. 지적장애인은 날마다 소일해야 할 장소에 대한 선택의 여지가 거의 없으므로 그들의 동료들과 사이좋게 지낼 수 있어야 한다. 따라서 사람들이 자기를 집적거리며 골려댄다고 불평을 하는 사람의 경우 치료 전문가가 먼저 해야 할 일은 그 다음 만날 때 괴롭히는 동료들과 서비스이용자를 함께 오게 하여 양측의 말을 듣는 것이다. 이를 통하여 치료 전문가와 서비스이용자가 함께 그들이 왜 하필이면 그를 골라 괴롭히는지를 알 수 있게 될 것이다. 이렇게 제의하면 서비스이용자는 대체로 만족해 한다. 특히 그것이 정신 및 심리치료를 받도록 선택되었다는 부담감을 없애주기 때문에 그렇다. 일단 서비스이용자가 이 제안에 동의하면 이 문제는 개별적인 수준에서 다루어질 수 있다.

> 사람들이 항상 그렇게 하지만 않는다면 약간 집적거리는 것 정도는 무시할 수 있게 될 거라고 생각하지 않나요? 당신이 화를 내면 이 친구들에게 좋은 일을 해 주는 셈이 돼요. 그 사람들이 기대하는 것은 바로 그거예요. 당신이 그들을 실망시킬 수 있는 방법을 당신과 내가 함께 찾아낼 수 있을 거예요. 그들에게 화를 내지도 않고 관심

을 두지도 않는다면 어떨까요?

이렇게 서비스이용자에게 몇 가지 방법을 제안하여 그 다음 단계의 도움을 받으러 치료 전문가에게 돌아오게 하는 것이다.

사회복지 분야에서는 다소 평가 절하하는 프로이트의 정신분석적 접근이 장애인을 대상으로 하는 구체적 심리치료 영역에서는 부분적으로 유용하게 활용될 수 있다. 물론 그렇다고 해서 생태체계적이며 강점 지향적인 사회복지실천의 관점을 포기하는 것을 의미하지는 않는다. 사회복지실천의 시각 속에서 활용할 수 있는 방법으로 유용하게 채택하는 것뿐이다. 하여간 프로이트에 의하면 지적장애인을 대상으로 하는 치료가 실패하는 것은 '자아 이상'(*ego ideal*)이 없는 탓으로 돌릴 수 있다. 치료 전문가는 지적장애인의 삶에 있어서 '항성'(*fixed star*)[2]이 되어줌으로써 지도자의 지위를 차지해야 한다. 이러한 '항성'과 같은 지도자는 결국에 가서는 서비스이용자가 자신의 생활에서 변화를 일으키도록 도와줄 조직화된 관계를 구축한다.

지적장애인은 미래를 이해할 수 없으므로 조직과 관례에는 반응을 잘한다. 설사 단 하나의 변수만이 변화를 일으킨다고 할지라도 그들이 어느 한 상황에서 습득한 기술이 또 다른 상황으로 전이될 수는 없다. 대부분의 사회복지사들은 사회복지실천에 종사하는 사람들의 교체가 있더라도 사회복지실천은 계속되고, 삶은 여전하리라는 것을 믿어 의심치 않겠지만 지적장애인에게 있어서, 가령 보호작업장 책임자의 교체는 극단적 불안을 느끼게 하는 일이 된다. 그 책임자는 지적장애인과 날마다 접촉하는 비장애인들의 소규모 집단에 속해 있어서 지적장애인은 그 책임자의 인간성에 적응하는 데에 많은 에너지를 소모한다. 이들이 현재의 책임자를 대하면서 터득했던 기술이 후임자에게도 자동

2) 항성은 태양과 마찬가지로 스스로 빛을 발하는 고온의 가스체이다. 하지만 여기에서 본 저자가 '항성'이라는 용어를 사용한 것은 스스로 뛰어나게 드러나는 '스타' 혹은 '제 1인자'와 같은 존재를 표현하기 위해서이다.

적으로 통하게 되지는 않는 것이다. 자신감 훈련과 의사소통 교육에 얼마나 많은 시간을 치료 전문가가 이미 소모했는지는 몰라도 그 시간만큼이 되풀이 돼야 할는지도 모른다. 지적장애인이 표현하는 당혹감과 절망 그리고 우려를 받아들일 수 있고 부정적 감정을 긍정적 경험으로 전환시킬 수 있는 한 '항성'과 같은 지도자는 중요한 역할을 하고 있는 것이다.

2) 감정표현

현재 정신의학에 있어서 유행하는 추세는 카타르시스(*catharsis*)를 이루는 수단으로서 적대감과 분노를 표현하도록 권장하는 것이다. 지적장애인 서비스이용자를 대상으로 사회복지실천을 행하는 사회복지사들은 서비스이용자들이 적대감과 격분이나 분노의 감정을 고백하기를 꺼리는 것을 존중하는 법을 배워 왔다. 충분한 이유가 있는 일이지만, 많은 장애인은 제어력 상실과 격렬한 감정 표출 후에 일어나는 결과를 두려워한다. 제어력 상실은 발작을 일으키거나 울컥 화를 터뜨리게 하기도 하며 가학적 행동을 자행케도 하는데, 이 모든 일들은 대체로 관용의 대상이 되지 않으며 일자리, 학교 또는 레크리에이션 활동 등에 참여를 정지 당하는 원인이 된다.

여기에서 주목할 것은 치료 전문가들이 서비스이용자에게서 강렬한 충동이나 욕구 등을 유도할 때 특단의 판단력을 행사하라고 강조함과 동시에 지나치게 신중하게 굴어서 서비스이용자가 너무 의타적이 되지 않게 하라고 주의를 줄 수도 있다. 이러한 두 가지 행동을 같이 실행하는 것은 쉬운 일이 아니다. 이러한 딜레마를 해결하기 위한 하나의 방법은 서비스이용자들이 의기소침과 분노의 감정을 표출하지 않고도 그것들에 대처할 수 있는 다양한 대안들을 사용하게 하는 것이다.

가령 서비스이용자에게 인형을 주고, 그 인형이 어떤 기분을 느끼고 있는지 말해 보라고 요청할 수 있다. 찡그린 표정을 보여주면서 치료 전문가는 인형이 왜 그렇게 슬픈지 알고 싶다고 말한다. 졸린 표정은 그 인형이 병들어 있고, 무엇엔가 진력이 나 있음을 시사할 수 있을 것이다. 그때 치료 전문가는 그 상태를 서비스이용자에게 설명해 주고 서비스이용자 자신도 그 인형처럼 아프거나 무엇엔가 진력이 나 있지 않느냐고 묻는다. 일단 서비스이용자가 토론에 몰입하게 되면 치료 전문가는 또 다른 인형가족을 이용하여 필요한 다양한 장면들을 실연해 보일 수 있다. 하지만 일반 어린이들을 상대로 하는 전통적 놀이 치료와는 정반대로 줄거리가 실제의 갈등과 너무 다르게 빗나간다고 느껴질 때는 언제나 치료 전문가가 개입하는 일이 빈번하다. 지적장애인은 사회적 기술을 거의 지니지 못하고 있으며 일부 지닌 기술은 대부분 가정에서 터득된 것이다. 그런데 그 가정이라는 것도 단일하고 제한적인 사회 환경을 형성해 줄 따름이므로 보다 적응력 있는 행동을 가르치고 사회적 기술을 확대시켜 주기 위하여 인형을 이용할 수 있는 것이다.

3) 장애인 '가정' 대하기

지적장애인이 법적으로, 재정적으로 그리고 정서적으로 독립해 있지 않는 한, 그 가족에게서 거처 변경을 위한 동의를 얻어내려면 모든 당사자들을 대상으로 하는 광범위한 치료적인 사회복지실천이 필요하다. 치료 전문가로서는 지적장애인 서비스이용자의 생활에 어떤 특정한 변화를 주자고 주장하는 것은 분명히 매력적으로 여겨진다. 이 변화가 많은 이익을 줄 것처럼 보일 때 특히 그렇다.

30~40대의 많은 성인 지적장애인에게는 자녀들의 약점을 인정하려 하지 않았거나 자녀들의 장애상태를 지나치게 과대평가하여 그들을 과도하게 격리시키고 보호해 온 부모들이 있다. 사실 이런 부모들은 장애인 가족 구성원의 장래를 계획하려 하지 않는다. 한편으로는 부모의 이러한 부정적 태도와 다른 한편으로는 편애에 가까운 과잉보호로 인

하여 독립을 원하는 장애인은 양가감정의 양면성에 발목이 잡혀 어쩔 줄을 모르게 된다.

잘 보호된 가정에서 준독립적 생활환경으로 이주가 성공적으로 이루어진 한 사례에서, 정신의학 및 심리적 개입을 수행하는 사회복지사들은 개별적인 치료와 의학적 개입 및 가족치료, 집단치료 그리고 부모상담 등이 종합된 기법을 사용하였다. 결과적으로 이러한 의학적인 사회복지실천 개입이 당면한 문제를 해결해 주었다. 이 사례를 간략하게 살펴보자.

> 당시 22세이던 '숙자'는 여러 가지 신체질환을 이유로 직장에 결근이 잦아서 정신과 진료소로 회부되어 왔다. 숙자가 나에게 처음 털어놓은 불평은 아버지가 자기 말을 결코 들어주지 않으며 신문에 머리를 파묻고 있기만 한다는 것이었다. 그녀는 아무도 자기를 좋아하지 않으며 자기에겐 친구가 없다고 생각하고 있기도 했다. 숙자는 사회복지사에게 자신의 두통을 분명하게 설명해 주었고 완전한 신경 의학적 신체검사 후에 그녀가 진단되지 않은 비정형성 뇌성마비 증세를 보유하고 있음이 밝혀졌다. 약물 투여로 그녀의 두통은 즉시 완화되었다.

이 사례에 따르면 지적장애인은 흔히 자신의 감정이 아니라 신체적 증상에 대하여 불평을 하는데 그 이유는 신체질환을 주위사람들이 보다 심각하게 받아들이기 때문인 것을 예상할 수 있다. 많은 지적장애인이 여러 가지 희미한 증세에 관하여 불평을 하고 아스피린을 요구하면 즉시 반응이 있다는 것은 틀림없는 사실이다. 용의주도한 사회복지사는 진단되지 않은 의학적 증세들을 많이 발견할 수도 있겠지만 의학적 평가를 해 보지도 않고 선불리 심리학적 진단을 내리는 일을 해서는 안 될 것이다.

좀 더 이 사례를 설명해 보고자 한다.

> 어느 경우이건 치료 전문가가 숙자에게 그녀의 건강상태를 신중하게 설명한 후 그 소녀는 자기 신체에 대한 생각을 덜하고 감정을 다루기 시작하였다. 숙자의 부모는 협조적이었고 그녀를 진정으로 걱정하였다. 그들은 독립해서 생활할 수 있는 그녀의 능력을 과소평가하고 있었던 것이다. 여러 차례의 시도 끝에 사회복지사는 숙자의 부모가 자기네 집 3층에 별도의 생활공간에서 숙자의 독립을 허용할 때까지 그녀의 독자적인 사회복지실천을 증가시켜 나갔다. 전에는 숙자가 그 방을 달라고 성화를 부리곤 했었지만 이제 그 방을 혼자서 꾸미고 치우고 하는 일을 모면하려고 갖가지 핑계를 찾아내곤 하였다.

이 상황에 대한 그녀의 양면성은 다음과 같은 그녀의 말에 의하여 분명해진다.

> 만일 그들이 나더러 위층으로 옮기게 한다면 아마 나를 잊어버리고 말 거에요. 내 꼴도 보기 싫어서 나를 쫓아낸 거라고요. 그들은 진정으로 나를 사랑하지 않는 거예요. 그렇지 않으면 나를 이대로 아래층에서 살게 버려두었을 텐데.

만일 숙자가 집을 떠나가기로 결심이라도 한다면, 치료 전문가는 거절과 이별의 문제를 딸과 부모를 상대로 다루어야 할 것이었다. 대안은 두 가지가 있는 것처럼 보였다. 즉, 위층으로 옮길 시기를 숙자가 결정하도록 하는 것이 하나, 부모가 숙자에게 즉시 옮기라고 요구하게 하는 것이 두 번째 방법이었다. 만일 결정이 숙자에게만 맡겨지면, 그녀는 이사를 무한정 연기하면서 그 일을 고민하기만 할 것이다. 결국 죄의식을 느낄 때까지 그런 상태를 계속할 것이다. 만일 부모를 시켜 숙자가 위층으로 옮기도록 고집하게 했다면 그들이 느낀 참담함이 극심하여 결국 약속을 어기고 숙자에게 사실을 털어놓고 말 것이다.

치료 전문가는 "저는 도움이 필요합니다. 숙자가 위층으로 올라가서 살면 보다 더 독립을 누리게 될 거라고 우리 모두는 동의하고 있습니다. 숙자와 여러분 모두가 항상 같이 있는 게 아니라면 서로를 더 많이 즐길 수 있을 거라고 말씀 하신 적이 있지요. 그러나 아무도 그 첫 발자국을 떼어놓으려 하지 않는다면 위층으로 올라가는 숙자의 이사가 이렇게 완수될 수 있을지 저로선 알 수 없군요"라고 말했다.

시간이 흐르면서 결국 숙자 자신이 해답을 찾아냈다. 그녀는 자기가 일주일에 3일은 위층으로 올라가 있고 매주 하루씩 위층으로 올라가 있는 날의 숫자를 늘려가기 시작하겠다는 것이었다. 수개월 후, 숙자가 치료사의 도움을 받아가며 소외감과 상실감을 극복하고 났을 때, 준자립생활로의 이동은 처음 위층으로 옮길 때보다 오히려 덜 고통스럽게 완수되었다. 숙자는 지금 주 1회씩 자립생활 지원센터에서 이주 대기 시설에의 집단 모임에 참석하여 자립생활과 관련 있는 기술들을 배우고 있는 중이다.

4) 사랑 VS 거절

지적장애인에게 사랑이 무엇을 의미하느냐고 물어보면 하나같이 돌아오는 답변은 "하나님이 사랑입니다. 사랑은 남편과 아내 사이에 있습니다. 하나님은 세상 만물을 사랑하십니다. 부모는 자녀들을 사랑합니다. 사랑은 누군가를 보살펴 주는 거랍니다"라는 설명이 고작이다. 그러나 만약 이 답변들 중 어느 것 하나라도 더 깊이 파고 들어보면 그것들이 기계적으로 암기된 것이며 실제로 이해하는 것이 아님이 분명해진다. 사랑은 대부분의 추상적인 개념처럼 선험적 체험이 없으면 이해하기 어려운 것이다. 장애인이 경험하는 사랑이라고 해봐야 고작 가정이라는 좁은 범위 내의 것일 따름이다.

"사랑은 누군가를 보살펴 주는 것"이라는 개념은 대체로 삶의 현실과 관계가 있다. 지적장애인은 스스로에 대하여 낮추어 지니는 자아 이미지로 인하여 부모가 자식들을 의무감 때문에 사랑하지 않는 한 자식들을 돌보지도, 데리고 살지도 않을 것이라고 확신한다. 정상적인 청소년들일지라도 대학 진학을 위해서, 다른 곳에서 취직하기 위해서, 또는 결혼을 위해서 집을 나가기로 결심한 후에 거부당했다는 감정에 대처해야 할 수도 있을 것이다.

집을 떠나기로 독자적인 결정을 거의 내릴 수 없는 장애인이 사랑은 "가게 해주는 것"을 의미하기도 한다는 사실을 항상 받아들일 수 있는 것은 아니다. 어느 심리극 치료시간 중 두 사람의 사회복지사가 자녀들을 더 이상 보살피려 하지 않고 그들이 집을 나가게 되는 것을 반가워하는 보모역을 했다. 그들의 의도는 일부 집단 구성원들의 은밀한 두려움을 연기로 표출시켜 보자는 것이었다. 특히 그중 하나는 자기 아버지에게 되풀이하여 성폭행을 당한 적이 있는 소녀였다. 엄청난 거부의식(거부당했다는 의식)을 받아들일 수는 없지만 이들은 심리극에 성의껏 참여하였다. 그 연극의 내용은 대강 이렇다. 출연자들 중 여러 사람이 집으로 돌아가려고 시도하지만 지도자들이 그들을 입양시켜버린다. 연극에 이어 집단 전원이 연극을 TV 모니터에 재생시켜 다시 관찰하였다. 그들은 자식들을 집밖으로 몰아낼 만큼 그렇게 인정머리 없지는 않을 것이라고 한마디씩 했다. 집단 지도자의 질문은 다음과 같았다. 즉, "부모님에게 피곤함과 좌절감을 느낄 권리가 있나요?" 돌아온 답은 "예, 그래요. 그분들은 열심히 일하시니까요"이었다. 계속된 대화는 다음과 같다. "부모님이 자기들끼리만 조용히 시간을 보내기를 원해도 괜찮을까?", "밤에는 날이 새도록 자기들끼리만 있는 걸요.", "부모님을 화나게 할 만한 행동을 한 적이 있나요?", "다시는 그렇게 하지 않을래요. 약속해요."

대부분의 지적장애인이 자신의 가정생활의 많은 측면에 대하여 신랄하게 불평을 한다는 사실에도 불구하고 그들은 바람직하지 못한 모든 일에 대하여 개인적으로 책임을 느낀다. 일반인들은 현혹적이고 당혹스런 생각들을 다룰 수 있는 정서적·지적 능력을 지니고 있는 반면에 지적장애인은 치료사가 반복적인 해석을 제시하여 주지 않는 한 절망감에 싸여 중도포기하고 마는 수도 있다. 갈등 극복을 위해 노력하는 데에는 그 갈등의 본질적 성격에 관한 간단한 설명이 따라 와야 한다.

다시 말해서, 사회복지사들은 가급적 언어 대신 연기 치료를 사용하고자 노력한다. '활동치료'(*action therapy*)에서는 크레용, 그림물감, 인형극용 인형과 풍선 그리고 거울 등이 유용한 보조 자료이다. 예를 들면 사회복지사들은 발끈하는 성미들을 달래기 위해 풍선을 사용한다. 서비스이용자가, 때로는 치료 전문가도 마찬가지로 눈을 감고 앉아서 유년기의 즐거웠던 장면들을 상상하는 동안에 풍선이 놓여 있는 방에서 풍선을 뺨에 대고 누른다. 장애인이 들여다보며 자신의 모습을 묘사할 수 있도록 거울을 들어 올려 그 얼굴을 비춰 준다. 나중에 다른 사람들이 자기들의 관찰사항을 묘사한다. 이런 종류의 실천과 상호 작용은 수 시간에 걸치는 대화보다 오히려 더 많은 자기인식을 가져다주는 법이다. 집단 구성원들을 환경의 변화에 대비시키기 위해 사랑과 이별에 관하여 집단이 대화를 갖지는 않지만 사회복지사들은 의존보다 자립생활이 더 낫다는 것을 설명하는 문제를 아직 해결하지 못하고 있다.

5) 치료사 역할을 감당하는 사회복지 전문가

지적장애인을 대상으로 사회복지실천을 하는 치료 전문가들은 평균치 이상으로 많은 좌절들을 견뎌 낼 수 있어야 한다. 목표달성과 치료의 성공은 서비스이용자는 물론 치료 전문가에 의하여서도 좌우된다. 치료가 실패하면 치료사(*therapist*)[3] 역할을 감당하는 사회복지사들은 때때로 목표를 새로운 상황에 맞추려고 하는 경향이 있다. 예를 들면,

3) 사회복지사가 치료사의 역할을 해야 한다는 견해는 상당히 위험한 발상일 수 있다. 왜냐하면 사회복지사의 가장 주된 역할과 기능은 조정자, 중재자, 중개자, 자원동원자 등과 같이 각각의 체계들을 상호작용하게 하는 데에 있기 때문이다. 그럼에도 장애인복지 영역에서는 사회복지사가 치료적인 개입 실천을 해야 할 경우가 빈번하다. 그래서 장애인을 대상으로 하는 사회복지 실천에서 사회복지사는 경우에 따라서 치료사의 역할을 할 수 있다. 물론 치료사의 역할을 감당하는 사회복지사는 심도 있는 특별한 교육과 훈련을 받아야 할 것이다.

어떤 서비스이용자가 예정을 훨씬 앞당겨서 치료를 끝내면 사회복지사는 그 서비스이용자가 아마 반사회적 성향을 지닌 사람일 거라고 합리화한다.

그러한 반사회적 성향의 사람들은 치료가 불가능한 것이다. 그렇지 않으면 그 서비스이용자가 이미 치료의 혜택을 최대한으로 얻어냈을 거라고 혼잣말을 함으로써 자위하기도 할 것이다. 사회복지사가 지적장애인 서비스이용자와 치료 목적의 상호 작용을 시작하면 구체적이고 상세하게 규정된 목표들이 일일이 명시되어야 한다. 지적장애인 서비스이용자가 작업장의 관습에 적응할 것인가 말 것인가, 그가 집을 나갈 것인가 말 것인가, 공적인 자리에서 화를 낼 것인가 참을 것인가와 같은 것들이다. 실용적인 목표들은 성공할 수도 있고 실패하기도 한다. 그리고 그것들이 아무리 자주 재개입된다 할지라도 명확한 결과를 볼 수는 있다.

한편 전문가가 치료 불능의 장애를 상대로 실천 끝에 어느 정도의 인간적 위안을 얻고 상당히 오랜 기간에 걸쳐 일한 결과 작은 이득으로 만족하지 않는 한, 그런 사람은 지적장애 분야에서 활동하지 않는 것이 가장 효과적일 수 있을 것이다. 물론 이것은 하나의 극단적인 견해이지만, 치료 전문가는 끊임없이 스스로의 감정과 작고 좁은 목표가 그에게 강요하는 제약에 부딪쳐 보아야 한다.

특히 '서비스이용자 중심'의 치료 전문가들은 가끔 장애인의 부모나 자신의 동료들에게 장애인들의 괴이한 행동을 너그럽게 대하여 달라고 요구한다. 그렇게 "이해심이 많은 척 하는" 치료 전문가들은 괴로워하고, 노력은 하면서도 좌절감에 휩싸이게 된다. 그들은 또한 치료 그 자체가 장애인들로서는 견딜 수 없게 많은 스트레스를 일으키는 일이 될 정도로 서비스이용자들을 당황하게 만들기도 한다.

또 어떤 치료 전문가들은 언어 표현능력이 있고 처음에 상당히 빠른 진전을 보인 서비스이용자들에게 지나치게 많은 것을 기대한다. 이런 치료 전문가들은 어쩌면 서비스이용자의 정서적 건강을 희생해서까지라도 사회의 대리인 역할을 떠맡고 싶은 유혹을 받게 된다.

외부세계의 요구와 서비스이용자의 심리적 안녕 간에 섬세한 균형이 유지되어야 할 필요가 있다. 이러한 균형을 이루기 위해 치료 전문가는 적어도 최소한의 것일망정 의학, 유전학, 인간성 이론 그리고 발달심리학에 관한 지식을 갖추어야 한다. 뿐만 아니라 치료 전문가가 인내심 있고 외교적이며 유머 감각을 지니고 있다면 금상첨화가 아닐 수 없다. 치료 전문가는 무한한 선택가능성을 지닌 일반인의 경우보다 사회적 접촉이 제한되어 있는 자신의 지적장애인 고객의 삶에 있어서 훨씬 더 중요한 역할을 한다. 지적장애인 서비스이용자가 지속적으로 안전을 보장받을 수 있는 정도의 영속성을 확보하기 위하여 치료사는 집중적이고 장기적인 실천에 몰입할 각오가 되어 있어야 한다.

지적장애인을 대상으로 활동한다는 도전에 응한 사회복지사들은 지극히 불리한 승산에도 불구하고 작은 승리를 보람으로 삼아 용기백배하여 노력을 멈추지 않아야 한다. 그들은 후회 없는 결정을 내릴 수 있어야 하며 실패에 대하여 책임을 질 줄도 알아야 한다. 지적장애인을 대상으로 하는 치료 활동은 이제 개척단계에 있으므로 사회복지사에게는 매우 흥미진진하고 동시에 보람 있는 일인 것이다.

4. 일반학교에 재학 중인 장애아동의 자립을 위한 사회복지실천

스트레스는 삶의 일부이다. 스트레스란 신체와 정신의 균형이 깨진 상태 혹은 평온을 깨지게 하는 것을 말한다. 스트레스 없는 삶은 없다. 그래서 삶을 살아가는 매우 중요한 기술은 신체와 정신의 균형을 이루어서 스트레스를 효과적으로 극복하는 데에 있다. 사회복지사는 서비스이용자의 스트레스를 감소시키거나 해결하는 데에 많은 노력을 해야 할 상황을 종종 접한다.

특히 일반학교에 재학하고 있는 장애아동은 엄청난 스트레스를 받으며 생활하기 때문에 사회복지사는 스트레스 관리를 구체적으로 다루어야 한다. 장애아동이 일반학교에 입학하면 특수한 상황이 대두된다. 규모가 큰 학교는 조직에 있어서 무한정 융통성을 발휘할 수만은 없다. 건물과 임직원 구성 그리고 학교 운영과 관리를 위한 행정이 제공하는 것은 개별 학생들의 상황을 일일이 고려하는 것이라기보다는 전반적인 차원에서 기본적으로 필요한 요건 정도를 충족하는 수준의 서비스일 것이다. 그래서 장애아동은 그 성격이나 정도 때문에 동일한 처지에 있는 비장애아동에 비해 불리한 입장에 있을 가능성이 높다.

학생의 장애는 편견이나 낙인이 아닌 하나의 사실 내지 다양한 현실의 하나로서 받아들여져야 한다. 그래서 적어도 처음에는 일반학교가 그 장애아동이 필요로 하는 것을 제공해 주기 위해 학교의 정상적인 방침에서 어느 정도 벗어나더라도 장애학생의 적응을 위해 노력할 필요가 있다. 진정으로 학교가 존재하는 이유는 학생들을 교과목을 통해 교육하는 것뿐만 아니라 학생들이 자신들에게 주어진 생활여건을 잘 받아들이고 적응하도록 가르치는 것까지 포함해야 한다. 그러므로 학교는 지식을 전수하고 다양한 정보를 제공하는 것과 이 세상에 잘 적응하게끔 하는 일, 나아가 이 세상을 더 좋은 곳으로 바꾸어갈 수 있는 능력을 키우는 현장인 것이다.

그러나 장애아동에게 학교란 적응해야 하지만 쉽게 적응할 수 없는 철옹성과 같은 곳이다. 실제로 장애아동의 전반적인 적응력은 제한되어 있다. 그의 특별한 장애는 지나친 스트레스가 실제로 그의 장애를 증폭시킨다는 점에서 하나의 약점이 될 수 있을 것이다. 비장애아동은 스트레스를 다른 또래들과 함께 나누어 받기 때문에 그런대로 잘 견뎌낼 수 있다. 하지만 장애아동은 또래들과의 상호작용이 쉽지 않아서 언제나 혼자서 스트레스를 극복해야 할 경우가 빈번하기에 무척 힘들 수 있다.

이러한 취약성을 이해하기 위해서는 장애아동이 된다는 것이 무엇을 뜻하는지를 생각해 보는 것이 유용하다. 우선적으로 인식해야 할 것은 장애아동은 행동능력에 한계가 있다는 것이다. 물론 장애아동이 전혀 할 수 없는 일이 있는가 하면 비장애아동과 마찬가지로 효과적으로 할 수 있는 일도 있다. 그렇지만 분명한 현실은 장애아동이 할 수 있어도 비장애아동보다 서툴게 그리고 시간을 더 들여서 하게 될 경우가 많다는 것이다. 흔히 그런 일들은 고통을 감수해야 하고 엄청난 노력을 요한다.

만약 장애아동이 꼭 해야 할 일임에도 해낼 수 없다면 다른 누군가가 그를 대신해서 그 일을 해 주어야 한다. 또한 장애아동이 그 일들을 해낼 수는 있어도 간신히 어렵사리 해내는 정도라면 다른 사람들이 거들어야 할 것인지 아니면 어떻게든 그가 스스로 부딪쳐 시간과 피곤함의 대가를 치르게 하여야 할지를 결정할 필요가 있다. 하지만 꼭 해야 할 일이 아니라면 우선순위와 장애아동 자신의 욕구 정도와 피곤함이나 고통을 참을 수 있는 능력 등에 입각하여 아동 스스로 선택할 수 있도록 도와줄 필요가 있다. 이때 항상 기억해야 할 일은 필수적이지 않은 일에 자신의 에너지와 시간을 너무 몰입하는 것이 아무리 유쾌한 일이라 할지라도 결과적으로는 유익이 되지 않을 수 있다는 점이다.

그러므로 사회복지사는 장애아동 개개인의 독특성과 개성을 소중히 여기고 아이에게는 자신을 '다르긴 하지만 반드시 열등한' 것은 아니라고 여기도록 가르쳐야 한다. 그러면서 동시에 장애아동에게 다른 사람들이 반드시 대신해 주어야 할 일이 있다는, 다시 말해서 그 일을 하는데 누군가의 도움을 꼭 받아야 한다는 의미에서, 그는 의존적이며 어느 정도의 계획된 의존성을 받아들이게끔 해야 한다. 여기서 정말 중요한 것은 도움을 받는 것이 결코 문제가 있거나 비장애아동에 비해서 열등한 것이 아님을 이해하며, 도움을 받아야 할 때 이를 당당하게 받고, 그 도움을 활용하여 궁극적으로는 자립생활을 실현해 나갈 수 있게끔 장애아동이 의욕을 가지도록 해야 한다는 점이다.

그러나 이와 같은 의존성과 열등함을 받아들여야 할 필요성이 장애아동에게는 본질적으로 정서적 스트레스를 일으키는 주범이 될 수 있다. 여기에 사회복지사의 구체적이며 자상한 개입실천이 필요하게 된다. 아동이 장애와 함께 사이좋게 살아갈 수 있게 되기 위해서는 학교라는 교육집단의 일반적인 가치기준과는 다른 특별한 일련의 가치기준들을 장애아동이 터득하여야 한다.

사회복지사는 일상생활에서 장애아동의 활동이 제약을 받을 수 있음을 이해하고, 어떤 특이한 행동이 나타나더라도 반드시 실천해야 할 일이라면 미리 예상하여 계획을 세워두고 실행해야 한다. 비장애아동이라면 단숨에 해치울 수 있는 그런 일이라도 장애아동에게는 사전준비가 많이 필요하기 때문이다. 바로 이러한 형편 때문에 장애아동의 적응력과 변화를 받아들이는 능력이 상당히 감소되는 것이다. 사회복지사는 바로 이 점을 늘 인식하고 대비할 수 있어야 한다.

1) 학교 선택과 상급학교 진학

학교를 선택할 때 명심하여야 할 것은 일반학교가 특수학교에 비해 몇 가지 중요한 이점을 지니고 있다는 점이다. 일반학교는 아무래도 교과과정이 보다 광범위하고 궁극적인 성취기준이 특수학교에 비해 상당히 높기 마련이다. 사회적으로도 일반학교는 아동에게 비장애인이 주류인 사회에서 생활에 적응하는 방법을 배울 수 있는 보다 나은 기회들을 제공해 준다. 또 그가 나중에 살게 될 지역사회와의 보다 밀접한 관계를 갖게 해 주며 그리고 일상생활에서 하게 될 활동들을 미리 연습할 수 있게도 해 준다.

이런 것들이 일반학교를 선호하게 하는 중요한 이유가 되는 것은 확실하다. 따라서 일반학교에 맡겨진 장애아동들이 양대 집단으로 나눠지리라는 것은 당연한 귀결일 것이다. 그 첫째, 더 큰 쪽은 성격과 정도에 있어서 가벼운 장애를 지니고 있는 그리고 합리적으로 다루어지고 그 교과과정과 일상생활에 약간의 손질이 가해지기만 한다면 정상적인 교육을 받는 것이 이로울 장애아동 집단이다. 두 번째 집단은 약간 의심스러운 요소를 지닌 아이들로 구성된다. 이 아이들이 일반학교에서 성공적인 교육을 받을 수 있을 것이라고 여겨지기는 하지만 그들을 일반학교에 입학시키는 것은 퍽 신중해야 할 시험적 절차인 경우이다.

뿐만 아니라 기억해 두어야 할 보다 규모가 작은 두 개의 집단이 있다. 그 첫째는 느슨한 분위기에서 평범한 아이의 보통 정도의 속도로 이루어지는 일반적인 교육의 혜택을 입을 수는 있겠지만, 보다 엄격한 교육과정상의 압력이 견디기 어려울 정도의 스트레스를 강요할 나이에 이르면 특수학교로의 전학이 필요해질 정도의 장애를 지닌 아이들로 구성된다. 이런 아이들을 위해서는 일반학교가 교육적으로 그리고 사회적으로 성숙할 수 있는 기회들을 제공해 준다.

다음으로 두 번째 집단(다행스럽게도 그 규모도 아주 작은데)은 아주 어릴 때부터 특수교육이 필요하지만 그 부모들의 반대로 특수학교에 가지 못하는 아동들로 구성되어 있다. 그 아이들을 특수학교에 입학시키기 위해서는 강제적인 힘이 작용해야 할 필요가 있지만 특수학교 입학을 강요하는 것보다는 일반학교에 다니도록 허용해 주는 것이 그래도 상대적으로 나은 경우가 흔하다. 언젠가는 자기네 자녀가 일반학교에 다녀서는 아무런 도움이 되지 않는다는 것을 부모가 깨닫고 특수교육을 용인하게 되는 시기가 오게 될 것이다. 그 시기가 찾아올 때까지 비교적 중증장애를 지닌 이 아이들은 심각한 문제를 내보일 수도 있다.

어쨌든 일반학교에 다니고 있을 가능성이 가장 높은 아이들이 지니고 있을 가장 흔한 장애는 다음과 같을 것이다.

- 가벼운 운동근육 신경계통 결함
- 시각장애와 청각장애
- 뇌성마비로 인한 뇌병변장애
- 지적장애와 경미한 자폐성 장애
- 경미한 또는 잘 제어되는 간질

- 경미한 만성질환(예: 천식과 당뇨병 등) 등

이상에 언급한 장애를 가진 아이들을 교사가 잘 받아들여 가르칠 수 있도록 사회복지사는 교사와 장애아동 모두를 대상으로 서비스 개입실천을 수행해야 한다. 또한 장애아동의 부모를 격려하고 힘을 북돋아서 궁극적으로 장애아동이 일반학교에 잘 적응하도록 지원해야 한다.

그리고 특기할 만한 일은 중증일지라도 일부 장애아동들을 특수학교에서 일반학교로 전학을 시키는 경향이 증가되고 있다는 것이다. 이런 현상이 나타나는 주된 이유는 보호받는 특수학교의 환경으로부터 거칠고 험한 세상 속으로 그 아이를 곧장 내모는 대신, 특수한 환경으로부터 일상적인 지역사회의 생활 속으로 보내기 직전, 점진적으로 지역사회 이입을 겪을 수 있게 해 주기 위해서이다.

한편 우리나라의 제도에서는 정상적인 아이라면 세 차례 정도 학교를 옮겨야 할 것이다. 만 7세, 우리 나이로 대략 8세에 유치원이나 어린이집 등에서 초등학교로, 그리고 14세에 초등에서 중등으로, 17세에는 중등에서 고등으로 옮긴다. 이들의 경우엔 걱정할 이유가 없다. 도시 지역의 대규모 학교에서는 같은 지역 안에서 소속만 바꾸어 옮기는 것에 지나지 않는다. 초등학교 동기동창을 중학교, 고등학교까지 계속 만날 수 있다. 그러나 농촌지역에서는 초등학교를 졸업한 후, 중학교와 고등학교는 다른 지역으로 유학(?)을 가야 할지 모른다. 그래도 역시 이미 알고 있는 동기동창 또래들과 무리지어서 옮기는 경우가 많을 것이다.

하지만 이러한 학교 바꿈이 장애아동에게는 큰 스트레스가 될 수 있다. 장애아동이 새로운 학교와 교사에게 익숙해질 때까지 이전의 교사와 관계를 계속 유지하는 것은 비교적 흔한 일이다. 장애아동은 옮겨온 새로운 학교의 분위기에 적응하는 데에 큰 어려움을 겪을 수 있다.

특히 초등학교(일반학교이든 혹은 특수학교 초등부이든)에서 일반 중학교로 옮길 때, 가장 큰 스트레스가 장애아동에게 다가올 것이다. 중학교는 여러 초등학교(특수학교를 포함하여)로부터 학생들을 데려와야 한다. 그 규모와 수준이 초등학교보다는 훨씬 크고 높다는 것을 알 필요가 있다. 초등학교 때보다 훨씬 큰 집단이라 할 수 있는 중학교에서 초등학교 때의 동기동창들은 전체 신입생 중 극히 작은 일부에 지나지 않을 것이다.

그래서 장애아동은 처음 만나게 되는 수많은 같은 또래의 다른 아이들과 사귀며 더불어 사는 법을 또 다시 배우지 않으면 안 되는 것이다. 장애아동에게 있어서 함께 공부하는 또래들은 거의 대부분 전혀 낯선 이방인들일 뿐이다. 그래서 스스로 비장애아동의 그늘에 가려져 있다고 느끼는 것이 당연할 수도 있다. 작은 못의 큰 고기였다가 큰 못의 작은 고기로 바뀌는 것 같은 느낌을 가질 것이고 이는 적지 않은 충격으로 다가올 것이다.

또한 교사들이 장애아동에게 아무리 많은 개인적인 관심을 가진다 해도 어떻게 장애아동을 다루어야 하는지를 잘 알지 못하는 교사들도 많으며, 장애아동 역시 교사들에 관해서 아는 것이 전혀 없다. 하여간 이백 또는 삼백 명 가량의 '초등학교' 내지 '특수학교'라는 작은 공동체에서 자신의 정체성을 찾아낼 수는 있었겠지만, 천명 이상의 중학교로 불리는 대규모 공동체에서 자기 정체성의 문제에 부딪친다면 새로운 모색을 시작하지 않을 수 없을 것이다.

장애아동은 이전에 다녔던 작은 학교에서 신체적 어려움을 별로 느끼지 않고, 건물들 사이를 돌아다닐 수 있었다. 이제 그들은 훨씬 더 크고 복잡한 구역 내에서 돌아다니는 법을 익혀야 한다. 실용적인 새로운 문제들에 부딪쳐 가면서 말이다. 자신과 대다수 타인들과의 사이에 상당한 격차를 두고, 완전히 낯선 사람들 사이에 들어와 있음으로 일정 기간 동안의 정서적 그리고 사회적 퇴행기가 있을 것이라고 생각할 만한 충분한 이유가 있는 것이다.

2) 학교 졸업 전 수년

사춘기의 첫 수년이 중·고등학교에서의 마지막 수년과 일치한다는 것은 그런대로 다행스러운 일이 아닐 수 없다. 장애아동은 청소년으로 성장하면서 사춘기라는 신체적·정서적 그리고 사회적 격동기를 학교라는 보호된 환경 속에서 지낼 수 있기 때문이다. 하지만 또 다른 한편으로는 사춘기라는 가장 어려운 시기의 한창 때를 학교에서만 보낸다는 것은 불행한 일이다. 비장애아동은 학창시절의 이 시기를 지역사회에서의 다양한 활동, 즉 종교활동, 봉사활동, 취미 및 여가활동 등의 교외 활동을 통해 성공적으로 극복하여서 결국은 지역사회에서의 성년기 생활로의 전환을 큰 어려움 없이 완성하는 것이다.

하지만 장애학생은 학교와 가정, 이 두 체계를 통해서 주로 사춘기를 헤쳐 나가게 된다. 이러다 보니 안정 상태에 도달한 것으로 보이는 장애학생이라고 해도 역시 일정한 조건하에서만 안정되어 있다. 그는 그 시점에 자신에게 주어진 여건 내에서 자신의 장애와 더불어 사는 법을 배울 따름이다. 왜냐하면 늘 보호된 학교와 가정이라는 환경 속에서만 자신의 문제를 다루어 왔기 때문이다.

그래서 장애학생은 거의 틀림없이 자신의 환경에 제약을 가해야 했다. 자신의 활동을 능력 범위 안으로 제한하였다는 의미이다. 이는 사회적 교류의 범위와 성격을 자신의 적응력에 맞춘다는 것이다. 본질적으로 갑작스러운 변화와 위기에 대처할 수 있는 적응능력은 평균 이하이며 그의 신체적·정신적인 능력은 그저 평형상태를 유지하는 데에 탕진되어 버릴지도 모른다.

신체적·정서적 불안정은 사춘기의 필수적인 요소들이다. 장애학생은 피곤하고 침울한 나날을 보내느라 예기치 못한 일의 갑작스러운 충격에서 비롯되는 과외의 부담에 대처할 수 있는 여력이 없다. 설상가상으로 사춘기의 변화들로 인해 그의 실제적인 장애, 즉 당뇨병이나 간질병 같은 것들이 일시적으로 제어 불능 상태가 될 수가 있다. 천식으로 인한 발작이 더 빈번해지고, 고르지 못한 신체 성장은 허약한 팔과 다리에 과외의 부담을 안겨준다.

따라서 통틀어 말하자면 사춘기를 겪는 장애학생은 다중적인 스트레스를 받게 될 것이며, 엎친 데 덮친 격으로 그로 인한 스트레스마저도 일정하지 않고 변화무쌍하리라는 것이다. 정서적·사회적 문제들과 학교에서의 성적이 영향을 받을 것임은 분명하다. 경쟁은 새로운 형태를 취하고 그 의미도 새로워진다. 사춘기의 장애학생은 당연히 자신의 성장하는 힘들을 실험하기 시작하고, 스스로를 동년배 집단과 비교해 보는 것은 이제 진지한 업무가 된다. 그들 집단과 어울리는 것은 이제 생활의 진지한 일부가 되는 중이다.

이 초기단계는 여자 아이들보다는 남자 아이들에게 더 강하게 작용하는 것 같다. 이 시점에 있어서 사춘기 남성 집단의 기준은 스포츠 지향적인 경향이 있다. 남자 아이가 동년배 간에 높은 평가를 받으려 한다면 그러한 신체적 스포츠 활동 중 어느 하나에서 보통 이상의 기량을 발휘해야 할 필요가 있다. 만약 그러한 스포츠 활동에 보통 정도의 능력을 가지고 참여할 수 없다면 제법 규모 있는 그 또래집단에서 이렇다 할 사회적 입지를 구축할 수 없게 될 것이다.

이 경우 사실상 학교의 학과 수업에만 관심을 보이는, 다시 말해서 신체활동에 별로 관심을 보이지 않는 아이는 어느 정도 무시되고 심하면 경멸당할 수 있다. 이전 어느 때보다 신체적 영역의 장애로 인하여 (시각장애이건 조정능력의 장애이건, 또는 운동근육 신경계통의 장애이건) 자신이 열등한 인간들의 부류에 포함되는 것을 알게 된다.

한편, 여자 아이는 이런 가능성이 덜 하다. 여자 아이들 사이에서는 신체적 스포츠가 그리 중시되지 않기 때문이다. 여자 아이들의 경우 문제들이 대두하는 시기는 훨씬 늦지만 고통스럽기는 마찬가지이다. 남녀 간에 경쟁이 의식되기 시작하는 것도 십대 초반에 이르러서이다. 또래집단에서 제대로 인정을 받으려면 남자 아이는 스포츠에 능숙해야 하고, 여자 친구를 만들어 두어야 한다. 여자 아이 역시 동성 친구는 물론 이성 친구의 존재가 중요하다. 이 시기에는 특히 피상적인 외모로 이성을 판단하는 경향이 있어 장애청소년의 경우 이성 친구에 대한 적극적인 호감의 표현이 커다란 실망이나 절망으로 돌아오는 경우가 많다. 이로 인한 결과는 상당히 파괴적이어서 이성과의 정상적 관계를 시작할 수 있는 능력을 장기간에 걸쳐 사라지게 한다.

젊은이들이 미래에 대해 낙천적 백일몽을 지니고 비현실적 야망을 품어 보는 것은 지극히 정상적이고 당연한 일이다. 대다수 젊은이들은 이러한 야망에 약간 못 미치는 어떤 포부를 설정하고 거기에 안주한다. 비장애청소년들의 경우 자신의 눈높이를 조금만 낮추면 쉽게 일자리를 구할 수 있다는 자신감을 가지고 있으며, 취업 후 일정 기간 동안에는 시행착오를 겪을 수도 있다는 것을 잘 알고 있다.

반면에 장애청소년은 자신의 또래들 중 일부가 얻게 될 일자리를 구하는 것 자체가 자신에게는 어려운 일이라는 것을 깨닫기 시작한다. 그를 맡고 있는 활동보조인이나 봉사자들, 나아가 사회복지사가 항상 인식하고 있어야 할 일은 이렇다. 즉, 그가 한 번 이상의 시행착오를 감수할 수 없다는 점이다. 그가 일단 취업을 해서 실패를 하면 그것이 그의 자긍심과 자신감에 대한 심각한 일격일 뿐만 아니라 앞으로 그를 고용할 수 있는 다른 고용주들에게 그가 그 장애로 인하여 훌륭한 직장인이 될 수 없을 것이라고 미리 알려 주는 꼴이 되고 말 것이다.

학교는 장애학생에게는 어느 정도의 피난처가 되어 주었고 안전을 보장해 주는 곳이기도 했다. 어떤 일정한 질서를 갖춘 생활 프로그램의 범위 내에 한정되어 있는 속성 때문이었다. 장애학생에게 예견능력이 조금이라도 있다면 자신이 학교를 떠나면 전반적인 삶이 더 어려워질 것임을 깨달을 것이다.

비장애청소년은 상당한 정도의 열성을 지니고 학교를 떠나는 그날을 기다린다. 학교를 나서면 '성인'의 신분을 얻게 될 것이고 모든 것이 자신을 위해 마련되어 있고 내가 쓰고 싶은 대로 돈을 가질 수도 있어 어린애 취급에서 벗어날 수 있다고 여기는 것이다.

그러나 장애아동 내지 청소년의 경우는 어떠한가? 새롭지만 아직 정체가 드러나지 않은 문제에 부딪치게 되리라는 것과 자신의 장애와 결함에 관해 별로 동정해 주지도 않고 관심도 없는 지역사회로 들어가리라는 것을 그도 알고 있다. 돈 문제만 해도 그는 자신의 돈 버는 능력이 매우 의심스러움을 인정해야 할 것이다. 두려움에 압도되어 사회적 퇴영의 징후를 보이거나 반항적인 태도로써 보상하려 하더라도 놀랄 일은 아니다.

3) 보호와 관리

어린이 보호, 어린이 건강 및 교육 등의 분야에 있어서의 일반화는 매우 위험하다. 그러나 유용한 길잡이로서 몇 가지 일반적인 원칙들을 제시하는 것은 합당하겠다. 단, 그것들을 적용할 때 개인의 독특한 개성을 놓치지 않는다는 전제하에서의 일이지만 말이다. 장애아동은 그가 가진 장애로 인하여 평균을 밑도는 회복력을 가지기 마련이다. 가령 장애아동은 스트레스를 어떻게든 경험하고 나서는 자신감과 평형감각을 되찾는 데 비장애아동들보다 훨씬 더 오래 걸릴 가능성이 높다. 이전의 스트레스에서 미처 벗어나지 못하고 있을 때에 새로운 스트레스의 공격을 받으면 그의 회복은 역시 지체될 것이고 과도한 스트레스의 누적된 영향은 지속적 피해를 입힐 수도 있다. 따라서 가급적이면 능력범위를 벗어나는 스트레스에는 노출되지 않도록 해 주는 것을 사회복지실천의 목표로 삼아야 한다.

학교입학 시기는 아이가 여러 가지 스트레스를 동시에 부딪쳐야 하는 시기이다. 그리고 학교입학 시기를 성공적으로 보낼 수 있는 관건은 예측과 예방에 있다. 그 아이가 집단생활의 갑작스러운 충격과 형식화된 환경 그리고 여러 학과목들을 배워야 하는 필요성 등에 동시에 부딪치지 않아야 한다는 것이 특히 중요하다. 따라서 학령기에 이르기 훨씬 전에 학교생활에의 도입과정이 시작되어야 한다.

아이들이 학교를 먼저 경험하게 하는 방법으로는 놀이집단을 통한 자연스러운 시간제수업 참여가 있다. 이는 유치원에서 시작하여 일반 학교로 가는 방식으로 진행할 수 있다. 만일 그 유치원이 아이가 나중에 가게 될 학교에 부속되어 있는 경우라면 그가 본격적인 학교생활을 접하기 전에 학교라는 곳의 성격에 익숙해질 수 있을 것이다.

이 과정은 새로운 환경에의 순응만을 위한 것은 아니다. 이를 통하여 그 아이를 평가하고 강점과 약점을 발견하고 성숙지향의 진도를 관찰할 수 있는 기회를 얻는 것이다. 장차 그를 맡게 될 교사는 그를 이미 담당하고 있었던 사람들로부터 그에 관한 완전한 정보를 얻을 수 있어야 하며 가급적이면 그 아이가 입학하기 전에 그 사람들과 그 아이를 만나보고 인간적으로 알아두는 것이 바람직하다.

그 아이가 본격적인 학교생활을 시작하려면 그렇게 할 수 있을 만큼 사회적으로 그리고 정서적으로 성숙해 있어야 한다는 것은 말할 필요조차 없다. 그가 충분한 집단생활을 하고, 충분한 사회적 경험을 쌓고 있기만 한다면 적령기보다 반년이나 일 년쯤 늦게 학교생활을 시작해도 손해 보는 일은 없을 것이다.

그러나 만약 집단 경험을 위한 시설이 학교 외에는 달리 없을 경우에는 여섯 살 내지 일곱 살 때, 학교에 반일제 출석을 하는 것이 더 나을 것이다. 학기 초에 학교에 들어가지 않는 것이 더 낫다는 말이다. 학기 초 수주일 동안 새로 편성되는 학급은 정착과정을 거치기 때문에 취약한 아이를 아직 안전한 상태에 들어가지 못한 집단과 접촉을 시키는 것은 그 아이 자신은 물론 그 집단을 위해서도 좋지 않을 것이기 때문이다.

장애아동이 상당기간 동안 꼬박 하루 동안의 학교생활을 견디어 내지 못하는 일은 드물지 않게 일어난다. 반나절 수업참가가 너무 오랜 기간 동안 허용되면 그 아이가 교육적으로 다른 아이들에 비해 뒤쳐질 위험이 있다. 또한 그 아이가 다른 애들을 따라 잡으려 하는 데에서 비롯되는 여분의 스트레스에 부딪쳐야 한다는 위험이 뒤따르게 마련이다. 이러한 여건에서 시도해 볼 만한 가치가 있는 한 가지 편리한 일은 반나절 학교출석과 시간제 가정학습을 결합하여 시행하는 것이다. 그 아이가 전일제 수업을 받을 수 있게 될 때까지 말이다.

학교생활이 시작된 후 처음 얼마동안 장애아동의 장애가 그의 이력이 암시하는 것보다 더욱 두드러져 보이는 것은 흔한 일이다. 그 이유는 부분적으로는 그 아이가 익숙하지 않은 어떤 일을 해보고자 하기 때문이며 설사 익숙한 일일지라도 새로운 환경에서 해야 하기 때문이다. 그 이유는 역시 학교입학 충격 효과의 일부가 그로 하여금 자신의 장애 이면의 '대피처'로 숨어 들어가는 퇴영 행위를 하도록 하기 때문이다. 이런 일이 일어나거나 말거나 그 아이가 할 수 있는 일을 하지 않아도 좋도록 허용하는 것이 대체로 바람직하다.

비록 그 아이가 다른 아이들만큼 제대로 그리고 신속하게 어떤 일을 할 수 없다는 것이 분명하더라도 그 일을 시도해 보도록 권장되어야 하며, 그렇게 하도록 도움을 받아야 한다. 또한 동시에 그의 장애 사실이 인정되어야 한다. 이에 대한 이유는 명백하다. 시도해 보기 전에 오래 기다리면 기다릴수록 자신은 그 일을 할 수 있는 능력이 없다고 속단할 가능성이 더 높아지기 때문이다.

그러나 그는 성취 후에야 얻을 수 있는 자신감을 필요로 하며 학급 활동의 일반적인 양상의 일부이며 그가 능숙하게 해낼 수 있는 어떤 일을 학교가 가급적이면 일찍이 찾아 주는 것이 가장 중요하다. 학교 수업에 있어서건 일상적인 활동들에 있어서건 그를 돕는 일로 말할 것 같으면, 그의 활동을 보다 쉽게 하여 줄 모든 도움을 이용할 수 있는 대로 한껏 이용하여야 한다. 그는 아마 사회복지 기관의 서비스를 적절하게 잘 받을 수 있을 것이다. 특히 장애인종합복지관이나 종합사회복지관 등의 기관들은 장애아동의 학교생활을 지원하는 다양한 학교사회복지실천 프로그램을 시행하고 있다. 이를 잘 활용하면 초등학교 첫 3년 동안은 크게 까다로운 문제가 발생하지는 않을 것이다.

하지만 이 시기는 학교 수업이 점차 본격화되면서 어떤 특정분야에 있어서 학습장애가 있는지에 대한 꼼꼼한 관찰이 있어야 할 기간이다. 초등학교에서의 마지막 1년은 특별한 평가와 준비의 시기가 되어야 한다. 특히 장애아동의 경우에 더욱 그렇다. 장애아동이라면 중학교로의 진급에 관하여 이미 우려를 하고 있을지도 모른다. 교사와 사회복지사들은 그 아이가 부딪치게 될 수도 있을 특이한 어려움들을 예상하고, 그것들을 최소화하거나 피할 수 있는지를 생각하여야 한다.

이 때, 중학교 교사들과의 협의가 필요하다. 물어 보아야 할 질문들 중에 반드시 포함되어야 할 하나는 학교의 건물구조상 이 교실 저 교실로 돌아다니기에 어려움이 있는지의 여부와 교실에서 화장실을 찾아가는 데 문제는 없는지의 여부 그리고 그가 처음으로 부딪치게 될 교사들의 태도가 어떤 것이어야 할지 또한 학급이 지나치게 대규모가 아닌지와 학생들이 하나의 공동체로서 너무 거칠거나 반대로 너무 너그럽지는 않은지 등에 관한 것이어야 한다.

특수학교가 아닌 그가 살고 있는 지역 내의 일반 중학교로 진학하는 것은 바람직하다. 하지만 지역사회라 하더라도 걸어서 다니기에는 어려울 정도의 거리에 중학교가 위치해 있을 경우에는 통학상의 스트레스와 전혀 낯선 사람들의 사회에 들어가게 되는 데에서 비롯되는 정서상의 어려움들이 동시에 발생할 수 있다. 여자 지적장애아동의 경우에는 특히 유의할 만한 이유가 있는지 살펴야 한다. 혼자 통학하기 어렵다면 어떻게 지원할 수 있을지 고민해 보아야 한다.

그리고 장애학생이 고등학교에 진학하게 되면 이제는 이후 취업에 대비하여야 한다. 한국장애인고용공단이나 장애인종합복지관, 자립생활센터 등과 협력하여 다음과 같은 두 가지 유용한 목적을 달성할 수 있어야 한다. 장애학생의 관심과 포부를 현실적으로 가능한 영역으로 끌어들이는 것이 첫째이며 그 아이를 특정 분야의 직업을 택할 수 있도록 준비시키는 것이 두 번째이다.

이상에서 다룬 거의 모든 내용들이 실제적으로 사회복지사들이 사회복지실천을 수행하려고 할 때 교사와 부모, 기타 후견인들과 함께 의

논해야 할 고려 사항들이다. 여기에서 중요한 것은 사회복지사가 엮어 낸 사회적 지지망, 즉 가족, 교사, 친구, 지원자 등으로 구성된 사람들로부터 따뜻한 보살핌과 관리를 받기만 한다면 장애를 지닌 아이들은 자신의 능력과 한계에 관하여 알고 있을 것이며 자신의 한계의 범위 내에서 사는 방법도 터득할 것이다. 그리고는 점진적으로 자신의 능력을 가꾸어 이전보다는 더 나은 삶의 목표를 이루어 나갈 수도 있을 것이다. 무슨 일을 하든지 '나는 할 수 없어!'에서 '한번 해볼 테야!'라는 긍정적이고 도전적인 자세로 변화해 나갈 것이다.

나아가 좌절과 소외를 극복하거나 역전시키기 위해서는 장애아동이 어떻게 해서든지 자신에게 소중히 여겨지는 어떤 활동에 있어서 능숙해지거나 어느 일정한 수준의 능력을 발휘하게끔 사회복지사가 지원하는 것이 큰 도움이 된다.

또한 사회복지사는 교사에 대한 지원도 아끼지 말아야 한다. 특히 일반학교에서 어떤 유형이건 장애아동을 다루는 데 있어서 그 교육적 성공의 요체는 교사의 장애에 대한 인식과 이해에 있다고 할 수 있다. 사회복지사는 교사들이 장애학생을 훌륭하게 가르칠 수 있도록 교육적 자질을 자극해 주고, 장애아동의 교육 능력을 개발하기 위한 노력을 스스로 할 수 있도록 도와야 한다.

장애아동과 사회복지실천 방법 제 4 장

1. 장애아동의 조기 판별

장애인을 위하여 정상적인 환경을 조성하는 것을 목표로 삼아 움직이는 전국적인 활동(예: 한국장애인부모회, 한국자폐사랑협회 등의 적극적인 옹호 활동 등)은 그 전망이 밝으며 현재 활발하세 진행되고 있다. 사회복지 기관들은 평생 지속되는 보호를 위하여 폭넓은 지역사회복지실천을 설정하여 시행하고 있는 중이다. 이렇게 사회통합과 정상화를 지향하는 사회복지실천과 사회운동을 격려하는 열정과 기금 모금활동들과는 달리 장애유발 요인을 예방하고 장애아동을 대상으로 조기 개입실천을 하기 위한 인식과 열성은 상대적으로 미흡하기 짝이 없다.

하지만 유년기 중에 점증하는 장애로 의심되는 상황에 대한 진단과 판별은 그 아이가 나이를 더 먹어서 자신의 질환에 대한 의학적 표징들이 완전하게 드러나면 이미 그 아이의 성장과 치료를 위한 기회는 크게 제한될 수밖에 없다. 그러므로 장애아동의 조기 판별은 대단히 중요하다. 따라서 향후 중요한 국가적 추진 정책들 중 하나는 가장 어린 나이에, 가능한 만 1세에서 만 5세까지에 정신 및 신체적 장애 여부가 식별되게끔 해야 한다는 것이다.

기능부진(*malfunctioning*)이 중증의 질환 내지 만성장애로 고착되기 전에 그것을 탐지하여 치료하고 재활해야 한다. 이 목적을 이루기 위해서는 민·관 모두의 전폭적 헌신과 과거와는 완전히 다른 일련의 자원들이 요청된다. 새롭게 재편성된 자원들을 효과적으로 제공하지 못하면 많은 수의 어린이들이 인생의 본궤도에 오르지도 못한 채 좌절할 것이다.

우리나라에서는 이미 20여 년 전에 서울장애인종합복지관과 몇몇 장애인복지 시설 등을 통해 장애 예방을 위한 조기진단을 제안하여 실제로 활용하였고, 최근에는 대부분의 장애인복지 관련 시설에서 조기진단과 판별에 역점을 두고 있다. 그러나 예산 및 자원의 부족 등을 이유로 학령기 이전의 아동에 대한 장애 유발 요인의 조기 판별의 중요성을 인식하고 이를 실행하는 데에 별로 적극적이지 않은 것으로 보인다. 아직도 우리는 20여 년 전부터 사용하고 있는 한두 가지 접근 방법과 척도 등에 의존하고 있다. 그러한 접근들이 가진 한계는 지난 20여 년 동안 지적되었으나 여전히 상황은 그대로이다.

1) 조기 판별의 정의

조기 판별(*early identification*)이란 공식적인 학교 수업에 참여하기 전에 어린이의 장애 요인을 알아내는 것이다. 그 가정과 어린이에게 적절한 사회복지실천이 주어지고 장애가 끼치는 영향을 감소시키기 위해서이다. 조기 판별에는 네 가지 단계가 있다.

(1) 아이를 찾아라

어린이들을 판별할 수 있으려면 누군가가 그 아이들을 판별 현장으로 데려오거나 그들의 명단과 접촉할 수 있는 방법을 제시해 주어야 한다. 재래식 절차는 부모와 의사 그리고 장애를 지닌 것으로 생각되는 어린이들에 관한 사회복지실천 기관의 조회서 등에 의존했다. 그러나 이러한 방법은 그 가치가 의문스러운 방법이다. 특히 경·중증 정도의 장애아동과 같이 별로 눈에 잘 띄지 않는 장애를 지닌 어린이들을 탐지해내는 경우에 그렇다는 말이다. 충분히 이해할만한 일이지만, 부모들은 자녀들을 넘겨주기를 꺼리며 따라서 자기네 집안에 정상이 아닌 상태가 있음을 시인하려 하지도 않는다. 보건기관 종사자 및 사회복지사들은 장애 유발 요인들을 인식하는 요령, 특히 경증의 경우에 인지하는 요령에 관한 최소한의 훈련만을 받는 경우가 흔하다. 이들 사회복지사들은 어린이를 조회해 넘기기를 주저하는데, 이는 그 아이에게 지워질 수 없는 낙인을 남길 것이 두려워서이다.

예외적인 아이들을 어떻게 찾아내서 조기에 치료할 수 있는 사회복지실천 기관들과 연결시키느냐의 문제를 해결하려는 시도의 일환으로 여러 프로그램들이 혁신적으로 실험되고 있다. 그 방법들은 전국을 대상으로 벌이는 매스 미디어 캠페인으로부터 연방의 주관하에 실시되는 조기 및 정기 심사분류 작업과 보험적용이 가능한 어린이들을 위한 진단 및 치료, 그리고 전체 미취학 어린이들을 대상으로 하는 지역사회 주관의 종합적인 발달상태 검신에 이르기까지 폭넓게 걸쳐 있다. 이 방법의 결과는 복합적이다. 보다 성공적인 모형들은 지역사회의 상당한 지원과 조직적인 노력, 그리고 일선에서 일할 인력을 요한다.

(2) 아이를 걸러 내어라

걸러 내는 것(*screening*)은 심사분류하는 것, 즉 장애일 가능성이 있거나 발달 지체라든지 또는 현재로서는 장애도 아니고 발달지체도 아니라는 식으로 대상자들을 유형별로 묶어 가르는 절차를 말한다. 이는 허위부정(*false negatives*: 예를 들면, 이 절차는 장애인 아동을 합격시키기보다는 장애인이 아닌 아동을 '탈락'시킨다)이 아니라 허위긍정(*false positives*)의 방향으로 오류를 범한다. 심사분류는 보다 철저한 사정평가가 필요한 어린이들을 식별해 준다. 이용 가능한 사정도구는 여러 가지가 있다. '덴버 발달 심사분류 테스트'(Denver Developmental Screening Test)가 가장 널리 이용되는 장치이다. 이것은 105개의 항목으로 구성되어 있으며 네 가지 분야, 운동신경과 미세 운동신경의 적응력 그리고 언어와 인성 및 사회성 등의 분야에 있어서 어린이의 능력 정도를 측정한다. 이 테스트의 실시는 약 10분이 걸리며 복잡하고 정교한 자료가 필요한 것도 아니다. 전문인들과 준 전문인들은 이 테스트를 신속하고 신뢰성 있게 실시하는 요령을 쉽게 배울 수 있다.

(3) 아이를 사정하라

사정(*assessment*)은 해당 어린이의 운동신경, 언어 그리고 인식 및 사회 정서 발달을 점검하여 발달이 지체되고 있는지의 여부를 결정하는 절차를 말한다. 가정의 강점과 약점을 분석하고 치료 계획을 체계화하는 일인 것이다. 종합적인 다계열별 복합 사정은 신체 및 신경의학적 검사, 발달 진단 그리고 가계환경에 대한 평가와 어린이에 대한 현장 관찰 등을 포함하게 된다. 이 현장 관찰은 가정에서 그리고 가능하다면 특수 유치원과 같은 조기 치료 프로그램에서 어린이를 관찰하는 것이다. 현장 측정에서 표준화된 테스트를 사용하면 사정의 '자료 축적'(*data base*)을 보강해주고 치료를 시작하는 데에 필요한 시간을 단축할 수 있다.

(4) 아이와 가정을 치료에 연계시켜라

연계는 기존의 사회복지 시설에 장애아동을 적절하게 배치하기 위하여 평가 사정이 자료를 이용하는 것을 수반한다. 유치원 적령기의 장애아동들과 그 가정들을 위한 사회복지 시설이 최근에 급증하고 있다. 그들의 범위는 시각장애와 다운증후군 유아들과 같은 중증 장애아동으로서 유치원 적령기의 어린이를 위한 유아 자극 프로그램을 포함하고 있다. 이 프로그램들은 센터 중심, 또는 센터 및 가정 중심의 것들로서, 장애인 자녀를 보다 효과적으로 다룰 수 있게 그 부모들을 훈련시키는 집단 훈련과 가정에서 부모가 집안의 다른 급한 일로 인하여 장애어린이에게 전념할 수 없는 경우의 어린이들을 위한 수용 프로그램들까지도 이 범주에 속한다. 많은 곳에서 한 가지 큰 결점은 장애 유아들을 위한 사회복지실천이 거의 없는 것이나 다름이 없다는 점이다.

미국의 경우 1975년에 모든 장애아동을 위한 교육법안(The Education for All Handicapped Children Act)이 제정되었다. 이 법률은 1980년까지 3세에서 21세까지의 모든 장애아동들을 위한 충분한 무상교육을 요구하고 있다. 이 법률의 집행은 일부 지역에서 조기 프로그램에 대한 필요를 감소시킬 것이다. 특히 이 유형의 주민들에게 봉사하는 프로그램들의 숫자가 증가하고 있으며 그 프로그램을 적절하게 충원하기 위해서 조회되어 오는 인원에 의존해야 하는 경우도 드물지 않다. 장애아동을 위한 지역별 개입실천 프로그램의 외곽 부서는 사회복지기관들에게서 '조회서'를 얻어내기 위하여 여러 가지 대안적 방법들을 활용하고 있다. 마찬가지로, 다중 장애아동들을 위한 농촌지역의 센터 중심 프로그램인, HI-COMP PROJECT는 수용인원을 채우기 위해 외곽 부서에서의 혁신적인 전략을 이용해야 했다.

2) 조기 판별의 필요성

관행상의 왜곡이건 환경에 있어서의 왜곡이건 주목할 만한 것은 조기판별이 낙인을 찍어 장애아동의 발달에 부정적인 역할을 할 수도 있으며 또한 결과적으로 사회적 불이익까지도 가져다 줄 수 있다는 점이다. 그러나 이와 같은 부정적인 면보다도 조기 판별을 위한 사회복지실천 개입이 빨리 시작될수록 사회적인 불이익을 줄이고 장애아동의 발달을 최대화하는 데에 끼치는 영향이 더 커진다는 점이 중요하다.

조기 판별이 조기 사회복지실천 개입을 촉진한다는 사실을 인식하고 있음에도 불구하고 상당히 높은 비율의 결함들이 장애인들의 연령이 학령기에 이를 때까지 탐지되지 않고 넘어간다. 분명히 일부 결함들은 학교처럼 유아기를 벗어난 아이들의 공통 환경에 들어가서야 정체를 드러내거나 문제점을 나타내는 것이다. 장애아동들의 결함 중에는 유년기의 유해한 경험의 소산인 경우가 있는가하면, 현재 우리들이 지니고 있는 심사분류기술 수준으로는 유년기 탐지가 불가능한 것들도 있다.

실제로 신체적 결함을 지닌 중증 장애아동들의 경우에는 의사가 대체로 쉽게 알아내지만 정신적으로 정상치 이하인 것으로 판단되었으나 눈에 띄는 신체상의 결함은 없는 어린이들을 밝혀내기 위해서는 특별한 심사분류가 필요할 수밖에 없다. 조기 사회복지실천 개입의 혜택을 입을 수 있는 잠재적으로 식별이 가능한 많은 장애아동들이 지금은 유년기에 발견되지 않고 있다고 짐작해도 크게 잘못된 일은 아니다.

3) 사회복지실천의 역할

장애인들을 대상으로 사회복지실천을 수행할 때 사회복지사의 임무는 일정한 영역의 직·간접적인 사회복지실천을 펼치는 것이다. 사회복지사는 다계열의 사회복지실천 팀과 함께 진단 및 치료계획에 참여하고 장애인과 그 가족에게 개별 수준의 사회복지실천을 제공하는데 이는 장애에서 비롯될 수 있는 심리사회적 문제에 관한 도움을 주기 위해서이다.

이에 부가되는 몇 가지 역할에 포함되는 것은 그 가족이 장애자녀를 관리하고 발달을 용이하게 할 수 있도록 돕는 일이다. 이 일은 다른 사회복지사들의 도움을 얻어내고 그 가정과 지역사회의 자원을 연결시켜줌으로써 실시될 수 있을 것이다. 조기치료 프로그램들이 사회복지실천을 중요한 '조회서'의 제공원이라고 간주하고 있음에도 불구하고, 사회복지사들이 장애판별을 위한 사회복지실천과 조회 작업에 적극적으로 참여하고 있다고 시사하는 문헌은 거의 없다.

사회복지사들은 전통적으로 중요한 '조회서'의 제공원이다. 그러나 조기 탐지에 있어서 그들이 맡는 역할은 제한되어 있었다. 조기판별을 위한 혁신적인 방법들에 대한 한 조사를 보면 교육자들과 심리학자들 그리고 경우에 따라서는 일부 보건 전문가들이 그 모형을 개발하고 실천했다는 것을 알 수 있다. 일반적으로 사회복지사들은 이에 뚜렷하게 참여한 적이 없었다. 많은 사회복지사들이 젖먹이와 유아에게 서비스 개입실천을 하는 사회복지 기관에서 일하고 있다. 하지만 여러 연구에 의하면 사회복지 기관으로부터 오는 '조회서'는 매우 드물다고 한다.

그 주요 원인으로 몇 가지를 가정할 수 있는데, 첫째, 사회복지사들이 대체로 조기 사회복지실천 개입의 중요성을 인식하고는 있지만 다른 기관의 우선순위에 밀려 조기판별은 뒷전으로 물러난다는 것이다.

둘째, 대부분의 사회복지사들이 어린이들의 발달에 관하여 일반적인 지식은 갖추고 있지만 어떤 판단을 내릴 수 있는 상세하고 구체적인 지식과 기술을 지니지 못하고 있다는 것이다.

셋째, 사회복지사들이 의심스럽다는 이유만으로 아이들을 회부해 넘기기를 꺼릴 수 있다는 것이다. 아이들에게 그 결과 장애인이라는 낙인이 찍힐 것이기 때문이다.

마지막으로, 장애인을 위한 사회복지실천의 내용을 잘 알지 못하는 사회복지사들이 많이 있을 것이라는 점이다. 예를 들면, 농촌지역의 어느 아동보호 기관을 장애아동 찾기 사업에 참여시키려 한 시도를 통하여 보았을 때, 사회복지사들이 열성적이고 협조적이기는 했으나 놀랍게도 이용 가능한 사회복지실천의 내용에 대해서는 알지 못하고 있었다는 것이다. 사회복지사들은 훈련과 정보의 부족으로 인하여 장애에 관한 심사분류의 시행에 어려움을 겪고 있다는 것이 분명하다.

4) 보호적인 사회복지실천

자녀를 학대하거나 돌보지 않는 가정 출신의 어린이는 장애인일 가능성이 높다. 장애를 일으키는 요소가 학대와 무관심이라는 종합적인 연구 조사 결과는 없지만 여러 갈래의 연구들은 그러한 인과관계가 가능하다는 결과를 보고하고 있다. 실제로 1980년대 후반까지 미국과 북유럽(스웨덴, 핀란드, 덴마크 등) 등지에서 진행된 다양한 연구 조사 결과 학대받은 어린이들을 부모들은 별나다거나 양육하기에 어렵다고 여긴다는 것이다.

1989년 실시된 피치(Fitch)의 연구 결과는 이를 뒷받침한다. 14,083명의 학대를 당했거나 무관심의 대상이었던 어린이들에 대한 조사에서, 예비적인 자료 분석은 그 어린이들 중 1,680명이 한 가지 이상의 뚜렷한 특성을 지니고 있음을 보여준다. 195명은 조기 출산이었고, 288명이 지적장애, 234명은 신체적인 장애인이었다. 만성질환을 지닌 어린이가 250명이었고, 130명이 다중 장애아동으로 태어났으며, 180명에겐 선천성 결함이 있었고, 669명이 정서 불안 상태였으며, 267명은 기타 특이한 성격들을 지니고 있었다.

피치는 만일 이 자료를 제공한 사회복지사들이 심사분류를 통해 장애 유발 요인을 찾아내는 요령에 관한 특별 교육을 받았더라면 장애인 것으로 알려진 건수의 비율이 증가할 수도 있었을 것이라고 보고하였다. 하지만 피치의 연구는 장애와 학대 간의 명확한 인과적 관계를 입증하는 연구는 아니었다. 또한 그가 했던 연구방법과 자료 인용 등도 오늘 우리의 시각에서 보면 허점이 많아 보인다. 사실 피치의 연구 결과에 근거하여 장애가 먼저냐 학대가 먼저냐를 결정하기도 어렵다. 그러나 이러한 연구 결과에서 오늘 우리가 배울 수 있는 함의는 충분하다. 별나다고 생각되거나 장애를 가진 아동들이 같은 집안의 비장애아동들보다 학대를 받을 수 있는 위험에 처해 있거나 학대받을 가능성이 더 높다는 것이다.

또한 어린이가 학대받는 환경은 실제적인 신체상의 외상과는 별도로 아동의 발달을 신경 조직적으로, 인식 능력적으로 그리고 정서적으로 손상시킨다. 한편 아동 발달에 학대가 더 해로운지 혹은 무관심 내지 방임이 더 해로운지는 명확하지 않다. 하지만 어느 경우이건 건전하지 못한 가정환경은 신체적 피해는 물론 심리사회적 피해를 끼칠 수 있다.

보호적인 사회복지실천을 수행하는 사회복지사들은 위험도 높은 대상에게 서비스 개입실천을 하고 있으므로 장애인이 될 수 있는 잠재가능성을 지닌 어린이들을 찾아낼 수 있는 이상적인 위치에 있다. 이미 과중한 업무에 시달리고 있는 보호적인 사회복지실천 종사자의 어깨에 또 다른 하나의 책임을 보태는 것이 비현실적으로 보이기는 하지만, 보호를 주요 활동으로 수행하는 사회복지실천의 목표는 그저 목전의 위기를 다루자는 것이 아니라, 가정의 기능이 적절한 방법으로 계속될 수 있게 해주는 것이다.

어린아이의 장애 유발요인이 그 가정의 문제 중 많은 것을 부채질하고 있는지도 모른다. 장애를 알아차려서 적절한 치료서비스를 받을 수 있도록 그 아이와 가정을 해당 기관에 연결하지 못하면 이미 건강하지 못한 가정상황을 더욱 복잡하게 하거나 악화시킬 수도 있다. 이렇게 조기 발견은 그 가정이 특별한 아이를 이해하고 보다 효과적으로 다룰 수 있도록 도울 수 있는 길을 열어 준다. 가정이 기능할 수 없게 간섭할 수도 있는 문제들을 식별하도록 사회복지사를 돕기 위하여, '덴버 발달 심사분류 테스트'와 같은 도구가 손쉽고 저렴하게 활용될 수 있다(실시 장소도 가정이나 사무실 등 편리한 곳은 어디나 구애받을 필요가 없다). 심사분류에서 얻어진 정보는 쉽게 드러나지 않는 발달 지체를 탐지해 내는 데에 요긴할 수 있다. 왜냐하면 그런 발달 지체는 이제 그 아이를 사정에 회부하고 가정을 적절한 사회복지실천에 연결시켜 줌으로써 다루어질 수 있게 되기 때문이다.

5) 가정과 어린이를 위한 사회복지실천

폭넓은 일련의 사회복지 기관들이 가정과 유아들에게 서비스 개입실천을 하고 있다. 전형적으로 한 번의 접수면접(*intake interview*)이 실시되는데 여기에는 모든 식구가 함께 참석하나, 어린이가 가정 문제에 연루되어 있는 경우엔, 접수면접 담당 사회복지사는 그 어린이의 발달에 관한 일반적인 또는 임의적인 정보를 수집할 것이다. 특히 가정의 다른 식구들과의 상호작용과 관련하여 어린이의 사회정서적 발달이 강조된다. 가정 내 문제들을 사정하고 개입계획을 세우며 개입실천을 해나가는 과정은 그 필요성과 중요성에도 불구하고 발달에 관한 포괄적이면서도 규범적인 평가가 얻어지는 경우가 드물다. 따라서 장애가 있는 학령기 미달 어린이들의 가정을 대상으로 사회복지실천을 하는 기관들이 보다 체계적이고 규범 준거적인 심사분류 절차를 채택하는 것이 필요하다.

있을 수 있는 장애 유발 요인을 탐지해 내는 것 외에 활기 있고 민감한 사회복지사의 역할은 장애아동의 부모를 상대로 상담을 하는 것이다. 자녀가 장애아동라는 뜻밖의 소식을 접한 부모의 반응에 관한 광범위한 검토는 부모에게 통보하는 데에 사용된 방법의 중요성을 강조하고 있다.

부모들을 돕는 방법은 물론 부모들의 심리적 반응의 정확한 형태에 관하여서는 상당한 추론이 있다. 그 반응의 양태와는 상관없이, 이 상황이 요구하는 것은 충격을 완화시키고, 부모가 상황을 다룰 수 있도록 돕기 위한 위기개입(*crisis intervention*)이다. 최초의 충격이 지나간 후, 부모들은 한평생에 걸쳐 다루어야 할 도전에 직면하게 된다. 장기적 상담에는 부모 개인의 인간적·감정적 욕구가 포함되어야 하며, 부모에게는 그들 자녀의 강점과 약점 및 그 아이의 양육방법에 관한 정보가 제공되어야 한다.

6) 학교 사회복지실천

여러 가지 조기 판별 사업들이 종합적인 접근방법을 개발하고자 노력해 왔다. 그 모형은 대부분의 어린이들이 정기적인 건강검진을 받는 것처럼 유치원 연령의 모든 어린이들도 주기적인 발달 검진을 받아야 한다는 가정에 토대를 둔 것이다. 즉, 조기 탐지의 개연성을 증대시키는 심사분류를 정기적으로 실시하자는 것이다.

학생서비스 전문가팀의 일부로서 학교사회복지사[1]는 학교가 장애아동에 대한 조기 식별을 실천하도록 도울 수 있다. 학교사회복지사가 적극적으로 실천할 수 있는 한 가지 일은 모든 미취학 아동들에 대한 종합적인 발달 검사(*check-up*)를 수행하는 것이다. 학령기 이전 어린이들은 시군구 교육청 홈페이지에 게시되어 있는 '지역 내 학교 현황' 관련 자료들을 통하여 찾아낼 수 있다. 학교사회복지사는 지역사회의 지원을 요청할 수 있으며 조기판별 심사에 따른 여러 가지 지원활동을 통해 다양한 사회복지실천을 학교 내·외에서 개입하거나 감독할 수 있다. 또는 어린이들을 직접 심사분류하고 그 결과를 부모에게 전달할 수도 있다. 학교사회복지사가 장애학생을 대상으로 수행할 수 있는 또 다른 일은 사정과 치료적 개입활동을 포함하여 후속 사회복지실천이 계속되도록 보장하는 일이다.

나아가 역시 중요한 학교사회복지사의 역할은 장애아동에 대한 조기 탐지와 최대한 조기 개입실천을 주창하고 옹호하는 일이다. 활동보조인이나 자원봉사자들 그리고 심지어 장애인복지 전문가라고 하는 사람들조차도 장애아동의 조기 개입실천의 중요성을 인식하지 못하는 경우들이 많다. 이를 주창하고 옹호하는 사람으로서 특히 학교사회복지사는 유년기의 발달 과정에 대한 사람들의 이해를 증대시킬 수 있으며 있을 수 있는 장애를 암시하는 사항들을 조기 판별하는 것이 중요함을 주지시킬 수도 있는 것이다. 학교사회복지사는 대상 장애인들을 위한 사회복지실천의 시행을 촉구하고 이용 가능한 사회복지실천에 관한 정

---

1) 아직 우리나라에서 학교사회복지사는 전 국가적으로 제도화되어 있지는 않지만 최근 몇몇 지자체에서는 조례에 의해 학교사회복지사를 통한 매우 적극적인 학교사회복지실천을 하고 있다. 이와 같은 일은 향후 지속적으로 확산되어야 할 것이다. 이번 장에서 말하는 학교사회복지사는 학교에 근무하는 학교사회복지사만이 아니라 지역사회에 있는 종합사회복지관이나 기타 관련 기관에 있으면서 학교와 학생을 대상으로 개입실천을 하는 사회복지사도 포함한다.

보를 해당 가정에 알려 줄 수 있다. 최소한 사회복지사는 미취학 아동을 포함하여 가족 체계에 관심을 기울여야 한다. 기능 장애 양상들이 유년기에 눈에 띄며, 조기 개입실천을 실행함으로써 얻어질 수 있는 결과는 장애아동의 장애를 상당 부분 제거하거나 완화시킬 수 있다는 것이다.

7) 소 결

유년기의 어린이는 해로운 유전 및 환경적 요인에서 비롯되는 장애에 매우 취약하다. 그러나 역설적으로 바로 이 시기에 장애를 식별하여 치료할 수 있는 사회의 능력이 가장 미약한 상태에 처하여 있는 것이다. 문제의 복잡성에도 불구하고, 사회복지사야말로 개입실천을 통한 조기식별에 적극적으로 활약할 수 있는 능력을 갖고 있을 뿐만 아니라 효과적인 재활과정을 밟아가는 데에 지도적 역할을 담당해야 할 책임도 지니고 있다.

실제로 사회복지사가 장애인들과 접촉하는 최초의 조력자일 경우가 많다. 유아를 서비스 개입대상으로 하는 기관들은 조기식별의 중요성을 인식하고, 소속 사회복지사들의 탐지 및 심사분류의 기본절차에 관하여 교육시켜야 한다. 사회복지사들은 부모의 어려움에 대해 민감하고 상담과 조회 절차에 능숙하여야 한다. 뿐만 아니라 사회복지사들이 수행할 수 있는 많은 역할로 조기 탐지의 옹호 주창, 지역사회 전반에 걸친 발달 검진 조직과 개입, 전문가와 준전문가 및 지역사회 출신 자원봉사자를 대상으로 하는 탐지 및 심사분류 절차 교육, 그리고 장애아동과 가정들을 위한 사회복지실천이 계속되도록 보장하는 것 등이 있다. 사회복지사가 할 수 있는 역할이 여기에 기술된 것만으로 끝나는 것은 아니며 조기 판별은 탁아 및 보육적인 수준의 사회복지실천을 수행하는 아동복지 단체 내지 기관에서도 중요하다.

2. 사회력을 이용한 사정

장애학생과 그 부모를 대상으로 하는 사정에서 사회력(*social history*)은 매우 유용하게 이용될 수 있는 방법이다. 이에 사회력을 사용하는 방법을 설명하고, 장애인복지관에서 근무하는 사회복지사들, 또는 학교 사회복지사들이 정책결정 단계에서, 그리고 사회복지실천에 유익한 영향을 끼칠 수 있는 전략을 개발하는 단계에서 참고할 수 있는 모형이 되게끔 정리해보려고 한다. 여기에서 기술하고 있는 사건들은 1978년에 미국의 상황에서 시작되었다. 2012년 현재 우리나라의 상황과 아주 흡사하다는 생각이 들어서 비록 꽤 오랜 시간이 지났음에도 소개하고자 한다.

뉴욕 주 '학교사회복지사협회'는 주 정부의 교육부 행정관들과 원만한 실무적 관계를 구축하고자 노력하고 있는 중이었다. 여러 장의 서면 계약서가 작성되었고, 상호 간의 견해도 교환되었다. 연방법과 주법에 있어서의 상호 간의 관심사와 견해를 토론하기 위한 모임도 개최되어 그 법의 시행과 그것이 장애아동과 그 가정을 상대로 하는 사회복지실천 활동에 끼치는 영향까지도 검토되었다.

특히 역점이 주어진 것은 PL[2] 94-142였다. 뉴욕 주 '학교사회복지사협회'의 이사회와 장애아동 담당국(뉴욕 주 정부 교육부의 한 부서)의 부국장이 회동한 한 모임에서 협회는 PL 94-142에 명시된 절차에 따라서 요구되는 유형의 사회력을 개관하도록 요청받았다. 그것은 상당한 위험부담이 내포된 일이었다. 그러한 개관이 활용되는 방법이나 사회복지사들이 학교 내의 서비스 대상 장애아동의 사회력을 정리하려 하겠는지에 관한 확신이 전혀 없었기 때문이었다.

이 과업에 있어서 두 가지 중요한 문제는 첫째, 접근방식에 있어서 편협해지지 않고 폭넓은 '개요서'를 작성하는 요령, 둘째, 사회력을 위

2) PL=공법: Public Law

한 정보를 수집하면서 사회복지실천 과정을 경험해가는 요령이었다. 그것은 흥미진진하고, 도전적이면서 때로는 좌절을 안겨 주기도 하는 임무였다. 개략적인 초안이 하나 작성되어 강평을 받기 위해 협회의 선발된 소위원회로 보내졌다.

뉴욕 주 사회복지실천 연차회의에서 그 문건이 토론되고, 많은 개인들의 보충 제안도 접수되었다. 위에서 기술된 기본적인 문제에 관한 다양한 견해가 표명되었다. 이 회의에서 접수된 보충 제안을 포함시키기 위하여 원래의 초안은 개정되었고, 1979년 6월에 그 문건은 장애아동 담당국의 부국장에게 보내졌다. 그 '개요서'에서 개관된 내용은 잘 받아들여졌다. 부국장과 그의 동료들은 초안 작성자들과의 모임에서 이 문건을 열성적으로 승인하고, 그것을 주 정부 차원에서 활용하기로 동의하였다. 이 '개요서'의 내용을 게재한 정보 소식지가 뉴욕 주의 모든 학교에 발송되었다. 이 소식지에는 학교 내의 사회력을 정리하도록 임무가 부여된 전문가의 선발 기준이 실려 있었다.

이런 식의 계획된 전략들을 통하여 사회복지사는 정치적인 차원과 정책 수립 수준에서 효율성을 갖추는 것은 물론, 기타 분야의 사회복지실천에도 기여할 수 있으며 궁극적으로 서비스이용자 집단에게 보다 광범위한 규모로 사회복지실천 서비스를 줄 수 있는 것이다.

1) 배 경

1975년 미합중국 연방 의회는 장애 유발 요인을 지니고 있는 것으로 생각되는 또는 생각되었던 어린이들의 판별과 사정 그리고 교육에서 후속되어야 할 절차들의 윤곽이 그려진 PL 94-142를 통과시켰다. 지방 교육기관들은 각 장애아동 개인에게 무상으로 충분한 교육을 제공하는 책임을 부여받았다. 이는 특수교육과 장애어린이의 독특한 어려움을 충족시키도록 구상된 관련 사회복지실천을 강조하고 있다.

뉴욕 주에서 이 책임은 각 학교마다 있는 장애인에 관한 위원회에 맡겨져 있다. 연방법과 뉴욕 주법은 역시 이 과정의 모든 단계에 참여할 수 있는 부모의 권리를 명시하고 있는데 여기에는 장애아동의 부모들이 자녀의 학교 기록을 검토하고 그 내용을 설명해 줄 것을 요구할 수 있는 권리와 그러한 기록의 사본을 받아 볼 수 있는 권리도 포함된다. 학교에서는 그런 경우가 아니라면 이들 기록은 비밀 문건으로 보관하여야 하며 교직원이기도 한 사회복지사만이 이용할 수 있도록 해야 한다. 연방 및 주법은 사정 과정에는 사회력이 포함되어야 할 것을 강제규정으로 삽입하고 있다. 그러나 이 법은 사회력을 정의하거나 누가 그것을 정리하여야 하는지를 지정하지는 않는다.

사회력을 위해 정보를 수집하는 것은 인간 대 인간 관계에 있어서 훈련된 사람, 즉 학교사회복지사나 기타 정신건강 전문가와 같은 사람이 민감성과 기술을 요구하는 전문 인력이다. 이 정보를 해석하기 위해서는 법률과 규정들에 관하여서는 물론이고, 사람과 제도에 관한 지식이 있어야 한다. 사회력을 얻어내는 것우 하나이 공정이며 그 생산품은 장애 유발 요인을 지닌 어린이를 발견하고 판별하며 평가에 조력하는 도구인 것이다.

하나의 사회력을 얻어내는 과정에 있어서 사회복지사는 중개자, 촉신자, 중재자, 통역 그리고 통합자로서의 역할을 수행한다. 사회복지사는 정보를 수집하여 그것을 하나의 의미 있는 전체가 되도록 통합한다. 대인적·가족적 나아가서 환경적 차원에서 장애아동의 학습과 기능에 영향을 끼치는 역동적인 인상들을 설명하기 위해서이다.

사회복지사가 사회력을 조사하면서 맺는 최초의 관계는 그 프로그램이 실시되는 내내 계속되어야 한다. 이 관계는 부모와 자녀에 대한 연속체적 사회복지실천의 일부인 것이다. 따라서 일반적으로 부모에게 치료 성격의 영향을 끼친다. 이 과정에서 사회복지사는 부모가 첫째, 주와 연방의 법규에 따라 보유하는 정당한 절차에 대한 권리를 명확하게 이해하도록, 둘째, 사정을 분명하게 이해하도록 돕는다.

사회복지사는 다음과 같은 분야에서 부모의 도움을 필요로 한다. 첫째, 강점과 특수 욕구를 포함하여 하나의 인간으로서 그 아이의 전모를 이해시킨다. 둘째, 부모가 장애자녀를 인식하는 방식과 그 아이 자신이 스스로를 인식하고 있는 방식을 명확하게 파악하고, 셋째, 강점과 특수 욕구 혹은 지원과 같은 요소들의 견지에서 장애자녀에 관한 부모들의 어려움을 평가한다. 그리고 넷째, 필요한 환경상의 변화들을 사정한다. 사회복지사는 장애아동의 특별한 요구를 사정하도록 돕고, 교육과 관련된 사회복지실천 분야에서 장애아동의 욕구를 충족시키는 프로그램을 규정하기 위하여 부모에게서 수집한 정보의 중요성을 평가하는 데에 판단력을 끊임없이 사용한다.

2) 사회력에 들어가는 기본 내용 개요

다음을 하나의 사회력에 들어가야 하는 기본 내용의 개요로서 제안한다. 자료를 취득하는 전문가는 다음 여덟 개 분야를 조사하되, 현 상황에서 장애아동에게 의미를 지니는 것만을 취득해서 기술해야 한다.

〈표 4-1〉 사회력 기본 개요

가족 구성(판별자료)
1. 어린이의 이름, 생년월일, 형제자매들 중 서열순위 2. 주소 3. 현재 다니는 학교 및 학년과 반 4. 부모와 형제자매들의 이름과 생년월일
가족력
1. 중요한 가족역동(별거, 이혼, 부모나 다른 중요한 식구의 죽음과 같은 변동사항) 2. 어린이에게 영향을 끼쳤을지도 모르는 가족 건강 역사상의 사건들
어린이의 발달력(출산 전으로부터 만 5세까지)
1. 임신 중 어머니의 의학적·정서적 상태 2. 출산 전, 출산 중, 출산 후 건강상의 문제점들 3. 발달상 이정표(걸음마, 말하기, 용변, 훈련, 운동신경 개입)에 관한 자료 4. 유년기의 어려움(유뇨증, 발작적 울컥증, 식사 및 취침 패턴의 와해) 5. 유년기 인성발달에 관한 부모의 설명

〈표 4-1〉 계속

어린이의 건강(만 5세로부터 현재까지)
1. 진단이 있는 질병의 일자와 심각성의 정도, 입원, 수술 및 사고의 내용 (치료 장소와 의사들의 이름을 명시함) 2. 발열, 경련, 언어곤란, 청력 또는 시력의 상실, 기타 신경성 장애의 징후들이 따라오는 진단이 되지 않은 질환들
가족 상호작용(기타 중요한 사람들을 포함하여)
1. 부모가 묘사하는 자녀의 인간성 2. 발작 증세들, 어린이의 인성발달에서 유의하게 된 변화들, 밤에 두려워하는 것들, 공포증, 엄지손가락 빨기 등 3. 다양한 가족구성원들과 기타 중요한 사람들과 자녀의 관계 4. 자녀 양육관행, 가족구성 등에 있어서의 불균형 5. 학교 내외에서 동년배들과의 관계 6. 어린이의 관심, 취미와 여가활동 7. 부모가 인식하는 자녀 자신이 지니고 있는 자아 이미지 8. 사회문화적 요소에 대하여 가족이 갖고 있는 관계의 현황 (언어, 문화 또는 종교에 관한 갈등 여부)
교육력
1. 입학연령 나이와 학교명(유치원부터) 2. 교사와 급우들과의 관계 3. 학교적응에 관련된 요인들에 관한 부모의 인식(지나친 결석, 부실한 건강) 4. 자녀가 지니고 있는 교육적 강점과 특별한 욕구들에 관한 부모의 견해
조회서가 필요한 이유(문제제시)
1. 부모에게 설명된 그대로(작성자를 명시하여) 학교관련 문제들 2. 자녀의 학교관련 문제들과 특수욕구에 관한 부모의 인식과 묘사 내용 3. 소년기에 들어선 어린아이 특수욕구의 원인과 그것들이 발생하게 한 요인들, 어린이 자신의 이해와 인식 4. 어린이를 돕기 위하여 그 가정이 취한 조치들 (진료소 방문, 전문가 상담, 치료와 같은 일들) 5. 가족이 그 아이를 위하여 최선이라고 여기고 있는 계획 6. 자녀의 욕구를 충족시키기 위하여 가정이 취할 수 있었던 개조 사항들 (층계를 이용할 수 없는 어린이를 위하여 경사통로의 설치, 다른 장애인의 부모와 경험담 나누기) 7. 각종 프로그램의 기능, 부모의 권리와 적절한 절차에 관한 부모의 이해
평가
사회력 조사 중에 얻어진 정보가 각 계열의 위임받은 위원회가 그 어린이에 대하여 폭넓게 이해할 수 있도록 제시되기 위하여 취합 정리되어야 한다는 것이 중요하다.

다음은 우리나라 사회복지실천 현장에서 일반적으로 사용하는 '사회력' 양식이다.

〈표 4-2〉 사회력

기본신상에 관한 정보
이름 주민등록번호 나이 직업 주소 전화번호 교육정도 결혼유무 가족관계
사회력 또는 생육사
가족배경과 출생시 가족상황 성장과정 교육과정 직업경험 중요한 인간관계 중요사건들과 영향
제시된 문제와 관련된 자원 및 제한점
본인의 강점, 자원, 제한점(신체적 · 지적 · 정서적 · 인간관계적 · 영적 기능) 사회적 관계망에서의 자원, 제한점(가족, 친구, 이웃, 소속단체) 지역사회의 자원 및 제한점
기관과의 관계 및 사정결과
개입동기 제시된 문제와 개인의 자원과 제한점에 대한 종합 평가 기관의 자원과 제한점 사정결과, 개입계획 및 목표설정

출처: 최선화(2007). 《풀어쓴 사회복지실천기술》. p. 88.

3) 사례 소개

여기에서 소개되는 사회력 사례는 그저 하나의 지침 역할을 하도록 의도된 것일 따름이다. 자료를 취득하고 정리하고 해석하는 전문가적 기술이 사례별로 해당 아동과 그 가족을 국민연금 산하 장애판정위원회나 그 내용에 포함된 자료를 참고하고자 하는 다른 전문가들에게 사정을 분명하게 할 수 있도록 활용되어야 한다. 또한 장애아동을 사정할 때, 어린이의 학습과 행동 유형에 영향을 끼치는 가족 역동과 가정의 환경적 상황을 고려할 필요가 있다. 그러한 정보는 그 어린이의 어려움을 종합적으로 사정하는 데 소중하다. 그리고 정확한 사정을 위해서는 가족과의 의사소통과 협동이 확립·유지되어야 한다. 학습 및 행동상의 문제들을 교정하는 데 필요한 환경상의 변화를 용이하게 하기 위해서이다.

특히 사정 도구의 하나로 활용하는 '사회력' 조사는 장애아동과 그 가족 그리고 관련 체계들에 대한 광범위한 파악에 기초한다. 그러므로 '사회력'은 총체적인 조사연구 체계이며, 대부분의 부모들에게 치료적 효과를 지닌다. '사회력' 조사를 통해 부모에 의하여 장애자녀와 일상적으로 갖는 관계의 내용과 이유를 검토할 수 있는 기회를 사회복지사가 갖게 되었다고 할 수 있다.

다음의 '사회력' 조사에 의한 실제적인 사례 내용은 사회복지사가 학교생활에서 장애인으로 여겨졌던 한 어린이가 실제로는 장애가 아니라고 결정하도록 '학교운영위원회'를 도왔던 방법을 설명해 주고 있다.

> 초등학교 3학년, 현재 나이 10살인 철수는 큰 누나는 고등학교, 작은 누나는 중학교의 특수학급에 있으므로 두 누나와 마찬가지로 그도 지적장애인일지도 모른다고 믿고 있던 교사에 의하여 특수학급에 배치되었다. 그러나 철수는 그곳에서도 잘 적응하지 못하여 마침내 학교 인근에 있는 사회복지관에서 근무하는 학교사회복지실천 업무 담당 사회복지사에게 의뢰되어 왔다. 사회복지사는 '사회력' 조사를

> 즉각 실시하였고 그 결과 많은 정보를 얻을 수 있다.
> 그 내용에 의하면 철수는 1학년 때 어려움을 겪었다. 또한 철수는 주의집중 주기가 짧았고, 읽기가 어려웠으며 수업 진행을 방해하기 일쑤였다. 사회복지사가 철수의 보호자 중 한 사람과 상담해 본 결과 철수가 정서적으로 극심한 불안을 겪었던 과거의 영향을 지금도 크게 받고 있음을 파악할 수 있었다. 4살 때까지 철수는 말을 사용하지 않는 문맹 청각장애인 부모 밑에서 살았다. 그 곳에서 그는 많은 가정 폭력을 경험하였다. 특히 청각장애를 가진 친아버지가 동네 아저씨와 시비 끝에 싸웠고, 급기야 싸움 중에 담벼락에 머리를 부딪쳐서 돌아가시는 일을 접한 것까지 포함해서 말이다. 그 후 철수는 3년 동안 3군데의 거주시설인 보육원을 전전하였는데, 그 중 한 시설에서는 선배 형들로부터 신체적으로 심한 학대를 받았다. 현재 그를 맡아서 양부모 역할을 하고 있는 후견인은 청소년 쉼터를 운영하는 목사님 부부인데 이들도 그의 성장과정의 모든 사건들을 다 알지는 못한다.

사회복지사는 그 소년의 성장과정 배경에 입각한 정확한 사정을 하고자 과거 생활했던 아동복지시설의 사회복지사와 수차례의 만남을 가졌다. 그런 후 철수는 최초의 심리검사에서 받은 낮은 점수와 교사의 호의적이지 못한 보고서로 인해 교육이 가능한 지적장애인으로 오해받고, 자연스럽게 특수학급에 배치되었다는 사실을 밝혀내었다. 그리고 사회복지사는 본인이 근무하는 지역사회 내의 사회복지관을 통해 지속적인 지원 서비스를 제공한다는 전제 조건하에서 철수를 일반학급에 다시 배치할 것을 학교에 요청하였다. 학교는 여러 번의 교사회의를 거쳐 최종적으로 교장의 결재를 득하였으며 이를 학교운영위원회에 안건으로 상정하였고, 학교운영위원회는 철수를 일반학급으로 보내기로 결정하였다. 사실 학교운영위원회에 상정할 필요도 없지만 학교 당국은 만약에 생길 어려움에 대해 염려하면서 이를 학교운영위원회에서 논의한 것이다. 다행스럽게도 결과는 좋았다.

이렇게 정확하면서도 유용한 '사회력'의 내용은 서비스이용자의 인권과 삶의 질을 개선하는 데 크게 기여할 수 있다. 실제로 이상에서 소개한 '사회력' 사례 내용에서 나타나듯이 철수의 과거 환경 때문에 그가 받은 압력을 사회복지사가 이해하고 있었으므로 궁극적으로 학교운영위원회가 이 어린이를 특수학급에 배치하는 것이 적절하겠는가에 대하여 의문을 갖게 되었다. 그러므로 '사회력'을 기술해 나가는 과정은 사회복지사에게는 서비스이용자에 대한 심도 있는 이해를 갖게끔 하는 데에 많은 도움이 된다.

또한 이 사례는 장애유발 요인을 평가하는 데 있어서 사회문화적 요소들이 중요하다는 사실을 분명하게 제시해 주고 있다. 경우에 따라서는 사회력에서 수집된 정보가 '도움이 필요하긴 하지만 그 아이가 법으로 규정된 장애유발 요인'을 지니고 있지 않을 수도 있다는 것을 나타낼 수도 있는 것이다. 이런 경우에는, 사회복지사가 적절한 지역사회 자원의 도움을 구하려는 부모와 아동의 노력을 용이하게 해 주어야 한다. 가령 그 아이를 도울 수 있는 교육 전략을 수립하는 일에 학교의 인력을 참여시킬 수도 있을 것이다.

하지만 그러한 경우에도 사회복지사는 다음과 같은 일에 주의해야 한다. 즉, 철수의 경우 사회력 조사의 결과를 갖고 철수의 행동을 무조건 '괜찮다!'라고 단정하는 것도 조심해야 한다. 장애유발 요인은 없다고 하더라도 철수는 지속적으로 정서적인 지원서비스 및 기타 필요한 사회복지실천 서비스를 제공받아야 하는 것이다. 그러면서 동시에 철수의 생활 모습이 일상적인 생활 범위를 벗어났다고 낙인찍는 것도 매우 심각한 일이다. '비정상'이라는 진단은 낙인찍힌 당사자를 일상적인 생활범위를 벗어난 생애를 향해 이동케 할 것이고, 그것은 돌이킬 수 없는 이동이 될 것이다. 반면 앞서 말한 바와 같이 '비정상'이라고 낙인찍히지 않은 탓(?)으로 일상적인 생활 범위를 벗어난 행동을 하고 있는 데도 사회복지실천의 혜택을 누리지 못하게 되는 경우도 있는 것이다.

따라서 사정의 도구로 '사회력'을 작성하는 사회복지사는 어떤 조치가 그 어린이에게 최선으로 도움이 되고, 동시에 피해는 최소로 줄일 수 있는지를 신중하게 견주어 보아야 한다.

다음의 개별적 수준에서 수행된 사회복지실천의 내용은 사회복지사의 개입실천이 어떻게 부모의 저항을 줄이고, 학생을 특수학급에 쉽게 배치할 수 있었는지를 잘 설명해 주고 있다. 이는 또한 유년기에 있는 장애아동과 그 가족 간의 관계가 어린이의 능력 발휘에 어떻게 영향을 끼치는지도 잘 보여 주고 있다.

> 여덟 살인 준구는 정서상의 문제를 지닌 어린이들을 위한 특수학급에 속해 있었다. 그 아이는 어머니가 40대일 때 태어난 늦둥이로서 막내였다. 세 남매의 나이는 22살에서 35살에 걸쳐 있었다. 준구가 태어나던 때 그의 어머니는 심장 질환을 앓고 있었고 그를 충분히 보살필 수 없었다. 그는 결혼한 누나들에게서 드문드문 보살핌을 받곤 했었다. 누나들은 준구보다 손위인 자기 자식들이 있었고 그들 나름의 문제로 정신이 없는 형편이었다. 준구는 거의 손길을 받지 못할 때가 있는가 하면 때론 손길이 과도하게 넘치는 때도 있었다. 이러한 일관성 없는 보살핌으로 인하여 결국 그는 자기 제어능력이 부족한 아이가 되었고, 참고 인내해야 할 상황에서 잘 적응할 수 없게 되었다. 또한 과장된 신체적 표현에 익숙해져서 주위에 있는 또래 친구들을 마구 때리는 경우도 종종 생기게 되었으며 잠시도 가만히 있지 않고 산만하게 지냈다. 이 버릇은 유치원 시절 이래로 계속되고 있었다.

교사들은 많은 노력을 기울여 준구를 유치원의 전 과정에서 일반학급에 계속 배치해 둘 수 있었다. 그는 초등학교 1학년이 됐고 보조교사 없이 한 사람의 교사가 담당하는 일반학급에 출석하였다. 그 소년의 어릴 적 문제들이 더욱 심화되었다. 그는 끊임없이 싸움을 걸었다. 그래서 또래 친구들도 그를 집적거리기 시작했다. 처음에는 준구의 어머니도 아들에게 무슨 문제가 있다고 느끼지 못했다. 그러나 사회복지사의 민감하고 꾸준한 노력을 통하여 준구의 어머니는 학교에서 자기

아들의 행동을 인식하고 그 현실을 받아들일 수 있게 되었다.

다행히 그 사회복지사는 준구가 겪고 있던 문제들을 장애유발 요인으로 해석하고 그 어머니가 자신의 건강상의 어려움 중 일부를 이해하도록 도와주었고, 그래서 어머니도 아들을 정서상의 문제가 있는 어린이들을 위한 특수학급에 배치하는 데에 동의하였다. 물론 준구의 진보는 더디게 이루어졌다. 그러나 결국에 가서는 준구는 자신의 행동에 책임질 줄 아는 아이로 성장해 갔고, 그의 '주의 집중' 주기도 '읽기'를 배울 수 있을 만큼 충분히 길어졌다.

4) 감정에 대한 민감성

사회력 작성을 위한 면담 중 서비스이용자가 간혹 민감하고 비밀스러운 성격의 정보와 감정을 드러내는 수가 있다. 사회복지사는 서비스이용자인 부모와 장애아동의 감정을 처리할 수 있도록 준비하고 훈련되어 있어야 한다. 사회력 작성 능력에는 부모와 자녀들의 감정에 대한 민감성도 포함되어 있어야 한다. 이러한 감정에 대한 고도의 민감성은 사회력을 작성해야 하는 사회복지사에게 꼭 필요한 것이다.

가령 부모들은 학교를 자신들이 통제할 수 없는 권능을 지닌 존재라고 여기는 경향이 있다. 그러므로 사회복지사의 실천 개입 목표 중의 하나가 자녀의 교육에 부모의 참여를 권하는 것이라면 무엇보다도 우선은 그들로부터 신뢰를 획득하는 일이 중요한데 이러한 신뢰 형성은 첫 번째 접촉에서부터 이루어지게 된다. 학교에서의 개입실천과 지역사회 자원에 관한 건실한 지식이 요긴하다. 흔히 사회복지사는 부모들이 도와달라고 찾는 바로 그 사람이기 때문이다.

다음의 사례 내용은 부모가 사회력 작성을 위한 면담 중에 사회복지사에게 털어놓을 수 있는 민감한 사실을 잘 보여 주고 있다.

철희 어머니는 자기가 혼외정사로 철희를 임신했다고 심한 죄의식으로 괴로워했으며, 그래서 하나님이 철희를 언청이로 태어나게 함으로써 자신을 응징했다고 느끼고 있다는 것을 고백했다. 이렇게 지나칠 정도의 죄의식 때문에 그 여자는 아들을 과보호하게 되었고, 그 정도가 너무 심해 그 아이를 갓난애 취급할 정도에 이르렀다. 이 점은 그의 유뇨증과 더딘 용변 훈련 그리고 혼자서 옷을 입거나 식사를 하지 못하는 데에서 분명하게 드러났다. 그의 극심한 의존성 때문에 철희는 교육 가능한 지적장애아동이 있는 특수학급 배치가 고려되는 중이었다. 그의 학업 능력은 몹시 부실하였고 혼자 힘으로 무슨 일을 하기 어려워했다. 철희의 그러한 성장배경 때문에 그의 어머니가 죄의식을 다스려 철희가 어머니로부터 보다 더 독립할 수 있다면 철희가 학교에서 더 많은 능력을 발휘할 수 있으리라는 점에 생각이 미치게 되었다. 아주 짧은 기간 내에 철희와 그의 어머니는 도움에 반응했고 철희는 학교에서 진전을 나타내기 시작했다.

흔히 특수학급 배치는 어린이의 생애 중 개입실천의 혜택을 입을 수 있는 유일한 분야이다. 이상의 사례에서 그 어린이의 어머니는 자신의 감정이 어떻게 부모로서의 자신의 역할을 방해하고 있는지를 이해하도록 상담이 필요했다. 아이에 관한 출산 전후 기간의 일들에 대한 구체적 정보를 얻는 것이 지극히 중요하다. 특히 다음 다섯 가지의 요인들은 무엇보다도 학습 장애아동과 관련이 있다. 조숙, 장시간에 걸친 산고, 난산, 모자 혈액 불일치, 입양이 그것들이다.

어린이의 발달 및 건강 역사의 중요성은 다음 사례에서 잘 설명되고 있다. 이 사례에서 출산 전후의 사건들이 신경성 장애의 가능성을 확인하는 데 중요한 역할을 하였음을 알 수 있다.

영희의 어머니는 어려운 임신기를 보냈다. 첫 3개월 중에 하마터면 아기를 잃을 뻔했기에 영희는 6주나 빨리 출산되었고 그마저도 황달에 걸린 채 태어났다. 그녀의 부모들은 생후 일 년 동안 그녀가 거의 잠을 자지 않았다고 하였다. 더욱이 그녀는 흔들어 주어야 잠을

자는 '흔들이'이기도 했다. 그녀의 신체적 발달은 정상적으로 진행되고 있었지만 그녀는 너무 실천적이어서 항상 문제를 일으켰다. 영희는 구두끈을 맨다든가 연필을 사용하는 것과 같은 사소한 연결 동작을 어려워했다. 영희는 지능은 있어 보였으나 학교생활에 어려움을 겪고 있었다.

그녀가 신경학적 평가와 신경 손상과 관련된 학습상의 문제가 있는 어린이들을 위한 학급에 배치되어야 할 필요가 있다는 것을 시사하는 충분한 증거가 있다. 신경학적 검진은 양성으로 드러났고, 영희를 담당하던 의사는 사소한 뇌 기능 불량이라는 진단을 내렸다. 이 경우, 그녀의 부모들은 평가가 진행되는 동안 세심한 주의를 기울여 안내되어야 했다. 자신들의 딸이 신경학적 문제를 지니고 있다는 사실을 이해하고 받아들이도록 돕기 위해서였다. '병력'(*medical history*)은 어린이의 학습능력을 간섭하는 과거나 현재의 건강 문제를 보여줄 수도 있다.

상황에 따라서, 이 정보는 어린이가 필요로 하는 도움을 시사해 준다는 점에서 중요하다. 그 점은 다음 사례에서 잘 묘사되고 있다.

13세가 된 길동은 초등학교에서 학습장애아동으로 분류되었다. 그는 행동 문제를 지니고 있었고 다른 아이들과 항상 다투곤 했었다. 6학년이 되자 그의 문제들은 더욱 심화되기 시작했다. 그는 좌석에서 마룻바닥으로 떨어지기 시작했다(교사는 그가 웃기려고 장난을 치고 있거니 하고 생각했다). 그리고 가끔 그는 멍한 표정을 지어 보이곤 했다(그의 교사는 그가 약물이나 술을 사용하고 있을지도 모른다고 의심하기도 했었다). 길동은 정서상의 문제가 있는 어린이들을 위한 특수학급에 배치될 것에 대비하여 장애아동에 관한 '특수교육지원센터'의 '장애판정위원회'의 심사분류를 받을 수 있도록 조치되었다.

접수면접 과정 중, 사회복지사는 다음과 같은 정보를 얻어냈다. 즉, 길동에게 유뇨증(enuresis)이 있다는 사실이었다. 그는 지나치게 많은 수분을 섭취했고 식사버릇도 고약했다. 그리고 단 것을 좋아하는 것 같았다. 그의 집안에서는 부모가 다 같이 당뇨병의 병력을 지니고 있었다. 사회복지사는 그 부모에게 아들이 종합건강 진단을 받도록 조언했다. 그 소년의 행동 유형과 신체적 증상들로 미루어 그에게 신체적 문제가 있을지도 모른다고 추측했기 때문이었다. 길동의 어머니는 그를 자신이 잘 아는 의사에게 데려가 일련의 검사를 하였는데 그 결과 길동이 중증의 다혈당증을 앓고 있음이 밝혀졌다. 그 소년은 특수학급에 배치되었다. 사실 그의 많은 문제들의 원인이 일단 이해되자 길동의 부모와 교사들은 보다 긍정적으로 그를 대하고 있다.

5) 소 결

부모가 자기 아이가 장애요인을 지니고 있다는 것을 받아들이는 것은 어렵고, 때로는 충격적이기까지 한 일이다. 그들이 그런 상태에 대하여 당황하고 자기 자식을 이런 부류에 집어넣으려고 하는 학교의 교직원들에게 분노하고 두려운 마음을 품고 의심하는 것도 이해할 만한 일이다. 노련한 사회복지사가 장애인의 부모와 협조적 관계를 구축하는 것은 바로 이 시기, 즉 사회력에 관한 정보가 수집되는 이 초기 단계에서이다.

그러한 협조적 관계는 부모들이 자녀의 장애에 대한 감정을 다룰 수 있도록 도와줌으로써 형성된다. 부모가 식별, 진단 평가와 그 아이의 교육을 위한 장래의 계획 등의 엄청나게 힘겨운 전 과정에 대처하고 참여하도록 도와주는 것이다. 본질적으로, 사회복지사는 정보라는 사정 도구, 즉 사회력을 어린이를 위한 하나의 협조 과정으로 전환시켜 주는 것이다. 사회력은 장애아동이 그 욕구를 충족시키도록 어떤 프로그램에 들어간 후에도 계속되는 치료 과정을 연결해 준다. 비밀유지와 인적 자료의 무분별한 배포로부터 해당 가정을 보호해 주는 것은 지극히 중요하다. 장애아동과 그의 특별한 어려움을 이해하는 데에 필요한 가정 배경만이 사회력 보고서에 포함되어야 한다.

사회력에 기입된 다양한 정보는 반드시 부모와 함께 토론하고 그들의 허락을 받고 나서야 사회력 보고서에 포함되어야 한다. 사회력을 작성하는 일은 면접 분야에서 훈련을 받았고 그 기술을 지니고 있으며 인간의 성장과 발달을 이해하고 있는, 비밀스러운 정보를 분석하고 종합 및 평가할 수 있는 능력을 갖춘 전문 사회복지사에게 맡기는 것이 중요하다.

3. 발달장애아동을 위한 프로그램

지적 한계가 '경증인 발달장애아동'들이 부딪히는 유일한 장벽은 아니다. 오히려 그런 어린이들의 사회적 기술이야말로 크게 손상되어 있고, 그들의 지적 훼손보다 훨씬 더 큰 장애를 형성한다. 즉, 이 어린이들의 미래에 있어서 취업문제와 사회적응을 결정하는 것이 지능만이 아니라는 것이다. 반면 한 어린이의 품성에 있어서 사회성, 자아인식, 협동성, 끈기와 적응력이 개발된 정도가 장애 유발 요인들 중 가장 흔한 결정 요인이다.

따라서 발달장애아동들이 환경과 다른 사람들과 관련하여 사회에 적응하는 방법을 향상시킬 것을 목표로 하는 선구적인 시범 프로그램이 1980년대 초에 미국에서 계획되어 실행되었다. 이 프로그램은 어떤 종류이든지 간에 발달장애가 의심되는 16세까지의 어린이를 위한 병원 부속의 '발달 평가 클리닉'(DEC, Developmental Evaluation Clinic)에서 이미 실시하고 있는 사회복지실천들을 확장했다.

이 어린이들에는 지적장애와 신경 의학적, 정신과적 언어 혹은 청각 장애아동들도 물론 포함된다. 다계열 종합 접근 방식을 통하여 장애아동과 그 가족은 완전한 진단 평가 과정 후 곧 적절한 치료 계획을 제시받는다. 그러한 계획은 이 어린이와 가족을 위한 개별 및 집단 치료와 신경 또는 행동상의 질환을 위한 약물 투여와 언어치료 그리고 학교에서의 특수반 배치와 같은, 이 클리닉에서 제공되지 않는 사회복지실천을 위한 여러 활동들도 포함한다.

DEC 프로그램은 다소 오래 전에 미국에서 실행된 것이지만 오늘 우리나라 상황에 적용해서도 활용할 만한 충분한 가치가 있다고 본다. 그런 면에서 미국의 이야기이지만 세심하게 살펴볼 필요가 있다. 다음은 DEC 프로그램에 관련한 자료들을 취합해서 마치 하나의 프로그램 기획안을 만드는 방식으로 정리해 본 것이다. 아마도 이렇게 DEC 프로그램을 소개하는 것이 현장에서 일하는 사회복지사들에게는 훨씬 더 도움이 될 것으로 판단된다. 유의할 것은 아래에 설명되는 DEC 프로그램의 내용과 배경은 1980년대 미국이라는 점이다. 우리의 상황에 대입해 보려는 마음가짐이 있으면 큰 도움이 될 것이다.

1) 프로그램의 필요성

발달장애아동들은 사춘기적 문제들에 대처할 수 있는 준비가 동년의 다른 아이들에 비해 상대적으로 부족하다. 지적결함 때문에 사회적이며 대인관계상 필요한 기술을 습득할 수 있는 능력이 개발될 수 없기 때문이다. 나이에 걸맞은 게임과 놀이를 숙달하고 규칙을 준수하며 사회적으로 요구되는 행동을 배우는 것이 잠복기의 발달장애아동에게는 어려운 일이다. 예를 들면 DEC의 많은 나이 어린 환자들은 샌드위치를 만들지 못했고, 장기를 둘 줄 몰랐으며, 식당이나 영화관에서 참을성 있게 줄을 서서 기다리지 못했다.

사춘기의 발달장애아동에게 있어서 신체적 이미지, 또래 인정, 자아인식과 미래의 포부들은 정신적·신체적 장애에 붙여진 낙인 때문에 문제로 탈바꿈한 관심사들이다. DEC의 많은 십대 환자들은 화장을 하고 사교적인 모임에서 대화를 하는 일이 어려웠다. 식당에서 주문을 하고 현실적인 생활 목표를 정하는 것도 힘든 일이었다. 이런 일들을 시도하면서 그들이 부딪친 어려움과 성공의 결여는 행동으로 감정을 표현하거나 인간관계를 슬그머니 단절해 버리는 것과 같은 부적응 행동의 원인이 되었다.

DEC의 많은 환자들은 발달상의 문제만이 아니라 가족과 관련된 문제들을 지니고 있었다. 7세에서 16세까지의 연령에서 적어도 50%의 경우에 한쪽 부모만이 가장의 자리를 지키고 있었고, 그나마도 대부분의 경우 어머니 쪽이었다. 많은 가정들이 문제 가정 또는 결손 가정이라고 묘사될 수 있는 형편이었다.

장애아동들의 편부모는 흔히 기본적인 생존욕구를 충족시키는 일만으로도 힘이 벅찰 지경이다. 그래서 어린이가 필요로 하는 관심과 세심한 생활지도 및 자극을 제공할 수 없다. 따라서 어린이들은 스스로의 잠재력을 이해하지 못하고 그들의 부모는 그들대로 죄책감을 느끼고 좌절을 경험하는 것이다.

그 결과 부모 자식 간의 관계가 영향을 받으며 이이는 이이대로 정서적 문제를 일으킬 가능성과 자녀에 대한 부모의 무관심과 학대 그리고 불필요한 혹은 때 이른 시설 수용과 같은 일들이 증가할 수 있을 것이다. DEC에 회부된 어린이와 그 가족들이 당하는 특이한 어려움에 비추어 볼 때, 어린이들의 사회적 발달을 최대화하려면 추가적인 사회복지실천 개입이 필요하다고 볼 수 있다.

2) 프로그램 설계

DEC의 시험 프로그램은 미국의 '빅 브라더스 빅 시스터스'(Big Brothers and Big Sisters) 단체가 운영하는 프로그램에서 제공하는 것과 비슷한 사회복지실천을 하고자 노력하였다. 이들 프로그램의 어린이들은 '큰 형, 큰 언니', 즉 그들과 지속적으로 접촉하면서 흔히 경험할 수 없는 따뜻함과 도움을 제공하고 자극을 해주는 자원봉사자들과의 일대일 관계를 통하여 성장과 발달을 심화할 수 있는 기회를 얻는

다. 따라서 이 새로운 프로그램에서의 클리닉은 이미 이 클리닉의 수혜자인 특정 어린이들을 선발하기 시작하였다. 그 어린이들은 결손가정 출신이었고 다양한 개입실천과 자원봉사자나 '큰 형'과의 지속적 관계에서 오는 자극을 필요로 했고 그 혜택을 누릴 수도 있었다.

많은 장애아동, 특히 경증 장애아동들이 미국의 '빅 브라더스 빅 시스터스' 프로그램에 참여하여 이익을 얻을 수 있었음에도 불구하고, 실제로 미국 전역에서 실시된 이런 유형의 프로그램들은 지적장애, 두뇌손상 또는 정서불안으로 분류된 아이들을 수용하기를 꺼렸다. DEC의 프로그램 자원봉사자들은 주로 대학이나 대학원 석사과정의 특수교육학 혹은 사회복지학 전공 학생들로부터 선발되었다. 애초에 의도했던 것은 여러 분야의 전공 학생들의 장기간에 걸친 참여를 권장한다는 것이었지만, 실제로 지원하는 학생들은 역시 장애인과 관련하여 평생 직업으로 함께 할 전공자였다.

그래서 이 프로그램에서 매우 중요한 역할을 해야 할 자원봉사자는 단순히 일반적인 자원봉사 임무가 아니고 특수교육 내지 사회복지실천의 '현장 연계' 실습 과정으로 참여하게 되었다. 이러한 예상치 못한 일로 인해 이 프로그램의 구성은 약간 변경되었다. 즉, 교수와 현장전문가(슈퍼바이저급 사회복지사)들이 특수교육 및 사회복지 전공 학생들과 함께 계획하고, 구체적으로 참여할 수 있는 프로그램으로 변화된 것이다.

이에 따라 이 프로그램을 통해서 형성될 단기적인 관계가 장애아동들에게 끼칠 영향과 실습을 겸해 진행되기에 최선을 다해 프로그램에 참여했을 학생들이 떠난 후 그 어린이들이 소외감과 거리감을 느끼지 않겠느냐에 대한 우려가 있었다. 따라서 유년기와 사춘기 중에 있는 장애아동의 인간관계에 관한 광범위한 토론과 이 어린이들의 단기적 치료에 관한 문헌을 재검토한 후, 다음과 같은 결론이 이 프로그램의 바탕이 되는 가정으로 채택되었다.

- 어린이들은 공통적으로 캠프의 사회복지사와 상담자, 교사, 자원봉사자로 참여하는 실습학생들 그리고 다른 사람들과 단기적 인간관계를 가지게 된다.
- 단기적 관계는 어린이들에게 그들이 정서적으로 애착을 느끼는 사람과 헤어진다는 건강한 경험을 제공해 준다. 이는 이별에 대처하는 그들의 능력을 향상시키며 과거의 갈등을 해결하도록 도울 수 있다. 장애아동과 실습 학생들의 선택에 있어서 일정한 안전장치가 채택되어야 한다.
- 어린이들과 실습 학생의 관계를 종식시키는 방식과 기술을 특히 중시해야 한다.
- 지속성을 유지하기 위하여, 앞으로 있을 수 있는 어린이들의 큰형과 언니들에 대한 평가에 의한 대비책이 프로그램에 포함되어야 한다.

3) 실 행

브루클린 대학교의 모든 필요한 준비 절차가 완결된 후 프로그램에 참여할 어린이들이 선정되었다. 그들이 프로그램에 적절한지를 알아보기 위하여, 면접과 그들에 관한 심리사회적 자료를 검토하여 심사분류하였다. 건전한 '자아기능'을 위한 능력과 계속적인 성장 잠재력을 나타낸 어린이들이 선택되었다.

심사분류 과정에서 특히 세심히 관찰된 기능은 어린이의 판단력, 좌절에 대한 참을성 그리고 다른 사람들과 어울리는 능력이었다. 다른 사람들과 어울리고 헤어지는 것을 특히 어려워하는 어린이들은 이 프로그램에서 제외되었다. 선발된 어린이의 부모들과 DEC의 슈퍼바이저인 사회복지사들 간의 집단 회의가 그 후 여러 차례에 걸쳐 열렸다. 견해와 제안을 교환하고 있을 수 있는 어려움을 사전에 점검하기 위해서였다.

부모들 대부분은 이 프로그램에 관하여 수용적이고 감사하며 열성적이었으나 일부는 의심을 표명하기도 했다. 한 어머니는 이 프로그램에 참여한 후 자녀의 사랑과 존경을 잃는 것을 우려했다. 또 다른 어머니 하나는 학생인 형님이나 누나와의 관계가 자기 자녀를 변화시킬지를 의심했고, 역시 또 다른 어머니는 자기 자녀가 이와 같은 사회복지실천 프로그램에 참여하여 관계를 맺기 위해 자기를 버리고 떠나가지 않을까 의심했다.

이러한 우려의 근거가 되는 요인들은 실습생들에 대한 부모들의 경쟁의식과 위협을 당하고 있다는 느낌 그리고 자기들의 지위가 소위 '전문가'에 의하여 침탈당하고 있지 않느냐는 우려와 자녀와의 헤어짐에 대한 불안감 등을 포함하고 있었다. 이 모든 것들이 그들의 부모로서의 자신감을 위태롭게 했던 것이다.

슈퍼바이저인 사회복지사들은 부모 자신의 우려가 흔치 않은 일이 아니라는 것을 깨우치도록 돕기 위해서 이런 반응들에 관하여 부모들과 토론하여 이들이 가진 마음이 일반적인 일이라는 것을 주지시켰다. 사회복지사들은 이 프로그램의 성공과 자신의 자녀들을 돕는 데 있어서 부모의 중요성을 역시 강조했다. 이런 일을 한 것은 일부 부모들이 학생과 자기 자녀 간의 관계를 훼방 놓으려 할 수도 있는 가능성을 최소화하기 위해서였다.

한편 이 기간 중, 이 프로그램에 참여하기 위하여 지원서를 제출한 실습 지원학생들이 심사분류를 거쳤다. 학생들은 개별적으로 면담을 했는데 DEC의 임원들이 실습 지원학생이 스스로 동기부여를 받았는지를 판단하기 위해서였다. 또한 학생의 지원에 내포된 다양한 정보를 탐색하고 학생과 어린이 간에 일어날 수 있을 가설적 상황을 토론하기 위하여 그 면담이 이용되었다.

이렇게 큰 형님 프로그램을 위한 자원봉사자들을 심사하는 과정에서 지원자는 자신이 가장 잘 할 수 있다고 느끼는 사회복지실천의 여건은 물론 그가 참여하게 될 프로그램에 관한 자신의 생각과 느낌을 표명하도록 권장 받는다. 그는 또한 이 프로그램에서 인간관계를 맺고, 유지할 수 있는 자신의 능력에 관한 어떤 의심도 밝히도록 도움을 받는다. 지원자의 인간성에 있어서 부정적인 태도가 그를 제외시킬 이유가 되지는 않으나 그러한 태도가 효과적 임무수행을 저해할 정도로 압도적인 영향을 끼칠 경우에는 참가가 허용되지 않는다.

이 시점에서 학생과 어린이 간의 일차적 접촉 후에 일어날 수도 있을 예기치 못한 어려움을 다루기 위한 비상계획에 관하여 결정을 내릴 수도 있다. 이 때, 문제의 원인과 교정 가능성을 신속하게 파악하는 것이 중요하다는 점이 강조될 수 있다. 또한 종식을 요하는 임무는 어떤 것이건 될 수 있는 대로 신속하게 종결되어야 한다. 관계를 그런 식으로 신속하게 종결시키는 것은 학생과 장애아동 간에 모종의 부조화가 있음을 반영해 주는 것이다. 프로그램에 적응하지 못하는 것은 실습학생 쪽이거나 장애아동 혹은 그 부모일 것이다.

그러나 학생들과 장애아동들 간의 관계가 이런 식으로 종결된 경우는 거의 없었다. 학생들이 프로그램을 위하여 심사분류된 후 슈퍼바이저 사회복지사들이 그 학생들을 적절하게 장애아동들과 짝을 지어 주었다. 이 시점에서 각 장애아동과 그 부모들이 그들을 상대로 활동할 사회복지사의 사무실에서 학생에게 소개되었다. 일단 이렇게 한 번 만나고 나서 각 학생은 장애아동과 주 단위로 개인적인 접촉을 하도록 하였다. 매주 실행되는 활동의 종류는 그 학생 자신이나 사회복지사 중 한 사람에 의하여 그 어린이를 위하여 정해진 목표들과 일치해야 했다.

어린이들을 위하여 정해진 목표들은 그 프로그램의 단기적 성격 때문에 제약을 받았다. 그 목표들은 사회적·심리적 임무에 비추어 체계화된 것들이었다. 그중에는 단호함과 결정을 내리는 능력을 요하는 활동에 어린이를 참여시키기, 자신의 요구와 선호하는 것을 말로 표현할 수 있게 하기, 상냥하고 너그러운 성인과의 관계를 통하여 자신의 가치에 대한 어린이의 느낌을 증대시키기 등이 포함되어 있었다. 이러한 목표를 성취하기 위하여 학생과 어린이들은 요리하기, 화장하는 법 배우기, 식당에서 주문하기, 공원과 박물관 찾아가기, 그림 그리기와 만들기 등과 같은 활동에 참여했다. 자료비와 기타 경비는 클리닉 측과 분담했다. 학생들은 사회복지사들과의 주례회동에서 슈퍼비전을 받았고 활동일지에 근거를 둔 보고서를 작성해 제출해야 했다. 실습이 끝났을 때, 학생과 대학에 평가서가 제출되었다. 이 프로그램은 3학기 동안 운영되었다. 그 기간 중, 대략 20명의 학생들과 30명의 장애아동들이 참여하였다.

4) 슈퍼바이저

자신들의 감독 임무를 수행함에 있어서, DEC의 사회복지사들은 어린이들을 위한 전반적인 치료 목적을 해석하고, 이 목표와 관련된 일상적인 학생들의 문제점을 토론하고 실습 임무의 목적이 실현되고 있는지를 측정하기 위하여 사례별 진행 상황을 정기적으로 평가했다. 또한 사회복지사들은 클리닉의 다양한 자원을 학생들이 이용할 수 있도록 했다. 이 자원에는 팀 회의에 참가하고 다른 계열의 전문가들과 상담할 수 있는 기회는 물론 진단 보고서들도 포함되어 있었다.

슈퍼바이저로서 학생들과의 관계에 있어서 사회복지사들은 다음과 같은 사실이 도움이 된다는 것을 알게 되었다. 즉, 슈퍼비전을 준다는 것이 교사의 역할을 하는 사회복지사로서, 자원봉사자라고 할 수 있는 실습 학생들을 '준사회복지사'로 변신시키기 위한 도구가 되어서는 안 된다는 사실이다. 어떤 일정한 사례의 상황에 대한 해석은 반드시 교수와 학습을 수반하기 마련이라는 것이 사실이긴 하지만, 슈퍼비전의 목적은 자원봉사자로 하여금 그가 떠맡은 책임을 보다 효과적으로 계속 수행할 수 있게 해 주자는 것이다.

비록 특수교육에 관한 사회복지사와 실습 학생의 방향과 훈련 내용은 다를지라도 그리고 그 차이가 갈등의 요인이 됐을지는 몰라도, 잠재적으로 문제를 일으킬 수 있는 사안을 조기에 인식하는 일과 역할을 명백하게 밝힘으로써 그러한 문제를 사전에 예방할 수 있다. 오히려 사회복지사들과 실습 학생들의 각기 다른 시각에서 비롯되는 다양성 덕택에 장애아동들과 그들의 어려움들을 보다 더 잘 이해할 수 있게 되었다.

그럼에도 불구하고 슈퍼바이저로서의 임무를 수행하는 중에 다양한 문제점들이 특히 중요한 것으로 드러났다. 이 중 첫 번째는 학생들이 장애아동의 성장 배경과 환경에 대하여 민감해야 할 필요성에 관한 것이었다. 다시 말해서 대다수 실습 학생들은 백인으로 중산층에 속했으나 대다수 어린이들은 흑인이거나 히스패닉에다가 빈민층에 속했기 때문에 학생이 그들의 슈퍼바이저들과 성장 배경상의 차이를 논의해야 할 필요가 있었다.

많은 경우에, 학생들은 자신들의 삶의 배경이 자신들과 다른 어린이와 가정에 연루되는 것에 대하여 불편하게 느끼고 있음을 시인하였다. 전반적으로, 그들은 어린이들과 자기 자신의 문화적·사회적 차이를 인정할 수 있도록 슈퍼비전을 통하여 도움을 받았다. 그래서 그 결과 자신들의 효율성을 최대화하는 한편 자신들이 지니고 있을 수도 있는 오해를 최소화할 수 있었다. 뿐만 아니라 어린이 가족들, 특히 어머니들과 학생들의 성공적인 관계는 학생들이 부모의 중요한 역할과 자신과 어린이와의 관계가 가정에 끼치는 영향을 인식할 것을 요구하였다. 이렇게 하여 슈퍼바이저들은 DEC의 대상 주민들을 상대로 하는 사회복지실천의 사회적·문화적 및 가족적 측면들에 관하여 학생들을 교육하는데 상당한 공헌을 하였다.

학생들과 그들의 슈퍼바이저들이 상당한 관심을 기울인 또 다른 하나의 문제는 학생들의 교실에 대한 소속 의식이 어린이들과 그들 간의 관계에 어떻게 영향을 끼치느냐의 문제였다. 그들 학생 전원이 교실에서 가르쳐 본 경험과 학교소식에 대한 느낌을 지니고 있었으므로 일대일의 관계에서 활동한다는 예상은 그들 마음에 학교 밖에서의 학습에 대한 걱정과 불안을 불러 일으켰다. 개별적인 어린이와 인간적으로 관련을 갖게 되는 것도 하나의 불안 요인이었다. 따라서 슈퍼바이저들은 학생들이 사회적 학습을 응용하는 법에 관하여 배우도록 돕는 중요한 임무를 더 맡게 되었다. 슈퍼비전과 클리닉의 다계열적 접근 방식을 통하여, 학생들의 발달장애에 대한 시각이 넓혀졌다.

마지막으로 이 프로그램의 시행 기간이 짧았기 때문에 장애아동과 학생들의 관계를 종식시키는 과정에서 죄의식과 걱정 및 불안을 경험했고, 자신들이 프로그램에서 떠나는 것이 어린이들에게 심리적으로 해로울 것이라고 우려했던 학생들에게는 이것이 당장 급한 걱정거리였다. 슈퍼바이저들은 이러한 반응을 이해할 만하며 현실적이라 여기고, 학생들이 효과적으로 임무수행을 하도록 그들의 목표를 제한하고, 종결에 도움이 될 기술과 조언을 제공하였다.

여기에 포함된 것은 일련의 계획된 시기의 적절한 조언들, 어린이들이 자기감정을 발표하도록 격려 받는 토론, 사진 등의 교환과 공동으로 마련된 송별 파티 등이었다. 사회복지사들은 어린이들이 상실감을 이기고 제어능력과 장악력을 갖추었다는 느낌을 증대시키기 위해서는 이 활동에 어린이들이 적극 참여하는 것이 중요하다는 점을 강조했다. 유의해야 할 사실은 종결이 성공적으로 이행되었음이 분명하다는 점이다. 그러한 판단이 가능한 은 6개월 후에 실시된 면접에서 어린이가 적응상의 문제를 별로 겪지 않고 있으며 그들의 사회적 활동 능력이 크게 개선되었음이 밝혀졌기 때문이다.

5) 평 가

위에서 기술된 프로그램은 장애아동들과 그 부모들 그리고 클리닉은 물론 학생들에게 많은 이익을 주었다. 학생들과 어린이들의 관계는 학생들에게 우정과 애정, 자극과 새로운 기술 그리고 제약에 관한 지식을 제공해 주었고, 전반적으로 그들의 능력 제고에 기여하였다. 학생들이 어린이들과의 관계에 인내심을 지니고 접근할 수 있게 되는 데에서 오는 혜택은 치료기능에 있었다. 어린이들은 긍정적인 성인 이미지와 동일화함으로써 성장 혜택을 누렸다.

이 프로그램은 일차적으로 장애아동들을 목표로 하고 있었지만 그 부모들도 역시 혜택을 누릴 수 있었다. 학생들은 부모들에게 장애자녀를 혼자 힘으로 양육하는 어려움으로부터 일시적이나마 신체적·심리적 해방을 제공해 주었다. 뿐만 아니라 부모들이 이 프로그램에 참여함으로써 자녀들과 학생들의 관계 덕택에 자녀들을 보는 시각을 변화시켜 부모들의 심리적·사회적 대처능력이 제고되었다. 끝으로 부모들이 클리닉을 도움이 되는 곳이라고 여기게 되었고 이곳에서 제공하는 다른 사회복지실천 서비스도 이용하기 시작했다.

학생들이 이 프로그램에 참여한 것은 학생 자신들에게 유익한 일이었다. 왜냐하면 학교 울타리 밖에서 장애아동들을 직접 상대하여 활동할 수 있는 기회를 얻었기 때문이다. 학생들은 이 기회를 통하여 자신들에 대한 이해를 깊게 하고 장애인복지실천에 대한 개념을 넓힐 수 있었으며, 가정과 지역사회가 어린이의 활동 능력에 끼치는 영향을 이해하는 데도 도움을 받았다. 심리적·사회적 문제들에 대한 의식이 이렇게 강화된 학생들은 학교가 아닌 곳에서도 배울 수 있는 어린이들의 능력을 제고시킬 수 있었다.

결국 이 프로그램은 클리닉이 할 수 있는 사회복지실천의 폭을 넓혀 주었다고 평가할 수 있다. 뿐만 아니라 이 프로그램에 참여시키기 위해 어린이들을 평가하는 것은 하나의 진단학적 도전이었다. 이 프로그램의 운영을 보다 완전하게 묘사하기 위하여 어린이들의 문제가 예시하는 두 가지 사례를 소개하고자 한다. 이 사례들 저자가 1998년 한국밀알선교단 출판부에서 번역 출간한《더 이상 그들만의 아픔이 아니다》에서 가져왔다.

▶ 사례 1

흑인이며 매력적이고 깔끔한 수잔은 특수교육 학급에 배치되었다. 학교에서 이 아이는 미숙하고 충동적인 행동을 보였고 그나마도 예측을 불허하는 것들이었다. 그러나 학교와 클리닉의 전문가들은 수잔에게 학교생활을 할 수 있는 능력이 있다고 느꼈다. 그녀는 과다행동(*hyperactivity*)을 치료하기 위한 투약 대상이 되었는데, 이러한 치료과정은 어느 정도 성공적이었다.

수잔은 직장에 다니며 자녀에게 다양한 단체활동을 통해 많은 자극을 제공하고자 노력하는 홀어머니의 외동딸이었다. 하지만 수잔의 어머니는 수잔을 고립시키고 과보호하는 경향을 보였다. 반면 수잔은 어머니와 대부분의 성인을 아양을 부리는 듯한 장난기 어린 태도로 대했고, 어머니는 금지와 엄한 훈계로 반응했다. 집에 없는 아버지와 또래들과의 훼손된 관계 그리고 어머니의 과보호가 상당한 심리 갈등의 요인이었지만 수잔의 행동 질환은 교실에서만 나타났다.

수잔은 사회적 학습 분야와 심리 및 교육적 기능의 손상 때문에, 앞서 말한 그 프로그램에 적절한 참여자로 간주되었다. 그 아이는 린다라는 학생과 짝 지워졌는데 이 학생은 특히 명시적으로 나이가 어린 편의 장애아동을 상대로 활동하기를 요청했고, 지원서에 다음 사실을 진술했다. "저는 장애아동을 학문적 기술은 물론 일상생활의 상황들에 접촉시킴으로써 그 어린이의 경험을 풍부하게 해 줄 수 있기를 희망합니다."

린다는 상당한 정도의 자신감과 참여 기간 내내 그녀가 변함없이 견지한 동기유발을 지니고 이 프로그램에 들어왔다. 그녀는 수잔과 금방 관계를 맺게 되었다. 린다는 문제 상황에 관한 슈퍼바이저와의 상담 시 자신에게 제시된 제안들을 이용했고, 수잔과의 관계에 관한 자신의 감정을 탐구했으며, 심리적인 문제들에 대한 그녀의 감수성을 보여주는 많은 적절하고 사려 깊은 질문들을 할 수 있게 되었다. 학기 말쯤에 린다는 문제점을 예상할 수 있을 정도로 성숙했고, 가능한 개입실천을 위한 계획을 토론하곤 했다. 지적장애아동들의 교사로서 그녀의 과거 경험이 일대일 관계에서의 현재 경험을 부각시키는 데에 이용됐다.

물론 이는 비교의 기준점으로도 사용되었음은 말할 나위가 없다. 수잔을 위한 단기적 목표와 장기적 목표의 윤곽이 그려졌다. 그에 따라 사회복지실천 계획들이 수립되었고 그 과정에서 린다는 창의성과 융통성을 훌륭하게 발휘했다. 예컨대 그녀는 자기표현을 늘린다는 목표를 수잔으로 하여금 각기 다른 동물과 다양한 감정을 지닌 사람들의 역할을 놀이 연기를 하게 함으로써 성취하려고 시도했다.

그녀는 수잔의 자긍심을 증진시킨다는 목표를 추구하였는데 이를 위해 수잔에게 스스로 결정을 내리게 하고, 더 많은 책임을 부여하는 방법을 택했다. 그 책임이란 그들이 함께 앞으로 하게 될 활동들을 위한 계획을 수립한다든지 그 준비를 하는 등의 내부적인 일이었다. 그 목표달성을 위한 또 다른 수단은 그 아이와 어머니 간의 긍정적 상호작용을 길러주고, 수잔을 '요리'나 '돈 쓰기'와 같은 사회복지실천에 끌어들이는 것이었다.

동시에 그녀는 수잔의 주의집중 주기를 늘리고 좌절을 참아내는 능력을 키운다는 목표를 향해 노력을 기울였다. 수잔이 쉽게 숙달할 수 있는 짧은 실천들을 계획함으로써였다. 15주 만에 끝난 이 프로그램은 효과적이고 그 아이와 어머니 그리고 학생에게 매우 소중했다고 간주되었다. 린다는 이 프로그램의 교육적 혜택을 완전하게 이용하여 그 과정에서 전문가로 성숙했고, 어린이의 행동을 이해하는 데 있어서 심리적 역동(*psychodynamics*)과 사회적 요소의 중요성을 인식할 수 있게 되었다.

수잔은 심리적·사회적·교육적 목표들을 성공적으로 종합한 '치료성 정서적 경험'을 얻은 것이며 학교에서 행동으로 감정을 표현해야 할 필요성도 감소되었고, 그 행동도 뚜렷하게 향상되었다. 수잔의 어머니는 자기 딸에 관한 대안적 접근 방법들을 준수함으로 이익을 얻었다. 역시 유의해야 할 사실은 클리닉도 이 프로그램의 덕을 보았다는 점이다. 즉, 수잔을 좀더 잘 알게 됨으로써 향후 치료의 성공률을 높일 수 있게 되었다.

▶ 사례 2

이 프로그램의 다른 측면들은 14세의 푸에르토리코 소녀, 경증 지적장애아동인 마리아의 사례에서 드러난다. 마리아는 클리닉의 임원들에 의하여 이 프로그램을 위해 선발되었다. 그들은 그 아이의 닿기 어려운 가정에 치료를 제공하기를 희망하고 있었다. 마리아는 어머니와 6명의 형제자매들과 함께 한 주택사업지구의 주택에서 살고 있었다. 그녀의 지적장애는 가정의 많은 문제들 중의 한 단면에 불과하다.

그녀의 어머니는 지체장애인이었고, 제일 큰 오빠는 만성적인 정신의학상의 장애를 지니고 있었으며, 또 다른 오빠 하나는 신경 손상을 입었고, 두 명의 손위 형제 역시 지적장애인이었다. 그 집안의 8명의 식구들 중 다섯 명이 연방의 장애인 지원금을 받고 있었는데 그들은 함께 하나의 고립된 가정 내향성 가족 단위를 형성하고 있었다. 더욱이 그들 각자는 집안의 다른 모든 사람을 얹혀사는 장애인이라고 여기고 있다는 것이 문제였다.

마리아의 가족은 애당초 마리아가 특수학급에 남아 있을 수 있도록 하기 위해서 마리아가 장애인임을 증명받으려고 클리닉을 찾아왔다. 특수학급에 남아 있으면 사회보장제도 내에 있는 장애인 소득보장 지원금을 수령할 수 있기 때문이었다. 그들은 마리아가 현재 겪고 있는 현상에 만족하고 있었다. 그녀는 친구를 사귀고 사교적인 활동에 참여할 수 있는 많은 기회들을 이용할 수 없었다. 기가 꺾여 그녀는 내향적이고 침울해졌다.

마리아와 이 프로그램에서 그녀의 큰언니가 된 학생은 처음의 외출 시간들을 주로 관계를 구축하면서 보냈다. 마리아는 비록 소심하고 어눌했지만, 학생과의 약속 시간에 수 시간 앞서 떠날 채비를 하고 기다리곤 하는 그녀의 행동으로 미루어 보아 관계에 대한 즉각적인 관심을 가진 게 분명했다.

그 집안 전체가 워낙 어려움이 극심한 가정이었기 때문에 학생이 집에 오면 여러 식구들이 그의 주위를 끌어 보려고 경쟁을 벌이곤 했었다. 그래서 학생 자신과 마리아를 가족과 분리시키는 기술과 요령이 학생에게 요구되었다. 참을성 있게 단호함을 발휘하여 학생은 마리아와의 일차적인 제휴를 유지하면서 가족들의 지원을 얻어낼 수 있었다. 시간이 흐르면서 학생과 마리아의 외출은 쇼핑 원정과 볼링 그리고 학생의 아파트까지의 여행으로 구성되었다. 거기서 두 사람은 요리나 게임을 하곤 했었다.

학생은 마리아에게 긍정적이고 도움이 되는 경험을 체험하게 해 주었는데 그때 마리아는 집에서 만류당하고 무시당했을 능력들을 시험해보기 시작하였다. 이 능력이란 식당에서 자신이 먹을 음식을 주문하는 것과 같은 기본적인 기술로 이루어진 것들이었다. 이들은 흔히 놀이(*game*)나 역할극(*role-playing*)에서 연습되었다.

15주의 프로그램이 끝나갈 때쯤 해서는 뚜렷한 변화들을 볼 수 있었다. 마리아는 자신의 감정과 요구들에 대하여 보다 단호해졌고 보다 자신감을 느끼는 것 같았다. 그러나 그녀의 어머니는 이를 향상으로 인정하지 않고 오히려 마리아가 문젯거리가 되고 있다고 느꼈다. 가정의 균형 상태가 뒤집혔다는 것이었다. 그녀는 지금 주 1회의 치료를 위하여 클리닉에 통원하고 있다. 목적은 그 가정이 보다 적절한 새로운 평형 상태에 도달하도록 돕는 것이다.

6) 소 결

이 시험적인 프로그램은 발달장애아동들과 그 가족에 대한 사회복지실천을 창의성 있게 해 주는 방법을 제시해 주었다. 이 분야에 있어서 현재의 추세는 장애인으로 하여금 지역사회 생활에서 보다 큰 자율성(*autonomy*)을 성취할 수 있게 해 주는 방향으로 흐르고 있다. 일대일 관계를 이용하는 것이 이 목표를 달성하고 또한 해당 장애인의 사회적 기능을 증대하는 데에 효과가 있다는 것이 밝혀졌다. 전반적으로 이 프로그램에서 활동한 사람들은 이 프로그램이 서비스 대상 어린이들의 심리사회적 발달을 제고할 수 있는 적용이 용이하고, 성공이 확실한 접근 방법이라는 것을 알게 되었다.

4. 청각장애아동의 교육

청각장애는 장애의 정도, 장애가 시작된 나이, 장애가 정착하는 속도, 그리고 다른 장애의 유무 등과 같은 변수들에 좌우되는 많은 다양한 임상학적 양상들에 걸친 포괄적인 현상이다. 예를 들면 갑자기 엄습하는 좌우 양측의 청각장애는 지극히 충격적인 경험으로 심각한 우울증을 야기하는 경우가 흔하다. 반면 청각장애를 선천적으로 지니게 된 어린이의 기본적인 문제는 정상적으로 언어를 습득할 수 없다는 점이다. 물론 최근 미국과 유럽 등에서 청각장애를 사회문화적 관점으로 바라보는 경향이 확대됨으로 인해 청각장애아동에게 말이나 구화 대신 수화를 통해 의사소통을 하게끔 하자는 인식이 널리 확산되고 있기도 하다.

하지만 우리나라의 경우 여전히 철저한 구화 중심의 청각장애아동 교육이 대세를 이루고 있고, 최근 인공와우각 수술이 보편화됨으로써 더더욱 수화보다는 '말'을 가르쳐야 한다는 경향이 커지고 있다. 실제로 이러한 경향을 완전히 무시할 수는 없다. 수화를 언어로 바라보고, 그 수화를 주된 언어로 사용하는 청각장애인 사회와 문화가 있는 것도 현실이지만 다른 측면에서 볼 때, 가능한 한 시의적절한 개입을 통해 청각장애를 개선하여 비장애인과 어울려 살아가게끔 할 수 있다면 이는 적극적으로 실행해야 할 매우 소중한 활동이라고 할 수 있다.

그럼에도 인권이라는 측면에서 볼 때 수화를 청각장애인의 보편적인 언어로 인정한다면 청각장애아동들도 수화를 알고 익힐 수 있도록 기회를 주어야 할 것이다. 중요한 사실은 음성언어를 익히든 수화를 익히든 궁극적으로는 청각장애아동의 교육에 가장 유용한 것이 무엇인가에 대한 고민이어야 한다. 그러므로 여기에서는 청각장애에 대한 사회문화적 관점이나 수화에 대한 중요성을 강조하기보다는 어떻게 하면 청각장애아동들이 비장애인 혹은 청인 세계에 잘 통합할 수 있을까라는 관점을 견지하려고 노력하였다. 그러다보니 조기개입이 매우 중요하다고 판단되었다. 따라서 태어날 때부터 혹은 갓난아기 시절부터 언어 습득기 이전까지 청각장애를 지녀 온 중증의 청각장애아동들을 주요 대상으로 하여, 청각장애아동의 교육을 큰 틀에서의 사회복지실천 영역으로 보고 정리하고자 한다.

청각이 정상적인(건청) 아이들은 먼저 청각 언어부터 개발한다. 반면 청각장애아동은 특수교육을 받지 않는 한 언어를 습득하지 못할 수도 있을 것이다. 듣지 못하는 어린이의 경우, 언어습득은 시각을 통하여 이루어져야 한다. 즉, 입술 모양 읽기(구화)나 글을 써서(필담) 언어를 습득하도록 하여야 한다는 말이다. 그러나 입술 모양 읽기(구화)는 지극히 어렵다. 그것은 이미 어떤 언어를 알고 있다는 전제하에서라야만 가능한 일이다. 더욱이 생성되는 많은 소리들은 보이질 않으며 다른 소리를 나타내는 입술 모양도 애매하고 모호하다. 문자로 표현된 말을 이해하는 능력은 학령기가 되기 전에는 얻어지지 않는 일로 신경체계가 성숙해야만 갖추어지는 것이다. 따라서 언어적으로 심각한 중증 청각장애아동은 청각이 정상인 또래들보다 훨씬 늦게 언어습득을 시작한다. 그것도 더할 나위 없이 더디게 말이다.

어린 청각장애아동을 그 또래의 청각정상아동들과 비교해 보면, 현저하게 판이한 상황을 보게 된다. 보통 정도의 청각정상아동은 만 다섯 살이면 약 2,000개 정도의 어휘력을 지니며 그 어휘들을 문법적으로나 구문상으로나 정확하게 사용한다. 들을 수 있다는 이유만으로도 쉽사리 의사소통을 할 수 있는 것이다. 또한 이들은 상당한 정도의 일반 상식을 갖추며 일련의 사회적 행동 규범도 터득한다. 반면 청각장애아동은 듣지를 못해 갖추고 있는 지식도 별로 없으며 적절한 사회적 행동 규범도 터득하지 못한다. 어휘력도 제한되어 있어서 스스로를 표현할 수 있는 능력이 없으며, 사회적으로도 미숙한 상태이다. 따라서 청각장애아동을 담당하는 교사는 다른 청각정상아동들을 가르치는 교사들보다 그 업무량이 많을 뿐만 아니라 정규 학과목 외에 언어 및 의사소통 기술까지도 교육해야 한다. 또한 이들은 청각정상아동이라면

〈그림 1〉 수화로 '안녕하세요'를 표현하고 있는 저자

쉽게 터득할 수 있을 일반 상식까지도 가르쳐 주어야 한다.

실제로 수화통역사로서 사회복지실천을 처음 시작했던 저자의 경험에 의하면 선천적으로 청각장애를 갖고 태어난 아동이 평생 지니고 살아야 하는 청각장애를 생각해 볼 때 참으로 신기한 일은 그의 언어 구사력이 그렇게 부실하다는 사실이 아니라 오히려 그렇게 불리한 여건 하에서 그만큼의 언어능력을 갖추었다는 사실이다. 저자가 만났던 수많은 청각장애인들 가운데 비록 일부이기는 하지만 거의 건청인 수준의 발음과 어휘력으로 대화하는 이들도 경험하였다.

언어습득 전에 중증 청각장애아동으로서 학교를 중퇴하는 대다수 어린이들이 교육지체아동들인데, 이들이 언어능력이 부실하고 구어(발화)와 입술 모양 읽기(구화)의 어려움 때문에 '수화'에 의한 의사소통에만 의존해야 한다는 사실은 놀라운 일이 아니다. 그래서인지 과거 청각장애아동들을 테베레 강에 익사하도록 던져 버리던 고대 로마 시대 이후 수세기에 걸쳐서 청각장애아동들은 '교육불능'이라고 간주되었다. 중세 영국에서는 청각장애인을 '귀먹은 벙어리'라고 하면서 동시에 그들을 '바보', '천치'라고 분류하여 스스로 업무를 다루지 못한다고 낙인 찍거나 부모의 재산을 상속해 주는 것까지도 금지하였다.

청각장애아동들을 가르쳐 보겠다는 최초의 시도는 불과 16세기로 거슬러 올라갈 수 있을 따름이다. 그 당시 스페인 베네딕트 수도회의 수도승 페드로 폰세 데 레온(Don Pedro Ponce de Leon)이 신중하게 선발된 소수의 청각장애학생들을 가르쳤는데, 이는 돈을 받기 위해서 하는 일이었으므로 부자들만을 대상으로 하였었다. 청각장애인 교육은 그 이래로 여러 나라에서 간혹 보이긴 하지만 2세기가 더 지나고 난 후에야 비로소 체계화되기 시작하였다.[3] 1760년경에 샤를르 미셸 드 레뻬(Charles Michel de l'Epee)라는 이름의 프랑스인 사제가 '부호'와 유사한 수화를 이용하여 청각장애아동들을 가르쳤다. 각각의 부호 하나하나가 어떤 하나의 낱말이나 표현을 나타낸다고 그는 주장했는데 이는 오늘날에도 적용된다. 그의 주장인즉, 구어와 구어를 이해하는 데에는 언어가 필요하다는 것과 청각장애인 교육에 있어서 우선순위의 으뜸가는 것은 언어를 가르치는 것이라는 내용이 그것이었다.

레뻬가 '부호' 수준의 수화를 사용하여 청각장애아동들을 가르치고 있던 그때와 거의 동시에 사무엘 하이니케(Samuel Heinicke)는 순전히 구두 방식의 '구화'만을 이용하여 독일에서 청각장애아동들을 가르쳤다. 하이니케는 청각장애아동들이 사회에서 자기 자리를 차지하려면 말을 해야 하며 그러려면 입술 모양 읽기(구화)를 해야 한다고 주장했다. 그렇게 해서 수화 옹호론자들과 구화 옹호론자들 간의 논쟁이 시작되었던 것이다.

19세기 영국 전역과 미국에서 청각장애아동들을 위한 학교가 발달하였고, 이들 학교에서 사용된 의사소통 방법도 다양해졌다. 그리고 그 점에 있어서는 독일과 같은 다른 나라의 학교에서 사용된 방법들에 있어서도 마찬가지였다. 독일에서는 하이니케 시대 이래로 내내 순수한 구화 방법만이 청각장애인 교육에서 사용되어 오고 있다. 미국에서는

3) 이 부분에 대한 보다 상세한 내용은 저자와 저자의 박사과정 제자인 김연신 국장이 함께 2011년 저술한 《데프 앤 데프》를 참고하기 바란다.

엄격하게 구화 방식 위주인 학교들이 있는가하면 구화와 수화를 혼합해 사용하는 학교들도 있다. 적어도 19세기 말까지 대부분의 학교들이 속사정은 어떻든지 간에 겉으로는 순수한 구화법만을 위주로 하고 있는 것처럼 내세우게 될 때까지는 그러했다.

순수 구화법 사용이 크게 강조된 것은 1880년에 이탈리아의 밀라노에서 열린 청각장애인을 위한 교사들의 국제회의에서였다. 여기에서 교사들이 청각장애인 교육에 관한 국제회의를 통해 논의된 의사 진행 사항 보고서를 작성하였는데, 1880년 당시 그 보고서가 통과되면서 그 것이 하나의 결의안과 같은 역할을 하게 되었다. 그로 인하여 그 회의가 청각장애인 교육에 있어서 하나의 이정표다운 면모를 갖게 되었다. 그 보고서 내용을 요약하면 다음과 같다.

> 본 교사 회의는 청각장애인들을 사회로 복귀시키는 데 있어서 그리고 보다 완전한 언어 지식을 전달하는 데 있어서 수화법에 비해 구화법의 우수성을 심의하고서 '구화법이 청각장애아동들을 교육하는 데 있어서 수화법보다 우선해야 한다고 선언한다'.

이에 따라 당장 '밀라노 국제회의'의 영향이 확연하게 나타났다. 가령 프랑스에서는 완전히 구화법이 법령에 의해 1886년 이후 프랑스 국내의 청각장애인 학교에서의 표준 교수 방법이 되었다. 이 회의에 참석했던 영국 대표단 역시 구화법에 대한 열성으로 가득차서 귀국하였고, 그 결과 새로운 협회가 탄생하였는데 그 협회에서는 청각장애아동들이 '독일 방식'에 의해 교육되게끔 권고하였다. 아예 청각장애학교들을 향해 협회가 구화법이 주된 교육 방법이어야 한다고 공지하였다. 협회가 주관하는 교육 프로그램을 통해 여러 학교의 교사들이 함께 훈련을 받았다. 이렇게 밀라노 국제회의가 구화법을 천명하게 된 배경은 사실 '청각장애인들을 위한 구화교육협회'라는 또 다른 하나의 단체가 밀라노 회의보다 10년이나 앞서 조직되어 있었기 때문이었다. 즉, 구화법을 강조하는 기반이 조성되어 있었던 것이다. 결국 1915년에는 이들 두 단체가 하나로 합병되었다. 나중에 이 단체가 '구화법 재단'으로 알려졌으나 이것 역시 '청각장애아동 교사들의 전국 조합'의 설립 후에 흡수되었다. 이 교사들의 전국 조합은 교육정책 문제에 있어서는 아직도 영향력이 매우 강하다. 그리고 그 공식적인 태도는 여전히 엄격하게 구화법 일변도인 채로 변함이 없다.

불행하게도 청각장애아동들의 교육을 이렇게 좁은 구화법으로만 하려다 보니 우리나라와 다른 여러 나라에서도 완전한 구화법을 옹호하는 교사들, 청각장애인들을 다루면서 그들과 의사소통을 위하여서는 수화를 사용하지 않을 수 없음을 알게 되는 정신과 의사들과 임상심리학자들 그리고 사회복지사들이 구화 옹호론자와 수화 옹호론자라는 이름으로 양대 집단으로 서로 갈라지게 되어 자연스레 불화와 분열이 조장되어 왔다. 전자는 청각장애자녀들이 말할 수 있고, 입술 모양을 읽을 수 있게 되기를 바라는 부모들의 이해할 만한 그러면서도 때로는 비현실적이기도 한 소망과도 일치하는 것 같다. 후자는 언어능력이 빈약한 그래서 입술 모양 읽기가 어려운 청소년들과 어른들을 만날 때에 이 심각한 상황과 대면하게 된다.

청각장애아동의 교육에 대하여 구화법만을 주창하는 사람들이 주요한 논리적 근거는 이렇다. 만일 어린이들이 손으로 신호하는 의사소통 방법을 사용하도록 허용되면 그 아이들은 말과 입술 모양 읽기를 제쳐놓고 그렇게 하려 할 것이다. 손으로 하는 수화에 의한 의사소통이 청각장애아동들이 구화로 의사소통을 하는 방법을 터득하는 것보다 더 쉽다는 점에 그들은 동의하면서도 그 심리적 중요성은 애써 생각해 보려 하지는 않는다. 그들은 주장하기를 청각장애아동들이 보다 쉬운 방법을 택하기 마련이며 말을 하거나 입술 읽기를 배우려고 노력하지 않을 것이라고 한다. 그래서 결국 청각정상인(건청인)들의 사회에 통합되지 못하리라는 것이다.

그러나 수화에 의한 의사소통에만 접하는 것이 말과 입술 읽기에 불리한 영향을 끼치리라는 주장을 뒷받침해 줄 만한 증거는 없다. 에딘

버러대학교의 심리연구소 연구원인 몽고메리(Montgomery)는 1966년 55명의 청각장애인 학교 중퇴자들에게 표준화된 언어, 입술 읽기 및 지능 테스트를 실시하였다. 테스트 결과 등급의 분포는 언어적 의사소통 방법보다 수화에 의한 의사소통 방법을 더 선호하고 더 유창함을 보여 주었다. 결국 통계적으로도 수화에 의한 의사소통 방법이 언어기술 발달에 불리한 영향을 끼치지는 않는다는 것을 보여주었다.

같은 해, 스턱클래스(Stukless)와 버어취(Birch)는 청각장애아동들의 초년기 수화를 통한 의사소통 방법과 그 이후에 성취하는 것들 간의 관계에 관한 연구를 실시하였다. 비록 일부 비판의 대상이 되긴 하였지만 이 연구는 초년기의 수화를 통한 의사소통에 대하여 다음과 같은 결론을 도출하였다. 첫째, 청각장애 학생이 사용하는 말의 명료성에 영향을 끼치는 것 같지는 않다. 둘째, 수화 사용을 통하여 분명해진 개념 이해를 토대로 언어습득을 쉽게 해 준다. 셋째, 입술 모양 읽기(구화)를 쉽게 배울 수 있게 해 준다. 넷째, 작문을 통하여 밝혀지듯이 언어 습득을 용이하게 해 준다. 그리고 마지막으로 청각장애아동들의 심리사회적 발달에 부정적인 영향을 끼치지는 않는다. 오히려 구화만을 사용하는 청각장애아동보다 더 나은 심리사회적 기능을 갖게끔 한다고 하였다.

매도(Meadow)는 미국에서 각기 다른 가정 배경 출신의 청각장애아동 집단 둘을 연구했다. 수화에 의한 의사소통이 청각장애인들의 사회적 및 지적 발달에 끼치는 영향을 측정해 보려는 노력의 일환으로써였다. 그 결과 청각장애 부모를 둔 청각장애아동들이 자아 이미지 검사에서 청각정상인 부모의 청각장애아동들보다 훨씬 더 높은 점수를 얻었다는 사실이었다. 청각장애 부모의 자녀들 역시 청각 정상인 부모를 둔 자녀들보다 평균적으로 보다 우수한 성적을 보여 주었다. 학교의 교사와 상담교사들이 주는 등급은 성숙도, 책임감과 자주성, 사교성과 인기도, 적절한 성역할에 맞는 행동 등과 관련 있는 항목들에서는 청각장애 부모를 둔 자녀들에게 보다 호의적이었다. 입술 모양 읽기(구화) 능력 검사 성적이나 입술읽기와 언어 구사력에 관한 득점에서는 큰 차이가 없었다.

퀴글리(Quigley)는 두 집단의 청각장애아동들을 비교해 보았는데, 한 집단은 구화법에 의하여 교육되었고, 다른 하나는 구화법과 수화법을 혼합하여 교육이 수행되었다. 4년의 교육기간이 끝나고 비교해 보니 구화법과 수화법을 혼합하여 교습 행위가 이루어진 집단이 훨씬 더 교육적 효과가 높은 것으로 나타났다. 수화가 청각장애아동의 언어 습득에 불리한 영향을 끼치지 않는다는 것을 알게 해 준 연구라 할 수 있다.

또한 미국 미네소타대학교의 '장애아동 발달 연구센터'가 청각장애아동들을 평가하기 위하여 실시한 연구 조사의 결과보고서는 더욱 흥미롭다. 1969년에 시작된 그 연구는 7개 농아학교의 아동발달 결과들을 비교하려는 의도를 지니고 있다. 그 7개 학교는 각각 나름대로의 특화된 교육 철학과 방법론을 대변하는 것으로 간주되는 학교들이었다. 그 프로젝트는 4년간의 종적 연구 자료가 수집되었던 1974년까지 계속되었다.

그 결과 어린이들이 정보를 가장 효율적으로 받아들이는 것은 말과 수화로 동시에 표현될 때(72%)였으며 그 다음으로는 말과 손가락 철자 쓰기(지화)를 동시에 사용하여 전달할 때(61%)라는 것을 보여 준다. 가장 비효율적인 방법은 그 장애아동이 전달자의 얼굴을 볼 수 없는, 얼굴을 가리고 말할 때였다. 입모양 읽기(구화)가 추가되면 그 결과는 56%까지 향상되었다. 입술 모양 읽기(구화)와 손가락 철자 쓰기(지화) 등을 추가할 때마다 이해도를 증가시키는 것으로 나타났던 것이다.

이러한 연구를 통해 수화를 사용하는 것이 언어적 능력이나 언어구사 기술을 후퇴시키는 것이 아니라는 것이 분명해졌다. 구화 및 수화 메시지를 받아들이는 데에 있어서 좋은 성적을 얻은 어린이들이 역시 구화 메시지를 받아들이는 데 있어서도 좋은 성적을 보여주었다. 수화를 사용하는 것이 입술 읽기와 언어구사 기술의 발달을 저해한다는 증거는 발견되지 않았다. 수화를 접해 본 적이 있는 어린이들이 수화가 사용되지 않는 상황에 접하게 되면 그들은 여전히 유리한 입장에 있게 된다. 더욱이 이 연구의 결과는 유아기에 사용되는 수화라 할지라도 약간이나마 남아 있는 청각을 이용할 수 있는 능력을 퇴행시키지 않는다는 것을 시사하고 있다.

이 연구에서 밝혀진 내용들 중에서 아마 가장 중요한 것은 구어와 손가락 철자(지화)를 접한 아이들이 그 중 어느 하나의 방법으로만 시험이 된 아이들보다 더 높은 점수를 얻는 경향이 있다는 것이었다. 따라서 수화를 사용하는 것이 말과 손가락 철자(지화) 사용 방법을 통하여 정보를 받아들이는 능력을 퇴화시키지는 않는다. 사실 유아기에 수화를 하지 못하게 하는 어떤 결정도 지지하는 증거는 없다. 상당한 청력이 남아 있는 어린이들에게도 수화는 부적합하거나 해로운 것이 아니다.

이 중요한 연구의 최종적인 결과는 관심을 가지고 있는 많은 사람들에게 열렬하게 받아들여졌는데 청각장애인들의 부실한 언어능력은 '수화' 내지 '손짓'에 의한 의사소통의 결과라는 주장이 거짓임을 입증해준다. 그것은 오히려 언어 능력이 부실한 것은 장애 그 자체 때문이며 구화 방식과 수화 방식을 겸용할 것을 주창하는 사람들의 견해를 확인해주고 있는 것이다. 이것은 수화를 언어로서 접해본 적이 없는 사람들이 오히려 언어적으로 발달이 지체되어 있다는 사실만 보더라도 자명한 것이다.

이 분야에서 일하는 사회복지사들은 청각장애아동들의 교육목표는 그들이 잠재력을 최대한 계발하여 성취할 수 있도록 도와서 건청(청각정상)인의 사회로 통합시키는 것이라는 데에 동의할 것이다. 여기에서 중요한 것은 언어 습득시기 이전부터 청각장애가 심했던 대부분의 청각장애인들은 온전하게 건청인의 사회에 통합되어 들어갈 수 없다는 사실이다. 건청인 사회에서 의사소통상의 어려움들은 퍽 고통스럽고 좌절감을 안겨주기 십상이어서 많은 청각장애인들은 다른 청각장애인과 함께 있어야만 완전히 마음이 편해진다. 그래서 대다수 청각장애인들은 쉽게 적응할 수 있는 청각장애인 사회의 안정되고 생산성 있는 구성원이 된다. 일부는 결혼하고 훌륭하게 가정을 일구어 낸다. 그러나 의사 소통상의 어려움 때문에 건청인 사회에 완전히 통합되지 못하고 대체로 지역의 '농아인협회'를 거점으로 한 청각장애인 중심의 하부문화(*sub-culture*)를 형성한다.

주로 음성 언어적 능력이 없는 청각장애인들의 욕구에 부응하여 생겨난 많은 지역별, 지방적, 국가적, 그리고 국제적인 '농아인협회'들이 바로 그러한 현상의 증거들이다. 일부 청각장애인들은 극심한 의사소통상의 어려움들을 지니고 있다. 즉, 다시 말해서 별도의 장애를 지니고 있기도 한다는 말이다. 그런 사람들은 흔히 비참한 삶을 살아가고 있을 따름이다.

많은 청각장애아동들이 구어 기술을 습득하지만 그 중 대다수는 부분적인 청력을 지니고 있거나 정상적인 언어습득 및 발달과정을 거친 후에 장애를 당한 어린이들이다. 아주 극소수는 언어 습득시기 이전부터 청각장애였던 어린이들로서 지능이 높고 가정환경도 안정되어 있는 경우 유년기에 집중적인 청각 훈련을 받으면 희미하게나마 남아 있는 청력을 최대한으로 이용하도록 훈련을 받아 입술 모양읽기를 숙달하여 구어사용에 성공을 거두기도 한다.

그러나 대다수 중증 청각장애아동들은 그들의 잔존 청력을 이 정도라도 이용할 수 없는 것 같다. 이에 대하여서는 다른 미묘한 장애유발 요인들을 포함하여 많은 다양한 이유들이 있다. 더욱이 구어적으로는 성공사례로 간주되는 청각장애아동들, 즉 상당한 언어적 능력 및 입술읽기 능력 등을 갖춘 아이들까지도 건청인 사회에 통합되어 들어가기가 어려운 경우들이 있는 것이다.

학교에서나 가정에서는 청각장애아동들과 의사소통을 위하여 특별한 노력이 경주되고 있음으로 의사소통에 큰 어려움이 없을 수도 있다. 그러나 이런 사정에 익숙하지 못한 사람들은 의사소통상의 어려움에 당황하고 그들을 피하려 하는 경향이 있다. 그러한 청각장애아동은 친구를 사귀고 그 관계를 유지하기가 매우 어렵다. 그래서 그들은 건청인들의 세계와 청각장애인의 세계의 중간 지점에서 어정쩡하게 안주하고 말게 된다.

역시 명심할 일은 언어 습득시기 이후에 청각장애를 일으킨 많은 장애아동들의 말이 언어치료에도 불구하고 악화된다는 점이다. 당연하게도, 많은 부분적 청각장애아동과 언어 습득시기 이후 장애를 일으킨 청각장애아동들이 수화를 터득함으로써 소외를 극복한다. 그런 청각장애인들 중 일부는 언어 습득시기 이전부터 청각장애를 지녀온 사람들의 공동체에서 삶의 질을 유지하는 데에 크게 공헌하기도 하였다.

근본적인 문제는 각 장애아동 개인이 부딪치는 장벽을 어떻게 가장 잘 극복하느냐이다. 그리고 어떻게 그 아이가 자신의 잠재력을 완전하게 계발할 수 있도록 해 주느냐이다. 불행하게도 모든 청각장애아동들의 문제는 질적으로 비슷하며 정도에 있어서만 다르다고 여기는 경향 때문에 교육 방법론에 있어서 그 선택의 폭이 좁아졌던 것이다.

가령 과거 영국 내 청각장애아동 학교들은 이미 기술한 바와 같이 대체로 순수한 구화법을 택하여 왔다. 어떤 학교들은 워낙 엄격해서 교외 활동에서조차 학생들이 수화나 손짓을 사용하는 것을 허락하지 않는다. 반면에 또 다른 학교에서는 구화 방식을 취한다는 것은 말뿐이고 교사들 중에는 내심 손가락 철자(지화)나 수화에 대하여 너그럽게 대하는 경우도 있는 실정이다.

루이스 보고서(Lewis Report, 1968)는 청각장애아동들을 위한 학교들 중 상당 비율이 수화를 어느 정도 이용하고 있음을 시사했다. 잉글랜드와 웨일즈의 청각장애아동 학교에서의 수화 이용에 관한 1970년의 한 조사에서는 46개교 중 34개교가 수화를 어느 정도 이용하고 있음을 시인하였다. 이 학교들 중 불과 6개교만이 수화에 관한 훈련을 받은 것으로 알려진 교사를 채용했다는 점은 의미심장한 일이다. 비록 높은 비율의 교사들이 사적 대화에서는 일부 청각장애아동들에게는 수화 방식이 효과적이라는 데에 동의하고 있지만, 공식 석상에서나 문헌상으로 이 사실을 인정하는 교사들은 거의 없다.

사실 청각장애아동을 가르치는 교사 중 다수가 자신의 학생들과 효과적으로 의사소통을 할 수 없다. 많은 교사가 비구어적 방식에 의존하여야 한다. 그러나 수화를 교육받거나 훈련받지 못했으므로 수화를 어설프게 사용하며 대부분의 청각장애아동은 그 방법을 자기들끼리 은밀하게 터득함으로써 익히게 된다. 서글프게도 대부분의 교사는 자신의 학생들이 수화로 하는 말을 이해하지 못한다. 그래서 일부 청각장애아동에게 지나치게 많은 것을 기대하는, 그들의 능력이 미치지 못하는 것을 목표로 설정하는 위험이 있는 것 같다. 분명히 나이가 들어, 가령 여섯 살 쯤 청각장애를 일으킨 아이가 이미 언어습득을 하였으리라는 것은 명백하다. 그러한 어린이는 소리가 무엇인지조차 전혀 모르는 선천적 청각장애아동과는 전혀 다른 교육상의 문제를 요하기 마련이다.

대부분의 청각장애아동에게 입술 모양 읽기(구화)와 말을 통해 건청인 사회로 통합되어 들어간다는 것은 불가능한 목표라는 것이 다수의 주장이다. 그리고 유년기부터 구화 및 수화 방법을 병용하는 것이 그 아이들로 하여금 잠재력을 마음껏 달성할 수 있게 하는 데 더 나을 것이라고 또한 동시에 주장하고 있다. 가장 중요한 의사소통의 통로(청각)가 완전히 봉쇄되면 다른 모든 통로들이 동시에 사용될 수 있다. 다시 말해서 입술읽기, 손가락철자(지화), 수화, 몸짓 그리고 희미하나마 약간의 잔재 청력 등이 그것들이다.

사실 솔직히 말해 귀가 먼다는 것은 정상이 아니다. 그러나 그 청각장애를 다루는 적절한 방법을 터득하도록 인도해주기만 한다면 괄목할 정도로 각자 나름대로 개성을 갖춘 개인으로서 정상적인 생활을 충분히 할 수 있다. 그러므로 사회복지사의 개입실천 목표가 청각장애아동을 무조건적으로 정상적인 청각을 지닌 아이로 전환시키려는 것이어서는 안 된다. 실제로 그렇게 될 수도 없다. 오히려 남아 있는 잔존 능력들을 최대한 개발시켜서 청각의 부족을 보충해 나가도록 지원하는 것이 사회복지사에게 매우 중요하다.

특히 초기 아동기에 있는 청각장애아동은 반드시 꼭 하나 정도는 익숙한 의사소통 방법이 필요하다는 것을 기억하는 것도 중요하다. 구화가 잘 되면 좋으련만 그렇게 안 된다고 낙심하지 말아야 한다. 구화 대신 수화로, 수화도 안 되면 또 다른 방법으로 의사소통 하려는 노력이 사회복지사에게 요구된다. 더욱이 중증 청각장애아동들이 초기 아동기를 지난 후까지 언어를 습득하지 못했다면 자연히 구화도 잘 하지 못할 것이다. 실제로도 그들이 구화를 구사할 수 없을 경우가 많다. 그렇기 때문에 말과 입술읽기(구화)를 통한 의사소통은 어쩔 수 없이 배제된다. 그러므로 모종의 의사소통 방법을 새롭게 개발하여 사용해야 하는 것이다.

불행한 일이지만, 많은 부모들과 심지어는 교사들까지도 언어상 중증 청각장애아동들에게 입술읽기가 얼마나 어려운지를 인식하지 못하는 것 같다. 청각장애인은 어린이이거나 성인이거나 다 같이 누군가가 자기들에게 말을 걸어와도 알지 못하면서도 그렇다고 인정하려 하지 않는다. 어떤 청각장애아동들은 자신들이 이해하지 못했던 내용을 설명할 수 없으면서도 쉽게 난처한 장면을 벗어나고자 그저 이해하는 척 한다는 것이다.

이에 강력하게 권장하고 싶은 것은 부모와 교사들이 자기 학생과 자녀가 자신에게 던져진 말을 이해하고 있음을 확인해야 한다는 것이다. 그렇게 함으로써 진정한 소통이 일어나게 되는 일이 예상보다 많다는 것을 깨닫게 될 것이다.

청각장애아동을 다루는 데에서 야기되는 또 하나의 쟁점은 잔존 청력의 문제에 관한 것이다. 음성학, 청각학 그리고 보청기, 인공와우시술 등의 발달에서 오는 혜택들로 인해 수많은 청각장애아동이 청력 손실을 보충할 수 있는 기회를 제공 받게 되었다. 그럼에도 많은 권위자들은 이와 같은 '발달'이 청각장애의 문제를 완전히 해결할 수 없음을 분명하게 말하고 있다. 청각장애아동 중에 꽤 많은 경우가 불행하게도 잔존 청력 자체가 거의 없다. 또한 잔존 청력이 있다고 해도 정말 유용한 경우는 흔치 않다. 가령 어떤 아동들은 잔존 청력을 지니고 있긴 해도 보청기를 통해 아무리 증폭해 봐야 언어 인식에는 별 도움이 되지 않는 경우도 있다.

특히 첨단 정보통신기술을 근간으로 한 정보화 사회에서 정보는 삶의 질에 주된 영향을 미치는 요인이다. 정보의 부자와 빈자가 나타나 정보격차가 발생하고, 이는 사회경제적 의사결정능력의 차이로 이어져 소득격차의 원인이 된다. 소득격차는 정보접근과 활용의 차이로 다시 이어져 정보격차를 확대재생산하는 악순환을 되풀이한다.

보청기를 통해 잔존청력을 활용한 사람의 경우에는 진정한 사회통합이 가능하게 되는 경우가 나타나고 있으며 이들은 비장애인들이 일하는 모든 현장에서 능력을 발휘하고 있다. 그러나 이러한 20세기의 첨단 기술공학적 진보를 접하지 못하거나 활용하지 못하는 이들과의 격차는 점점 더 커지고 있다. 역설적으로 기술공학적 진보가 보청기를 착용할 수 없는 청각장애인들을 뒷전으로 밀려나게 하는 것이다.

청각장애라는 장벽은 청각장애아동을 가르치는 것을 어려운 일이 되게 하며 따라서 의사소통의 모든 경로가 최대한 이용되어야 할 것이다. 더욱이 언어 습득시기 이전에 장애를 일으킨 청각장애아동이 일반적인 지식을 터득하기란 극히 어려운 일이라서 교과과정이 개별적 장애아동의 욕구를 충족시킬 수 있도록 맞추어져야 한다. 예컨대 학교를 졸업한 후에 실제 생활에서 돈을 유용하게 사용할 수 없는 아이에게 간단하지만 지리적 또는 역사상의 사실을 가르치려 하는 것은 비현실적인 일이다. 사실 너무나 오랫동안 학교들은 교육방식을 어린이 개인의 개별적인 형편이 아닌 어떤 표준적인 양상에 맞추려고 부심해 왔다.

청각장애아동들을 교육하는 데 있어서의 어려움은 교사들이 매우 헌신적이어야 한다는 점이다. 즉, 전폭적인 몰두 및 학생과의 동일화 의식 등이다. 그러나 동일화 의식이 지나치면 실제 상황을 이해하는 데 색안경을 끼고 보는 것과 같은 효과를 낸다. 청각장애아동들이 성취한 일들이 흔히 엄청나게 과장되어 자만심에 빠지게 할 위험까지 있을 수 있다. 청각장애아동이 성취한 일과 건청아동들의 그것을 계속 비교하여 보여 주는 것만이 그 수준의 차이를 부각시키고 교사들에게는 새로운 교육방법을 모색하도록 자극할 것이다.

청각장애아동의 교사들이 건청아동의 학교에 가서 순환 근무를 해보는 것도 새로운 활력소가 될 수 있을 것이다. 사실 많은 장애아동 담당 교사들은 그 분야에 관한 교육이 끝나자마자 현장에 배치됨으로써 자신의 역할을 여유 있게 고찰해 볼 기회가 없었을 것이기 때문이다. 교사들이 자신의 학생들과 졸업 후에도 계속 연락을 하는 것도 유용할 수 있다. 그 교사들이 청각장애인 전용 찻집이나 카페 등을 방문해 본 적이 없다는 것은 서글픈 현실이 아닐 수 없다.

청각장애아동은 너무 오랫동안 하나의 동질성 집단(*homogeneous group*)으로 간주되어 왔다. 일부 청각장애아동이, 대체로 언어 습득시기 이후에 장애를 일으킨 청각장애아동 중 잔존 청력이 있는 아동과 소수의 중증 청각장애아동이 보청기의 혜택을 약간 입을 수 있는데, 그들이 각기 다른 정도로 입술읽기와 말을 할 수 있기에 모든 청각장애아동이 다 마찬가지로 그렇게 할 수 있는 것으로 유추된 것이다. 이것이 사실이 아님은 충분히 자명하다. 청각장애아동은 제각기 많은 변수에 따라 다르며 많은 장애아동들이 한 가지 이상의 장애요인을 지니고 있다.

1970년에 잉글랜드와 웨일즈의 청각장애아동 학교에서 실시된 수화와 손가락 철자(지화) 사용에 관한 한 조사에서, 938명 중 398명, 즉 청각장애아동 중 40%가 추가적인 장애를 지니고 있었는데 이들 중 반 이상이 낮은 지능을 보유하고 있는 것으로 간주되었다. 반면 마이클버스트(Myklebust, 1964)는 청각장애아동 학교의 모든 학생들 중 적어도 10%는 청각장애뿐만 아니라 지적장애를 위한 특수 프로그램을 필요로 하고 있다고 결론을 내렸다. 따라서 청각장애아동의 사정과 관리는 다차원적인 접근 방식을 필요로 한다. 그럼에도 불행하게도 종합적인 사정이 실시되는 경우는 거의 없으며 청각장애아동의 관리는 대체로 교사들의 몫으로 맡겨지고 있는 실정이다.

청각장애아동의 잠재력은 서로 차이가 난다. 따라서 그들의 욕구도 필연적으로 제각각일 것이 분명하다. 부분적으로 청력을 갖춘 머리 좋은 아이가 보청기의 혜택을 누릴 수 있다면 순수한 구화 방식만으로도 삶을 꾸려 나갈 수 있을 것이고 학교에서도 높은 점수를 얻을 수 있을 것이다. 그러나 반면에, 언어 습득시기 이전에 중증 장애를 일으킨 청각장애아동은 유용한 잔존 청력도 없고, 지능마저 낮은 아이는 언어 발달이 몹시 지체되기 마련일 것이다. 이런 유형의 아이에게는 수화도 허용되어야 하며 그의 특수 욕구에 맞추어진 교과과정에 따라야 할 것이다. 군스버그(Gunzberg, 1968)는 지적장애아동이 사회적 교육을 받아야 할 필요성을 강조하고 있으며 그러한 주장들은 청각장애아동의 경우에도 동일하게 적용되어야 한다.

청각장애 이외의 추가적 장애는 아이가 처음 학교에 입학할 때에는 알려지지 않을 수도 있다. 그래서 그런 아이들이 청각장애아동 학교에서 발견되곤 하는 것이다. 일부 소수의 학교에서는 추가적인 장애가 분명한 청각장애아동들을 위한 특별 학급을 운영하는 경우도 있다. 특히 그러한 어린이만을 보살피는 일부 학교들이 있다. 그 예로는 유럽의 일부 특수학교에서 운영하는 학급들을 들 수 있다. 더 구체적으로 말하면 시각장애를 지닌 청각장애아동을 돌보는 경우 그리고 지적 장애가 있는 만 8세 이상의 청각장애아동을 교육하는 경우, 과다행동장애를 가진 청각장애아동을 받아들여 가르치는 경우 등을 들 수 있다.

이와 같은 특수학교가 있음에도 불구하고 학교생활을 위해 받아들여지지 않는 아이들이 있는가하면 짧은 기간 동안의 시험기간을 거쳐 보고는 학교생활을 위한 기회를 아예 거부당하는 아이들도 있다. 그 결과 많은 청각장애아동이 그들의 특수욕구에 맞추어진 교육을 받지 못하고 있는가하면 도대체 교육이라는 걸 전혀 받지 못하는 아이도 있는 것이다. 결국 추가적 장애를 지닌 청각장애아동들을 위한 보다 나은 시설이 필요하다는 것은 분명하다. 청각장애아동의 문제에 대한 접근 방식은 흔히 비과학적이다. 예컨대 보청기를 사용하면 썩 잘 들을 수 있는 아이를 중증 청각장애라고 기술하는 것이 드문 일이 아니다. 조사자들이 곧잘 그리고 썩 정확하지도 않게 기능성 청력이 아니라 청력측정 결과를 판단의 기준으로 삼는다.

수화에 관한 일부 권위 있는 학자들의 입장은 모호하다. 청각장애아동교육에 관한 국제적 권위자인 유잉(Ewing, 1968)은 루이스 위원회에 보내는 그의 증거에서 일부 어린이들은 수화를 필요로 한다고 인정하였지만 그의 모든 저술에서 이 점에 관한 언급은 전혀 하지 않고 있다. 제2차 세계대전 이래로 청각장애아동의 교육에 관한 대부분의 교과서들이 수화에 관하여서는 전혀 언급을 하지 않고 있다는 것은 정말 놀라운 일이다. 사실 1990년대 후반까지 우리나라의 경우도 마찬가지였다. 심지어 청각장애아동을 가르치는 교사에게 수화를 활용한 교육과정 개발과 수업 방법을 연구할 수 있는 규정이 있느냐고 질문하면 거의 대부분의 교사들의 답변은 단 한마디 "아니오"뿐이었다.

마지막으로 중요한 문제는 청각장애아동의 부모를 위한 상담이다. 상담은 그 장애가 끼치는 영향이라는 견지에서 그 아이의 장애가 함축하는 의미를 이해하도록 도와주는 과정으로 간주될 수 있을 것이다. 반면 상담은 실용적 조언을 해 주는 일로 인식될 수도 있을 것이다. 부모들은 청각장애라는 진단이 내려지는 시점부터 상담의 도움을 필요로 하며 그 아이의 학교생활 기간 전 시기, 심지어 졸업한 이후까지도 상담을 필요로 할 것이다.

이러한 청각장애아동과 그 가족을 대상으로 하는 상담은 사회복지실천 방법과 기법에 관한 전문적 교육을 받고 청각장애 문제에 관하여서도 정통한 훈련을 받은 사회복지사에 의하여 실시되어야 한다. 그들은 또한 청각장애아동에 대한 사례관리를 맡고 있는 사업팀의 구성원이어야 한다. 사회복지사는 무엇보다도 청각장애가 총체적 장벽이 아니라는 것을 늘 인지하여야 한다. 물론 청각장애는 배움의 길을 약간 더 험난하게 만들 수는 있다. 그러나 청각장애 자체가 인생을 불행하게 만들거나 아무 것도 할 수 없는 '불능'은 아니다. 사회복지실천을 통해 청각장애아동도 유창하게 말을 하거나 혹은 수화를 할 수 있게 된다.

다행히 우리나라에서도 과거에 비해 수화에 대한 진보적이고 호의적인 태도가 자리 잡아가고 있으며 이같은 변화는 정부 당국자들의 인식에도 해당된다. 그래서 최근 우리나라에서도 추가적인 어려움을 지닌 청각장애아동들, 특히 다중장애아동들은 언어를 구화 방법으로 배우고 말하는 것이 지극히 어렵다고 여긴다. 그러한 경우에는 수화로의 전환이 필요해진다. 초기 단계에서는 구화방법으로 성공을 거둘 아이가 누구일지 결정하기란 쉽지 않다. 그러나 8세나 9세 쯤 구화로 성과가 별로 대수롭지 않다는 것이 분명해질 때에는 수화 방식으로의 전환을 진지하게 고려해야 한다. 이런 경우에는 구화를 배우는 것보다는 수화를 배우는 것이 더 쉬울 수 있기 때문이다.

도저히 구화를 배울 수 없는 아이에게 수화 배우기가 더 쉽다면, 이 문제를 곰곰이 생각해 보고, 아이들을 보다 어려운 방법으로 굳이 가르쳐야 할 이유를 한 번쯤 따져 보아야 하지 않겠는가 말이다. 수화가 언어습득을 저해한다는 객관적인 증거는 없다. 모든 증거는 구화 및 수화 방식을 가급적이면 어린 나이 때부터 혼합하여 이용해야 한다고 제안하고 있다.

5. 시각장애아동을 위한 학교와 조직

시각장애아동을 위한 학교와 조직을 고려할 때에는 많은 문제점이 나타난다. 시각장애아동들이 집에서 거주하면서 학교에 매일 통학을 해야 하는가? 아니면 그들이 기숙학교에 가야 하는가? 그들이 시각이 정상인(정안인) 아이들과 함께 교육을 받아야 하는가? 연령, 능력, 또 다른 장애의 유무에 따라 교육의 내용에 차이가 있어야 하는가?

시각장애아동의 교육을 사회복지적인 시각에서 보면 이상에서 질문한 내용은 처음부터 어떤 문제에 관한 우리들의 결론이 다른 문제점에 관하여서도 중요한 의미를 함축할 수 있음을 깨달아야 그 답을 내놓을 수 있다. 예컨대 학교의 규모에 관련된 문제점을 보면, 장애아동은 가급적이면 자기 집에서 살아야 하며 그게 여의치 못하면 학교 가까운 곳에서 숙식을 해야 하지만, 사안별로 각각의 장단점을 별도로 평가하여 추후에 내려지는 결론에 반영해 볼 수 있을 것이다.

1) 통학인가 아니면 기숙인가

일부 다중 장애아동과 가정여건이 부실한 아이들을 제외하고, 모든 시각장애아동과 청각장애아동이 그들의 집에서 살 수 있고, 살아야 한다. 물론 그들의 집이 학교로부터 한 시간 거리 이내에 있어야 하며 그 부모가 장애자녀 보호와 돌봄 그리고 관리 등에 관한 지도와 교육을 받아야 한다는 조건이 먼저 충족되어야 하지만 말이다. 이 예외 사항들도 더 이상 포괄적으로 제시될 수 없는 것들이다. 왜냐하면 장애자녀와 그의 기숙학교 교육에 대한 그 부모의 태도와 가정에서 장애자녀를 다룰 수 있는 부모의 능력에 워낙 많은 것이 달려 있기 때문이다.

유능한 전문가의 조언을 쉽게 구할 수 있어야 한다. 부모가 자신의 자녀에게 장기적 안목에서 가장 이로운 것이 무엇인지를 알 수 있도록 도와주기 위해서이다. 만약 기숙학교가 암시되는 경우라면 부모로서 자신의 능력이나 장애자녀의 능력에 어두운 그림자를 드리우지 않고도 자녀의 장애를 용인할 수 있도록 도와주기 위하여서라도 그렇게 할 필요가 있기 때문이다. 이러한 조언은 그 지역 담당 순회교사가 맡는 것이 적절하겠으나 그 교사가 지역의 사정팀과 제휴하여 활동 중이라면 금상첨화라 할 것이다.

기숙학교(우리나라의 경우는 기숙사가 있는 시각장애인 특수학교를 생각하면 될 것으로 보임) 교육이 결정된 경우에는 부모와 장애자녀가 함께 입학 예정일을 훨씬 앞두고 학교를 방문해 보는 것이 가장 바람직한 일이다. 매일 통학이 실용적이지 못한 경우에는 주 단위 기숙이 장애아동들과 가정 간의 유대를 지속시키는 최선의 방법이라고 생각된다. 그렇게 하면 사회복지실천 서비스 제공 전문가들을 선발하는 일도 보다 쉬워진다. 주말에 학교에 남아 있는 아이들이 할 일과 레크리에이션을 충분히 배려해 주는 것 역시 중요하다.

필요한 생활 수용시설의 유형은 장애아동들의 연령에 따라 다를 것이다. 나이가 많은 장애아동들은 학교의 보호적인 분위기를 떠나서 바깥세상에 나가 보다 독자적인 삶을 꾸릴 준비를 갖추어야 할 것이다. 모든 기숙학교들이 장애아동 학생들을 단기간이라도 받아들일 준비를 갖추어야 한다. 부모가 장애아동 자녀에게 묶인 상태에서 잠시나마 벗어나고 싶어지는 유예기간이 필요한 가정 내적 위기 상황이 있을 수 있기 때문이다.

2) 일반학교에서의 교육

장애아동 약간 명을 일반학교의 일반학급에 넣어놓고 그것을 '통합교육', 때로는 '열린교육'이라고까지 기술하는 것을 흔히 보게 된다. 이렇게 회자되는 통합교육은 대체로 집에서 살고 있는 아이의 경우에는 적용되지만 집을 떠나 기숙학교에 재학 중인 장애아동에게는 멀고도 먼 남의 나라 이야기처럼 들릴 수 있다. 하지만 비록 기숙학교에 재학하고 있어도 꼭 필요한 경우에는 일반학교의 일반학급에서 교육을 받을 수 있어야 한다. 또 다른 하나의 가능성은 시각장애아동을 일반학교의 일부로서 특수학급에 편성해 넣는 것이다.

그러나 시각장애아동 중에서 자기 집에 살면서 일반학교의 일반학급에 배치되었던 경우는 극소수에 지나지 않는 것으로 알려져 있다. 일반적으로 특수학교에 다녀야 할 것으로 여겨지면서도 일반학교의 일반학급에 배치된 시각장애아동의 숫자는 예상보다 많다. 이런 현상은 전 세계적으로도 유사하다.

시각장애아동을 위한 영국의 세인트 빈센트 학교(St. Vincent's School)에서는 1961년 이래로 선발된 소수의 시각장애아동이 상급학교 진학을 위한 학과과정을 이수하기 위하여 매일 현지의 '인재교육 전문학교'로 통학하고 있다. 그들은 교육상담 전문가 한 사람의 도움을 받고 있으며 서적들을 점자로 옮기는 업무도 만족스럽게 진행되고 있다. 그러나 이 학교의 시각장애청소년 중 진학을 위한 별도의 학습 과정이 필요한 아이는 그 필요가 채워지는 다른 학교로 전학되었다. 1969년 이래로 쉐필드의 탭튼 마운트 학교(Tapton Mount School)로부터 선발된 여섯 명의 학생들이 인근의 종합학교에 진학하여 중등교육을 받을 수 있게 되었다. 그 학교는 만 5세에서 12세까지의 시각장애아동을 맡아 가르치는 학교이다. 탭튼 마운트 캠퍼스 내의 한 호스텔에서 살면서 이들 두 학교의 교육과정에 입각한 교안 작성은 우선 제쳐놓고, 나이 많은 학생들은 보다 수준 높은 교육을 받기 위하여 인근의 중등학교나 대학에 시간제 통학을 하게 한다는 것이었다.

또한 토빈(Tobin, 1972)은 시각이 정상인 아동의 교사는 시각장애아동을 가르칠 때에 부딪치는 문제점에 관하여 아는 것이 거의 없고, 그런 아이들을 가르쳐 보고 싶어 하지도 않는다는 것을 알아냈다. 그는 역시 시각장애아동은 조명을 포함하여 특수설비, 즉 낮은 시각 보조장비와 의학적 관찰 등을 필요로 한다는 것과 서비스 전문가들을 구성하는 것 그 자체도 문제점이 될 수도 있다는 것을 알아냈다.

특히 덴마크나 스웨덴 등과 같은 복지선진국에서 가장 흔한 관행은 청각장애아동이 일반학교의 특수학급에서 교육을 받는다는 것이었다. 여기에는 시각장애아동을 위한 학교들(매일 통학하는 학교와 기숙학교, 양자를 다 포함하는)이 있다. 1971년에 엘리자베스 앤더슨(Elizabeth M. Anderson)의 한 보고서가 '일반학교를 특별하게 하는 법'이라는 제목으로 발표되었다. 그것은 스칸디나비아 국가에 있는 학교들에서 실시된 장애아동의 통합에 관한 내용인데 1970년 9월 스웨덴, 노르웨이 및 덴마크 방문에 토대를 둔 것이었다.

이 3개 국가들은 모두가 다 같이 통합교육 정책에 몰두하고 있으며 일반학교 내의 특수학급은 광범위하게 개발되고 있는 서비스 개입실천 형식 중의 하나이다. 비록 그 보고서는 신체적 장애아동을 위한 활동에 역점을 두었지만 시력이 훼손된 아이를 포함하여 다른 형태의 장애를 지닌 아이들을 위한 특수학급에 관하여서도 다루고 있다. 즉, '일반학급의 청각정상아동들이 특수교사를 알게 되고, 또한 자신들의 교사가 특수학급에서도 가르친다는 것을 알게 되면 장애아동을 대등한 입장에서 보다 기꺼이 받아들이려 한다고 시사된 적이 있다. 신체적 장애를 가진 아동이 일반 학생과 함께 보내는 시간과 그들 간에 오고간 상호작용의 질, 양자는 다 같이 중요한 것으로 인식되어야 한다. 이는 장애아동의 사회적응 여부를 보여주는 가장 유용한 지표들 중 하나로, 그 아이가 식당이나 운동장과 같은 곳에서 일반 학생들과 스스럼없이 어울리는 정도를 통해서 확인할 수 있다.

현재의 추세는 장애아동이 무엇보다도 특히 장애가 없는 아이들이 지니고 있는 것과 같은 욕구들을 지니고 있다는 점을 강조한다. 그러나 이런 접근방식은 장점도 있지만 그 나름의 위험 요소들을 지니고 있다. 이 방식은 나아가서 장애아동도 다른 아이와 정확하게 똑같은 교육을 받아야 한다고 요구하게 된다는 것이다. 시각장애아동이 학교에서 만족스럽게 성장하려면 반드시 특수 시설들을 갖추어 주어야 한다는 것을 인식해야 한다.

만일 시각장애아동이 시각이 정상인 아동과 함께 이 세상에서 살기 위해서는 시각장애아동이 가장 먼저 그들의 교육과 학교에서부터 적응할 수 있어야 한다. 그들이 필요한 능력과 자신감을 갖추는 최선의 방법은 시각정상아동들과 학교에서만이라도 자유롭게 어울리게 하는 것이다. 인근의 일반학교와 연계하여 마련된 사교적 행사가 약간의 도움이 될 것이다. 그러나 그러한 교제는 가식적인 것이 되기 쉽거나 아니면 적어도 피상적이 되는 경향이 있다. 시각정상아동과 편안한 마음으로 사귀고자 한다면 우선 시각장애아동이 시각정상아동과 같은 학교에 다니고 있어야 할 것이다.

시각장애아동들을 통합교육 하는 데 있어서 우리나라에서 실제로 쌓인 경험은 일천한 형편이다. 시각장애아동을 위한 통합교육이 가능한 정도에 관하여 조금이라도 확고한 판단을 하려 한다면 그보다 먼저 보다 더 체계적인 실험이 일반학급에서나 특수학급에서 다 같이 선행되어야 한다. 이러한 맥락에서 전국적 규모의 계획이 정책적으로 입안되는 것이 바람직하다. 시각장애아동을 위한 기존의 일부 학급들이 성공을 거두지 못했던 것과 이들이 모교라 할 수 있는 일반학교와 완전한 통합을 이루지 못함에 따라 특수학급이라는 개념 전체에 의심의 그늘이 드리워져 왔다. 그러나 잘못이 있는 것은 그 개념이 아니라 오히려 개별사례 각각의 경우에 작용하는 인적 및 물질적 요소들이라고 보아야 한다.

가령 스칸디나비아 국가들이 겪은 특수학급과의 경험이 우리나라에서도 도움이 된다는 것이 밝혀졌으면 한다. 뿐만 아니라 시각장애아동 20명 내지 30명이 모든 연령층에 골고루 분포되어 있는 한 지역에서 일일 통학제 교육의 어떤 형태가 특수교육에 대한 최선의 대안이 되는지를 알아내기란 쉽지 않은 일인 것이다. 시각장애아동의 통합교육에 관한 보다 깊은 실험들은 여러 가지 이유로 표명된 우려의 사실 여부를 판단해야 한다. 예컨대 그러한 우려에는 기술적·의학적 지원을 위해서 이용할 수 있게끔 하는 서비스 실천에 관한 것도 있다.

탭튼 마운트 계획안(Tapton Mount Scheme)을 보면 불과 여섯 명의 시각장애아동들을 위해서라도 기술적 지원 서비스가 시각장애학교에서 정상적으로 이용 가능하거나 필요하다는 것을 알 수 있다. 엄청나게 많은 자원봉사 활동을 요청하지 않는다면, 필요한 점자화 작업의 양이 감소되어야 할 것이다. 많은 시각장애아동을 위한 자원봉사 활동을 하나의 단위로 묶어 주는 작업이 있어야 할 것이다. 시각장애아동을 위하여서도 또한 타자된 수업 내용과 깨끗한 지도와 도표들을 프린트해 주는 장비들 그리고 녹음된 교재와 학습 자료들을 보관하기 위한 시설이 필요해지는 것이다.

의학적 측면에서는, 시각장애아동에 대한 특화된 치료 관리가 자칫 요구되는 만큼의 높은 수준에 미치지 못할 수도 있다. 일반학교와 '지역별 특수 장애아동 평가센터', 즉 우리나라의 경우 '특수교육지원센터' 간의 거리가 상당할 수도 있을 것이다. 따라서 안경이나 약시 보충 장치의 이용을 알선하고 도와주고 감독할 전문 인력을 거의 이용하지 못할 수도 있을 것이다. 그리고 아마 한두 사람의 전문인 교사와 있으나마나 한 의학적 도움을 받을 수 있을 뿐인 일반학교에서의 시력 측정 자체가 형편없이 부실할지도 모른다. 시각장애아동들이 주중에는 시각장애인 학교에서(또는 학교 부속 호스텔에서) 생활하는 경우, 또 다른 하나의 우려는 장애아동 중 일부가 자신의 삼등분 되어 있는 환경 때문에 안정감을 잃을 수도 있다. 즉, 일반학교와 시각장애인 학교 그리고 주말의 자기 집, 이 세 환경에서 생활해야 하기 때문이다.

전문적인 의학적·안과적 보호가 시각장애아동을 위한 특수학교에서의 그것과 대등한 수준에 이르도록 특별한 대책이 강구되어야 한다. 충분한 지원 활동 외에도 통합교육의 성패 여부에 있어서 중대한 요소들은 다음과 같다.

첫째, 아이들이 안정된 품성의 소유자라야 하며 적어도 보통 정도의 지능을 소유하고 있어야 한다.

둘째, 교육의 진행상태가 적절함을 확인할 수 있도록 매 교육 단계마다 정규적 검토가 실시되어야 한다.

셋째, 부모들이 이 계획안을 지지해야 한다.

넷째, 일반학교들은 장애아동을 그저 막연하게 받아들이기만 할 것이 아니라 교직원 전체가 그들을 받아들여 반드시 통합교육에 성공하겠다는 각오를 지녀야 한다. 그리고 시각장애아동 교육 전문직 교사들은 조언과 지원을 제공하는 데 대하여 책임을 져야 한다.

다섯째, 특수 장비는 부족하지 않도록 항상 넉넉하게 제공되어야 한다.

여섯째, 이동력 훈련과 체육과목을 위한 특별한 준비가 있어야 한다.

그 뿐만 아니라 특수학급을 위한 다음 세 가지의 세부 사항이 강조되어야 한다. 즉, 하나, 한 학급에 두 개 이상의 연령 집단이 있는 것은 바람직한 일이 아니다. 둘, 교직원은 시각장애아동이 시각정상아동들과 함께 수업을 하고 교내활동을 하는 것을 예사롭게 대할 수 있는 마음의 준비를 갖추고 있어야 한다. 셋, 학교의 교직원 충원은 항상 넉넉하고 여유가 있도록 하여 시각장애아동의 학급이 시각정상아동들의 학급보다 항상 작은 규모가 되도록 해야 한다.

3) 권장사항

다음과 같은 사항을 권장하고자 한다.

첫째, 일부 다중 장애아동 또는 가정환경이 열악한 아동들을 제외하고는 모든 시각장애아동은 자신의 가정에서 살아야 한다. 단, 학교와 거주하는 집 간의 거리가 한 시간 이내 혹은 그 정도 걸리는 거리에 있을 경우와 한 시간을 초과하는 거리일 경우에는 부모 내지 필요한 활동보조서비스를 받을 수 있어야 한다.

둘째, 일일 통학이 실용적이지 못한 경우에는 주 단위로 통학이 지원되어야 하며, 특히 정부 및 지자체 당국은 주말마다 시각장애아동의 귀가를 도울 수 있는 관련 서비스 기관과 연결시켜 주어야 한다.

셋째, 모든 기숙학교들은 평상시에 매일 통학하는 아이들이 가정에서의 응급사태에 대처할 수 있도록 단기간 수용할 수 있는 준비를 갖추고 있어야 한다.

넷째, 국가적인 차원에서 시각장애아동의 일반학교, 또는 일반학교의 특수학급에서의 교육에 관한 체계적인 노력이 있어야 한다.

다섯째, 다중 장애를 동반하는 시각장애아동의 경우 다양한 특수학교와 관련 사회복지 기관의 서비스를 이용할 수 있어야 한다.

제3부

가족 수준의 사회복지실천

제 5장 부모의 반응과 사회복지사

제 6장 생애주기에 따른 부모의 역할

제 7장 중도장애 발생에 따른 위기 가정 개입방법

장애인이 행복한 세상이 되려면 가장 먼저 그 가정이 지속적으로 행복한 삶의 조건을 충족할 수 있어야 한다. 그래서 장애인을 대상으로 개입실천을 하는 사회복지사들이 장애인 당사자뿐만 아니라 가족에게도 다가가는 것이다. 실제로 장애인과 그 가족이 생활하는 가정에 대한 사회복지실천은 이제 아주 보편적 접근으로 자리잡고 있다. 그럴 수밖에 없는 이유는 다음과 같다.

첫째, 가정은 장애인이 생활하며 자신의 능력을 발휘하는 가장 밀접한 현장이다. 장애인이 전형적으로 경험하는 사회적 소외와 때에 따라서는 평생에 걸치는 의존생활은 장애인 가정에도 막대한 영향을 미친다. 동시에 가정은 그렇게 받은 영향을 다시 장애인과 그 가족 구성원 각각에게 고스란히 되돌려 준다.

둘째, 가정이라는 단위체는 흔히 사회와 장애인 사이를 중재하고 연결한다. 가족 중 주로 부모는 장애자녀를 위한 당연한 권익 옹호자이며 적극적 노력을 통해 장애인에 대한 부정적인 태도를 변화시키고, 나아가 사회복지실천과 정책들을 개선하기 위하여 불철주야 애쓰고 수고한다. 그리고 부모들끼리 힘을 모아 단체를 조직하기도 한다.

셋째, 가정 그 자체가 장애인을 양육하는 일이 주는 긴장과 도전에 영향을 받는다. 전문가들은 장애인을 둔 가정을 구체적 자원과 연계시키고 위기에 처했을 때 문제해결을 위한 지원을 하거나 도움을 줌으로써 그 가정이 겪는 스트레스를 완화시켜 보려고 노력할 수도 있다.

넷째, 만일 집안의 위기 관리자들이 지나치게 스트레스를 받으면 이혼하거나 급기야 장애아동을 수용시설에 맡김으로써 가정을 분해해 버리는 쪽을 택하려 할 수도 있다. 그렇게 되면 결국 그 사회적 및 재정적 경비는 사회의 몫이 되고 마는 것이다.

이렇게 가족과 그들의 울타리인 가정은 장애인복지에 중대한 영향을 미친다. 따라서 제 3부에서는 장애인을 둔 가정과 이 가정들의 여건을 개선하기 위한 개입실천에 관한 통찰과 구체적인 내용을 제공하려고 한다.

먼저 장애아동이 태어났을 때 부모가 경험하는 복잡한 반응과 적응을 기술하고 사회복지사들이 부모들을 도와서 그 대처 능력을 함양할 수 있는 방법을 탐구한다. 그 방법은 부모가 자신의 감정을 받아들이고 자녀의 장애를 수용하도록 돕는 것이다.

다음으로 장애인 가족들이 직면하는 독특한 스트레스를 요약하면서 동시에 그 가족의 강점을 인정하는 것이 중요함을 제시하려고 한다. 또한 사회가 장애아동을 경원시하고 그 가정에 그저 보잘 것 없는 지원만을 제공하고 있어 장애인 자녀를 키우는 가정은 자녀양육의 전적인 책임을 계속 떠맡을 수밖에 없는 현실을 살펴보려고 한다.

이러한 상황에서 부모가 스트레스를 경험하는 것은 어쩌면 당연한 일일 것이다. 그리고 부모가 스트레스에 대처한 결과로 알게 됐다는 강점들에 관한 부모들의 주장은 자기 방어적 반응이라고 일상적으로 일축당하고 있는지도 모른다.

그럼에도 장애아동 양육의 긍정적인 측면들을 일단 인정하게 되면 장애아동의 부모들을 대상으로 하는 개입실천에서 사회복지사는 부모를 파트너로 인정하고 그들의 양육 경험을 활용하기 위하여 사회복지사가 가진 전문지식을 부모에게 일방적으로 양보하거나 희생하지 않고 협력적 관계 속에서 부모를 도울 수 있다.

제3부에서는 한 가지 창의성 있는 방법을 제안할 것이다. 장애자녀의 부모들이 역시 장애아동을 둔 다른 부모들을 상담해 주는 프로그램이다. 물론 이와 같은 프로그램이 처음은 아니다. 전문성에 바탕을 둔 공식적인 교육이라는 요건이 없는 비슷한 사회복지실천이 '장애인부모회'라 할 수 있는 여러 단체들에 의하여 실시되어 왔다. 비록 전문적인 훈련과 교육을 받지 못하였으나 부모 주도의 그러한 노력들은 전문가들에 의해 상당한 서비스 효과성을 가진 것으로 평가되고 있다. 장애아동에 대한 개입실천을 수행할 때 나름대로 전문적 기술이 있는 것으로 인정되기 때문이다. 그러므로 부모의 양육경험에 기초한 전문성과 체계적인 사회복지교육을 받은 전문 사회복지사가 함께 힘을 합쳐서 장애자녀로 인해 힘겨워 하는 장애인 가족과 부모들을 어느 정도 장애 문제를 극복한 선배 부모들이 상담 서비스로 도울 수 있다면 그것은 정말 큰 위력을 발휘할 것이라고 본다.

가족 수준에서 도움이 되는 사회복지실천에는 장애인 가족을 재정적으로 지원해 주는 서비스를 비롯하여 휴가 중 장애자녀를 일시적으로 보호해 주는 개입실천 프로그램도 있다. 이와 같은 사회복지실천에는 자원동원과 연계가 기본적으로 전제되어야 한다.

한편 최근에는 이러한 개입실천 서비스 못지않게 대두되는 것이 있는데 바로 장애인 가족을 대상으로 하는 상담 서비스이다. 이러한 상담은 '이를 악물고 참아왔거나 분주한 일상으로 인해 그 감정의 해결이 뒤로 미루어져 온 비탄의 표현'을 쉽게 해 줌으로써 자녀의 장애에 대한 부모의 만성적 슬픔을 해소하는 데에 크게 기여할 수 있다.

특히 이 상담은 부모 중에서도 어머니와 장애인 자녀가 지나치게 심리적 의존 내지 집착에 빠질 수 있는 가능성을 펼쳐 보고, 장애자녀의 독립을 위한 정서적 분리를 모색해 볼 수 있을 것이다. 또한 부부 간의 대화에 있어서도 부족한 것들이 다루어질 수 있음은 물론이다.

그러나 장애아동의 부모는 조언보다 정보를 요구하는 경우가 많다. 웬만한 사회복지사보다 부모 본인이 자신의 장애자녀에 대해 더 잘 알고 있을 뿐만 아니라 실제로도 자녀를 잘 도울 수 있다고 생각하기 때문이다. 따라서 부모들이 자녀의 훈련에 적극 참여하는 것을 배우게 되는 한 가지 접근 방식을 설명하려고 한다.

또한 장애아동의 부모는 물론 형제자매와 조부모도 장애인 식구와의 긴밀한 관계에서 오는 부담과 혜택을 경험한다. 어쩔 수 없이 경험하게 되는 장애인 가족들의 취약한 부분들을 살펴보고, 이를 어떻게 해결할지를 고민해 보려고 한다. 무엇보다도 장애 어린이의 형제자매들에 대한 관심이 요구된다. 다음으로 장애아동의 조부모들이 보이는 관심에 대하여 사회복지사의 주의를 일깨울 필요도 있다. 형제자매들과 조부모 역시 부모의 적응을 쉽게 해주는 중요한 잠재적 자원으로 평가되어야 한다.

미리 말해둘 것은 제 3부에서 말하는 개입실천의 범위와 수준은 완전하지도 않고, 광범위한 것도 못 된다는 사실이다. 솔직히 저자의 역량 부족으로 가족치료와 같은 기법들은 상세하게 다루지 못했으며 장애아동이라는 사회적 문제를 가족들이 나눌 수 있도록 돕는 데에 있어서도 제 3부에서 제시하는 기법들이 필수적이라고 할 수 없을 것 같다. 오히려 더 상세하고 유용한 접근은 이미 여러 권위자들로부터 주장되고 있는 가족치료 전략들일 것이다. 그럼에도 제 3부의 내용이 장애인 가정에 도움이 될 수 있다고 보는 이유는 장애아동만이 아니라 장애아동을 변화시키기 위해서 그 가족을 바람직하게 바꾸는 일이 '장애인복지실천'이라는 새로운 인식을 기반으로 장애인가족을 구체적으로 지원해야 한다고 일관되게 설명하기 때문일 것이다.

그리고 또 한 가지 유의해야 할 사실은 제 3부의 내용은 주로 장애아동을 둔 중산층 가정을 대상으로 하여 작성되었다는 점이다. 빈곤과 심리사회적 장애 간의 관계가 매우 의미 있지만 그에 관한 문헌은 불행하게도 빈곤층을 구성하는 인구계층을 간과하는 경향으로 인해 거의 없었다. 이런 형편을 반영하여 여기에 설명된 내용들은 장애아동을 둔 빈곤층 가정 특유의 구체적인 어려움들을 다루거나 그런 가정을 대상으로 하는 사회복지실천 개입을 소개하지는 못했다.

뿐만 아니라 장애아동의 가정에 관하여 여기에 논의되지 않는 사항도 몇 가지 있다. 그 중에서 다른 것은 몰라도 반드시 언급되어야 할 하나는 자조단체(self-help group)에 의하여 부모에게 제공되는 광범위한 원조와 같은 것들이다. 이와 같은 자조 단체 조직망은 사회복지사와 같은 전문가가 만든 것이 아니다. 이들 자조 단체들은 거의 대부분 장애인 당사자와 그 가족들에 의해서 만들어지고 운영되고 있다. 가령 우리나라의 경우를 살펴보면 한국장애인부모회, 한국자폐사랑협회, 한국장애인부모연대, 한국지적장애인협회, 한국뇌성마비복지회 등을 들 수 있다.

이와 같은 자조 단체들이 설립된 배경을 보면 어김없이 전문가라고 하는 사람들로부터 드러나는 정보와 기술, 열정 등의 빈약함에 좌절감과 실망감 등을 느끼게 된 것에 기인한다. 특히 장애인 부모들이 그렇게 단체로 뭉친 것은 더더욱 이렇게 인식된 전문가들의 '결함'(?)에 대한 반응에서였을 것이고, 비슷한 장애를 지닌 장애아동의 다른 부모들도 비슷한 투쟁을 하고 있다는 동병상련의 정에서였을 것이다. 그들의 노력에는 실천서비스와 정책 그리고 자기 자녀들에게 이로운 법률의 제정을 위한 로비 활동이 포함되어 있다. 그리고 그 노력 덕택에 대학에 장애학생들이 특례입학할 수 있는 제도적 장치가 마련될 수 있었을 뿐만 아니라 대학 내에 '장애학습지원센터' 등이 개설되어 장애학생의 학습권을 최대한 보장하려는 모습이 가시화될 수 있었다. 또한 '장애인차별금지 및 권리구제 등에 관한 법률'과 '장애인 등에 대한 특수교육법' 등이 제정되거나 개정될 수 있었다.

나아가 일부 부모들은 자신들의 장애자녀를 양육하면서 마주한 인간적 경험들을 글로 출판하기도 하였는데 이 책들은 전문가들과 일반 대중은 물론 다른 부모들에게도 소중한 것이었다. 이와 같은 경험 알리기를 통해 제공되는 도움은 엄청나게 유익한 것이다. 그러한 노력은 인정받아야 하고 권장되어야 한다. 그게 아니었다면 훨씬 더 많은 부모들이 고통스러워하고 낙심하였을 것이다.

사회복지사들은 여러 가지 방법으로 자조 단체의 효율성을 제고할 수 있다. 예를 들면 자조 단체와 공공 및 민간 사회복지 기관 간의 긍정적 관계를 구축해 주고, 상호 소통을 권장함으로써 이들 간의 실질적인 교류가 일어나게끔 도울 수 있다. 사회복지사들은 또한 자발적으로 자신들의 전문적 경험을 부모들의 자조 단체에 전수할 수도 있다. 그 전수 방법은 교육 훈련 자료를 제공하는 한편 제대로 서비스를 받지 못 했거나 정책의 사각지대에 처해 있는 빈곤 장애인들에게도 도움의 손길을 펴는 것이다. 또한 사회복지사들은 부모의 경험을 통합하여 실질적 사회복지실천 프로그램을 개발할 수 있도록 '지원' 내지 '사회적 지지망'으로 전환시킬 수 있는 '조직'을 현실화하는 것 등과 같은 활동에도 역량을 발휘할 수 있다.

바로 이 건강한 '조직'이 가정이어야 한다. 가정은 장애인의 보호와 안녕에 있어서 필수적 역할을 한다. 장애인과의 가장 밀접한 통로로서 그리고 장애인을 위한 사회적 중새사로서 가정을 인정하는 것과 그 가족이 겪는 스트레스에 대처하기 위하여 그 가정이 필요로 하는 원조를 제공하는 것, 이 두 가지가 성공적 사회복지실천 개입의 출발점이다. 제 3부에서 소개하는 통찰과 기법들은 사회복지사들이 그러한 개입실천을 맡아서 구체적으로 수행할 때에 큰 도움이 될 것이다.

제 5 장 부모의 반응과 사회복지사

오늘날 장애아동의 미래는 이전 그 어느 때보다 더 밝고 낙관적이다. 장애인에 대한 긍정적인 태도와 교육 및 개입 기법상의 진보가 장애인의 욕구를 충족시키기 위한 사회복지실천 프로그램 개발에 속도를 붙여 주었다. 장애아동에게 의미 있는 삶을 제공하려는 노력이 각계각층에서 생겨나고 있는 것도 고무적 현상이다. 그러나 이러한 낙관적 분위기에도 불구하고 사회복지사들과 다른 전문가들은 신중해야 한다. 장애인 부모들은 신체적 또는 정신적으로 장애를 갖고 태어나는 자녀의 출생을 냉혹한 현실로 맞이해야 하는 것이다. 이는 조금도 경시할 수 없는 하나의 사실이다. 실제로 장애아동의 출생은 예기치 못했던 위기를 조성하는 무거운 사건이다. 가장 행복해야 할 출생의 순간이 그 부모로서는 충분히 대비되어 있지 않았고, 대처능력을 충분히 보유하고 있지도 못한 갑작스럽고 당혹스러운 사건으로 변해버린 것이다.

1. 부모의 반응과 사회복지사의 활동

어떤 유형의 장애이건 모든 형태의 장애자녀에 대한 부모의 반응은 많은 공통점을 지닌다. 그 반응은 장애가 태어날 때부터 분명했느냐 아니면 나중에, 그러니까 부모가 그 아이를 사랑하게 된 후에 분명해졌느냐에 따라 영향을 받을 것이다. 가령 그들은 중증의 정신장애의 가능성이 있느냐 없느냐에 영향을 받을 것이며 그들은 그 장애가 다른 사람들에게 명백하게 드러나는지 여부에도 영향을 받을 것이다. 이웃 주민이나 친척, 가족들을 포함하여 여러 지인들, 사회복지사와 의사의 태도에 의해서도 영향을 받을 것이다. 하여간 자기 자녀가 장애아동이라는 것을 알게 되는 부모들의 반응은 어떤 것일까?

1) 비 탄

장애아동을 낳은 부모들이 환상 속 소망하던 아기의 상실로 인하여 겪는 비탄은 위기에 대한 특징적인 반응이다. 위협이나 상실 또는 도전이 되는 위기적 사건들은 이루 말할 수 없는 상실감을 가져다준다. 상실감은 우울증과 슬픔의 감정과 함께 찾아온다. 우울증과 슬픔은 장애아동의 출생과 정상아의 상실에 대한 비탄 반응의 일부이다. 이러한 '비탄'의 과정이 취할 수 있는 다양한 형식은 다음과 같이 세 단계로 설명할 수 있다.

첫째는 항의(혹은 원망), 둘째는 절망, 셋째는 체념이다. 부모들은 장애아동의 출생 후 비탄의 여러 단계들을 실제로 겪게 된다. 그렇지만 적절한 서비스 개입과 그에 따르는 시간이 주어지기만 한다면 부모들은 비탄과 슬픔의 단계를 성공적으로 통과할 수 있다. 다만 불행하게도 현실 속의 아기가 요구하는 것들 때문에 많은 부모들은 그 비탄의 과정을 성공적으로 이수할 수 있는 충분한 시간을 얻지 못하는 것이다. 뿐만 아니라 환상 속의 아기로부터 물러나는 것과 동시에 현실

속의 아기와 관계를 형성한다는 것은 참으로 어렵다.

하지만 시의적절한 사회복지실천은 비탄에 빠진 장애인 부모를 적극적으로 도울 수 있다. 사회복지사는 선천적인 장애아동의 부모들이 비탄과 슬픔의 과정을 끝내고 긍정적 대응 기제를 개발함으로써 생활의 균형을 회복하여 자신과 그 아이 및 가족 전체를 위한 현실적 계획들을 작성하도록 돕는 데 중요하고 다양한 역할을 맡을 수 있다.

특히 병원에 소속된 의료사회복지사들은 출산 직후에 그리고 자녀의 장애로 인해 병원을 다시 찾아오게 되는 출산 후 수개월 동안에 부모들을 자주 볼 수 있으므로 이들이야말로 도움을 주고 이용 가능한 지역사회의 기타 자원들에 대하여 부모들에게 친절하게 알려줄 수 있으면서 부모의 주의를 환기시킬 수 있는 이상적 위치에 있다고 하겠다.

장애아동의 출생은 그 부모에게 예기치 못했던 위기를 맞게 하기에 사회복지사는 가급적이면 빠른 시일 내에 그 부모를 방문하도록 준비해야 한다. 신속한 접촉의 중요성은 아무리 강조해도 지나치지 않는다. 왜냐하면 위기가 일어날 때 발생하는 에너지가 '적응적인 인성변화'(*adaptive personality change*) 또는 '부적응적인 인성변화'(*maladaptive personality change*) 중 하나를 초래하기 때문이다. 그래서 사회복지사는 위기개입을 통해 부모가 장애자녀를 최대한 수월하게 수용할 수 있게끔 함으로써 이 엄청난 충격을 극복할 수 있는 '인성'을 갖추도록 도와야 한다.

더욱이 위기에 있는 사람은 그렇지 않은 사람에 비해 훨씬 더 치료에 민감하다. 장애자녀를 대하면서 발생하는 일시적인 심리적 불균형 내지 불안 상태가 유지되는 기간 중에 부모는 대체로 위기 이전보다 치료행위를 더 잘 받아들이거나 새로운 균형 상태를 좇게 될 것이다. 따라서 최소한의 예방능력 또는 치료능력이 이 기간 중에는 최대한의 효과를 낼 수 있다.

누군가, 이 경우엔 사회복지사가 그들에 대하여 적극적으로 그리고 순수하게 배려를 하고 기꺼이 그들을 도우려 한다는 것을 그 부모들이 즉시 알게끔 하는 것이 필수적이다. 안심을 시키고, 현실적인 희망을 길러 주는 것은 이에 덩달아 오는 중요한 요소이다. 부모와의 첫 만남 중에 그리고 그 뒤의 방문에서 사회복지사는 부모의 위기 상황 대처 능력과 현실적인 대응 기제를 이용하여 항상성(*homeostasis*: 기존의 안정을 유지하려는) 균형을 회복할 수 있는 능력을 사정해야 한다.

철저한 진단적 연구를 위한 시간은 없지만 노련한 사회복지사는 상당히 정확하게 상황을 판단할 수 있다. 위기 중에 부모의 방어력은 저하되고 구두로 전달된 정보를 기꺼이 밝히는 경우가 그렇지 않을 때보다 더 흔하다. 따라서 진단적 연구가 없더라도 사회복지사는 치료과정을 시작할 수 있는 충분한 자료를 갖추게 될 것이다. 차등적 진단이 필요하다는 것을 기억하는 것은 필수적이다. 부모는 부모대로, 가족 한 사람이 각기 다른 일련의 생물학적·심리적 및 사회적 구성요소를 그 상황에 보태준다. 개인적인 경험과 대응기제는 말할 것도 없다. 장애아동의 출생에 직면한 모든 부모들이 도움이나 안내가 필요하겠지만 그들이 요구하는 도움의 종류와 정도는 제각기 다르다. 다음은 어떤 종류의 도움이 어느 정도나 필요한지를 결정하기 위하여 사회복지사가 고려할 몇 가지 문제들이다.

첫째, 부모는 어떤 강점들을 지니고 있는가?
둘째, 부모는 어떤 특정한 약점들을 지니고 있는가?
셋째, 어떤 사회적 및 가정적 지원을 받을 수 있는가?
넷째, 장애아동 출생 이외의 다른 급한 걱정거리가 있는가?

그 가정에는 압력을 덜어주기 위해서 사회복지사가 도울 수 있는 다른 급한 걱정거리들이 있을 수도 있다. 예를 들면 장애자녀의 출생으로 인하여 악화되는 재정적 우려들이 있을 수도 있다. 그런 경우에 사회복지사는 그 부모 두 사람이 현재와 미래의 재정상 의무를 이행할 수 있도록 해 줄 재원들을 탐색하도록 도울 수 있다. 또한 사회복지사가 부모와 병원의료진 간의 중간 연락책의 역할을 하는 것도 도움이 된다. 자주 있는 일이지만, 부모들은 수많은 관련 의료진과 제공되는 엄청난 정보량에 압도당하여 그 와중에 갈피를 잡지 못하고 망연자실하게 된다. 부모와 긴밀한 접촉을 유지하는 사회복지사는 그 부모의 걱정거리와 질문에 관하여 다른 서비스 전문가의 주의를 환기시킬 수 있다. 물론 필요한 대로 부모와 의료진 간의 만남도 주선할 수 있다.

2) 긴장

위기에 처한 사람의 으뜸가는 욕구 중의 하나는 긴장으로 야기된 혼란과 당혹감을 줄이는 것이다. 사회복지사가 이 일을 하는 한 가지 방법은 위기의 역할을 서비스이용자에게 설명해 주는 것이다. 가령 박○○ 씨 부부가 자신들의 두 번째 아이인 아들이 다운증후군 환자라는 사실을 의사가 처음 밝혔을 때 보인 반응은 충격과 불신이었다. 인생의 여러 상황에 효과적으로 대처할 수 있는 사람들이었기에 이들은 예기치 못했던 현실에 대처할 방법을 찾아내고자 미친 듯 노력했다. 그렇게 하는 동안 그들은 당혹감을 느끼고, 방향감각을 잃었으며, 무력감에 휩싸였다. 퇴원하기 전 병원 소속 의료사회복지사의 방문을 통하여 그 부모는 자신들의 비통함을 표현하고 자신들의 반응이 그 상황에서는 당연한 것임을 이해할 수 있는 기회를 얻었다.

사회복지사가 일단 박 씨와 부인이 기대했던 아이의 상실을 스스로 슬퍼하도록 하고 자신들의 경험을 다시 정의해 보고 나자, 자식인 장애아동을 보살피는 일에 대처할 수 있는 부모의 강점들을 발견할 수 있었으며 주위에 산재되어 있는 자원을 동원할 수 있는 준비도 갖춰갈 수 있었다. 의료사회복지사의 적극적인 개입으로 그 가정은 인근 교회와 지역에 있는 한 자원봉사단체 그리고 박 씨의 직장 동료와 친구들, 가까운 이웃으로부터 즉각적인 도움을 받았다. 여기에서 멈추지 않고 의료사회복지사는 그 가정을 지역에 소재한 종합사회복지관에다 소개했고, 그들 가정이 이용할 수 있는 자원에 관해서도 알려 주었다.

이렇게 사회복지사는 장애아동의 출생이 부모의 '부모 역할'을 와해시킬 수 있는 이유를 부모에게 알려주어 그 부모가 위기를 이해하고 극복할 수 있도록 지원해야 한다. 무엇보다도 장애자녀를 받아들여야 하는 부모가 경험하는 고통스럽고 힘든 자신의 감정이 당연한 것이라는 다짐과 격려를 받아야 한다. 이를 위하여 사회복지사는 장애인 부모로 하여금 어려운 상황에 마주할 때 그들 부모가 느끼는 감정은 당연한 것이라고 받아들이도록 도와야 한다. 이는 참으로 중요한 일임에도 실제로는 잘 이루어지지 않고 있다. 장애아동의 어머니가 자신의 비통함과 그 이유를 인식하면서도 사회로부터 그렇게 하라는 자상한 '부추김'을 받지 못하기 때문에 그 비통함을 드러내기를 꺼려하는 경우가 빈번하다.

다음 사례에서처럼 병원 소속 의료사회복지사는 부모에게 슬퍼하도록 권유할 수 있어야 한다. 어느 사회복지사가 이○○ 씨 부부를 대상으로 활동을 시작한 것은 그들의 아들이 태어난 바로 직후였다. 자신들의 첫 아이가 심한 운동신경장애가 특징인 뇌성마비에 걸려 있다는 것을 알게 되자, 그들은 분노하고 회피적이 되었다. 왜 하필이면 이런 일이 자기들에게 일어났는가? 그들은 불과 수개월 전에 그 지역으로 이사를 와서 위기 중에 의지할 만한 가까운 가정이나 친구가 인근에는 없었다.

더욱이 이 씨는 어느 고등학교의 축구 코치였다. 그래서 이 씨 부부는 자기네 아들이 운동선수가 될 수 없다는 사실에 크게 실망하였다. 첫 아기의 출생에 대단한 열의를 지니고 학수고대 했으나 이제는 새로 사귄 친구들과 동료들이 자신들을 어떻게 생각할지에 대하여 우려했고, 열등감마저 느꼈다. 사회복지사는 이 씨 부부에게 자신들의 비통한 심정을 인정하고 소망했던 완벽한 아이를 잃은 것을 슬퍼하도록 격려했다. 그들은 함께 출산 전 환상과 현재의 심정과의 관계를 토론했다. 사회복지사는 이들 부부가 현 상황에 대처하면서 이용할 수 있는 감정들을 확인하도록 도와주기도 했다. 또한 사회복지사는 그 부모가 비슷한 장애를 지닌 자녀를 둔 다른 부모들을 만날 수 있는 '한국뇌성마비복지회'에 관하여 알려 주었다. 뒤이어 또 다른 자원들이 추가적으로 논의되고 조사되었다. 이 씨 부부가 그들의 장애아이를 자녀로 받아들이고 가정의 실제적인 어려움에 조금씩 대처할 수 있게 됨에 따라 이제는 자녀의 미래에도 관심을 가지면서 한결 편안한 모습을 보이기 시작했다.

3) 비탄의 과정 끝내기

장애자녀를 둔 부모들이 자신들의 감정을 당연한 것으로 받아들이고, 고통스러운 상황을 인식하고 파악하기란 쉽지 않다. 부모들이 이 일에 숙달되기 위해서는 자신들이 경험한 사건들을 사회복지사의 도움을 받아 묘사하고 정의하고 재정리할 수 있게 됨으로써이다. 부모들은 감정을 인식하고 정서적 카타르시스와 같은 방법을 통하여 그것들을 공개하는 법을 배워야 한다.

사회복지사는 부모에게 그들의 출산 전 환상과 상상 속의 아기 그리고 현실의 아기 간의 차이에 관한 자신들의 감정에 대하여 생각하고, 느끼고 말해볼 수 있는 기회를 제공해 줄 수 있어야 한다. 부모가 현실의 장애자녀에게 진솔한 애정을 가질 수 있으려면 반드시 '정상'이었을 소망 속의 아기로부터 정을 떼어야만 한다. 환상 속의 아기로부터 물러나서 현실의 아기에게 새로운 애정을 대체하여 주는 것은 비탄의 과정이 종료되고 있음을 의미한다.

그러나 '비탄' 반응이 진행되는 동안 항의와 절망이 물러나기보다 먼저 있어야 한다. 병원소속 의료사회복지사는 부모들에게 슬퍼할 수 있도록 충분한 시간을 주고, 그들이 출산 전 환상과 그것들이 현재의 감정과 행동에 대하여 갖는 관계에 전념하도록 도와줌으로써 이 비탄 반응을 용이하게 해 줄 수 있다. 이렇게 하는 것이 그 가정이 출산의 경험을 재검토하여 현실의 아기에게 점진적으로 신실한 감정 투자를 할 수 있는 충분한 기회를 주지도 않고 현실에 직면하도록 하는 것 보다 훨씬 낫다. '정상아'라는 환상은 언제나 있겠지만 그 환상을 인식하고 이해한다면 부모는 그것을 현실적으로 다룰 수 있게 된다.

사회복지사는 부모들이 부적응성(*maladaptive*)의 반대 개념으로서 적응성(*adaptive*) 대응기제(*coping mechanism*)를 계발하거나 회복하도록 도울 수 있다. 이는 그들이 위기 이전에 보유했던 대응기제들을 검토함으로써 행하여진다. 그러한 검토는 부모들이 그들의 강점을 재평가하고 동원하도록 돕는다는 부가적 이익을 주기도 하며 필요한 성장이라면 어떤 것에건 통찰을 가능하게 해 준다. 뿐만 아니라 사회복지사는 부모들이 작업 및 여가 활동과 교회, 시민, 또는 직능단체의 사람들과 같은 상황적 지원을 찾아 이용하도록 도울 수 있다.

부모들이 자신의 항상성 기제에 용납될 수 있고, 자신의 욕구와 장애자녀의 그것을 충족시킬 수 있도록 도와주는 균형 상태를 이룩해 감에 따라 현실성 있는 문제들이 나타나게 된다. 이제는 그들도 자녀양육 걱정과 예견되는 어려움에 대처하려고 수립하는 계획과 교육적 배려 등과 같은 문제들을 고려하고 추구할 준비가 되어 있는 것이다. 이 모든 것이 장애아동의 부모로서 그들의 새로운 역할의 면모이다.

이상에서 특히 역점을 둔 것은 장애아동의 부모가 슬퍼하고 상황을 이해하며 적절하게 대처할 수 있는 충분한 기회를 갖도록 하는 데 있어서 사회복지사가 맡을 수 있는 중대한 역할이었다. 특히 병원 소속 의료사회복지사들이 소중한 공헌을 할 수 있음을 살펴볼 수 있었다. 앞서 말하지 않았지만 언급할 만한 가치가 있는 관련 분야들이 몇 가지 더 있다. 그 중 하나는 병원 소속 의료사회복지사들이 강의를 하고, 정보제공 프로그램을 개설하여 다른 사회복지사들과 지역사회 전체가 부모의 반응과 적응을 더 잘 이해하도록 도울 수 있다는 것이다.

사회복지사들이 그 가정과 장애아동에 대하여 다른 누구보다 먼저 알게 되므로 다른 지역사회복지 실천과의 소중한 연결고리가 될 수 있다. 부모들에게 이용 가능한 사회복지실천에 대하여 알려주고, 지역사회의 사회복지 기관들로 하여금 장애아동과 그 가정 그리고 그들의 요구에 대하여 알게 할 수 있다. 병원 서비스 체계로부터 외부용 서비스 체계(예: 지역 사회복지관, 장애인복지관, 장애인주간보호센터, 장애아동통합어린이집, 장애영유아 치료센터 등)로의 원만한 이전은 지역사회 서비스 조직망 속에서 그 가정이 '미아'가 되는 위험을 줄여 줄 것이다. 마지막으로 병원 소속 의료사회복지사들은 '장애'라는 어려움을 헤쳐가는 중에 지속적으로 향후 진행될 아동에 대한 여러 가지 진단과 평가, 치료, 재활 등의 과정에서 부모가 소유하고 있어야 할 통찰력을 불어넣고 아울러 장애아동과 그 가정을 위한 현재와 미래의 사회복지실천 수행을 용이하게 지원할 수 있다.

2. 장애인 가정의 강점 찾기

"내 아이가 장애를 갖고 있어요!"

그 어떤 부모도 이러한 현실을 받아들이고 싶지 않을 것이다. 그런데 불행하게도, 매년 수많은 부모가 그들의 자녀가 지적장애, 자폐, 뇌성마비, 청각장애, 시각장애, 언어장애, 사지발육부진 및 지체장애, 신장장애, 심장장애 등의 선천적인 결함을 안고 태어나게 되었다는 통고를 듣게 된다. 그러나 정작 선천적 결함보다도 더 심각한 문제는 앞서 살펴본 대로 그 부모가 받는 충격, 분노, 죄책감 혹은 비탄으로 점철된 고통스런 감정일 것이다. 이런 상황은 부모가 갓 태어난 자녀와 관계를 맺고 양육하는 데에 지대한 영향을 미친다.

하지만 상기해야 할 것은 거의 대부분의 아기는 장애가 있음에도 불구하고 반응하고 배울 수 있다는 사실이다. 하지만 만일 부모가 상심해서 저버린다면, 고의적이든 무의식적이든 간에, 아기는 제대로 성장할 수 없을 것이다. 장애를 지닌 모든 아동은 자신의 능력을 이용해

나가도록 도움을 받을 수 있어야 한다. 격려와 사랑, 기대와 희망을 담보로 한 다양한 치료와 재활이 주어지게 되면 아이는 무럭무럭 자라게 되고 많은 성장과 바람직한 변화를 갖게 된다.

1) 강점을 찾기 위한 사회복지사의 활동

사회복지사는 이상과 같이 부모가 장애자녀를 수용하고 적극적으로 양육해 가도록 부모와 가족의 강점을 찾아서 그 강점을 극대화하는 데에 기여하여야 한다. 장애인 가정의 강점을 찾기 위해 사회복지사가 알고 있어야 할 내용을 간략하게 정리하면 다음과 같다.

첫째, 일반적으로 장애아동의 부모들이 스트레스를 받고 있으며 비탄에 빠져있기는 하지만 이를 잘 극복하면 오히려 여러 가지 점에서 성장할 수도 있을 것임을 사회복지사는 인식해야 한다.

둘째, 최초의 면담 중 사회복지사는 부모에게 부모를 기쁘게 해준 장애자녀의 독특한 특성에 관하여 질문해야 한다. 즉, 문제를 파악하는 질문이 아니라 긍정적이며 좋은 면을 생각할 수 있게끔 노력해야 한다.

셋째, 사회복지사는 장애아동의 문제에 대응하면서 거둔 가족의 성공담을 들려 달라고 요구함으로써 부모의 강점을 파악해야 한다. 부모는 자신의 경험으로부터 무엇을 배웠는지, 친구들이나 가족이 예기치 못한 방법으로 그들을 돕겠다고 나서지는 않았는지 등을 질문 받을 수도 있을 것이다. 그들은 창의적으로 부모 역할을 한 공로로 칭찬을 받아야하며 그 실례들을 열거할 수 있는 기회를 얻어야 한다.

넷째, 사회복지사는 장애자녀의 양육에 성공적인 부모들이 최근에 장애로 진단이 내려진 자녀를 둔 부모들을 만날 수 있도록 도와야 한다. 이 과정에서 성공적인 가정 관리의 한 모형이 제시될 수도 있다.

실제로 많은 임상적 연구 결과에 따르면 만성적인 슬픔과 강화된 정서적 강점들은 결코 양립할 수 없다는 것이다. 장애아동의 부모들은 비극적인 현실에 대한 당연한 반응으로 되풀이하여 재발하는 슬픔을 경험한다. 또한 그들 대부분은 강화된 강점과 대응 능력을 동시에 키워나간다. 사회복지사들은 이 후자에 더욱 관심을 기울여야 한다.

장애아동을 자녀로 둔 부모들은 매우 '특별한 부모역할'이 요구된다. 사회복지사는 부모의 역할을 잘 할 수 있도록 지원해야 한다. 그리고 부모들이 헛된 희망과 실제적 용기를 구분하도록 도와야 한다. 또한 실수를 저지르면 어쩌나 하고 염려하는 부모들에게 사랑하는 어린아이의 재활과 치료, 훈련 및 교육에 대한 필요성과 정보를 제공하며 실제 생활 속에서 부딪치는 장애로 인해 발생하는 다양한 문제에 대한 대처 방법을 제시해 줄 수 있어야 한다. 나아가 필요하다면 많은 부모들이 반드시 직면할 어려운 질문도 단도직입적으로 할 수 있어야 한다. "왜 이런 어려움을 내게 주시나요?"라는 한스러운 물음에서 이제는 "우리는 무엇을 해야만 하나?", "친구들에게는 뭐라고 말하지?", "대체 부모로서 우리가 아이를 위해 구체적으로 할 수 있는 일이 뭘까?"라는 보다 생산적 논의로 옮겨가는 노력도 해야 하는 것이다.

아이의 장애 문제에 있어서 종종 이러한 질문들과 씨름하게 된다. "왜?", "왜 이런 일이 일어났지?", "왜 하필 우리에게 이런 일이 일어났지?" 이런 질문 가운데 몇몇은 대답을 얻을 수 있지만 또 다른 한편에서 우리는 그런 질문이 아무런 답변도 얻지 못할 때, 혹은 얻을 수 없을 때, 몹시 고통을 받게 된다. 종종 그런 질문을 추구해 나가는 것이 정작 장애자녀를 위한 실제적인 자료를 얻기보다는 부모 자신의 감정을 해소해 보려고 한다는 사실을 깨닫지 못할 때가 많다. 그러나 앞에서 상세하게 설명한 것처럼 장애아동의 부모들이 제기한 문제들은 거의 죄책감과 당혹의 감정이다. 그리고 그들이 받는 고통은 이 장애에 대하여 누군가가, 어떤 식으로든, 책임을 져야한다는 강박관념으로 말미암아 더욱 심화된다. 이렇게 고통 속에 살아갈 수밖에 없는 우리의 부모들, 바로 그들에게 작은 도움이나마 줄 수 있는 전문가가 바로 사회복지사이다. 그래서 사회복지사는 장애아동을 키우는 부모에게 힘을 줄 수 있어야 한다.

2) 강점을 찾기 위한 부모의 활동

장애자녀에 대한 수용이 이루어지는 과정에서, 혹은 수용 이후에 부모는 마침내 자식의 강점을 찾아가기 시작한다. 동시에 사회복지사, 특수교사, 유아교사 등과 같은 전문가들과도 소통한다. 나아가 주변에 있는 다양한 자원을 연결해서 활용해 간다. 이러한 과정 속에서 진정으로 부모는 문제투성이로만 보였던 자녀에게도 커다란 강점과 장점, 능력 등이 있다는 것을 발견하게 된다. 이러한 강점을 찾아가는 부모의 모습을 다음과 같은 사례를 통해 살펴보고자 한다.

▶ 사례 1

철수는 마치 영화배우 '장동건'처럼 이목구비가 뚜렷하고 잘생겼으며 활발하고 건강한 3살 반 된 아이이다. 아무 걱정이 없을 것 같은 아이이지만 청력이 심하게 손상되어 있는 상태이다. 부모들은 얼마 동안 뭔가가 잘못된 게 아니냐고 의아해 했지만, 철수가 2살이 지나기까지 정확한 이유를 알지 못했다. 다른 아기들은 두서너 달만 되어도 옹알이를 하고 눈을 맞추고 아빠, 엄마의 말에 반응을 보이며 귀엽게 웃고 눈에 넣어도 안 아플 정도로 '예쁜 짓'을 하는데 철수는 무척 차분했다. 처음에는 아이가 그저 주의력이 부족한 게 아니냐고 생각했단다. 그런데 어느 순간인가 엄마는 아이가 다른 방에 있을 때는 불러도 대답이 없어서 그 방에까지 가야되곤 했던 것을 주목하게 되었다.

또한 아이가 자다 깨서 엄마를 찾으며 울기 시작할 때, 다른 방에 있을 경우는 직접 거기에 가서 엄마의 모습을 보여야 겨우 울음이 그치곤 하던 것도 신경이 퍽 쓰였단다. 아이는 첫돌이 지나자 조금씩 걷기 시작했으나, 형과 누나는 그 나이에 말을 하기 시작했는데 철수는 그렇게 하지 못했다. 할머니는 "애가 말이 늦는 것뿐이야"라고 말씀하셨지만 두 돌이 돌아왔는데도 여전히 말을 하지 못했던 것이다.

그때가 되어서야 온 가족이 크게 걱정하였다. 아이는 지적장애가 아닌가라는 의심을 받기 시작했다. 나아가 철수 어머니는 '자폐증' 아동에 관하여 TV 프로그램을 시청한 적이 있었는데, 그래서 혹시 우리 아이가 이 이상한 장애를 겪는 것이 아니냐고 걱정하였다. 소아과 의사에게 걱정을 털어놓자, 그 의사는 진단의 일부로 청각검사를 하고 나서 철수의 청력을 좀 더 자세히 검사하기 위한 큰 병원을 소개해 주었다. 그곳에 가서 확인하자 소아과 의사의 진단이 맞았다. 철수는 심한 청각장애를 지니고 있었던 것이다. 이 문제를 안고 있는 대부분의 아동들이 그렇듯이 철수 역시 '전적인' 청각장애아동은 아니었다. 약간의 청력이 남아 있었던 것이다. 그러나 철수의 청력을 결정적으로 증대시킬 가능성은 의학적인 치료로는 불가능했단다. 그는 일생을 이런 조건을 가지고 사는 법을 배워야만 하며, 그의 부모는 철수가 장애에 적응하도록 도와야만 하는 것이다.

부모로서 맨 처음 들은 충고는, 철수에게 보청기를 사용하도록 하자는 것이었다. 왜냐하면 듣는 것은 태어나면서부터 저절로 되는 것이 아니고 배워야 하기 때문이다. 철수의 가족은 또한 철수가 말을 익히려면 특별한 훈련을 받아야 한다는 충고도 들었다. 이런 과정에서는 출생 후 첫해가 중요한 시간인데, 철수는 들을 수가 없어서 그 과정이 지연되었던 것이다. 또 철수는 얼굴 표정으로 말을 알아듣는 법을 배워야 한다. 왜냐하면 보청기를 착용해도 여전히 청각장애가 상당하기 때문이다. 학교에 갈 때가 되면 아마 특수학교에 입학해야 하거나, 적어도 청각장애아동을 위한 특수학급에 들어가야 한다. 나중에 그의 발달상의 지연된 부분이 극복되고 나면, 일반학교에 진학할 수도 있을 것이다.

철수의 부모가 의사에게 던진 첫 번째 질문은 "이 문제의 원인이 무엇입니까? 이 일을 사전에 예방할 수 있는 방법은 있었나요?"였다. 그들은 의사에게서 선천적 혹은 영아 시기의 청각장애는 여러 가지 다양한 요인들에 의해 발생된다는 설명을 들었다. 그 중에서 출생 전 태아를 손상시킬 수 있는 감염, 가령 임신초기 3개월 만의 풍진을 예로 들 수 있다. 다른 요인들로는 부부의 혈액형이 맞지 않는 경우, 난산으로 인한 출산시 상해, 조산, 출산 직후의 호흡불능 등을 들 수 있다. 또한 유전으로 인한 청각 신경 내지 내이 및 중이의 형성 불능으로 비롯된다는 것도 알았다. 의사는 비록 철수의 청각장애 요인을 정확하게 짚어 내지 못했지만, 철수가 6주 조산한 사실과 관련된 것이 아닌가 하고 생각했다.

철수의 부모는 또한 아들이 지닌 장애가 생각했던 것보다 드문 일이 아님을 알게 되었다. 대략 한국에는 21개 농아(청각장애아) 학교에 약 3,000여 명의 학생이 재학 중이며 이외에도 1만여 명 이상이 청각에 문제가 있어 특별한 교육적 도움이 요청되고 있음을 알게 되었다. 그렇다. 지금 철수의 부모와 가족에게 필요한 것은 철수의 청각장애를 받아들이고 구체적이고 실제적인 교육이 철수에게 주어지도록 하는 일이다. 부모는 그렇게 자식의 장애를 수용해 나갔다.

그리고 철수의 가족은 만일 철수가 자신의 장애를 인정하고 극복하는 법을 배우려면 그의 훈련과 발전에 있어서 부모가 적극적인 역할을 감당해야만 한다는 것을 깨달았다. 철수는 이미 추천 받은 보청기를 사용하고 있었다. 그의 부모는 철수를 소리의 세계에 접하게 하려고 애썼다. 그들은 철수가 종일 소리와 언어에 접할 수 있는 정상적인 상황에 있을 수 있도록 유의하였다. 가령 축구경기에서 관중들의 환호하는 소리, 비행기가 이륙하는 소리, 또는 브라스밴드의 음악소리 같은 것을 분별하는 법을 가르쳐 주었다. 그리고 이야기를 나눌 때, 철수가 얼굴을 잘 볼 수 있도록 해서 입술과 얼굴 표정을 통해 말을 알아듣는 법을 배우는 데 주의를 기울였다. 이런 과정에서 사회복지사로부터 소개받은 언어치료사와 특수교사의 조언을 받아 가면서 노력했다.

그리고 철수가 청각장애로 말미암아 성장이 얼마나 지연되었는가도 잘 알게 되었다. 그리고 이 지연이 극복되려면 꽤 오랜 시간이 필요하다는 것도 알았다. 철수는 보청기를 사용한 지 벌써 1년이 다 되었지만 이제야 비로소 말하기 시작했고, 아직도 철수가 발음하는 단어의 상당수는 구분하기 어렵거나 제대로 발음되지 않는다. 청각장애아동은 청각이 정상인 아동보다 학습이 늦기 때문에, 학습발달도 다른 아동에 비해 늦을 수밖에 없다. 그래서 한때는 청각장애아동이 대개 지적장애아동으로 오해되기도 하였다. 그러나 이제는 청각과 무관한 지능 검사가 발달되었기 때문에, 이 조사에 의하면 청각장애아동의 지능분포가 정상아동의 분포와 동일하게 나타나고 있다. 그리고 현재 철수가 지적장애라는 조짐을 나타내는 징후는 없다.

철수는 청각 상실로 인하여 다소 정서적 문제를 안고 있을 수 있다. 비록 '농아 인격'(*deaf personality*)과 같은 것은 존재하지 않으나, 청각장애아동은 장애와 관련된 특별한 종류의 스트레스를 경험한다. 그 결과 사회적으로, 정서적으로 성숙도가 덜할 수 있으며, 정상아동에 비해서 정서 갈등을 더 많이 지닐 수 있다. 이러한 스트레스를 이해하는데 관건이 되는 두 가지 중요한 단어는 '좌절'과 '소외'일 것이다. 청각이 정상인 사람 간에 이루어지는 언어를 통한 의사소통에는 여러 가지 어려운 과제가 포함되게 마련인데, 청각장애아동은 이것을 숙달하기에 어려움이 있기 때문에 좌절과 소외를 남보다도 훨씬 더 경험한다.

이상의 모든 이야기는 바로, 철수의 부모가 자식의 장애를 받아들이고, 또 철수 자신이 그 장애를 받아들이도록 도우려면 굉장한 인내와 이해가 요청된다는 것을 말해 준다. 곧, 한편으로는 비현실적인 기대에 집착하지 않으면서, 또 한편으로는 좌절로 말미암아 주저앉지 않으면서 현실을 직면해야 하는 그런 노력이 필요하다. 또한 부모는 자식의 잠재력, 곧 신체적, 지적, 사회적, 정서적, 영적인 모든 잠재력을 최대한도로 극대화하도록 노력해야만 한다는 것도 상기시켜 준다.

이 일을 하려면 사회복지사, 의사, 특수교사, 상담가, 혹은 목사로부터 상당한 도움을 받게 될 것이다. 또한 가족, 친구, 이웃의 이해와 후원이 필요하다. 철수의 장애에 있어서 가장 난점은 그것이 눈으로는 식별일 불가능하다는 것(*invisibility*)이다. 철수는 겉보기에는 '정상적'으로 보이지만, 기능상으로는 들을 수 있는 정상 아동과 현격한 차이가 있는 것이다.

사례 2

영희는 8살 난 아이이다. 그녀는 특수학급에 다니고 있다. 그녀는 다운증후군의 전형적 모습인 다소 밋밋한 얼굴, 작고 경사진 눈, 큰 혀, 짧은 목을 지니고 있다. 이러한 신체적 특징은 소아과 의사로 하여금 영희의 출생 직후 그 상태를 쉽게 진단할 수 있게 하였다. 영희는 출생 시 다른 형제에 비해 체구가 왜소했다. 더욱이 첫 해

동안 체중 증가가 매우 느렸다. 음식을 먹이는 일이 계속 큰 문제였다. 삼키거나 씹는 것을 익히는 데 곤란을 겪었기 때문이다. 그리고 음식을 먹이는 동안 금세 지치곤 했다. 갓난아기로서는 너무 조용한 편이었고, 잠을 무척 많이 잤다고 한다. 잠에서 깨어날 때는 다소 무감정하고 약해 보였다. 의사는 영희 어머니에게 이런 일이 일어나는 것은 영희의 신경계가 정상아에 비해서 덜 성숙되었기 때문이라고 말해 주었다. 감기에 대한 저항력이 낮아 자주 감기에 걸리곤 했다. 또한 자주 눈에 걸리는 전염병에 감염되어 치료를 받아야 했다고 한다.

아이의 성장 발달은 다른 형제에 비해 눈에 띄게 느렸다. 첫 돌이 조금 지나기까지 앉지 못했으며, 한 살 반이 되도록 기지 못했다. 4살이 넘어서야 걷기 시작했다. 일반적으로 아이의 움직임은 어색하고, 서툴고, 균형 잡히지 못했다. 걷기 시작한 뒤 1년이 지나서야 단어를 만들어 내기 시작했다. 그리고 그녀를 모르는 사람은 그녀가 하는 말을 알아듣기 어려울 때가 종종 있었다.

그러나 그녀는 매우 사랑스러운 아기였고 지금도 그렇다. 자기에게 쏟는 관심과 사랑과 애정에 대해서 곧잘 반응하였다. 다소 평온한 성격이며, 쉽사리 화를 내지 않는 편이고, 다른 아이들과도 잘 어울려 놀았다. 반면 매우 고집이 셀 때도 있는데, 특히 일상에서 벗어나야만 하게 될 경우에 그러했다고 한다. 그 까닭은 아이가 다른 상황으로 재빨리 전환할 수 없기 때문이다. 아이는 영리하게 모방을 잘 했고, 그래서 일상생활의 수많은 활동들을 습득하도록 가르칠 때, 그런 모방이 큰 도움이 되곤 했다. 아이는 다소 근시였으나, 청력은 뛰어나서 음악을 매우 좋아했고, 특히 강한 리듬의 음악을 좋아했다.

영희의 부모가 그녀의 미래에 대하여 과연 무엇을 기대할 수 있을까? 부모는 아이의 인지능력이 매우 제한되어 있다는 것과 정상아동의 6, 7세 수준 이상으로 발전할 수 없다는 것을 알고 있다. 비록 아이의 기억력이 뛰어나고 말하고 듣는 어휘도 상당히 습득하게 되겠지만, 그 애가 과연 글을 읽는 법을 배우게 될지는 의문이었다. 또한 혼자서 돈을 다루도록 맡길 수 있을 만큼 수학을 충분하게 습득하는 일은 아마 없을 듯싶다. 하지만 영희는 자신의 지적 능력에 맞는 특별 교육을 받으며, 많은 복지관과 관련 재활 시설에서 도움을 받을 수 있을 것이다. 그녀의 교육의 주된 목적은 그녀로 하여금 일상생활의 활동에 관한 실제적인 기술을 익히는 것을 돕는 데 있다. 아이는 빨래, 다림질, 청소, 애완동물 돌보기 등 집안일에서 부모를 도울 수도 있을 것이다.

영희 가족은 영희의 예상 수명이 평균보다 짧다는 것을 안다. 다운증후군을 지니고 태어난 아동의 절반가량이 또한 선천적 심장 결함을 지니며, 백혈병은 3배나 발생률이 높다. 그럼에도 불구하고, 영희는 성인이 될 때까지 잘 살 수 있을 것이며, 부모님은 이 아이를 결국 가정에 계속 놔둘지 혹은 지적장애인을 위한 기관에 보낼지에 대해서 고민 하고 있다. 영희가 20살이 될 때면 그들은 60세가량이 되며, 그녀를 집에 둘 경우 돌봐주는 일이 점차 어려워지게 될 것이 예상된다. 그러나 그들은 영희를 가능한 한 오래 곁에 두기를 바라며, 그 이유는 영희에게 자신들이 줄 수 있는 사랑과 온정이 필요하며 또한 그녀가 되돌려 줄 수 있는 사랑을 즐긴다는 것을 알기 때문이다. 영희는 그들에게서 많은 시간과 인내와 이해를 요청하였으며, 때때로 그 애를 특별히 돌보느라고 영희의 다른 형제들을 자칫 소홀히 하지 않는 것이 쉽지 않았다. 그럼에도 불구하고 그들은 부모 역할을 감당하면서 많은 보상을 경험했으며, 만일 영희가 드디어 가정을 떠날 수밖에 없는 시간이 온 것을 깨닫게 되면, 영희뿐 아니라 그들 자신도 매우 견디기 어려울 것이다.

그러나 큰 걱정은 하지 않아도 된다. 옛날과 달리 우리나라도 영희와 같은 아이를 돌보고 함께 살아갈 기관과 사람들이 많아졌기 때문이다. '그룹홈'에서 영희와 같은 지적장애 성인들이 재미있게 살며, '보호작업장'이나 일반 사업장에서 열심히 일하며 사는 모습도 빈번하게 보고 있다. 심지어는 결혼해서 단란한 가정을 꾸리며 행복하게 살아가는 모습도 보게 된다. 따라서 부모에게 필요한 것은 희망이며 아이에 대한 포기하지 않는 사랑이라고 생각한다.

▶ 사례 3

길자가 15개월째 되었을 때 길자의 부모는 아이가 뇌성마비라는 진단을 들었다. 이런 소식이 부모로서는 무척이나 가슴 아픈 일이었으나, 놀라운 소식은 아니었다. 왜냐하면 그렇지 않아도 그들은 지난 수개월간 첫 아기인 길자에게 뭔가 그릇된 일이 있지 않을까 해서 걱정하던 중이었기 때문이었다. 길자는 태어나면서부터 음식을 먹이는 데 애를 먹였고 특히, 이유식을 먹이기 시작할 때는 더욱 힘이 들었다. 또한 자라면서 몸을 뒤집는다든지, 앉고, 기고, 말하기 시작하는 등 부모에게 아이 키우는 재미를 맛보게 하는 일들이 친구들의 자녀에 비해서 매우 더뎠다. 심지어 2살 반이 된 지금까지 길자는 걷지도 못하고 혼자 설 줄도 모른다. 6개월 된 길자를 의사에게 보였을 때, 의사는 부모에게 "아이가 정상이며, 건강한 것처럼 보이며 단지, 발육이 늦는 것 같다"고 말했다. 그러나 아이가 한 살이 되자, 의사는 부모에게 대학병원 소아과에 가보도록 했다. 대학병원에서는 길자를 뇌성마비로 진단했고, 다시 장애아동 전문 '재활의'를 소개해 주었다.

재활병동에서 길자의 부모는 여러 종류의 뇌성마비가 있음을 알게 되었다. 경련, 경직, 운동장애, 아토니(atony) 장애와 같은 용어로 지칭되고 있는 것 말이다. 길자의 장애는 '경련성 사지마비'에 해당되었다. '경련성'이란 용어는 아이의 근육이 과다반응을 보이는 경향을 가리킨다. 가령 아이가 팔을 뻗치면, 반대편 근육이 마치 활 모양으로 반응을 보이며 팔을 뒤로 잡아당기는 것이다. 그 결과 수축이 일어나 손과 발이 뒤틀렸고, 한 손은 팔꿈치 반대쪽으로 꺾였고, 발이 가위처럼 벌어지는 경향을 가졌다. 사지마비란 용어는 사지가 모두 마비됨을 가리킨다. 어떤 경우는 팔이나 다리 하나에만 마비가 온다. 또 어떤 경우는 하체에만 혹은, 한쪽 편 팔과 다리에 마비가 온다.

뇌성마비를 겪는 사람은 종종 이와 관련된 다른 장애도 아울러 지닌다. 반수 이상이 지능지수가 50~90에 해당되는 경도 지적장애 아동이다. 또 시각장애나 청각장애를 지니기도 한다. 경련은 흔하며 사고, 지각, 행동 장애도 지닐 수 있다. 현재 길자의 장애는 신경운동 손상에 국한되지만, 곧 언어 기능에 영향을 주며, 따라서 그 장애를 극복하려면 상당한 도움을 받아야 할 것이다.

길자의 부모는 두뇌 손상은 아이가 성장해도 더 악화되지는 않으리라는 점을 알고서 크게 위로를 받았다. 그러나 그렇다고 치료되거나, 교정될 수 있는 것도 아님을 동시에 알게 되었단다. 하지만 근본적인 손상은 치료될 수 없더라도, 장기간 폭넓은 전문가를 동원한 종합적 재활 프로그램을 통해 크게 도움을 받을 수 있을 것이다.

이미 길자는 소개받은 장애인복지관에 다니면서, 물리치료를 받고 있다. 물리치료사는 그녀의 근육을 강화시키며 근육 조절력을 향상시키는 데 도움을 주는 매일 실행되는 운동을 시작했다. 부모는 아이가 정규적으로 치료를 받는지 살펴볼 책임이 있다. 설사, 어떤 운동은 길자가 거부하고 또 고통스러운 것이라도 말이다. 차후에는 수술을 통해 길자의 장애도 일부 교정하고, 근육기능과 기술을 향상시키게 될 것이다. 그러나 어떤 기적을 바라서는 안 되며, 단지 제한된 향상만 얻으리라는 현실도 망각해서는 안 된다고 경고를 받았다. 길자는 나이가 좀더 들면, 다른 아동들이 정상적인 발달 과정 가운데 익히게 되는, 일상생활의 기능들을 습득하기 위해 일상생활 수행을 위한 치료도 받게 될 것이다. 가령 음식 먹기, 혼자 옷 입기, 변 가리기, 세수하기, 글쓰기 등. 그리고 우리가 앞서 살펴봤듯이 길자의 발전을 위해서는 언어치료도 중요한 역할을 맡게 될 것이다. 그리고 부모는 벌써부터 아이의 장래에 대해 염려하고 있다. 아이는 장애로 인해 얼마나 괴로움을 입을까? 그리고 소위 '정상적'인 삶에서 얼마나 유리될까? 정규학교에는 갈 수 있을까? 학교에서는 어느 정도 학력을 나타내게 될까? 직업을 갖는다거나, 경제적으로 독립할 수는 있을까? 또, 결혼은 어떻게 될는지? 언젠가는 자신의 가정과 가족을 가지게 될는지? 대부분의 이와 같은 염려는 길자에게는 의문의 여지가 많은 것이 사실이다. 그러나 많은 뇌성마비 장애인들이 훌륭한 사회인으로 살아가고 있다. 대학을 졸업한 후, 공무원으로, 직장인으로, 학자로, 교사로, 사회복지사로 당당하게 취업해서 힘 있게 사는 뇌성마비 장애인들을 종종 보게 된다. 건강한 배우자를 만나 행복한 가정을 꾸리고 있는 분들도 본다.

하지만 막상 자신의 자녀가 뇌성마비라는 현실 앞에서 조급하고 고민스럽지 않을 부모가 어디 있겠는가? 늘 의문과 고민 속에 생활할 수밖에 없을 것이다. 그래서 부모는 이런 많은 문제에 대해 조심스런 태도를 취할 필요가 있다. 즉, 기다리면서 지켜보는 것이다. 아이의 발전에 대해 섣부른 판단을 내려 불필요한 제한을 가하는 일이 없도록 해야 하겠고, 또 한편으로는 부모들이 비현실적이거나 불가능한 기대를 품고 살지도 말아야 한다.

중요한 것은 길자가 자신의 장애를 수용하고 창조적으로 살아갈 수 있는 능력은 상당부분, 부모가 그녀와 그녀의 장애에 대해 보이는 태도에 달렸다. 만일 있는 그대로 수용하고 과잉보호하지 않으면서 사랑과 긍지와 애정과 안정감을 준다면 그녀는 필경 자신을 현실적으로 수용할 수 있게 될 것이며, 자신의 잠재력과 기회를 십분 발휘하며, 직면할 수밖에 없는 불가피한 좌절을 견디며 극복하게 될 것이다.

3) 부모 협조자 프로그램

'부모 협조자' 프로그램은 장애를 가진 신생아의 부모들이 장애자녀 출생으로 인한 가정의 위기에 최대한 잘 적응해 나갈 수 있는 긍정적인 풍토를 촉진하도록 구상된 '부모 지원' 사회복지실천이다. 이 프로그램은 장애자녀를 두고 있으며 이 상황을 다루는 데 성공을 거둔 부모들을 선발하여 처음으로 이런 위기를 경험하고 있는 다른 부모들을 위한 동료 부모 협조자로서 봉사하게 한다. 동료 협조자로 선정된 부모들은 성공적인 상담관계의 기본적인 요소들을 강조하는 훈련 프로그램을 거쳐야 한다. 이 프로그램을 제안할 수 있는 주된 근거는 다음과 같다.

첫째, 부모 협조자들이 신생 장애아동의 출생을 경험하며 살았고, 그 위기에 적응하였으므로 엄청나게 많은 감정이입적인 이해를 할 수 있다.

둘째, 협조자로 선정된 부모들은 기본적인 상담 기술에 관한 훈련을 받고 다양한 장애의 성격에 관한 강의를 듣는데 이 강의를 들음으로써 도와야 할 신참 부모들과의 협조 상황에서 그들 활동의 효율성을 크게 증가시킬 수 있다.

셋째, 부모 협조자들이 이미 유사한 위기를 겪어 보았고 적응도 했으므로 다음과 같은 메시지를 전달하는 역할 모델로서 기본적으로 봉사할 수 있다. 즉, “나도 역시 그렇게 느꼈어요. 그걸 참지 못하겠다고 생각도 했었지만 부딪치면서 적응하게 되었지요.”

대체로 이 프로그램에서 동료 협조자로 선정된 부모들은 한국장애인부모회와 같은 부모회에 소속된 일단의 자원자로부터 선발할 수 있을 것이다. 이 부모들은 기초 상담기술에 관하여 대략 10주에 걸쳐 20시간 이상의 훈련 프로그램을 이수하여야 한다. 강의와 역할극 활동 등을 통하여 적극적인 경청 방식을 교습하는 데에 역점을 두게 될 것이다. 강조된 기술에는 강점 돌보기에서 증거가 드러나는 ‘감정이입’의 표현이 포함되어야 한다. 즉, 친근한 사람들 간의 교류와 관계가 있음으로 하여 만족에서 오는 감정들을 식별하고 순수함에 관한 의식을 계발하는 것과 같은 것들이다.

부모 협조자로 자원하여 훈련받는 부모들이 역할극을 연기하고 협조자로서 그리고 피협조자로서, 양자의 역할에서 효과적인 ‘돕기 활동’을 경험할 수 있으려면 많은 연습시간이 필요하다. 동료 훈련생은 물론 노련한 강사들이 들려주는 지속적이고 건설적인 피드백이 제공되어야 한다. 이 훈련과정을 거친 모든 부모들은 이 훈련이 자신과 도와야 할 가정과의 만남에서 발생하는 의사소통의 문제를 쉽게 풀어 주었다고 보고할 것으로 기대된다. 부모 협조자들은 의뢰(*Referral*)를 통해 만날 수 있을 다양한 유형의 장애 성격에 관한 추가적인 훈련도 역시 받게 될 것이다.

이렇게 부모 협조자들이 다른 부모들을 돕는 동안 이 프로그램을 추진하는 사회복지사들은 부모 협조자들의 업무 수행을 후방에서 지원할 준비를 갖추고 대기하고 있어야 한다. 결과적으로 이 프로그램이 실행된 후에 예상되는 기대효과는 다음과 같다.

첫째, 이 프로그램을 제공받았던 부모들이 마침내 성공적으로 적응하여 자신들의 부모 협조자를 더 이상 만나지 않는다.

둘째, 성공적인 적응을 하여 자신의 부모 협조자가 속해 있는 것과 같은 다른 지원 단체에 가입한다.

셋째, 성공적인 적응을 발휘하지 못 하고, 그들에게 심도 있는 상담과 기타 사회복지실천을 제공해 줄 수 있는 적절한 기관으로 의뢰된다.

4) 장애인 가정의 강점에 기반 하는 사회복지 기관의 개입실천 활동

앞서도 강조했던 것처럼 장애인의 보다 나은 삶을 실현하기 위한 가장 중요한 파트너는 부모이다. 장애인의 삶의 증진을 위한 일차적인 복지현장은 가정이며, 일차적인 관계대상은 바로 부모이다. 따라서 부모는 장애인의 문제에 대한 충분한 이해를 가지고 자녀에게 끈기 있고 일관된 양육을 주도해 가야 한다. 이를 위해 사회복지 기관은 부모 및 가족에 대한 실질적인 지원과 다양한 심리사회적 지원을 보다 조직적으로 제공해야 한다. 이는 이미 앞에서 충분히 설명한 내용이라 할 수 있다. 다소 중복되는 감이 없지 않지만 다시 한 번 정리해 보는 마음으로 다음과 같이 제시하고자 한다.

(1) 장애인가정지원 봉사활동

장애아동으로부터 장년에 이르기까지 그들을 위한 많은 자원봉사자들이 발굴되어 활용될 필요가 있다. 장애인 1명에 자원봉사자 2~3명이 필요한데 여러 영역의 자원봉사자들이 그들을 도울 수 있다. 예를 들면 차량운행, 병원진료를 받도록 돕는 일, 입·퇴원시키기, 입원 시 간병(자원봉사자들이 시간을 나누어서 당번을 정함) 등과 같은 봉사를 할 수 있다. 물론 활동보조서비스를 통해 이 모든 일이 대체로 잘 진행되기도 하지만 활동보조서비스로도 부족할 경우에는 자원봉사 인력이 반드시 필요하다.

가령 장기입원을 하게 된 중증 장애아동을 둔 장애인 가정이 있는데 부모가 만약 '맞벌이'이고, 생계가 곤란한 경우라면 이 장애아동이 대소변처리를 혼자 힘으로 할 수 없기 때문에 1주에 최소한 2회 정도는 자원봉사자가 필요할 수 있다. 이런 경우, 몇 사람의 자원봉사자들이 퇴근 후 함께 그 사역을 지속적으로 감당할 수도 있을 것이다.

또한 매년 김장철이 되면 여러 사회복지 기관에서 김장을 하면서 빈곤 장애아동 가정에 가구별로 김장을 담아 나누어 줄 수 있으며 특히 기초생활수급권자에 속하는 경우는 말할 것도 없고, 경계선급이라 할 수 있는 차상위 계층의 장애인가정에게는 경제적 어려움 해결이 절실한 현안일 수 있다.

(2) 부모의 심리적 안정을 위한 지원

장애아동의 부모가 갖게 되는 심리적 문제를 개선하는 데 있어서 사회복지실천은 적어도 세 가지 면에서 기여할 수 있다. 첫째, 자녀의 장애를 현실로 수용케 한다. 둘째, 장애자녀의 남은 인생에 대한 비참한 전망을 희망찬 미래로 전환시켜 준다. 그들이 처한 상황 속에서도 분명한 인생의 목적과 희망을 발견하게 해 준다. 셋째, 장차 부모의 역할을 감당함에 있어서 동기, 인도, 지지를 제공해 준다.

(3) 부모의 역할에 대한 지원

부모들이 장애아동을 위해 고려해야 할 사항을 간추려 보면, 먼저 신체적 필요에 주목해야 한다. 장애아동도 독립심, 자존감을 지녀야 한다. 지나친 보호로 인해 부모의 일부로 남아서도 안 되며 장애가 곧 장애아동의 인격을 경시하는 이유가 되어서도 안 된다. 인간은 그의 장애 여부와는 별개로 귀한 존재이기 때문이다. 지적·사회적 필요도 주목해야 한다. 장애아동도 부모의 사랑만으로는 채워질 수 없는 다양한 경험을 요청한다. 만일 부모가 수치로 인해 자식을 가둬 키우면 자식의 장애는 더욱 심각해진다. 수치문화가 발달된 한국의 경우 특히 부모는 이 문제를 극복해야 한다. 부모는 장애아동의 능력을 최대한 강화시키고 한계는 최소화하도록 도와야 한다.

그리고 자녀의 심리사회적 필요를 주목해야 한다. 이를 위해서는 자녀에게 적합한 전문 장애인복지 기관을 파악해야 한다. 부모는 또한 장애아동의 의학적 측면도 중시해야 한다. 장애아동은 늘 다양한 의학적 문제에 봉착하기 쉬우므로 가까운 의료기관을 숙지하고 의학적인 측면뿐만 아니라 상담하고 신뢰할 수 있는 의사를 정하는 것이 필요하다. 의학적 측면에서는 특히 신체교정, 언어치료, 작업치료 등을 고려해야 한다.

마지막으로, 부모는 장애아동의 미래를 미리 염두에 두고 준비해야 한다. 아동이 어느 정도 교육이 가능한지, 장차 다니게 될 학교는 어느 것인지, 집에서 통학시킬 것인지 장애인복지기관으로 보낼 것인지 등을 생각해야 한다. 또한 직업문제와 사회적응 문제도 생각해야 한다. 이를 위해서는 도움이 가능한 정부 기관이나 사회복지단체, 같은 문제를 안고 있는 부모 모임 등을 알아두는 것이 필요하다.

(4) 아버지와 형제자매 지원

사회복지사는 어머니가 다른 자녀와 남편도 장애를 가진 아이만큼 그녀를 필요로 한다는 사실을 알도록 도와주어야 한다. 아버지로 하여금 가장으로서, 그의 인간존중의 사상적인 역할을 보게끔 도와주고, 그 자신도 스스로의 중요성을 깨닫고 자녀에 대한 제반 문제에 능동적으로 관여해야 한다.

그 다음 형제자매도 지원해야 한다. 특히 성장과정에서 위험에 처할 가능성이 높은 형제자매를 '위험부담이 높은 비장애아동'이라고 할 수 있는데 사회복지사는 이들에 대한 개입을 가장 우선적으로 실행해야 한다. 그렇다면 '위험부담이 높은 비장애아동'이란 누구인가? 이들은 다음 중 어느 하나에나 그 이상의 범주들이 합쳐진 상태에 해당되는 형제자매를 말한다. 첫째, 단하나 뿐인 비장애아동, 둘째, 장애자녀와 나이가 엇비슷하거나 손아래인 아이, 셋째, 장애아동과 성별상 같은 동성의 동생이거나 장녀인 아이 넷째, 부모가 장애를 받아들이지 못하는 아이 등이다. 이들 아동에 대해 사회복지사의 개입실천 계획은 이들 위험부담을 안고 있는 아이들이 특히 취약한 심리적 어려움과 갈등, 낙심, 좌절 등을 다루도록 맞추어져야 할 것이다.

무엇보다도 형제들은 장애를 가진 아동들이 접할 수 있는 가장 좋은 친구이다. 정상적인 사회생활의 방법들을 습득하는 데 또래 또는 그 외의 대인관계 경험은 매우 중요한 데 형제들이 좋은 매개체가 될 수 있다. 가장 중요한 것 중 하나가 부모가 돌볼 수 없을 때 형제는 장차 아이를 도와줄 수 있는 가장 좋은 후견인이 된다. 그러나 어려서부터 서로 정이 없이 지낸 사이인 경우에는 자라서도 이해하고 도와주기가 어렵다. 그러므로 형제자매에 대한 개입실천은 매우 중요하다. 사회복지 기관에서 해야 하는 형제자매 지원은 다음과 같은 기본 방침으로 진행되어야 한다.

첫째, 형제자매들이 장애가 어떤 것인지, 왜 장애가 있는지, 그리고 유전여부를 명확히 알도록 한다.

둘째, 장애아동에 대한 긍정, 부정의 감정을 표현하고 극복해 나가도록 한다.

셋째, 장애아동의 문제행동에 어떻게 대하는 것이 좋을까하는 방법을 가르친다.

넷째, 가족들이 역할과 책임을 나누어 갖도록 한다.

다섯째, 장애아동의 발전을 너무 지나치게 떠들어대지 말고 지나치게 칭찬하지 않도록 한다.

(5) 장애인 가정을 만나는 사회복지사의 마음가짐

끝으로 사회복지 기관에서 장애인 가정을 지원하는 사회복지사가 가져야 하는 마음가짐을 다음과 같이 간략하게 정리해 보고자 한다.

첫째, 어떠한 상태라도 희망이 없다고 간주하지 말 것

둘째, 부모에게 주어야 할 정보를 보류하지 말 것

셋째, 모른다는 것을 인정할 것

넷째, 모든 부모들이 하는 팀워크에 대한 공헌을 존중할 것

다섯째, 전문용어 없이 설명할 것

여섯째, 부모의 감정이나 경험을 알고 있을 것

일곱째, 부모와 경쟁하지 말 것

여덟째, 최근의 지역사회자료에 대해 알고 있을 것

아홉째, 부모의 자아개념을 높이고 유지하는 데 도울 것

열 번째, 서비스전달 체계를 부모가 알게 도울 것

열한 번째, 부모지지 집단을 만들도록 권장할 것

열두 번째, 부모로부터 혹은 부모와 같이 배울 것

열세 번째, 전문가의 전문기술을 같이 나눌 것

열네 번째, 부모에 대한 무비판적 태도를 취할 것

열다섯 번째, 부모참여와 포함에 대한 전문가의 접근을 개별화할 것

열여섯 번째, 그들이 아동의 교육에 참여하도록 각 부모에게 많은 기회를 만들 것

열일곱 번째, 전문가가 가르치는 모든 아동의 부모들과 계속적인 상호 의사소통 수립을 위해 일할 것

3. 부모 훈련

특수교육 및 행동 심리학 분야에서 축적되고 있는 최근의 진보들이 장애아동의 부모를 대상으로 하는 사회복지실천을 혁신적으로 변모시키는 중이다. 가령 발전된 인지행동주의적인 특수교육 활동을 통해 많은 중증 장애아동들의 문제행동이 개선된다든지, 혹은 직업적응 능력이 향상된다든지, 사회성이 좋아진다든지 하는 일들이 가시적으로 나타나는 것을 들 수 있다. 이와 같은 성공적인 개입방법들을 사회복지적인 시각에서 걸러 또 하나의 새로운 사회복지실천 프로그램으로 개

발하여 활용할 수 있다면 과거 혹은 전통적인, 그래서 흔히 제한적이던 사회복지실천의 한계를 벗어날 수 있을 것이다.

그렇다면 사회복지실천이 지향해야 할 혁신적 개입방법의 핵심은 무엇이 되어야 하는가? 여러 가지로 생각해 볼 수 있겠지만 한 가지 정도는 확실하게 참신한 사회복지실천 개입방법으로 개발해 볼 수 있을 것이다. 바로 사회복지사가 철저하게 부모와 함께 장애자녀를 지원하는 프로그램이다. 다시 말해서 부모를 개입실천의 보조자 내지 관찰자가 아닌 실제적인 파트너로 받아들이고 그 부모를 훈련하고 교육시켜 궁극적으로 장애자녀의 긍정적 변화를 추구해 갈 수 있는 사회복지실천 프로그램이다.

이제 사회복지사들은 새로운 항로에 올라야 할 것이다. 장애자녀의 진정한 발달과 회복을 위해 부모와 함께, 그리고 부모를 통해 사회복지실천을 효과적으로 개입할 수 있어야 할 것이다.

1) 새로운 부모 훈련 프로그램의 지침

새로운 부모 훈련은 프로그램으로 개발되어야 한다. 그러므로 여기에는 향후 실행될 사회복지실천을 위한 두 가지 지침이 수립되어야 한다.

첫째, 사회복지사 자신이 장애인에 대한 새롭고 보다 건강한 기대감을 가지고, 부모에게 그것을 고취시켜야 한다. 둘째, 장애 인식이나 태도 등과 같은 문제 이외에도, 사회복지사는 부모에게 장애자녀를 다루는 보다 효과적인 기술을 갖추어 줄 수 있어야 한다.

(1) 긍정적 기대감

우선, 기대감이 현실적이면 장애아동을 대상으로 하는 개입실천에 대한 태도 역시 긍정적인 성격을 계속 지닐 것이며 좌절과 실패로 인하여 부정적인 것이 되지는 않을 것이다. 비록 학습이 더디고 그저 조금씩 증가하는 식으로 이루어지고 있지만, 장애아동들은 배울 수 있으며 관련된 사람들은 성공을 기대하여야 한다.

따라서 사회복지사를 포함하여 여러 전문가들과 부모의 관심이 장애아동의 성취에 대한 상층부 한계에 집중되어서도 안 되며 일반적인 학습 전반에 성급하게 집중되어서도 안 되는 것이다. 그렇다면, 긍정적이며 현실적인 기대감을 길러 주는 일은 사회복지사들의 태도를 재검토하고 바꾸는 것으로부터 시작할 수 있을 것이다. 전문가의 태도는 부모에게도 암묵적으로 또한 명시적으로 전달되며 제공되는 사회복지실천의 질에 영향을 끼치기 때문이다. 이 태도들은 특수교육 분야에서 크게 드러나는 커다란 진보를 반영해야 하는 것이다. 그렇게 해야 사회복지사들은 부모들에게 장애자녀에 대한 '현실적으로 긍정적인 기대감'을 불어 넣어줄 수 있게 되는데 그 방법에는 여러 가지가 있다.

첫째, 부모들은 자기 자녀가 한 번에 한 가지 기술이나 행동만을 배울 것으로 기대하도록 권장돼야 한다. 그렇게 해야 학습범위를 다루기 쉬운 정도로 제한하면서도 성취되어야 할 목표를 긍정적으로 확인해주기 때문이다.

둘째, 부모들이 목표를 수립할 때에는 어느 정도 확인된 목표를 달성할 수 있는 개입방법과 기술을 준비하면서 동시에 이를 실제로 수행할 수 있는 능력을 장애자녀들이 갖추고 있는지를 평가하는 데에 도움을 받을 수 있다. 현실적으로, 아이의 학습은 이미 지니고 있는 기술을 토대로 하여서만 진행될 수 있는 것이다.

셋째, 부모들은 성취되어야 할 임무를 구성하는 하부 단계들을 확인하고, 순위를 정하는 데 있어서 도움을 받아야 한다. 진보가 아주 조금씩 이루어지겠지만 이 진보가 부모들의 관심과 긍정적 기대감을 집중시키는 초점이 되어야 한다. 부모들의 관심을 이런 방향으로 돌려줌으로써 사회복지사는 부모들의 좌절감을 덜어주고 기대할 일의 중심을 잡아주며 그 자녀가 성취할 수 있다는 자신감을 위한 현실적인 토대를 구축하도록 도울 수 있는 것이다.

(2) 효과적인 기술

성취에 대한 긍정적 기대감은 장애아동의 부모들을 대상으로 하는 사회복지실천의 두 번째 지침의 토대 역할을 할 수 있다. 그 두 번째 지침이란 장애자녀를 다루기 위한 보다 효과적인 기술을 제공하는 것을 말한다.

부모들의 태도와 감정에만 전적으로 기울어지는 관심은 최소한의 치료법이라고 인식되어 왔다. 특히 자녀에게 반응하는 새로운 방법을 부모들에게 갖추어 주는 일을 사회복지사가 할 수 있다는 증거에 비추어 볼 때 그렇다는 말이다. 일상적인 임무에서, 부모들은 자녀의 자립도를 최대화하도록 도울 수 있으며 사회복지사는 부모들이 그렇게 할 수 있도록 준비시켜 줄 수 있다.

부모는 자녀에 대하여 교사의 역할을 맡고, 사회복지사는 부모에 대하여 상담역 또는 훈련 강사의 역할을 맡는다. 이 역할들은 여러 가지 이점이 있음을 보여준다. 대체로 부모들이 누구보다 먼저 자녀들의 문제성 행동에 부딪치며 처리해야 한다. 부모들은 학교에서의 학습으로부터 가정에서의 치료로의 이전을 용이하게 할 수 있다. 뿐만 아니라 장애아동의 부모는 자기 자녀의 성취에 기여하는 데에서 많은 만족을 얻을 수 있다.

사회복지사는 장애아동의 문제행동을 없애기 위해 그 부모의 도움을 자주 활용해 왔다. 그러나 유독 '지체'의 분야에서는 부모들이 자녀들로 하여금 적응성 행동을 터득하도록, 특히 자조와 사회적 기술을 터득하도록 도울 수 있는 것이다. 일상적인 활동에서 부모들이 가르칠 수 있는 임무에는 언어습득, 놀이행동, 용변훈련, 옷 입고 벗기, 음식 먹기, 주의 집중과 모방 등이 포함된다. 자녀의 이런 행동을 발달시키도록 부모들을 지도하기 위해서 사회복지사가 전문적인 언어치료사가 되거나 심리학자 또는 특수교육자가 되어야 할 필요가 있는 것은 아니다. 그러나 학습과정을 잘 알아둘 필요는 있을 것이다.

그렇게 되면 사회복지사들은 그 독특하고 중요한 역할, 즉 자녀교육의 제반 과정들을 부모에게 전달해 주고 이 과정들을 새로운 맥락의 범위 내에서 일반화하도록 돕는 역할을 성취할 수 있을 것이다. 특정 적응 기술 이외에도, 부모를 대상으로 하여 실천하는 사회복지사는 보다 일반적인 행동관리의 문제들, 즉 규율에 관한 문제나 부모-자녀 간 의사소통과 같은 문제에 전념할 수도 있을 것이다. 상담을 할 때 가르쳐 준 기술들이 이제는 개별화되어 나중에 가정에서 발생할 수 있는 다양한 상황에서 응용될 수 있을 것이다.

2) 새로운 부모 훈련 프로그램으로서의 '부모 상담'의 방법

사회복지사는 자녀를 다루는 기술을 부모들에게 전수하기 위해 다양한 방법을 사용할 수 있을 것이다. 어떤 한 가지 방법을 선택할 때, 필요한 일은 부모의 어려움과 강점, 장애아동이 직면하고 있는 문제점이나 임무 등에 관한 고려와 사회복지사의 전반적인 책임에 비추어 시간과 경제에 관한 실용적인 고려이다.

아래에서 검토될 방법들 중 어느 한 가지라도 개별적으로나 집단적으로 채택될 수 있을 것이다. 독특한 행동을 터득 중이거나 개조 중인 아이의 경우에는 개별상담이 더 선호될 것이다. 부모가 사회복지사로부터 개별적인 관심과 확인을 필요로 할 경우에도 그럴 것이다. 그러나 여러 부모와 자녀들이 비슷한 능력과 문제들을 지니고 있을 때는 집단상담이 더 나을 것이다. 집단 상담에서는 부모들이 서로 배우고 격려하면서 유용한 조언과 실례들을 나눌 수 있을 것이다. 사회적으로 소외된 부모들을 위하여서는 집단 상담만이 성취에 관한 이야기를 나눌 수 있는 유일한 자리, 그리고 격려와 지지의 유일한 원천이 될 것이다.

(1) 교육적 상담 (*Didactic Counselling*)

교육적 접근방식을 사용할 경우, 사회복지사는 교사의 역할을 맡아 행동관리 기술을 부모에게 전수해 준다. 부모에게 행동변화의 원칙을 가르치고 응용을 위한 연습을 시킬 의도로 프로그램된 교재들이 특히 집단 치료를 실시하는 사회복지사에 의하여 사용되는 경우가 증가일로에 있다.

교육수준이 제각각인 부모들이 이용할 수 있는 교재들이 의외로 많다. 이 방식을 개별화하고 화장실 사용 훈련, 식사기술 및 주의 집중과 같은 특정 기술훈련을 위하여 사회복지사가 자신의 자료를 손수 쓰는 것도 도움이 될 것이다. 교재로 개발된 자료는 두 가지 중요한 이점이 있다. 첫째는 절차와 행동배열(*behavior sequencing*)이 분명하게 드러나서 부모에 의해 되풀이되어 조화될 수 있다는 것이며, 둘째는 가정에서 일어나는 상황에의 적응과 일반화가 권장될 때, 교재에 나와 있는 '과제' 부과를 통해서 효과적으로 교육적 상담을 수행할 수 있다는 것이다.

(2) 모델링

부모 상담에 있어서 효과적인 두 번째 기술은 모델링(모범 보이기, *modeling*)이다. 이 경우 사회복지사나 교사 또는 다른 부모가 장애아동과의 바른 상호작용을 시범해 주는 것이다. 하지만 부모가 보여줄 수 있는 모범적인 바른 행동의 창고에 지속적으로 바른 행동을 수행하게끔 지원하는 기술들을 추가해 나가기란 결코 쉽지 않다. 그래서 부모들은 흔히 일단 집에 돌아와서 자신이 해야 할 일이 무엇인지를 알지 못해 어리둥절해 하곤 하는 것이다. 철저한 모델링은 부모가 할 수 있는 일을 먼저 파악한 후에 그 일을 달성함으로써 이루어진다. 그러므로 모델링은 자녀의 성장과 발전 못지않게 부모의 자신감을 키워주는데 큰 도움을 준다.

(3) 예행연습

부모 훈련의 효과적인 방법 세 번째는 예행연습인데, 부모가 집에서 장애자녀에게 보이게 될 반응을 실연해 보고 평가한 후 되풀이 연습하는 것을 말한다. 사회복지사의 역할은 모범 보이기를 통하여 연출을 하는 것만이 아니라 부모의 연기를 지지하고 격려해 주면서 칭찬하는 것이다. 이 방법이 지닌 이점은 부모에게 그의 자녀가 새로운 임무를 수행할 수 있을 뿐만 아니라 그 부모 자신이 그 아이를 돕는 데 있어서 중요한 몫을 하고 있다는 것을 보여줌으로써 자신이 소망하는 아이의 행동과 자녀에 대한 반응이 어떠해야 한다는 것을 이해하고 있음을 사회복지사에게 보여준다는 점이다.

(4) 비디오 혹은 디지털 동영상

동영상 제작 장비와 그 장비의 사용법을 배우는 데 필요한 약간의 시간을 투자할 수 있는 사회복지사에게 이것은 대단한 이익을 가져다 줄 수 있다. 일단 녹화가 되면 소망하는 자녀와의 상호작용의 모범적 현장이 필요한 때마다 언제든지 다수의 부모들에게 제시될 수 있다. 특수 분야의 전문가, 예를 들면 언어치료사와 같은 사람이 부모들이 언어 습득에 관하여 좀 더 배우기 위하여 모일 때마다 참석해야 할 필요는 없을 것이다. 부모들에게 자기 자녀와의 상호작용을 녹화·재생해 줄 수 있다면 말이다.

이렇게 동영상이 제작되어 활용될 수 있다면, 잘못은 신속하게 식별될 수 있으며 성공적인 반응은 긍정적으로 강화될 수 있다. 예컨대 딸의 식사시간이면 괴롭기만 하던 어느 아버지는 딸에게 제대로 식사하는 법을 성공적으로 가르치는 장면을 재생해 보면서 동영상이 없었더라면 믿지 못했을 거라고 외쳤다. 그 장면의 재생이 그의 자신감을 강화해 주면서 동시에 딸에게 한 자신의 반응을 면밀하게 검토할 수 있게 해 주었던 것이다.

장애자녀의 성장과 성숙, 회복과 재활 등을 실현하기 위하여 선정된 방법은 어떤 것이건 사회복지사가 부모를 존중하고 지원하여 줌으로써 보강 되어야 한다. 절차와 목표에 관한 명확한 정의는 부모들의 걱정과 불안을 최소화하고 부모의 성공 가능성을 최대화 하도록 도움을 준다. 가령 행동관리와 기술 습득을 위한 노력은 부모가 상당한 시간과 에너지를 투자할 것을 요구한다. 빈번한 전화가 사회복지사의 지원을 효과적으로 전달해 줄 수 있다. 그러한 지원은 혁신적인 상담 방법과 함께 장애아동의 부모에게 긍정적인 기대감과 현실 상황을 다루는 특정기술을 제공해 준다. 심리학자들과 특수교육 전문가들이 장애아동을 위한 '변화 형식'(*change modality*) 개발을 위한 특정 전문 지식을 지니고 있는 반면에 사회복지사들은 일상생활에서의 기대감과 조언을 응용하는 데 있어 부모들을 격려하고 훈련하고 지원할 준비를 갖추고 있는 것이다.

3) 새로운 부모 훈련 프로그램으로서의 '장애아동의 조부모' 지원

고령화 사회가 현실이 되면서 오늘날 많은 조부모들이 장애아동의 양육을 부모와 함께 감당해 간다. 이러한 상황은 과거에는 볼 수 없었던 현상이기도 하다.

실제로 조부모들은 손주를 자기 자신의 연장선에서 경험한다. 손주가 미처 태어나기도 전에 행복한 기대감을 즐긴다. 그들은 건강한 아기, 가정생활을 고양시켜 줄, 과거의 실망을 보상해 주고 자기 자식들과 그들의 갈등에 도움을 주는 아기를 바라게 되는 것이다. 이런 생각은 미래에까지 투사되는지도 모른다. 조부모들은 자신들의 신념을 지속시켜 줄 보다 높은 교육을 추구하며, 자신들이 성취한 정도를 훨씬 초과 달성할 또는 자신들이 동경했던 직종에 종사할 아기를 원한다.

그런데 장애아동의 출산 또는 아기의 장애가 확인됨으로써 가정에 미치는 영향은 미묘하고 광범위하다. 집안의 모든 식구들이 장애아동 양육의 스트레스를 경험한다. 부모 됨의 관계는 부단히 변모하며 결코 끝나지 않는다. 따라서 조부모의 역할은 전통적으로 그래왔듯이 가족의 희망을 깨트리지 않고 지켜내며, 관습을 살려가는 것이라고 할 수 있다. 조부모는 그들의 장애 손주를 위해서만이 아니라 가족 전체를 위해 최선의 것이 무엇인지 확인해 주는 데 있어 필요한 역할을 할 수 있다.

부모와 조부모는 '서로서로' 이해를 돕고 연민을 갖고 임무를 적절하게 분담함으로써 서로를 도와야 한다. 그러므로 사회복지사는 장애 손주를 사랑하면서도 어쩔 수 없는 인간적 실망과 거부감을 가진 조부모에 대해서도 적절한 개입실천을 하여야 한다.

(1) 조부모의 모습

자신들이 이루어 놓은 것들이 왜소하게 보이는 인생의 한 시기에, 조부모들은 '밑지는 거래'를 했다고 생각할는지도 모른다. 분개, 불편한 심기 그리고 당혹감이 처음에는 가족에 대한 긍지를 대신할는지도 모른다. 만약 거부감이 심하면 조부모들은 그것을 적절치 못하며 용납할 수 없는 일이라고 억누를 것이다. 그들의 외관상의 행동은 정반대 방향으로 나타날 것이다. 즉, 장애 손주에 대하여 지나치게 너그럽고 과보호적이 되어 자극을 줄여서 그 아이가 성장하여 독립할 잠재력을 훼손하게 된다.

무엇보다도 조부모 자신들이 나름대로 의문을 지니고 실망을 느낄 때 어떻게 긍정적일 수 있을까? 그들의 감정이 압도적일 경우에는 자신들의 두려움과 걱정, 불안에 관하여 이야기하는 것이 중요하다. 다른 사람들이 도움이 된다. 소아과 의사, 친구 또는 장애아동에 관하여 아는 것이 많은 사회복지사는 그 아이의 장애가 어느 정도인지 모르는 경우에라도 의문에 답을 해 줄 수 있다.

다운증후군, 두뇌손상, 뇌성마비 혹은 지체라고 기술되는 아이를 둔 가정에서는 실용적인 정보와 조언은 물론 비슷한 상황에 처한 다른 부모들의 현실적인 경험담을 싣고 있는 책을 읽으면 위로를 받을 수 있다. 조부모들은 장애아동들의 유년기, 학교에 다니는 시기와 사춘기 중에 장애아동을 위한 프로그램들을 다루는 신문과 잡지 기사들이 자주 눈에 띄는 것을 경험하게 된다.

자녀 양육에 있어서 조부모의 경우엔 성공적이었던 일일지라도 장애아동에겐 적합하지 않을 수 있다. 부모들은 조용히 자신들에게 전달되는 장애아동에 관한 정보를 고맙게 여기기 마련이다. 조부모들은 장애아동과 그 부모들을 피하지도 간섭하지도 않고 내면적으로 삭이는 것이 보다 용이하다고 점차 여기게 된다.

사회는 자녀와 손주를 다 포함하여 얼마나 빨리 성취하는가, 얼마나 훌륭하게 인생에 성공하느냐에 따라서 사람을 평가하는 경향이 있다. 모든 인간은 독특하지만 여러 가지 방법으로 소중히 취급될 수 있다. 사회의 기대는 수정될 수 있다. 다른 사람의 고통을 함께 경험하는 것은 사람의 감성과 균형감을 증진시켜 준다.

(2) 구체적인 제안

장애아동과 조부모의 관계는 그 아이의 발달에 중대한 기여를 할 수 있다. 장애아동은 다양한 경험에 대한 반응을 배우기 위해서 다른 사람들로부터 자극을 받아야 한다. 예를 들면 그 아이는 조부모의 집을 방문해야 한다. 장애아동은 연습에 의해서와 마찬가지로 모방에 의해서도 배우며 정확한 반응에 대한 반복적 칭찬은 학습을 증대시킨다. 장애아동에게 필수적인 3R, 즉 반복(*repetition*), 휴식(*relaxation*) 그리고 포상(*reward*)이 사랑하는 조부모에 의하여 자주 거듭 강조될 수 있다.

어린이는 관심을 먹고 무럭무럭 자란다. 장애로 인하여 아이가 친척들의 관심 밖으로 밀려나서는 안 된다. 장애아동은 할아버지, 할머니와 함께 산책을 오가고 차를 타고 다니며 다른 식구들과 함께 시장을 보러 다니기도 해야 한다. 조부모들은 일상적인 일이나 특별한 계제가 있어서 장애아동에게 관심을 줄 수 있는 기회가 있다. 그래서 그 아이에게 자신의 중요성에 대한 의식을 고취시켜 줄 수 있는 것이다.

다른 사람들 역시 장애아동과의 정상적 관계가 가능할 뿐 아니라 바람직하기도 하다는 것을 배우게 된다. 만일 부모들이 자기네 자녀가 가정과 사회에 무가치한 존재가 아닌가 하고 우려하면 조부모들은 의

연한 관심을 나타내 보임으로써 그 아이의 가치를 입증해 보일 수도 있다.

부모는 장애 자식을 남겨놓고 자기가 먼저 죽을 수도 있음을 깨닫게 될 때 흔히 도움을 필요로 한다. 장애아동의 조부모는 손주가 성인이 되어 일정한 수입이 필요할 때를 대비하여 자신들의 유언장에 한 조항을 써넣기 위해 변호사와 상담할 수도 있다. 그 아이의 평생 동안의 보호를 위한 계획을 수립할 때에 집안의 여러 사람들과 후견인 문제를 논의하는 데 도움을 받아야 한다. 장애인 개인을 위한 재정적 원조는 정부나 지자체로부터 기준에 따라 얻을 수 있다. 기숙사가 있는 학교나 세금혜택과 같은 자원에 관한 정보는 사회복지 기관이나 지역사회의 지원 단체에 가입함으로써 얻을 수 있다.

지역사회 역시 장애 어린이들에 관한 도움을 필요로 한다. 보다 향상된 생활과 보다 많은 기회를 그들에게 제공해 주기 위해서이다. 지역 사회에 있는 탁아 내지 보육의 기능을 하는 어린이집이나 지역아동센터, 장애아동을 위한 특수학급등의 프로그램이 지속적으로 유지되고 확산되기 위해서는 노년층의 힘을 필요로 한다. 따라서 조부모들이 여러 가지 점에서 중요한 힘이 될 수 있다.

생애주기에 따른 부모의 역할 제 6 장

개인의 성장과 발달의 단계를 설명하는 포괄적인 기준은 개인의 생애주기(*life cycle*)에 따른 발달과업이라고 볼 수 있다. 장애인 가족을 대상으로 하는 사회복지실천 개입을 할 때, 생애주기에 따른 발달과업을 이해하는 것은 매우 유용한 일이다.

즉, 생애주기에 근거하여 개입실천을 하게 되면 '문제를 어떻게 치료할 것인가'의 관점보다는 장애발생 또는 장애발생 이후의 특정 인생시기에 있어서 필수적인 발달을 위해 어떤 지원이 요구되느냐를 더 강조할 수 있게 된다. 또한 특정 인생시기에 장애를 가진 개인이 필요한 포괄적 서비스를 받을 수 있기 위해서는 현 서비스 제공시점에서의 관련 전문분야 간의 팀워크가 강조될 수도 있다. 나아가 장애인의 성장과 발달에 따라 다음의 생애발달단계로 이전할 때 전 단계에서 다음 단계로의 서비스 계획의 이전을 강조할 수도 있는 이점이 있다.

모든 개인의 생애는 출생에서 시작하여 사망으로 끝나며, 이 양자의 시간적 간격을 '생애기간'(*life-span*) 혹은 '생애주기'라고 한다. 《웹스터 사전》에 의하면 '생애주기'란 '유기체가 그 최초의 단계에서 다음의 세대와 같은 단계의 재현에 이르기까지 나타나는 일련의 발달상 모든 변화'를 의미한다. 즉, 생애주기란 개인의 출생에서 사망까지의 과정을 의미하고, 그 과정에는 일반적으로 반복되는 발달상의 모든 변화형태가 내재되어 있다. 또한 개인의 출생에서 사망까지 직·간접적으로 경험되는 모든 변화는 나이를 먹는 과정의 일정한 순서로 진행되고 모든 사람의 일생 가운데 반복되면서 다음 세대로 전달된다.

생애주기는 학자에 따라 조금씩 다르게 분류되나 여기에서는 에릭슨의 전 생애에 걸친 발달이론을 기초로 출생에서 노년기까지의 단계를 영·유아기 및 초기 아동기(0~6세), 학령기(7~18세), 성인기(19~60세), 노년기(61세 이상)의 4단계로 분류하여 살펴보고자 한다.[1)]

1. 영·유아기(0~2세) 및 초기 아동기(3~6세)

장애의 상당 부분은 출생 또는 바로 그 직후에 발생한다. 유아기나 걸음마기에 장애를 갖게 되는 아동은 생애주기에서 그 이후에 장애를 가지게 되는 사람들과는 다른 삶을 경험한다. 삶의 초기에 가지게 된 장애가 내포하는 중요한 의미 가운데 하나는 개인이 그들의 장애를 인식할 수 있는 인지능력을 가지기 이전부터 장애가 있다는 것이다. 그들의 첫 번째 경험은 장애에 대한 인식으로부터 시작한다. 가족들은 그들의 아이가 영·유아기 때부터 장애를 가지고 있는 것을 안다. 따라서 아이를 돌보는 데 가족들은 장애아동을 비장애아동과 다른 양육방식을 필요로 한다.

영·유아기의 주요 발달과업은 주변 환경에 대한 신체적·인지적 통제력을 획득하는 것인데, 장애아동은 이러한 측면에서 비장애아동보다 많은 어려움이 있다. 그러나 장애아동이라 할지라도 지지적 환경 제공

---

1) 생애주기에 대한 개념과 실제적인 통찰은 김종인, 우주형과 함께 이 책의 저자가 공저하여 2010년 도서출판 서현사에서 출간한 《장애인복지론》의 내용을 토대로 하였음을 밝힌다.

과 효과적 생활기술 훈련을 받는다면 영·유아기에 요구되는 발달은 비장애아동과의 차이 내지 간격을 최소화할 수 있을 것이다. 그러므로 영·유아기의 발달과업을 성취하기 위해서는 장애아동의 환경을 최대한 확대하는 것이 필요하다. 한편 영·유아기에는 장애아동에 대한 부모의 조기교육 관련 욕구가 크게 나타나는데, 장애유형 중 언어장애와 정신지체 영역의 조기교육 욕구가 높고, 일반적으로 장애정도가 심할수록 그 욕구가 강하게 나타난다.

그렇다면 이 시기에 부모가 감당해야 할 역할은 무엇인가? 이를 간략하게 정리하면 다음과 같다.

첫째, 올바른 모델로서의 역할이다. 즉, 부모로서의 올바른 정신자세와 일관성이 있는 언행으로 좋은 모델이 되도록 노력해야 한다. 부모의 수치심, 죄책감, 불안감과 부정적 태도는 곧 자녀의 정서에 좋지 않은 영향을 미치게 되므로 장애자녀를 있는 그대로 이해하고 수용하는 태도가 필요하다. 그리고 상황에 따라 다른 판단을 적용하는 부모의 비일관적 태도는 장애자녀를 혼란에 빠트리는 데 기여할 뿐 그 자녀의 교육적·심리사회적 발달을 저해할 수 있으므로 일관된 부모의 양육태도가 요구된다.

둘째, 자신감 향상을 위한 촉매자로서의 역할이다. 즉, 도와주는 일과 스스로 하는 일을 분별할 수 있어야 한다. 맹목적 사랑으로 인한 과잉보호보다는 자녀가 스스로 하는 일에 칭찬과 격려를 아끼지 않는 것이 장애자녀의 자신감을 길러 주는 첩경이다. 이때 부모가 각별히 유념해야 할 점은 자녀의 생활연령에 맞는 기술범위 내에서 자녀가 모험을 경험할 기회를 가능한 한 많이 제공하도록 힘써야 한다는 것이다.

셋째, 자녀에 대한 정확한 정보제공자로서의 역할이다. 즉, 장애아동의 효과적인 재활과 치료를 위해서는 장애아동에 관한 다양한 정보, 가족의 강점, 가족의 욕구를 기초로 한 가족목표를 개발해야 한다. 이를 위해서는 분명하고 정확한 정보가 형성되어 있어야 한다. 이때 부모는 장애자녀에 대해 가장 많은 것을 알고 있으므로 구체적이고 정확한 정보제공자로서의 역할을 충실하게 감당해야 할 필요가 있다.

넷째, 기능적 기술 훈련가로서의 역할이다. 즉, 항상 자녀의 앞날에 대해 생각하고, 자녀가 미래에 필요로 할 기능을 미리 탐색하여 어린 시절의 자녀에게 가장 알맞은 기능을 익히려는 노력이 필요하다. 일반적으로 비장애아동 부모들은 아동의 미래에 초점을 두는 반면, 장애아동 부모들은 근심스럽게 미래를 바라보게 되고, 학교 문제, 사회생활 부적응, 실직, 평생 돌봄 등과 같은 어려운 현실에만 집착함으로써 좌절감에 몰입되기 쉽다. 그러나 부모들은 자신의 장애자녀들이 할 수 있는 능력을 어느 누구보다 잘 알고 있으며 장애자녀의 잠재된 능력을 끌어내어서 앞으로 살아가는 데에 필수적인 일상생활 기술이나 사회생활과 직업 활동에 도움이 될 만한 기능적인 기술들을 습득하게끔 도울 수 있다.

다섯째, 긍정적 지도자로서의 역할이다. 즉, 자녀의 잠재적 가능성을 믿고 끈기 있는 노력으로 그 가능성을 실현하도록 힘써야 한다. 이때 '가르치고 도우면 변할 수 있다'는 확신을 갖는 것이 중요하며, 눈앞에 보이는 성취기대를 버리고 '작은 변화에도 만족할 줄 아는 자세'가 필요하다. 자녀들이 할 수 있는 일에 초점을 맞추고 작은 변화에도 만족하는 자세로 꾸준히 하나씩 가르쳐 나간다면, 이들도 배울 수 있다는 사실을 눈으로 확인할 수 있을 것이다.

여섯째, 부모조직 구성원 및 정치적 주창자로서의 역할이다. 즉, 부모조직이 주로 기여하는 세 가지 필수기능은 첫째, 서로의 문제와 욕구를 이해하고 불안과 좌절을 해소하도록 돕는 비공식적인 부모집단의 제공과 둘째, 서비스와 잠정적 자원에 관한 정보 제공, 셋째, 장애아동을 위한 필수적 서비스를 얻기 위한 조직의 제공을 들 수 있다.

일곱째, 가족의 한 구성원으로서의 역할이다. 즉, 과거 우리나라의 경우 장애자녀를 대상으로 한 모든 역할은 전형적으로 '부모', 특히 '어머니'에게 초점이 맞추어졌다. 그러나 최근 전문가들은 가족의 한 구성원으로서의 부모역할을 강조하고 있다. 이러한 변화는 '성공적인 가족

생활은 모든 가족구성원의 욕구를 고려한 것이어야 한다'는 주장을 전제로 한다. 즉, 한 가족의 각 구성원은 매우 밀착된 관계에 있기 때문에 한 구성원에 영향을 미치는 경험은 가족 모두에게 영향을 미친다는 것이다. 이제까지는 가족을 장애아동 대 부모(특히 어머니)의 이원적 관계로 보았던 것에 반해 현재는 가족 구성원 전체의 다양한 욕구인식에 점점 더 초점을 두어 장애아동 대 가족 전 구성원, 전문가 대 부모(특히 어머니)의 관계보다는 전문가 대 가족의 관계를 더 중시하는 양상으로 바뀌고 있다.

2. 학령기(7~18세)

이 시기에 속한 아동들은 학교를 다니게 되면서 친구의 수가 증가하고, 사회적·지리적으로 그들의 세계는 확장되며, 해로운 문제와 상황을 해결할 수 있는 구체적인 문제해결 기술과 능력이 발달한다. 또한 많은 기회를 위한 시기이면서, 발전이 제한될 수 있는 문제의 시기이기도 하다. 그 이유는 아이들이 가족으로부터 떨어져 성인이 되기 위한 첫 번째 단계에 접어들었기 때문이다. 장애아동이 이 시기의 발달과업을 성공적으로 달성하기 위해서는 본래의 교육적 이념을 희생시키지 않고 장애아동을 비장애아동과 균형 있게 통합시켜 주는 것이 중요하다. 즉, 그들을 위한 지지적인 환경과 기술을 제공하는 것이라고 할 수 있다.

예를 들면 인지적 측면에서 장애아동은 비장애아동과 내용이 다른 교육적인 프로그램이 필요한 것이지 기본적인 교육의 기회를 제공한다는 것에서는 비장애아동과 차이가 나서는 안 된다는 것이다. 어떠한 차별대우도 없이 장애를 가진 학생의 욕구에 부딪칠 근본적 준비를 한다는 측면에서 교육적 환경은 그들에게 중요하다. 아동들이 배워 가는 과정에는 개별교육이 필요할지도 모르며, 특히 이 시기에는 장애를 가진 친구와 의미 있는 접촉이 중요하다.

신체적 장애를 가진 아동들은 장애에 대해 널리 퍼진 부정적 의미의 대상이 되기 때문에 보통 자신이 장애를 갖지 않은 것으로 장애의 존재를 부정하게 된다. 또한 치료 상황이 주는 제한에 직면하게 될 것이며, 가족에 의해 과잉보호되어 타인에게 의존하려는 경우가 많으며, 다른 경험을 시도할 수 있는 기회를 박탈당하는 상황에 놓일 수 있다. 그리고 새로운 것을 시도하고 다소의 위험을 감수하는 도전적인 행동이 차단되며, 자신의 장애를 부적절한 행동에 의한 벌이라는 부정적 느낌을 가질 수 있다. 그리고 다른 아동들과 어울려 놀 수 있는 기회가 적고 친구들을 사귈 수도 없게 된다. 이런 문제들은 장애아동이 아동기에 나타나는 발달이나 역할을 제대로 수행할 수 없게 하며, 장애에 대한 적응도 현저히 감소하고 그로 인해 자기 개념이 형성될 수 없으며 비장애아동과 상호교류가 적어지고 사회활동의 감소로 사회에 재진입할 기회를 상실하게 된다. 그리고 가족의 관심이 장애아동에게 집중되는 경우, 발달에 적합한 형제자매 관계의 경험도 부정적이 될 수 있다.

학령기 후반에 이르는 청소년기는 개인의 정체감과 삶의 의미를 찾기 위해 노력하는 단계로 사춘기와 함께 나타나는 신체적·성적·사회적인 변화에 어떻게 대처하느냐가 중요한 이슈이며, 성인으로 나아가기 위한 하나의 전환시기라고 볼 수 있다. 또한 2차 성징의 발달과 함께 자신의 성적 성숙에도 적응을 해야 하며 부모나 자기를 둘러싼 기성세대로부터의 경제적·정신적 독립을 준비하기 위한 정체감 확립의 시기이기도 하다. 이 시기에 장애를 얻은 장애인들은 장애를 가지지 않은 비장애인과의 도전적인 상황에 마주치게 된다. 때론 장애 이전의 친구관계를 잃어버리거나, 비장애인들로 하여금 다른 동료와 다른 활동을 하도록 강요당할 것이다. 장애를 가진 상태에서 정체성의 발달은 특히 장애발생 이후 몇 달 동안 어렵고 혼란을 일으킬 수 있다.

그러므로 이 시기의 발달적 필요를 고려하고 장애를 확인하는 지지적인 환경이 중요하다. 새로운 동료 그리고 좋은 조언자 관계를 개발하는 것뿐만 아니라 친구관계와 가족관계를 유지하는 기회는 이 과정에서 중요한 도움이 될 수 있다. 한편, 이 시기의 장애인들은 방과 후에 이용할 수 있는 다양한 서비스 및 고등학교 졸업 후 자신의 미래를 어떻게 결정할 것인가에 관심을 가지고 있으므로 이에 적절한 상담과 지원체계가 필요할 것이다. 따라서 이 시기에 부모가 감당해야 할 역할은 다음과 같이 제시할 수 있다.

첫째, 사회복지사와의 협력자로서의 역할이다. 즉, 가족의 전 구성원들이 그 책임을 나누어 가져야 한다는 생각의 변화는 사회복지사와의 협력관계에서도 적용된다. 다시 말해 사회복지사와의 협력관계는 그 대상이 반드시 부모(특히 어머니)에게만 국한되는 것이 아니고, 또 그렇게 제한되어서도 안 되며, 사회복지사와의 협력자라 했을 때 그 의미는 부모만이 아닌 장애학생에 대한 장애인복지실천 개입을 지원하고 향상시킬 수 있는 모든 인적 자원을 의미하는 것으로 바뀌었다. 사회복지사와 부모가 효과적으로 협력하기 위해 필요한 기본적 자질이 있다. 우선 사회복지사와 부모가 자기통찰, 자아수용을 통해 장애아동을 돕는 동반자로서 서로를 수용해야 하고, 사회복지사는 물론이고 부모도 장애자녀를 위해 할 수 있는 것을 배우기 위해 모든 노력을 기울이고 지식을 쌓아야 하며, 의무감을 갖고 자신의 시간과 노력 그리고 재능과 자원을 기쁜 마음으로 투자해야 한다.

둘째, 교육자로서의 역할이다. 자녀와 직접적으로 상호작용하는 데 중요한 부모의 역할은 교육자로서의 부모역할을 수행하는 것이다. 부모는 자녀에게 관습, 전통적인 것, 일상생활 기술, 사회성 기술, 이동성, 학업 전 기술 등을 가르칠 수 있다. 부모가 교육자의 역할을 할 때, 다음 요소들이 고려되어야 한다. 첫째, 교육자 역할의 필요성, 건강, 재정, 가족상황에 관한 부부간의 합의, 둘째, 도움을 제공해 줄 전문가(예: 사회복지사, 특수교사, 치료사 등)의 참여 가능성, 셋째, 방해받지 않고 그 자녀에게 전념할 수 있는 시간의 유무, 넷째, 자녀가 느끼는 부담감과 싫증, 다섯째, 교육 시간 중 좌절, 실망, 성급함에 대한 부모의 자제력, 여섯째, 장애아동의 사회성 기술, 흥미개발 등의 기회제공 여부, 일곱째, 교육자 역할에 의한 가족구성원 간의 긴장 조성 유무, 여덟째, 부모의 교육자 역할에 대한 선호도 및 만족도이다.

셋째, 자원봉사자로서의 역할이다. 부모는 자원봉사자로서 장애아동에게 제공되는 서비스 향상을 위해 의미 있게 공헌할 수 있다. 장애자녀가 교육받고 있는 학교의 특수교사의 일상적 업무량을 덜어 주고, 특수교사의 업무를 보조하기 위해 개인지도를 하며, 장애아동들의 경험을 넓혀 주고, 학교문제에 대한 광범위한 지원을 할 수 있다. 장애자녀들과 직접 관련된 활동 외에도 교사 주선에 의한 부모 파트너 프로그램에서 다른 부모에게 정보를 제공하고, 의견을 교환하는 역할이나, 행동수정 프로그램 등과 같은 재활, 치료, 특수교육 활동에서 성공경험을 한 부모가 다른 부모들에게 정보를 제공해 주는 역할 또한 이에 포함된다. 자원봉사자 역할을 하기 위한 주요조건으로는 장애자녀를 돕고자 하는 마음, 주어진 임무수행을 신뢰 있게 하는 태도, 지시 따르기를 기꺼이 하는 태도 및 다른 사람과의 원만한 관계형성을 들 수 있다.

3. 성인기(19~60세)

이 시기는 성인 초기에서 후기에 이르기까지 그 시기가 길다고 할 수 있으며, 비장애인과 마찬가지로 장애인도 이 시기에는 원가족에게서 떨어져서 독립을 하게 된다.[2] 즉, 이 시기는 일차적인 친밀한 관계

---

2) 물론 비장애인에 비해 독립하는 경우가 절대적으로 많지는 않다. 아니 상당수의 장애인들이 여전히 원가족의 보호와 돌봄 속에 있는 것이 우리의 현실이기도 하다. 그럼에도 최근 그룹홈이나 활동보조인 제도의 활성화 등에 의해 점차 독립하는 경향이 강해지고 있는 것도 사실이다.

가 이전의 가족관계에서 새로운 가족관계로 이동하는 때이다. 가령 젊은 성인이 성공적으로 이 시기의 삶의 도전을 맞이하는 것은 가족들이 이 장애인을 얼마나 잘 준비시켜 독립적인 삶으로 내보내는가에 달렸다고 할 수 있다.

사회적 지원이 주어지면 자립이 가능한 성인장애인에게는 시설보다는 지역사회에 할당된 자원이 생활의 선택에 대한 다양한 접근을 가능하게 한다. 직업과 교육적 기회, 대중교통과 과학기술에 대한 접근은 특히 중요하다. 성인장애인들에게 필요한 적절한 자원의 제공이 없다면 결과적으로 장애인들은 의존을 벗어나지 못하게 되며 스스로에 대한 조정과 통제 가능성이 적어지게 된다.

일반적으로 이 시기는 가족과의 친밀한 관계가 사랑하는 사람과의 새로운 가족관계로 이동하는 때이지만, 흔히 장애를 가진 성인은 학교나 직업 전 훈련기관 등을 졸업한 이후 이 시기에 요구되는 것들과 만날 수 없는 경우가 훨씬 많기 때문에 요양원과 같은 큰 시설에 위탁되는 경우가 많은 것이 우리의 현실이었다. 이와 같은 소외를 방지하기 위해서 성인 초기에는 적절한 사회적 자원의 도움을 받을 수 있게끔 해야 한다. 또한 이 시기에 장애를 입은 사람들은 일반적으로 자기생활을 가지고 있으며, 그들은 이미 개발된 자기 이미지와 개성을 가지고 있다. 얼마 되지 않은 결혼과 같은 새롭게 형성된 친밀한 관계는 만약 배우자의 한쪽이 장애를 얻게 되면 특히 어려움을 겪게 된다.

30세가 넘으면 성인으로서 사회적인 삶의 방법과 내용을 준비하여 지역사회와 통합적 생활을 위해 직업을 결정해야 할 시기이다. 이 시기에 중요한 발달과업은 대인관계와 사회참여의 형태와 자립생활의 주요 수단으로서의 직업생활에 대한 적절한 적응력이다. 이 시기에는 가족의 보호능력이 감소하면서 자립적인 능력을 최대화하고 부모 외의 사회적 보호체계를 대비하는 계획이 요구된다. 성인기의 대표적 발달과업은 대인관계의 성숙, 사회적응 기술, 직업적 기능, 성적 적응 등이라고 볼 수 있다. 특히 장애인은 장애로 인해 사회적 활동과 관계형성의 기회에 제한을 받기 때문에, 관심의 초점을 점차적으로 사회생활과 다른 사람에게 확대해 가는 것이 필요하다. 한편, 성인기에는 치료 및 수술과 물리치료의 의료적 재활 이외에도 독립생활을 준비하기 위한 취업알선 및 직업훈련 등을 포괄하는 직업재활에 대한 욕구가 높다.

이 시기 부모들의 주요 관심사는 장애자녀에게 적합한 성인 주거지 찾기, 장애자녀의 가정 밖에서의 사회화 기회 요구하기, 진로선택 혹은 직업 프로그램 시작하기 등이다. 이 시기는 학교졸업 이후로 진로선택과 취업, 주거지 선택 등이 본격적으로 이루어지게 된다. 따라서 이 시기의 부모에게는 자녀의 자립생활 감독자로서의 역할이 강하게 요청된다.

4. 노년기(61세 이상)

장애를 가진 노인은 장애인복지와 노인복지의 2가지 복지에 해당하는 이중의 어려움을 겪는다. 즉, 고령 장애인 혹은 장애노인[3]은 장애 발생 원인에 따라 젊어서 장애가 발생하여 장애인으로 노령에 이른 노

---

3) 장애노인이란 언어적 의미로는 '장애를 가진 나이 많은 사람' 또는 '노령으로 인한 장애인'으로서 사용될 수 있다. 일반적으로 노인이란 "육체적·정신적으로 그 기능 및 능력이 감퇴되고 있는 시기에 접한 사람으로 생활기능을 정상적으로 발휘할 수 없는 사람"이라는 의미(이혜원, 1998)를 가지고 있고, 장애는 인간의 기능을 신체적 기능과 개인 전체의 기능, 그리고 사회 속에서 개인의 기능 등 세 단계로 나누고 있다. 이러한 기능이 소실된 경우를 손상·기능장애(*impairment*), 활동제한(*activity limitation*), 그리고 참여제약(*participation restriction*)으로 구분하여 장애의 여부를 신체적 또는 정신적인 손상이나 결함보다는 이로 인한 기능의 저하, 일상생활을 영위하는 데 필요한 활동에의 제약이나 제한에 초점을 맞추고 있다(ICF, 2001; 김종인·우주형·이준우 재인용, 2004). 이에 따라 본서에서는 노화와 장애를 가지고 있으면서 건강상태에 따라 손상, 활동, 참여 각각에 영향을 미치는 노인을 장애 노인으로 정의하였다.

령화된 장애노인과 노인이 되어서 장애가 발생한 노인성 장애노인으로 구분되는데, 이들 모두 노인문제와 장애문제에 직면하여 사회적으로 소외될 가능성이 높은 집단이며 이 결과 노인문제와 장애문제가 복합된 형태로 나타나게 된다.

따라서 장애를 가진 노인의 문제는 일반 장애인의 문제보다 더 심각하며, 또한 일반 노인문제보다 더 심각한 노인문제라고 말할 수 있다. 결국 우리나라 장애노인은 노인의 문제와 장애의 문제를 동시에 떠안게 되므로 우리 사회에서 가장 소외되고 취약한 계층으로 판단된다. 그러므로 점차 증가하는 장애노인의 문제는 더 이상 장애인 당사자와 가족 내의 문제이기보다는 국가나 지역사회의 개입을 필요로 하는 정책적 과제인 것이다. 따라서 장애노인을 위한 서비스와 정책을 개발하는 사회복지 전략은 점점 더 중요해질 것이다.

끝으로 이 시기에는 부모들이 이 세상에 없을 가능성이 많기 때문에 국가와 사회가 노년기에 있는 장애인을 보호하고 돌보아야 한다. 사회복지의 기본가치는 인간의 존엄성을 지키고 자신의 삶을 스스로 결정하는 데 있다. 따라서 자립능력이 저하된 장애노인이라 하더라도 잔존능력을 최후의 순간까지 발휘하여 자신의 의사에 따라 수발되는 것이 장애노인의 존엄성을 지켜주는 것이라 하겠다.

5. 소결

한 인간이 어머니 태중에서 나와 성장하여 죽음에 이르는 긴 생애 중, 장애 때문에 힘들고 어려운 과정을 거쳐 가는 장애인들의 상당수는 정신적 고통을 겪고, 극심한 고통은 불안이나 우울, 심하면 정신질환으로까지 진행되기도 한다.

하지만 그러한 인생의 과정에서 든든한 부모가 자신의 역할을 최선을 다하면 무수한 좌절과 낙심 속에서도 '황무지에 꽃이 피는 것' 같은 성공적 사례가 탄생한다. 그렇게 되면, 그 이전의 실패를 상쇄하고도 남을 큰 감격과 기쁨을 맛보면서 장애인과 그 가족은 다시 힘을 내게 된다.

그런데 이러한 성공적 사례들 속에는 반드시 부모가 있고, 무엇보다도 그 부모가 가진 장애자녀에 대한 긍정적인 시각이 있다. 즉, 장애문제를 병리적으로가 아닌 변화되어야 할 현재의 상황으로 보는 '강점시각'이다. 강점시각을 이해하기 위해 예를 들면, 우울증을 앓는 사람을 돕기 위해 서비스 개입실천을 해 본 전문가라면 누구나 한 번쯤 중얼거렸을 에피소드가 있다. 우울증으로 힘들어 하는 사람과 소크라테스식 질문법을 하다 보면, 전문가는 간혹 "물 컵에 물이 반이나 차 있다, 혹은 반 밖에 없다"와 같이 그 사람이 한쪽에만 치우친 해석을 하는 것을 알아차릴 수 있다. 이 비유는 자동적으로 자기 자신, 세상, 미래에 대해 부정적 구조를 가진 우울증 환자의 경향을 강조한다. 우울증으로 고통 받는 사람들에게 삶은 공허하게 느껴지기 마련이다. 그들에게 개인의 상실, 결핍, 실패 등은 명백하게 받아들여지지만 "반이나 차 있다"식의 긍정적 해석은 불가능하다.

실제로 대다수 전문가들은 "컵에 물이 반 밖에 없다"라는 부정적인 면에 주로 초점을 맞춰 온 것이 사실이다. 하지만 진정한 변화는 긍정적 미래상을 꿈꿀 때 가능하다. 즉, 문제가 아니라 강점의 가능성으로 인식의 전환이 일어날 때 변화는 현실로 이루어진다. 하지만 솔직히 그동안 전문가들은 서비스이용자가 문제로 인한 고통을 극복하는 것에 주로 초점을 두고 있었다. 이것 또한 마땅한 목표이지만 고통에서 단지 벗어나는 것만으로는 충분하지 않다. 서비스이용자들은 보다 더 새로운 힘을 기르고 개인적인 자원을 활용하고 갖추어 나가야 한다. 그렇게 하려면 목표로 삼을 수 있는 표상이 있어야 한다. 그것이 '강점으로 바라보는 시각'이다.

이러한 강점으로 바라보는 관점은 역사상 가장 오랜 베스트셀러인 성경의 주된 시각이기도 하다. 이스라엘 백성이 가나안에 들어가기 전 그 땅을 살펴보려고 열두 명의 정탐꾼을 보냈다. 그들 중 열 명은 돌아와 이렇게 보고하였다. "정말 그 곳은 젖과 꿀이 흐르는 땅이지만 그 땅의 사람은 강하고 성읍은 견고하다. 거기서 본 모든 백성은 키가 엄청나게 크고, 우리는 메뚜기 같다." 이렇게 보고한 사람은 위협과 약점 그 자체에 골몰하느라 그들이 가진 힘, 즉 하나님을 생각지 못했던 것이다. 그러나 여호수아와 갈렙은 적이 얼마나 강한지, 얼마나 악조건인지를 생각하기보다는 자신들의 강점, 즉 하나님이라는 광대한 자원을 강점화하려고 하였다. 그래서 두 사람은 이렇게 선언하였다. "그들은 우리의 밥이다. 그들의 보호자는 그들에게서 떠났고 여호와는 우리와 함께 하시느니라. 그들을 두려워 말라."

다윗과 골리앗의 싸움도 마찬가지이다. 이스라엘 사울 왕의 군대는 적장 골리앗 앞에서 두려워 떨며 싸워볼 엄두도 내지 못했다. 골리앗 장수가 얼마나 크고 무서운 존재인지, 상대편 조건에 너무 매몰되어 있었다. 그러나 소년 다윗은 골리앗보다 큰 하나님을 의뢰하였다. 그 하나님을 강점으로 믿고 의지하였다.

이와 같이 진정한 사회복지사는 장애인 당사자와 그 가족 모두를 강점으로 바라볼 수 있어야 한다. 강점을 바라보는 부모에 의해 장애자녀는 바르고 아름답게 성장한다. 어쩌면 우리네 인생 자체가 장애로 시작해서 장애로 끝나는 게 아닌가 싶다.

출생 직후에는 누구나 걷을 수 없고, 말할 수 없으며 가려서 먹어야 하고, 주는 대로 먹을 수밖에 없으며 대소변도 가리지 못한다. 즉, 일상생활도 할 수 없는 모습으로 태어난다. 다소 과장이지만 이렇게 부모나 양육자의 도움을 받아야 살 수 있다는 점에서 모든 인간은 태어나는 순간부터 장애를 갖고 있다. 학령기에 이르면 학습을 통해 지식을 축적하고, 의사소통을 하게 되며 사춘기를 경험해 가는 중에 이성교제에도 눈을 뜬다. 청장년기를 지나면서 어느 정도 독립된 생활을 하는가 싶더니 유수 같은 인생의 흐름 앞에서 어느 덧 노년의 때를 맞이하면서는 다시 출생 이후의 어린 아이와 같은 상태로 되돌아간다.

바로 장애를 갖기 시작하는 것이다. 이렇게 보면 장애라는 것은 누구나 가진 보편적 현상이다.

단지 장애가 발생하는 시기가 다를 뿐이다. 우리가 장애인이라고 보는 사람들은 비장애인보다 인생의 과정에서 먼저 장애를 경험하고 있는 것뿐이라고 할 수 있다. 그러므로 장애인을 '장애'로 보아선 안 되며 바로 '사람'으로 보아야 할 필요가 있다. 생애주기별 발달과업의 측면에서 부모의 역할을 살펴보면서 사회복지사가 기억해야 할 가장 중요한 인식이 바로 이것이다. 장애인은 사람이라는 것이다. 그래서 지금까지 문제라고 보고, 그 문제를 확대시켜 단정해 말해 온 그 모든 것들을 가능성과 소망 그리고 강점으로 바라보려고 노력해 보면 어떨까? 갑자기 장애인과 그 가족이 참 멋있어 보이지 않을까?

제7장 중도장애 발생에 따른 위기 가정 개입방법

IMF와 국제금융위기 등 심각한 경제위기를 몇 차례 경험하면서 우리나라의 경제상황은 과거와 같이 급격하게 나아지는 경우는 거의 없을 것으로 전망된다.[1] 이명박 정부의 임기가 거의 끝나가는 지금에도 상대적 빈곤은 악화된 상태이고, 절대빈곤자 수도 증가했으며, 청년실업과 장기실업 문제는 점차 고질화되는 실정이다. 이에 반해 기존의 공공부조제도는 까다로운 절차와 엄격한 자산조사, 부양의무자의 기준 등[2]으로 인해 사회안전망의 사각지대가 계속 존재하고 있으며 경제적

---

1) 본 저자의 견해가 현실화되지 않고, 하루속히 급속한 경제성장이 일어났으면 하는 바람이 간절하다.

2) 가령 긴급지원자는 소득과 재산의 사후조사를 통하여 적절하지 못한 대상자로 판정될 경우 지원받은 내용을 반환하여야 한다. 부양의무자 기준은 삭제되고 국민기초생활보장제도보다 완화되었다고는 하지만 여전히 자산조사의 기준은 엄격하다. 긴급지원제도의 소득기준은 최저생계비의 130%이다. 현재 최저생계비 120% 이내의 차상위 계층과 기초생활수급자는 기초생활보장제도를 통한 지원을 받게 되어 있어 사실상 긴급지원제도 대상자는 최저생계비의 120% 이상 130% 이하의 단 10%만이 해당된다. 또한 10%의 소득범위에 속해 있어도 금융재산이 120만원만 넘으면 긴급지원을 받을 수가 없다. 이는 긴급지원제도가 위기상황에 처해 있는 사람들에게 필요한 서비스

어려움과 사회적 환경의 급격한 변화 그리고 그 밖의 다양한 위기상황은 가족해체와 붕괴, 가정폭력 및 가족학대, 성폭력, 자살 등 병리적 문제와 같은 역기능적인 모습으로 사회 곳곳에서 발생되고 있다. 더욱이 교통사고나 산재, 뇌졸중 등으로 갑작스럽게 장애를 입은 중도 장애인들의 경우 이상의 문제들뿐만 아니라 장애로 인한 신체적·정신적·사회적·경제적 문제들까지 직면하여 상당한 위기 상황에 처할 가능성이 많다.

특히 중도장애로 인해 발생한 빈곤은 그 자체로 끝나지 않고, 부가적인 질병과 고독이 뒤따르고 국가의 부담도 그만큼 커진다. 가난하고 아픈 장애인은 병원 신세를 많이 지게 되어 건강보험 재정을 악화시킨다. 자연히 가족의 삶도 상당한 위기에 직면한다. 동시에 국가의 치료 및 보호, 간호 등과 같은 의료와 간병서비스 부담이 늘어난다.

심지어 배우자와 가족이 점차 소진되어 가족 간 갈등상황을 초래할 수 있을 뿐만 아니라 가족 해체와 같은 심각한 어려움도 초래할 수 있다. 물론 중도장애라는 위기상황에 대처하는 가족기능의 수준이 높을 때에는 오히려 가족 관계의 항상성이 더욱 좋아질 수도 있다. 하지만 그렇지 않은 경우가 훨씬 더 많은 것이 현실이다. 그래서 중도에 장애를 갖게 된 사람과 그 가족을 위한 사회복지적인 접근 중 가장 우선적이면서도 유용하여 기본적으로 수행하는 것이 바로 위기개입인 것이다.

제임스와 질리랜드(James & Gilliland)에 의하면 위기란 개인의 현재 자원과 대처기제로는 감당하기 어려운 사건이나 상황을 지각하거나 경험하는 것이다. 만약 고통이 사라지지 않는다면 위기는 개인의 심각한 정서적·행동적·인지적 역기능을 일으킨다. 이러한 위기가 사회문제로 대두될 때, 정부는 국가적 차원에서 위기해결을 위한 긴급지원을 구체적으로 한다. 우리나라도 사회문제화된 위기상황에 대처할 수 있

를 신속히 제공하여 긴급 상황을 대처하고, 나아가 극빈층으로의 전락을 방지하고자 하는 정책의 목적달성에도 저해 요인이 된다고 본다.

도록 긴급지원제도를 도입하여 전달체계를 개선하고 민간과의 연계를 위해 노력하고 있다.

하지만 우리나라의 긴급지원제도는 긴급복지지원법 제 1조에 '위기상황'으로 상황에 대한 지원만을 한정하고 있다. 따라서 정의되지 않은 위기상황에 처한 대상자들에게는 접근이 제한된다. 그만큼 이 제도가 지원할 수 있는 대상자의 범위도 좁아진 것이다. 또한 긴급복지지원법이 한시법으로 제정되었기 때문에 제도의 지속여부에 대한 안정성이나 이 제도에서 지원하고자 하는 지원대상자의 권리가 약화될 우려가 있다. 또한 우리나라에서 위기상황에 처하여 긴급지원이 필요한 대상들은 주로 미취업, 실직과 같은 소득상실의 경제적 어려움 때문인 경우가 많다. 그럼에도 불구하고 지원내용은 기초생활보장제도와 비슷한 수준의 급여가 단기지원 되는 것이 주가 되고 있을 뿐, 근로능력자를 위한 고용연계와 같은 지원이 부족한 실정이다. 뿐만 아니라 고착화되어가는 만성적 위기상황에 처해 있는 중도장애인들에 대한 긴급지원은 더더욱 미흡한 현실이다. 이는 현대산업사회 속에서 산재 및 자연재해, 교통사고, 과로에 의한 뇌출혈과 뇌졸중 등으로 인한 중도장애인 인구가 증가하고 있는 현실에서 사회적으로 반드시 해결해야 할 문제로 대두되고 있다.

국내외를 막론하고 일반적으로 긴급지원의 내용은 위기상황에 어떠한 관점으로 접근하는가에 따라 다양하게 나타날 수 있다. 집이 필요한 사람에게는 주거공간의 제공이 필요하고 기초적인 생활에 필요한 돈이 없는 경우에는 최소 생활비를 지원해야 한다. 그리고 아픈 사람에게는 의료지원이 필요하다. 회복과 기능 증진이 필요한 경우에는 재활서비스가 요구된다. 정서적으로 불안하거나 우울하여 심한 자살충동을 자주 느끼는 경우에는 그에 적합한 심리상담 서비스가 필요하다. 다행스럽게도 긴급지원제도에서 2007년부터 설치 운영되고 있는 보건복지콜센터, 2008년도 11월부터 경기도에서 시작된 무한돌봄사업 등은 기존의 공공부조에서 겪었던 전달체계의 문제를 개선하기 위한 노력의 일부이며 계속해서 보다 효과적인 방법으로 발전해 가고 있다.

최근 한국의 사회복지실천은 개입대상별, 개입현장별로 더욱 세분화·전문화되는 추세이고, 다양한 영역에서 일하는 사회복지사의 수도 증가하였다. 특히 성폭력, 배우자 학대, 상실, 자살 등의 다양하고 복잡한 문제로 인해 위기상황에 처한 서비스이용자를 돕는 사회복지사가 늘어나고 있다. 이렇게 다양한 위기상황을 접하게 되는 사회복지사에게는 기존의 개입방법이 아닌 전혀 새로운 지식과 개입전략이 요구된다. 여기서 위기개입은 사회복지실천의 혁신적, 창의적 하위 전문분야로써 사회복지사에게 매우 효과적 개입전략으로 사용될 수 있을 것이다.

그럼에도 실천 현장에서 발생되는 긴급지원 케이스에 대한 위기대처 방법으로써 위기개입은 그 필요성과 중요성에 비해 실제 활용하기가 용이하지 않다고 판단된다. 그 이유는 위기개입 상황에 처한 사회복지사가 위기개입을 하려고 해도 이러한 상황에 대한 교육과 훈련을 통해 숙련되어 있지 못하기 때문이다. 각양각색의 긴급지원 케이스가 점차 빈발하는 현실에서 중도장애인을 대상으로 하는 위기개입은 임상 현장에서 일하는 사회복지사가 활용해야 하는 주요한 개입방법으로 크게 대두되고 있는 실정이다. 따라서 '중도장애인을 위한 위기대처 접근'은 상당한 위험을 내포하는 위기상황에서 요구되는 생략 구체적인 사례관리개입 전략과 기술로써 매우 중요하다고 하겠다. 무엇보다도 위기개입의 대표적 사업으로 이미 시행되고 있는 무한돌봄사업을 효과적으로 발전시켜 나가야 할 입장에서 더더욱 '중도장애인을 위한 위기대처 접근'은 여러 전문 사례관리자들이 이해하고 익혀야 할 중요한 전략이자 실천기술이라고 판단된다.

1. 이론적 배경: 일반적 위기개입 모델

위기이론과 이를 단기 개입실천에 적용시키고자 하는 시도는 1960년대 이후 커다란 관심의 대상이 되어왔다. 위기개입 모델과 실제는 린데만(Lindemann)의 극심한 슬픔반응에 관한 연구와 카플란(Caplan) 및 동료학자가 수행한 예방정신의학 연구 프로그램 등에 기초해서 1950~60년대에 걸쳐 급격한 속도로 성장하였다.

1) 위기개입 모델의 이해

자연재해나 갑작스런 생활상의 사건, 발달과정에서 경험하는 스트레스 등으로 인해 격심한 고통의 감정을 일시적으로 경험하고 그 충격으로 유발되는 스트레스로 일상생활 수행에 어려움이 발생하는 경우, 이에 대처할 능력과 자원이 부족하여 문제가 생기는 사람들에 대한 관심으로부터 나온 것이 위기개입 모델이다. 따라서 위기개입 모델의 목적은 극심한 스트레스 상황에서 즉각적으로 필요한 서비스의 지원과 격심한 고통 이후에 발생할 수 있는 심각한 심리적 붕괴현상의 예방에 있다. 또한 위기개입은 단적으로 말해 인간의 정상적인 기능을 와해시키는 연속적인 사건들을 차단하기 위한 활동이라고 할 수 있다.

(1) 위기개입 모델의 특징

위기개입 모델을 하나의 기법으로 공식화한 전통은 앞서 언급했던 카플란(Caplan, 1965)의 예방 정신의학 저서에서 비롯되었다. 따라서 그 방법론의 기원은 정신보건사업에서 그리고 질병의 치료보다는 예방에서 찾을 수 있다. 위기개입 모델은 특히 정신보건 분야의 여러 서비스에서 폭넓게 활용되어 왔으며 최근 우리나라 사회복지실천 현장에서 폭넓게 각광받고 있다. 위기개입 모델은 기존 모델들을 절충한 통합적인 형태를 갖고 있으나 이론적 측면에서는 정신역동적 관점에서 나오는 자아심리학의 기본요소들을 사용하고 있다. 따라서 외적 사건들에 대한 정서적 반응은 무엇이며, 어떻게 그 반응들을 합리적으로 통제해야 할 것인지에 초점을 둔다.

또한 위기개입에서 강조되는 중요한 사실은 위기에 대해 사람들이 어떠한 정서적 반응을 보이는가 하는 것과 매일 부딪치는 문제를 다루어 나갈 수 있는 능력이 형성되어 오랫동안 지속되어야 한다는 데에 있다. 이러한 위기개입 모델은 위기개념과 단기개념을 포함한다. 즉, 위기개입은 위급한 상황에 대한 즉각적인 대처라는 의미를 갖고 있다. 골란(Golan)에 의하면 위기개입 모델의 기본가정은 다음과 같다.

첫째, 다양한 상황에서 초래되는 직접적인 스트레스와 위험한 사건에 직면했을 때 겪는 격심한 정서적 불균형과 사회적 해체현상은 정상적인 것이다.

둘째, 위기상황에서 겪는 격심한 고통은 정상적인 삶의 경험이며, 정상적인 상태에서 겪을 수 있는 일시적 혼란이다. 위기사건은 위기당사자에게 파괴적 영향을 미칠 수 있는 사건이기도 하지만, 당사자 자신이 전체 삶의 맥락에서 해석하는 의미에 따라 위기일 수도 있고 발전의 기회일 수도 있다.

셋째, 정서적인 불균형을 경험하는 사람은 본능적으로 정서적 균형을 찾으려는 경향이 있다.

넷째, 인간은 정서적 균형을 회복하려고 노력하는 과정에서 일시적이고 격심한 심리적 유약성을 경험할 수 있다.

다섯째, 심리적으로 현저히 약해져 있을 때 일반적으로 사람들은 심리적인 치료서비스를 수용하는 태도를 갖게 된다.

여섯째, 위기는 부정적인 결과를 가져올 수도 있지만 한편으로는 성장과 발전의 기회가 되기도 한다.

(2) 주요 개념

일반적인 위기개입 모델에서 다루어야 할 가장 중요한 개념은 위기에 대한 정의와 위기가 의미하는 상태에 관한 것이다.

① 위기의 정의

위기란 위협적 혹은 외상적 위험사건의 경험으로 취약해져 이전의 대처 전략으로는 스트레스나 외상을 대처하거나 경감할 수 없는 불균형 상태가 되는 것을 말한다. 좀더 구체적으로 살펴보면 다음과 같다.

첫째, 상황적 위기 — 위기상태를 촉발하는 사건을 중심으로 분류한 것이다. 가령 심각한 질병, 외상, 사랑하는 사람과 사별, 자연재해, 폭력범죄 등 갑작스럽게 발생하는 외부 사건에서 경험하는 위기이다.

둘째, 발달적 위기 — 발달단계, 성숙과정에서 발생하는 생활사건이나, 발달단계에 필요한 발달과업으로 새로운 대처 자원이 필요한 성숙을 향한 위기이다. 예를 들면 청소년의 정체성 위기, 중년의 위기, 노년의 위기 등이 있다.

셋째, 실존적 위기 — 목적, 책임, 독립성, 자유, 헌신 등 인간에게 중요한 이슈를 동반하는 내적갈등이나 불안과 관련된 위기이다.

② 위기의 상태

위기가 의미하는 상태는 다음과 같다.

첫째, 혼돈, 걱정, 절망, 분노 같은 감정을 동반한 격심한 정서적 혼란 상태이다.

둘째, 위기에 처한 개인은 심리적으로 취약하고, 방어기제는 위축돼 있으며, 문제해결과 대처능력은 심각하게 와해된다.

셋째, 격심한 위기상태는 일시적 상태로, 보통 6~8주 정도 지속된다.

2) 위기개입 모델에 근거한 사례관리의 특징

위기개입 모델에 근거한 사례관리의 특징은 긴박한 심리적 위기에 처한 서비스이용자의 특별한 욕구와 관심을 설명할 수 있다는 것이다. 사회복지실천 현장에서 위기개입 모델에 기초한 사례관리는 개인이나 가족의 기능이 개인적 손상 혹은 비극으로 인해 갑작스럽고 심각하게 영향을 받았을 경우 적용된다. 이 모델은 그 위기를 불러일으킨 사건 직후 4주에서 6주 동안 활용되며 특히 개인적 위기로 인해 정상적 기능을 못하는 사람에게 제공되는 집중적이며 시간 제한적인 개입의 중요성을 강조한다.

3) 사례관리에의 적용

(1) 개입원칙

위기개입의 개입원칙은 다음과 같이 간략하게 설명할 수 있다.

첫째, 서비스이용자가 최소한 위기 이전의 기능 수준으로 회복하도록 돕는 것이다.

둘째, 직접적으로 위기상황과 관련된 구체적 문제에 초점을 두며, 현재 지향적이어야 한다.

셋째, 다른 모델들에 비해 상대적으로 단기접근이다. 위기개입 기간은 4~6주 정도이다.

넷째, 구체적이고 관찰이 가능한 문제가 위기개입 표적이다. 과거를 탐색하는 데 비중을 두지 않고, 과거를 탐색할 경우 현재 위기와 직접 관련이 있는 것에 한정한다.

다섯째, 가장 적절한 최선의 치료전략을 세워야 한다. 단순히 차선책으로 접근해서는 안 된다. 위기는 심각하고 적절한 개입책을 마련하는 것이 최우선 순위이다.

여섯째, 위기개입 사회복지사는 다른 어떤 실천접근에서보다 적극적이고 직접적인 역할을 한다.

(2) 사례관리 과정

위기개입 모델에 기초한 일반적인 사례관리 과정은 '사정 → 계획 → 개입 → 위기대비계획'으로 설명할 수 있다.

① 사정단계

- 서비스이용자가 왜 오늘 도움을 받으러 왔는지 고려한다. 위기 문제로 사회복지사를 찾아올 때에는 보통 위기 발생 후 2주 정도 망설이다가 찾아오기 때문에 빨리 이를 파악한다.
- 서비스이용자가 현재 위기와 선행사건을 어떻게 인식하는지 고려한다.
- 서비스이용자가 주위의 도움을 받을 만한 자원이 있는지, 그리고 지지수준과 질은 어느 정도인지 고려한다.
- 서비스이용자가 과거에 비슷한 문제를 겪은 적이 있는지, 있다면 어떻게 대처했는지 고려한다.
- 위기개입에서 반드시 고려해야 할 자살, 타살의 위험에 대해 질문한다.

② 계획단계

- 위기 때문에 서비스이용자 기능은 어느 정도 손상되었는지, 일상생활 수행 능력은 어느 정도 회복될 것인지, 서비스이용자 주변 자원들은 어떻게 반응하고 있는지, 서비스이용자는 어떤 도움을 받을 수 있는지 등을 평가한다.
- 가능한 대안들을 고려하고 이들의 장단점을 파악하여 무엇을 수행할 것인지 행동계획을 세운다.

③ 개입

- 개인이 자신이 처한 위기에 대해 지적으로 이해할 수 있도록 돕는다.
- 서비스이용자가 표현하기 힘들어하는 감정을 표현하도록 돕는다.
- 대처기제를 탐색한다.
- 서비스이용자가 자신의 사회적 지지체계를 형성하거나 다시 형성할 수 있도록 돕는다.

④ 위기대비 계획

- 서비스이용자가 미래 다른 위기에도 대처할 수 있도록 돕는다.
- 위기개입 마지막 단계에서 서비스이용자가 위기를 다루는 과정에서 무엇을 배웠는지 정리한다.

(3) 위기개입 모델의 실제적인 적용 기법

최근 널리 사용되는 위기개입 기술은 위기가 발생한 현장에서 즉시 위기개입 하는 것이다. 이는 중대한 사건이 발생한 것을 계기로 겪게 되는 극심한 스트레스와 불안을 현장에서 즉시 다루고, 같은 현장에 있던 사람들이 함께 집단으로 참여해 좀더 구체적인 정보와 사실을 토대로 감정을 공유함으로써 응급처치 효과를 가져 올 수 있다는 데에서 매우 유용한 실천 개입 기술이다. 골란(Golan, 1986)이 주장했던 위기개입 모델을 사용할 때 일반적으로 적용되는 기법은 다음과 같다.

① 정보 제공 환기
② 상실의 의미를 표현하도록 격려
③ 참가자의 정서반응이 정상이라는 것을 재확인시켜 주기
④ 집단과 동료의 사회적 지지 제공
⑤ 사건에 대한 오해와 잘못된 정보 줄이기
⑥ 참가자의 대처노력을 격려, 교육, 강화하기
⑦ 긴장과 불안을 완화하는 방법 사용하기

⑧ 사건 이전으로 기능회복 돕기
⑨ 사후관리가 필요한 대상 확인하기

2. 위기대처 방법 : 긴급지원에 유용한 위기개입 6단계 모델

제임스와 질리랜드가 제안한 위기개입 6단계 모델[3]은 앞서 설명한 일반적인 위기개입 모델에 근거하고 있으면서 가정폭력 및 가족학대, 성폭력, 자살충동 등과 같은 매우 긴박하면서도 심각한 위기상황에 보다 더 효과적인 실제적 위기개입실천 모델이다. 동시에 위기개입 6단계 모델은 사례관리 개입과정을 수행해 나가는 데에도 크게 유용한 모델이라고 할 수 있다.

1) 사 정

위기개입 6단계 모델은 사정과 개입으로 이루어진다. 우선 사정을 위해 사회복지사는 서비스이용자에 대해 충분한 검사를 하거나 깊이 있는 정보를 얻을 수 있는 시간이 부족하다. 따라서 DSM-IV의 진단기준이나 자기보고 형식의 측정도구를 사용하여 사정하기는 어렵다. 그래서 6단계 모델에서는 위기분류사정양식(Triage assessment form: TAF)을 주로 사용한다. '위기분류사정양식'은 긴박한 위기상황에서 서비스이용자의 정서, 행동, 인지적 영역의 현재기능을 빠르게 파악할 수 있도록 만들어진 도구[4]이다. 정서영역에서는 서비스이용자가 현재 보이는 정서적 반응이 상황을 부인하거나 회피하는지, 정상적인 것인

3) 여기에서 인용한 위기개입 6단계 모델의 주요 내용들은 한인영 등(한인영 외, 2001)이 번역하여 국내에 소개한 것을 장수미 · 이선민 · 문용준(2006)이 일목요연하게 정리한 것을 본 저자가 다소 수정 · 보완하여 사용하였음을 밝힌다.

4) 한인영 등이 번역한 《위기개입》의 pp. 50~53까지를 참조하기 바란다.

지, 충동적 상태 혹은 충격적 상태를 나타내는지 등을 전반적으로 살펴본다. 이때 '분노/적의, 두려움/불안, 슬픔/침울' 등과 같은 다양한 정서의 출현 여부를 파악한다. 행동영역에서는 서비스이용자의 행동양상이 접근적인지, 회피적인지, 무력해져서 비유동적 상태인지를 사정한다. 인지적 영역에서는 음식, 주거와 같은 물리적 측면, 자아개념, 정체감 등 심리적 측면, 가족, 친구와 같은 사회적 측면, 가치, 신념체계와 같은 영적 측면에서 어떻게 손상 정도를 인지하는지를 측정한다.

위기개입을 하는 사회복지사는 세 영역에서의 서비스이용자 상태를 제시된 전형적 반응양식에 따라 분류하고, 서비스이용자의 현재 기능수준을 수치화한다. 즉, 1~10점으로 구분하여 1점: 손상 없음, 2~3점: 극소의 손상, 4~5점: 경미한 손상, 6~7점: 중등도의 손상, 8~9점: 현저한 손상, 10점: 심각한 손상으로 분류한다. 세 영역을 합하면 3점에서 30점까지 점수가 산출된다. 이때 점수가 낮을수록 서비스이용자가 평형 및 유동적 상태에 있음을 의미한다. 평형, 유동성의 정도에 대한 사정은 위기개입을 하는 사회복지사의 개입활동 정도를 결정하기 때문에 중요하다. 서비스이용자가 비유동적 상태에 있을수록 지시적 개입이 필요하며, 유동적 상태에 있을수록 비지시적 개입을 하도록 한다.

2) 개 입

사정이 위기개입의 전 과정에서 진행되는 역동적 활동으로 계속되는 동안 위기개입을 하는 사회복지사는 6단계에 따라 구체적 개입을 실시한다.

1단계는 문제를 정의하는 단계로 이때 서비스이용자의 관점에서 문제를 정의하고 이해하는 것이 중요하다. 위기개입을 하는 사회복지사는 위기상황에서 당황하는 서비스이용자의 문제를 재빨리 파악하기 위해서 감정이입, 진실, 수용, 긍정적 관심을 제공하는 경청기술을 적극적으로 사용하는 것이 좋다.

2단계는 서비스이용자의 안전을 확보하는 단계이다. 안전이란 자신과 타인에게 신체적, 심리적 위험을 최소화하는 것이다. 여기서는 서비스이용자의 안전을 두 번째 단계로 하였지만 안전은 위기개입 전 과정에서 우선적으로 고려해야 할 사항이므로 이 단계를 유연성 있게 적용해야 한다.

3단계는 지지하기이다. 위기개입을 하는 사회복지사는 서비스이용자에게 '당신에게 진정한 관심을 가진 사람이 여기 있다'는 사실을 확신시켜, 서비스이용자가 위기개입을 하는 사회복지사를 무조건적, 긍정적으로 수용할 수 있도록 해야 한다. 이 세 단계에서는 위기개입을 하는 사회복지사의 경청하는 자세가 매우 강조된다.

4단계는 대안을 탐색하는 단계이다. 위기에 처한 서비스이용자는 실제로 선택의 여지가 없다고 믿는다. 또한 비유동적 상태에서는 최선의 선택이 무엇인지 알기 어려우므로 이 단계에서 서비스이용자에게 적절하고 가능한 선택이 무엇인지 폭넓게 찾아보는 것이 필요하다. 위기개입을 하는 사회복지사는 서비스이용자에게 많은 대안이 있음을 인식시키기 위해 상황적 지지자, 대처기제, 긍정적 사고패턴을 찾아낸다. 상황적 지지자란 예전부터 서비스이용자를 잘 아는 사람으로 도움을 제공할 수 있는 사람이며, 대처기제란 서비스이용자가 위기를 극복하는데 사용할 수 있는 행동적·환경적 자원을 의미한다. 긍정적 사고패턴은 서비스이용자가 스트레스와 불안을 경감시키도록 하는 사고방식으로 문제를 보는 관점을 바꾸도록 한다. 위기개입을 하는 사회복지사는 이 세 가지를 찾아냄으로써 무기력해진 서비스이용자에게 도움을 줄 수 있다.

5단계는 계획세우기로 이전 단계와 연결된다. 이 단계에서는 즉각 서비스이용자에게 지지해 줄 수 있는 사람과 집단, 의뢰자원을 명확히 하고 서비스이용자에게 즉각 사용할 수 있도록 대처기제를 제시해야 한다. 중요한 것은 서비스이용자가 계획된 사항을 자신의 것으로 느낄 수 있도록 서비스이용자와 협력하여 계획하는 것이 중요하다. 서비스이용자가 해야 할 일을 원조자가 결정하는 경우가 많기 때문에 서비스이용자가 자율성을 갖고 사회복지사에게 너무 의존하지 않도록 한다.

6단계는 참여시키기 단계로 계획단계가 효과적으로 수행되면 참여단계는 쉬워진다. 이 단계에서는 서비스이용자에게 계획한 내용을 요약해 보게 하는 것으로 서비스이용자가 위기이전의 평형을 되찾을 수 있도록 행동수행에 참여하게 하는 것이다.

3. 위기대처 기술: 사회복지사의 위기개입 기술

위기개입 기술은 위기에 처한 서비스이용자의 위기상황의 심각성을 판단하고 이에 대한 대처를 돕는 여러 가지 기술 또는 개입전략이다. 전반적 위기개입은 서비스이용자로 하여금 위기 이전의 수준이나 그 이상으로 자기의 기능을 회복시켜 주거나 향상시키는 것이므로 위기개입 기술은 위기상황을 만난 서비스이용자와 연결된 사회복지사가 서비스이용자에게 나타난 위기상황의 심각성을 판단하고 이들의 위기 대처를 돕는 지침이 될 수 있다. 따라서 사회복지사의 위기개입 기술은 위기에 처한 서비스이용자들에게 즉각적으로 반응하고, 효과적 개입이 되어야 할 필요가 크다. 이와 같은 위기대처 기술로는 여러 학자들의 다양한 견해가 있지만 이 장에서는 이인숙(2004)이 정리한 다음 4가지 기술을 간략하게 설명하고자 한다.

1) 사정 기술

통상 위기에 처한 서비스이용자를 신속하고 적절하게 사정하는 것은 사례관리 개입과정에서 가장 중요한 요소이다. 사정은 위기개입 시에 중요한 개입계획을 세우기 위한 필수적 요소로 개입계획을 세우는 데 필요한 정보토대를 만드는 중요한 기능을 한다. 위기상황에 처한 서비스이용자에 대한 위기개입 사정은 위기의 지속기간, 심각성 정도에 따라 위기로 인해 피해를 당한 서비스이용자에 대한 위기분류사정을 먼저 해야 하고, 이때 최우선적으로 고려해야 할 일은 서비스이용자의 안전에 관한 문제이다. 이와 함께 위기를 야기한 사건의 본질과 서비스이용자가 그 사건을 어떻게 인식하고 있는지, 그리고 그 사건에 대해 어떤 정서적 반응을 보이는지 등을 확인하는 것이 사정의 주요 요소로 포함된다.

이밖에도 서비스이용자의 정서·행동·인지의 행태를 평가하는 기술과 서비스이용자의 자원·대처기제·지지체계에 대한 평가, 자살 혹은 타살 잠재성을 사정하는 기술 등이 위기개입 사정에서 유용하게 활용된다. 또한 서비스이용자의 위기 이전의 기능에 대한 사정과 서비스이용자의 약물경험, 병력, 정신건강상태 등도 사정에서 파악되어야 한다.

2) 정서적 지지 기술

정서적 지지 기술은 사회복지사들이 서비스이용자가 문제를 해결할 수 있음을 확신시키고, 서비스이용자 자신이 가치 있으며 인정받고 돌봄을 받고 있다는 것을 확신시키는 기술이다. 동시에 사회복지사들은 피해를 입은 서비스이용자들의 현재 상황을 비심판적이고 수용적인 자세로 대함으로써 서비스이용자의 분노, 상처, 공포, 죄의식 등을 해소해나가야 한다. 또한 서비스이용자들이 자신의 상황을 설명하도록 충분한 시간을 제공해야 한다. 이를 통해 서비스이용자들이 자유롭게 자신의 감정을 표현할 수 있게 분위기를 조성할 수 있다. 이러한 정서적 지지는 자아존중감을 갖게 하고 통제력을 증가시키며, 스트레스를 감소시키고 소속감과 지지감을 증가시킨다.

특히 중도장애인들은 과거 누렸던 사회적 지위와 역할의 축소로 인해서 큰 상실감을 갖고 있으며 동시에 자아존중감이 약화된 상태에 처해 있을 경우가 많다. 그래서 정서적 안정감의 수준을 높여 주는 일이 매우 중요하다.

3) 합리적 인식 원조 기술

합리적 인식 원조 기술은 위기로 인해 피해를 당한 서비스이용자들에게 현실적 대처방안에 관한 정보를 제공함으로써 위기상황에 대한 해결책을 구체적으로 인식하도록 원조하는 기술이다. 이를 통해 위기상황과 이에 대한 긍정적이고 생산적인 사고 행태를 계발하도록 도울 수 있다. 실제로 중도장애인이 되면 이성적이고 합리적인 인식을 하지 못하고, 퇴행적 아동 성향의 행동을 하게 될 가능성이 높아진다. 그래서 합리적 판단을 할 수 있도록 돕는 일이 필요하게 된다.

4) 네트워크 기술

네트워크 기술은 통합적 위기개입의 측면에서 의뢰자원과 네트워크를 개발하는 기술이다. 위기개입을 수행하는 사회복지사의 행동전략에서 서비스이용자가 당면한 욕구에 관심을 가지고, 의뢰자원을 활용하며 관계망을 개발하고 활용하는 것 등이 위기개입의 네트워크 기술로도 적절히 활용될 수 있다. 네트워크 기술을 통해 피해를 당한 서비스이용자에게 장기적 지지와 옹호는 특히 중요한데, 지지집단과 도와주는 옹호자가 있는 사람은 그렇지 않은 사람보다 목표를 이루기 위한 서비스의 접근성이 더 높기 때문이다.

4. 소결

중도장애인에게 위기는 심각한 병리적 상태를 야기하기 때문에 위험이면서 동시에 고통을 경험하게 한다. 하지만 이러한 위험과 고통이 있기 때문에 도움을 구한다는 점에서 위기는 곧 기회라 할 수 있다. 서비스개입 현장에서 사회복지사와 전문 사례관리자는 다양하고 심각한 중도장애인의 위기상황을 만나서 다루게 된다. 그럴 때마다 중도장애인의 동기 부족, 자원의 부족, 사회복지사의 전문성 부족, 업무량의 과다 등 여러 가지 이유로 인해 효과적으로 위기개입을 하는 것이 쉽지 않다. 하지만 위기는 중도장애인에게 도움을 줄 수 있는 최초의 공식적 통로가 되기 때문에 전문적 위기대처 방법을 숙련하여 기회를 최대한 활용해야 할 것으로 본다.

결국 위기개입의 궁극적인 목표는 위기를 당하고 있는 중도장애인의 문제 해결을 도와서 위험성을 제거하고 위기 이전의 기능을 회복하게 하고, 나아가 이전보다 더 높은 수준으로 성장하고 발전하도록 돕는 것이다. 따라서 위기개입은 위기에 처해서 즉각적인 도움을 필요로 하는 중도장애인들에게 문제 상황을 극복하도록 돕기 위한 긴급지원의 핵심 영역으로 대두되어야 하며 또한 위기에 처한 중도장애인 당사자와 가족, 그리고 당사자 중도장애인과 관계된 집단을 돕는 데에 대단히 중요한 사례관리 개입실천으로 인식되어야 할 것이다. 따라서 긴급지원을 단순히 공공부조의 확대로만 볼 것이 아니라 심리사회적, 정서적 개입실천까지도 포함하는 전문사례관리 서비스의 하나로 인식해야 한다.

제4부

집단 수준의 사회복지실천

장애아동과 그 가정에 맞서는 문제 중 일부는 집단 수준의 개입활동과 극적이라 할 정도로 대조된다. 그런 문제 중 하나는 장애인이 흔히 경험하는 사회적 소외이다. 사회복지실천에서 활용하는 집단활동은 그러한 소외를 극복하도록 도울 수 있다. 집단 구성원들은 '서로서로'를 위한 소중한 자원이 될 수 있으며 조직화된 모임의 외곽에서 그리고 집단의 공식적인 생활영역 이외의 분야에서 상호 간에 유용한 존재들이 될 수 있을 것이다. 도움은 새로운 관계를 형성하는 데에서 그리고 마찬가지로 어려운 여건에 처하여 있는 다른 사람들과 함께 있는 경험을 통해서 얻어지는 것이다.

집단은 또한 장애인의 지역사회 생활에서 필요한 사회적 기술을 배울 수 있는 적절한 체계를 제공한다. 집단 내에서 반응(feedback)은 즉각적이다. 뿐만 아니라 집단이라는 상황은 집단 구성원들에 의한 '모범'이기에 변화를 향한 적절한 기회를 제공하여 준다.

장애인과 그 가족들에게 해당하는 또 하나의 문제는 예외적인 여건하에서 일상생활을 꾸려나가는 방법에 관한 정보가 필요하다는 것이다. 사회복지사들이 지역사회 내의 자원들에 관하여 많은 유용한 정보를 제공할 수 있으나 집단성원들이 서로에게 들려주는 이야기들의 상세한 내용과 현실성은 특별한 신빙성을 지닌다. 전문가들이 지도하는 집단에서는 구성원 간의 정보교환이 용이해질 수 있으며 초청 연사, 영화 또는 일련의 도서목록을 포함하는 프로그램이 협의되어 개입될 수 있다.

전문가의 견해로는 집단 개입(group intervention)이 사회적인 문제와 관련해 변화를 일으킬 수 있는 가장 효과적인 방법인 경우가 많다. 집단을 지도하는 일은 전문가에게도 흥미 있는 활동일 뿐만 아니라 집단에 의한 방식이 때로는 매우 강력해져서 전문가가 시간을 가장 효율적으로 활용할 수 있게 한다.

집단을 대상으로 하는 사회복지실천에 관하여 제 4부에서는 다양한 실천 대상과 집단 실천의 여러 유형을 살펴보고자 한다. 그 목적은 집단 방식의 역동성과 집단 구성원들과 지도자들에게 끼치는 집단의 영향에 역점을 두고 있다.

제 8 장
지적장애인을 대상으로 하는 집단 수준의 사회복지실천

지적장애인을 대상으로 이전에 있었던 임상 경험에서 저자는 이들 서비스이용자들이 통상 사회적으로 소외를 당하고 있다는 것을 관찰했는데, 그것을 입증하는 것으로는 내향성, 의기소침, 당혹, 부실한 말솜씨, 동년배들과의 미흡한 상호작용 그리고 권위적인 사람에게의 과잉의존 등의 형태가 있다. 뿐만 아니라 그들의 사회화 기술은 자율성이 결여되어 있고 만족스러운 인간관계도 부족하였다. 이러한 특징들로 하여 그들의 자기 이미지는 더욱더 빈약해지며 그것은 단정하지 못한 외양과 비만증과 둔화된 성별 특징 및 나태함에 의하여 매우 부정적으로 드러난다. 이런 이유들로 인하여 심리치료 내지 상담 영역에서는 오래 전부터 지적장애인은 흔히 치료 혹은 상담에 반응을 보이지 않으며 매력적이지 못한 서비스대상자들이라고 천편일률적으로 분류되었다.

이번 장에서 소개하는 내용은 2008년에 ○○○ 사회복지 시설에 거주하는 지적장애 여성 9명을 대상으로 개입했던 집단 수준의 사회복지실천 경험을 기술한 것이다. 이는 저자가 개발하여 실행했던 지적장애 성인 여성들을 위한 현장 서비스 활동 프로그램이었다.

그 집단은 다음의 목표들을 달성하기 위해 형성되었다.

첫째, 언어 및 사회적 기술의 함양
둘째, 사고와 감정의 효과적 표현
셋째, 보다 자율적 인성을 지닌 사람으로 확인 받음
넷째, 상호지원과 인정 증대
다섯째, 몸단장과 위생 청결의 개선

이상의 목표들이 원활하게 실현되면 서비스이용자들은 생활 현장에서 보다 잘 대처해 나갈 수 있을 뿐만 아니라 지역에 있는 장애인복지 관련 기관에서 실시하는 다양한 프로그램의 혜택을 입을 가능성도 보다 높아진다.

이렇게 실제 프로그램을 수행했던 내용을 토대로 '집단 수준의 사회복지실천'을 설명하면 장애인을 대상으로 하는 집단 개입실천을 매우 구체적으로 일목요연하게 정리할 수 있을 것이다.

1. 집단 개입실천의 전개

만 20세에서 50세에 걸친 연령대의 지적장애를 가진 여성 서비스이용자들을 대상으로 매주 1회씩 대략 6개월 동안 집단 개입실천을 하였다. 집단 개입실천을 했던 전문가는 주 진행을 맡았던 저자와 보조 진행과 때로는 관찰 참여자로서의 역할을 했던 사회복지사 한 명이었다. 이 사회복지사는 저자의 제자인 대학원생이었다. 석사과정에 재학하고 있었으나 현장 경험이 풍부한 전문가였다.

1) 참가자 선정

집단이 시작되기 전에 서비스이용자들과 개별적으로 면접을 했지만 우선적으로는 시설의 생활지도 담당 사회복지사의 추천을 받은 사람들로 참가자들이 구성되었다. 이들 서비스이용자들이 당면한 많은 문제들로 인해 집단 구성원이 되기 위한 후보자들은 먼저 참가를 위한 특정 기준들을 충족시켜야 했다.

담당 사회복지사와 상의하여 두 가지 중요한 범주에 관하여 공동으로 결정을 내렸다. 첫째, 파괴적이고 과다한 행동을 표출하여 그 행동의 결과로 관리상의 문제를 드러낸 서비스이용자들을 가장 우선적으로 선발한다는 것이었다.

둘째, 현저하게 내향적이고 사회적 기술이 심각하게 부족한 서비스이용자들은 집단활동으로부터 혜택을 받기 어려울 것으로 간주되었고 따라서 우선순위상 다음으로 하자는 것이었다.

연령은 대략 만 20세에서 50세에 걸쳐 있었다. 실은 정확한 나이를 알 수 없는 경우도 있었기에 혹시 만 50세가 지난 집단 구성원이 있을 가능성도 있었다.

지적장애 정도는 아주 경미한 정도에서 중증에 이르기까지 천차만별의 정서적 문제를 지닌 사람들로 구성되었다. 그 중 두 사람은 주기적으로 정신병적 사건을 일으키기도 했다. 하지만 한 가지 공통점은 집단 구성원으로 선정되어 참가한 서비스이용자들 모두 기본적인 언어구사 능력은 있었다는 것이다.

2) 집단성원들을 위한 준비

집단에 참가하기 전에 있을 수 있는 불안과 걱정을 해소해 주기 위해서 집단에 대해 매우 적극적으로 홍보하였다. 편안한 집단활동이며 매우 흥미로운 시간이 될 것이라고 강조하였다. 집단성원들을 선정하는 작업을 하기 대략 보름 전부터 시설에 다녀가면서 익숙하게 얼굴을 자주 보였다. 이후 참가자 선정을 위해 또 다시 보름 정도 시설에 '왔다갔다' 했다고 보면, 거의 한 달의 준비 시간을 가진 셈이다. 이러한 준비는 집단성원들의 걱정과 불안을 줄이는 데에 크게 기여하였다. 이는 첫 집단활동부터 서비스이용자들이 매우 편안해 한 것으로 증명되었다.

3) 집단활동의 전개

선발과 준비에 이어, 실제적으로 주 1회 집단 모임이 시작되었다. 모임은 대략 두 시간씩 걸렸다. 지각했던 참석자와 마지막 순간의 개인적 관심사를 듣기 위한 시간을 참작하였다.

초기의 모임은 이전에 시설의 재봉실로 쓰이던 곳에서 열리곤 했다. 성원들은 약간 교실 풍으로 꾸며진 방안의 직사각형 테이블에 둘러앉았고 집단 지도자들은 참여자들을 마주보는 자리를 택해 앉았다. 참여자들과 시선을 맞추고 대화를 쉽게 하기 위해서였다. 모임을 위한 방을 얻기가 어려운 탓으로 첫 한 달 동안에는 '이 방 저 방'으로 방을 바꾸어 가면서 모여야 했다. 이런 형편 때문에 참여자들이 집단에서의 경험과 시설에서 기존에 제공되던 전통적인 활동을 구별하기 어려워했다. 참여자들은 흔히 공책과 연필을 '준비해' 모였고 마치 교사들에게 하듯이 지도자들에게 주의와 논평을 집중시켰다. 동료 간의 상호작용을 피하고 있음이 분명했고, 참여자들의 정서적 어휘력은 거의 '제로'의 상태였다. 지도자들이 제기한 문제들에 대하여서는 '예, 아니오'로만 응답이 있었고, 그 후에는 침묵이 흐르는 경우가 빈번했다.

2. 참여와 상호작용의 촉진

지도자들은 서비스이용자 참여라는 견지에서 기대되는 지침을 제시하는 것부터 시작하였는데 몸단장과 위생이 문제가 될 수는 있지만 집단의 으뜸가는 역점은 토론을 하는 것이며 생각과 감정을 털어놓고 나누는 것이라고 강조하였다. 지도자들은 참가자들이 준비가 부족하다고 느끼는 문제의 토론은 거절할 수 있는 선택권이 있다는 점을 분명하게 했다.

또한 토론을 참가자들의 비밀을 존중하도록 실시하는 것이 강조되었다. 지도자들은 시설의 직원이 아니었고, 집단성원에 의해서도 그렇게 인식되고 있지 않아 참가자들이 지도자들을 다른 시설 소속의 직원들과 구분하고 신뢰감을 촉진하기가 보다 쉬웠다.

토론은 공책에 얼굴을 파묻는다거나 지나치게 킬킬거리며 웃어대는 일, 빈번한 화장실 출입 그리고 테이블에 엎드려 자는 척 하는 것과 같이 주의를 산만하게 하는 행동들 때문에 종종 중단되곤 했다. 토론을 비공식적이며 부드러운 것이 되게 하려는 노력에도 불구하고 참가자들은 말을 하고 싶을 때면 열심히 손을 들어 올렸고, 지명을 받으면 초등학교에서의 '보여주고 말한다' 원칙을 상기시키려는 듯, 잡다한 자료를 내 보이며 응답하는 경우가 많았다.

참가자들은 계속해서 토론을 시작해서 진행하는 일을 지도자들에게 전적으로 의존했고 자기들끼리 토론하도록 유도하려는 시도를 해보았지만 그들은 계속 지도자들을 상대로 의견을 개진하고 그들의 승인을 구하려 하였다. 중요한 사실은 참가자들이 집단을 너무 진지하게 생각하고 있어서 문자 그대로 좌불안석의 상태가 되어 토론 참여가 어려워지는 식이었다.

이런 제약들을 감지하고 지도자들은 집단의 정서적 기조를 가볍게 하기 위해서 역할극 놀이와 유머를 이용하기도 하였다. 예를 들면 침묵이 너무 오래 계속될 때에 지도자들이 다음과 같이 대화하는 식이었다.

"오늘은 웬일인지 말을 하고 싶어서 입이 다 근질근질 하는 것 같은 기분이네. ○○ 선생님은 요새 어떻게 지내세요?"
"약간 초조한 느낌이에요. 선생님은 어떠세요?"
"저도 그래요. 뭐 재미나는 일이 없는 것 같아요. 선생님이 노래를 한 곡 하시거나 춤을 한번 추시거나 해야 할 것 같군요."
"아니 무슨 그런 말씀을, 제가 춤을 춰요?"

이런 식으로 지도자들은 참가자들을 웃기면서 동시에 경험을 공유할 수 있는 것들을 실연해 보여주곤 하였다.

참가자 한 사람이 몸단장하는 일에 능숙하였으므로 참가자들은 그녀를 집단의 미용 담당 컨설턴트로 일하도록 위촉하였다. 이 일은 그녀의 자기 이미지를 높이는 데 도움이 되었고, 집단성원들에게는 상호간의 도움과 지원을 구하도록 격려하는 효과가 있었다. 집단 상호작용의 모형은 참가자들에게 "지금 나에게 말을 하고 있나요? 아니면 여기 있는 모든 사람들에게 하는 것인가요?"라고 응수함으로써 되풀이하여 거듭 보강되었다. 이러한 노력 덕택에 이내 참가자들은 지도자들의 모델링(모범 보이기) 기법을 모방하면서 자기들끼리 상호작용하는 법을 익히고 있었다.

1) 지도자들의 역할 책임

지도자의 책임은 교육적 역할과 치료적 역할이라는 이중의 성격을 취한다. 다음의 간단한 사례는 이 역할들이 맞물리는 상태의 윤곽을 그려 준다.

즉 한 사람의 서비스이용자가 파괴적이고 충동적인 행동을 제어하는 데에 어려움을 겪고 있는 상황에서 그 서비스이용자를 지도자 옆에 앉게 하는 방식을 채택했다. 사전에 미리 약속된 비언어적 신호에 의하여 모임이 진행되는 동안 적절한 행동을 계속할 수 있었다.

서비스이용자를 신체적으로 전문가 가까이 있게 하는 이 기법은 이미 오래 전부터 일반학교에서 행동 표출이 심한 어린이들을 제어하는 수단으로 사용된 통제 조치를 연상시킨다.

전체적으로, 그 집단이 실천력과 응집력이 있는 단위체가 되는데 대략 석 달이 걸렸다. 이는 집단 이론가들이 제시하는 집단 진화의 보다 전통적인 단계들과 상응한다. 집단의 결속을 나타내는 초기의 징표 중 하나는 모임이 시작하는 것을 서로 알려주는 책임을 참가자들이 스스로 분담하는 것이었다. 모임이 있는 날 지도자들이 시설에 도착하면 그의 모습이 보이자마자, 참가자들이 떼를 지어 모임이 있을 곳으로 총총 걸음으로 모여들곤 했다. 참가자 스스로의 동기유발이 예정보다 먼저 모이게 할 정도의 단계에 이를 만큼 진행되어 있었다. 뿐만 아니라 이제는 모임에서 지도자들의 개입 없이도 의미 있는 토론에 열중할 수 있게 되었다. 결국 지도자들은 자신들의 지도자로서의 역할이 끝난 것이 아닌가하고 느끼게 되었다.

2) 집단성원들의 공헌

동시에 참가자 개인들도 성공적 집단 치료 방식의 주고받음에 대한 책임을 떠맡기 시작하였다. 서비스이용자들은 자신들의 개인적 관심사를 논의하기 시작했고, 집단에게 피드백을 요청하였다. 뿐만 아니라 그들은 처음에 집단 지도자에게 의존하려 했던 것과는 달리 승인과 지지를 집단성원 서로에게 의존하는 것이 보다 더 소중하다는 것을 알아낸 것처럼 보였다.

참여의 정도가 지도자들이 자료의 유출을 막고자 노력해야 할 정도의 수준에서 참가자들이 자신의 문제를 모임에서 털어놓을 기회를 얻고자 서로 경쟁해야 할 정도에 이르렀다.

흔히 모임이 시작되기 전 참가자 한 사람이 “하고 싶은 말이 있는 사람이 여기 있답니다”하고 읊조리며 들어오곤 했다. 경우에 따라서는

“울 엄마 땜에 사람 미치겠어. 짐 싸들고 나와 버려야겠어” 라고 말하는 집단성원도 있었다. 서비스이용자들은 집단에서 효과적으로 다루어질 수 있는 자료와 주의 깊게 관찰을 더 해야 할 자료를 구별하는 법을 배우게 되었다. 그뿐만 아니라 집단은 후속 면접에서 사용되는 유효한 자료를 제공해 주었다. 개별 면접들이 보다 생산적이 되어 개별 치료와 집단 치료의 특성을 상호증진 시켜주는 것이다.

3) 우정의 발달

시설에서 일하는 직원들의 관찰에 따르면 집단성원들 간에 우정이 점진적으로 돈독해졌음을 알 수 있다. 이는 시설의 프로그램 전체에서 드러난 현상이었다. 심리사회적 발달을 제쳐놓고라도, 서비스이용자들은 몸단장과 개인위생에 있어서 그 상황이 크게 개선되었다. 그들은 또한 자긍심이 증가되었음을 입증했고, 집단과의 동일화에 의하여 사회적 지위를 승격시켰다. 이러한 이익은 시설 측이 프로그램의 긍정적인 측면으로서 애초에 이 집단을 내세운 결과이기도 했다.

이 우정의 정신은 목적의식을 느낌으로써 집단의 모임 중에 발현되었다. 상호작용이 때로는 가볍고 유머러스한 것이긴 했지만 지배적인 태도는 ‘실무형’의 진지한 태도였다. 순전히 시각적인 견지에서 볼 때, 집단의 공고해지는 연대성을 확연히 발견할 수 있었다. 초기 모임에서 일부 참석자들은 자신과 다른 참석자 간에 일정한 거리가 있도록 계산해서 자리를 잡아 앉곤 했다. 이 행동은 집단에 대한 양면적 태도와 집단으로부터 벗어나고 싶은 마음을 시사하는 것이었다. 집단이 보다 결속력을 갖추자, 인간관계의 친밀감은 집단성원 사이를 더욱 좁혔고, 집단성원들은 신체적으로도 더 가까이하게 되었다.

집단성원 사이의 집단 감수성과 서로에 대한 관심이 점차 두드러지게 나타나기 시작했다. “○○○ 씨는 오늘 결석할거예요. 치과에 가야 한다고 말하던데요”와 같은 말에서 밝혀지는 것처럼 그들의 상호 배려와 관심은 계속 자랐다. 참석자들은 부적절하거나 파괴적인 행동을 개선할 수 있는 대안을 토론하였다. 동시에 그들은 상호 배려에 관한 자상한 감정과 관심을 표명했다. 이는 서로 생일을 챙겨주고 아픈 데가 있으면 걱정해 주며 성취를 같이 기뻐하는 것을 보고 확인할 수 있었다.

이렇게 증가된 관심은 집단의 영역을 벗어나서 시설에서 이루어지는 다양한 활동과 경우에 따라선 가정생활에 미치기도 했다. 예를 들면, 여러 가지 신체의 질병으로 고통당하던 일부 집단성원이 생일과 같은 기념일을 기억해두는 책임을 맡았다. 또 다른 경우에는 위생과 몸단장을 확인, 점검하는 일에 서로 역할을 분담했다. 전반적으로 집단성원들이 동료 관계를 점점 더 인식하게 되었고, 서로에 대한 민감성도 증가했다.

3. 종결

집단을 위한 기금을 지속적으로 조성하기가 어려워 지도자들은 한 번의 프로그램으로 시설에서의 집단 사회복지실천을 끝내야 했다. 집단 종결과정에서 필요한 일은 집단성원들이 시간의 흐름상 자연스레 종결단계에 이르렀음을 이해하고 이를 받아들일 수 있도록 하는 일이다. 이는 서비스이용자들이 흘러가는 시간 단위를 잘 이해하지 못한다는 점을 참작해야 함을 의미하는데, 이를 통해 종결단계에서 발생할 수 있는 서비스이용자의 종결에 대한 부정을 최소화할 수 있게 한다.

지도자들은 종결을 준비하는 데 3주면 충분하다고 단정했다. 집단모임뿐만 아니라, 개별면접이 자기평가와 관계 해소를 위해 이용되었다. 서비스이용자의 반응은 거침없이 표현되는 슬픈 감정으로부터 겉으로는 전혀 드러내 보이지 않으면서도 명백한 분노에 이르기까지 다양했다.

그래서인지 여러 명의 서비스이용자들은 지도자들이 떠난다는 뜻밖의 소식에도 눈 하나 꿈쩍하지 않고 자신들이 지도자 직분을 맡겠다고 자청했다. 이어서 이 목적이 어떻게 실현될 수 있는가에 관한 활발한 토론이 뒤따랐다. 지도자 없이 스스로 집단을 운영할 수 있다는 그들의 확신에는 추호의 의심도 없었다.

집단을 계속하려는 그들의 노력에 내재한 부정을 인정하면서도, 지도자들은 효과적 대안을 찾는 탐색에 있어서 그들이 발휘한 자연스러운 순발력과 창의성에 감명 받았다. 이러한 집단성원의 행동은 불리한 여건에 대한 건강한 반응이며 따라서 그들이 성장했음을 훌륭하게 보여주는 일이라고 간주되었다. 비록 지도자들이 막상 하던 일을 중단하는 데 대하여 섭섭했지만, 집단성원의 자율성과 자긍심이 성장해 있음을 보여주는 이 증거에 고무되지 않을 수 없었다.

4. 논 의

집단이 설정한 많은 목표들이 성취되었음을 깨달은 지도자들은 집단활동의 요소 중 효과적인 것과 그렇지 못한 것을 평가하였고, 활동을 가로막는 몇 가지 공통적 오해를 발견했다.

지도자들의 교육적 배경은 특히 이번 프로그램의 서비스이용자들을 대상으로 집단활동을 실천하는 데 유리하였다. 지도자들은 서비스이용자들의 능력을 벗어나는 임무에 역점을 두는 것이 아니라 가능한 능력을 발견하고 격려하는 일에 관심을 가졌다. 그러자 집단성원들은 그들 수준에 맞추어 설명하지 않아도 개입실천 활동을 이해할 수 있었다. 처음 모임에서는 서비스이용자들이 본격적인 집단활동에 잘 참여할 수 있도록 준비시키는 교육적 기법에 크게 의존할 필요가 있었다. 따라서 치료사 겸 교사라는 이중의 역할이 집단 지도자인 사회복지사에게 요구되었다.

집단 수준의 사회복지실천 개입이 시작되기 전, 지도자들은 서비스이용자들이 스스로 지닌 잠재능력보다 훨씬 낮은 능력을 발휘하고 있다는 것을 관찰했다. 예를 들면 참가자들 중 일부는 머리를 감고 손질하는 기본적인 일을 스스로 하지 않는 경우가 많았다. 그러나 지도자들이 집단활동 과정에서 기대감을 나타내자 서비스이용자들은 이전보다 월등한 수준의 행동을 보이며 그 기대에 부응하였다. 이 사실은 자기실현 예측 개념이 집단성원들에게도 비장애인과 동일하게 작용한다는 것을 확신하게 한다.

그러나 불행히도 일부 사회복지사들 중에는 서비스이용자들의 성장에 관하여 낮은 기대를 하고, 이렇게 낮추어 잡은 기대가 끼치는 영향을 과소평가하는 경우가 많다. 다음은 이러한 문제를 실감나게 예증한다.

36세의 독신여성으로 두뇌장애를 수반하는 '분화성 정신분열병'을 앓던 한 서비스이용자가 있었다. 그녀는 상당한 중증으로 의기소침해 있었고 목구멍에서 기어 나오는 듯한 한두 마디 말로 의사를 밝힐 따름이었는데 이조차도 이해하기 어려웠다. 시설 직원들은 집단활동이 그녀에게 유익한 경험이 되리라고 믿었다. 그러나 그녀의 성장 잠재력이 워낙 미미해서 그에 대한 기대는 매우 낮았다. 지도자들은 그녀의 이러한 태도에 영향을 받기는 했지만 이 서비스이용자의 능력이 과소평가되었다고 단정하였다. 집단활동이 진행된 4개월 내지 5개월의 기간 동안 그녀는 한 단어씩의 반응에서 짤막짤막 끊기긴 해도 문장형태를 사용할 수 있게 되었다. 뿐만 아니라 그녀의 감정상태도 전보다 더 적절해 보였고, 전보다 더 생기 있는 반응을 보여주었다. 마찬가지로 중요한 일은, 그녀가 동료들의 일에 보다 많은 관심을 갖게 되었다는 점이다. 따라서 그녀는 집단에 더욱 적극적으로 참여했고 그러한 그녀의 태도는 집단 이외의 일에도 확대 적용되었다. 이것은 많은 서비스이용자들이 지니고 있는 예상외의 능력범위를 보여주는 일례에 지나지 않지만 사회복지사들로 하여금 융통성 있고 실효성 있는 사정을 위하여 다중적인 임상학적 양상들을 고려해야 할 필요성을 부각시켜 주고 있다.

지도자들과 지속적인 개입실천 관계를 이미 구축한 소수의 서비스이용자들은 집단의 결속을 공고히 하는 데에 도움을 주었다. 이러한 이점은 그 나름의 위험 부담이 없는 것은 아니다. 개별면접을 위해 감정적인 문제가 개입된 자료를 참고용으로 보관하는 것과 지도자와 특별한 관계가 있는 것 같은 인상을 주는 식의 문제점들이 자주 발생했고 이는 그때그때 해결되어야 했다.

집단의 목표를 재평가하면서 지도자들은 보다 자율적인 발달에 역기능을 하는 서비스이용자들의 생활환경 속 장애물을 고려하지 못한 것을 인식했다. 독자적인 활동 능력을 강화하기 위하여서는 가정환경이 이 목표들을 뒷받침해야 할 필요가 있다. 부모와 서비스이용자에게 숙식과 보호를 제공해 준 사람들 사이에 접촉이 없으면 이런 뒷받침을 얻어낼 수 없다. 따라서 자율성을 증대하려는 시도에는 모종의 결함이 있기 마련이었다.

임상학적으로 천편일률적인 고정관념을 지니고 있다면, 서비스이용자들이 조직을 원한다는 사실을 알 수 없을 뿐만 아니라 사전에 정해준 시나리오가 없으면 개방적인 토론에 참가하지 못하리라고 속단하게 될 것이다. 그러나 저자의 경험에 의하면 그들은 서너 차례의 모임 이후부터는 최소한의 지도만으로 집단 모임을 진행하는 데 필요한 순발력과 의사 표현 기술을 습득하였다.

이 점에서 그들은 비장애인과 다를 바 없었다. 그들의 주의집중 시간이 짧아서 일정 시간을 요하는 집단 활동에 참여할 수 없다는 통념이 근거가 없다는 것도 입증되었다. 서비스이용자들이 자신의 감정을 말로 표현하지 못하기 때문에 더욱 좌절을 느끼고 파괴적인 행동을 표출하는 것이다. 집단은 보다 적절한 표현방법을 지원하는 분위기를 조성해 주었다. 이로써 파괴적인 표출행동을 해야 할 필요성이 제거되었고 그런 행위가 모임이 진행되는 기간에는 전혀 나타나지 않았다. 뿐만 아니라 서비스이용자들은 자율과 성숙한 행동이라는 집단의 규범에 순순히 응하는 것 같았지만 집단 밖에서 그들이 처한 여건은 의존과 미숙한 행동을 조장하는 경우가 빈번했다.

5. 기타 고려 사항

지적장애인은 폭넓은 여러 가지 생각을 순발력 있게 표현할 수 있다는 점에서 다른 사람들과 구별될 수 있다. 그들은 상냥함과 정다움을 신체적으로 표현하는 데에 제약을 훨씬 덜 받는 것 같아 보인다. 이런 현상에 적응하는 데 일정 시간이 걸렸지만 지도자들은 이러한 교류를 개입실천 관계의 순환적 일부라고 인정하게 되었다. 물론 이들을 상대로 실천하는 사람들이 자신들의 효율성을 최대화하기 위하여서라도 이 문제를 인식하는 것은 극히 중요하다. 서비스이용자들은 추가되는 심리사회적 문제들을 전혀 또는 별로 고려하지 않고 지적장애인으로 진단되는 경우가 빈번하다. 그래서 지적장애인을 상대하는 사람들이 자신들의 기대감을 서비스이용자들이 스스로의 능력을 신장시킬 수 있도록 적응시키는 것이 필수적이다.

동영상 촬영과 편집 등을 위한 노트북과 기타 장비가 여러 경우에 사용되었고 그것이 집단 방식을 용이하게 하는 데에 효과적임이 입증되었다. 집단마다 이 장비를 마음대로 사용할 수는 없었지만 지도자들은 사료의 새김도와 평가를 위해서 이를 즉시 사용할 수 있다는 점에 감명 받았다. 도구들은 지적장애인의 개입실천 활동에 특히 소중하다. 기억에 의존할 필요가 없어져서 추상적 사고의 필요가 최소화되기 때문이다.

극히 제한적으로 남녀 혼성의 모임이 두 번 정도 열렸고, 그 효과는 대단했다. 환경의 변화는 서비스이용자들이 새로이 터득한 기술을 동년배 이성을 상대로 시험해 볼 수 있는 상황을 제공하였다. 이를 통하여 그들은 자신의 성적 역할을 확인하고 그 역할에 안도감을 얻을 수 있었다. 남녀 혼성 모임은 사회화 과정을 확대하는 데 도움을 주었지만 앞으로 계속 사용하기 위해서는 보다 더 세심한 평가가 필요하다는 숙제도 남겼다.

6. 소결

이 경험을 재검토하면서 집단 방식이 지적장애인의 복지와 재활 그리고 교육을 위해 힘 있는 도구가 되고 있음을 다시 한 번 확신하였다. 사회적 소외, 사회적 기술의 결여와 부실한 자기 이미지 등은 그 자체가 동료 간의 협조와 상호작용 및 갈등 해소에 입각한 개입실천 방법이 되어준다.

뿐만 아니라 집단 내에서의 상호작용은 권위자 관계에 대한 의존이 아니라 동년배 관계를 발달시키며 동시에 자율적 행동 능력을 증가시킨다. 지적장애인의 압도적인 욕구에 비해 그들이 이용 가능한 심리사회적 치료 서비스 기관들은 상당히 부족한 것이 현실이다. 지도자들의 노력을 서비스이용자들에게 응용하기 위해서는 약간의 보완적인 개입이 필요하지만 지도자들은 이러한 집단활동 기법들이 다른 사람들을 치료하거나 회복시키는 방법들과 큰 차이가 없다는 것을 알게 되었다.

특히 중요한 것은 처음에는 목표가 성취될 것 같은 조짐이 거의 전무하였다는 것이다. 하지만 그들의 성장과 발달은 기대를 훨씬 능가했다. 불행하게도 그 기대감이라는 것은 사실은 지배적인 편견에 심하게 영향을 받은 것이었다. 일단 서비스이용자와의 관계가 구축되자 지도자들의 편견과 걱정, 불안은 줄어들기 시작했다. 그들이 보다 편안해지자 편견에 따라 반응하지 않게 되었고, 참가자들의 개인적 성향에 따라 반응했다. 그래서 성공여부는 지도자 자신들이 쌓아놓은 장벽들을 스스로 어느 정도 극복할 수 있느냐에 좌우되었다.

보다 넓은 시각에서 볼 때, 집단활동 계획은 자기실현에 없어서는 안 될 발달주기를 간섭하는 장애 요인들을 고려하면서 수립되어야 한다. 또한 지적장애인의 전반적 의존 형태를 영속화하는 사회의 태도를 바꾸기 위해서 노력하는 것 역시 필수적이다. 그래야만 심리사회적 개입실천이 완벽하게 실현될 것이다.

제 9 장 장애아동의 부모와 형제자매들을 대상으로 하는 집단활동

1. 장애아동의 부모들을 상대로 하는 집단 상담: 지도자 선정과 임무

생활의 모든 면에서 지금처럼 집단 방식이 광범위하게 파급되어 있는 현실에서 그리고 장애아동의 부모들을 대상으로 개입실천하는 데 있어서 집단이 유효적절하게 이용됨에 따라, 장애아동들에게 서비스를 제공하는 기관에서 누가 그 부모집단을 이끌어야 하느냐는 중요한 과제가 되었다. 이제 "팀 접근방식"이 일반화되었으므로 부모집단을 인도하는 데 있어 기관의 구성원을 팀 멤버로 활용하는 문제를 검토해야 한다.

그런데 우리나라에는 의외로 장애아동의 부모 상담에 관한 문헌정보가 별로 없다. 실제로 가뭄에 콩 나듯 일부 문헌에 실려 있는 것은 왜 어떤 특정 분야가 그 모든 일을 감당하기에 확실하게 적합한지를 옹호하는 글일 뿐인 경우가 대부분이다. 또 다른 글들은 인성 훈련의 특성과 바람직한 경험, 연민과 동정의 특성들이 부모의 장애에 관한 이해와 수용에 어떻게 영향을 끼치느냐를 정의하려고 시도하기도 한다.

집단이 조직되고 부모들은 공통의 요구에 입각하여 계속 참석한다. 그 요구가 얼마만큼 충족될 것인가는 지도자가 그 집단을 어느 정도까지 이끌어가기를 원하고 있느냐와 집단 참여자들이 얼마만큼이나 이끌어 가고자 하느냐에 달려 있다. 가장 분명한 것은 집단 참여자들은 지도자로부터 그리고 참여자 상호 간에 오가는 정보를 필요로 하고 있다는 점이다. 부모 집단은 그러한 정보를 내보내는 수단인 것이다.

장애자녀를 양육하면서 경험하는 많은 문제들 중에는 전문가의 지식을 필요로 하는 것들도 있다. 예를 들면 외부 자원을 이용하는 것에 관하여 집단을 지도하는 사람은 지역사회의 사회복지사이다. 외부자원이란 가령 지능이나 인지적 능력 등의 의미를 논증해 주는 심리학자나 의기소침하거나 우울한 상태를 개선하는 데에 도움을 주는 정신과 의사 등을 말할 수 있다.

그러나 집단에게는 다른 중요한 목표들이 있을 수 있다. 부모에 의한 정보탐색과 집단 지도자에 의한 정보의 분배는 부모들이 혜택을 입을 수 있는 기타 다양한 수준의 목표를 위한 준비단계를 제공한다. 누가 집단의 지도자가 되어야 하느냐의 문제를 집단이 필요로 하는 것들과 그것들을 충족시키기 위하여 지도자에게 요구되는 것을 결정함으로써 해결할 수 있다.

상식적으로 장애아동의 부모 집단이 추구할 것으로 예측되는 다섯 가지 일반적 수준의 목표를 확인할 수 있다. 이어지는 각 단계마다 더 많은 참여와 투자가 요구되고 참가자들의 심리적 위험 부담 또한 커진다.

첫째, 정보탐색은 부모역할을 수행하기 위한 도구를 지도자에게 그리고 집단성원 상호에게서 구하려는 탐구행위이다.

둘째, 함께 나누기(*sharing*)는 정보, 견해, 평가, 해명, 및 제안들을 집단 참가자와 지도자가 교환하는 것이다.

셋째, 느낌(*feeling*)은 여러 가지 정서를 드러내고 수용하면서 그것들을 강력한 행동결정 요소로 인정하는 것이다.

넷째, 일반화(*generalization*)는 일단 이해된 것과 그것이 생활 양상에 끼치는 영향을 다른 행동에 적용하는 것이다.

다섯째, 성숙(*maturity*)은 자신의 삶을 개선할 수 있는 통찰력이다.

독자적이고 독립된 지도자의 임무는 이상 5개 수준의 각 항과 일치할 수도 있다. 따라서 누가 집단을 지도할 것인가는 이들 임무와 그에 수반되는 요구 사항에 따라 결정할 수 있을 것이다. 또한 정보탐색의 목표와 일치하는 것은 정보의 분배라는 지도자의 임무이다. 이 임무는 나누어 줄 수 있는 유익한 지식을 지니고 있는 사람이라면 누구라도 수행할 수 있다. 즉, 교사, 교육 프로그램 전문가, 의사, 사회복지사, 임상 심리학자 등이 그 사람들이다.

집단의 목표가 함께 나누어 질 때에는 집단 지도자는 물론 참가자들 사이의 상호작용 그리고 집단 내 부모들 사이의 감정 이입에 의한 '함께 나누기' 등에 의해서 많은 귀중한 정보가 얻어진다는 가정을 세울 수 있다. 집단 지도자는 이런 집단에 대해서는 격려를 수단으로 이용해야 한다. '함께 나누기'는 정보의 수동적인 흡수를 능가하는 부모의 투자를 요구한다. 이는 문제를 현실화해야 하며 문제점을 시인하도록 요구한다. 그에 따라 집단의 다른 참가자들로부터의 비판과 심지어는 조소의 대상이 될 수 있는 위험부담을 각오해야 한다. 정신위생 분야 중 어느 하나에 해당되는 전문가로서 이런 상황에 이해가 깊은 사회복지사가 이 수준에서는 필요해진다. 집단성원을 안심시키고 참여를 권유하기 위해서이다.

느낌의 목표는 이를 뒷받침하는 집단 지도자의 역할을 필요로 한다. 느낌들이 어떻게 행동에 영향을 미치는가와, 마찬가지로 행동이 어떻게 느낌에 영향을 미칠 수 있는가를 집단이 합리적으로 이해하게 되면, 다양한 느낌들을 수용하고 표현할 수 있다. 이와 같은 뒷받침을 할 수 있는 사람은 최소한 인간행동을 이론적으로 이해하고 집단개입의 실무와 절차를 잘 아는 정신건강 전문가이다.

일반화의 목표를 위해서, 집단 지도자는 통찰력을 제시한다. 이 수준에서 합리적인 이해는 도움을 주기 위한 느낌의 표출과 수용을 통해서 관찰되며 생활양식과 전반적인 적응 패턴에 교묘하게 맞추어진다. 능숙하고 노련한 집단 치료사의 역할을 수행할 수 있는 사회복지사가 필요해진다. 임상 심리학자 겸 정신과 의사가 수행하는 역할이 사회복지사에게 요구된다는 말이다.

성숙의 목표는 집단 지도자가 실천 계획에 참여할 것과 부모들이 미래에 현실적으로 원숙하게 대처할 수 있도록 도울 것을 요구한다. 이 임무를 위해서 통찰력을 제시하는 데에 필요한 훈련을 받은 치료사 역할을 수행할 수 있는 전문 사회복지사가 필요하다.

이 다섯 개 수준의 집단의 목표와 상응하는 지도자의 임무가 반드시 차근차근 기본적인 수준에서 그 다음 수준으로 단계를 밟아 진전을 이루지는 않는다. 집단의 개인의 역동성이 집단행동에 있어서 그렇게 분명한 경계를 설정할 수 있도록 놔두지 않기 때문이다. 그러나 집단 지도자는 이어지는 수준들을 염두에 두고, 해당 수준의 으뜸가는 목표들을 그에 따라 지도할 수 있다.

집단 상담을 하는 데 한 가지 위험은 부모들이 적어도 하나의 특징을 공통적으로 지니고 있다는 사실, 즉 장애아동 자녀만으로 부모들을 일차원적으로 대하는 데에 있다. 이들도 다른 어떤 무작위 집단에 못지않게 다양하다는 것을 명심하기가 때로는 어렵다. 바로 이러한 다양성들이야말로 주목받을 만한 가치가 있는 사실이다. 부모들은 여러 가지 점에서 이질적인 하나의 집단을 구성하기 때문에 장애아동에 대한 개인적 반응이 다를 뿐 아니라 그 아이를 받아들이는 태도와 그들의 개인적 생활양식에 그 아이가 끼치는 영향도 달라질 것이다. 집단의 이러한 다차원적 성격을 지도자는 인식하고 있어야 하며 기회가 있을 때마다 연구 및 실천 대상으로 삼아야 한다.

특정한 도구와 기법들이 장애아동들의 부모들에게 전수될 수는 있겠지만 집단 모임의 이상적인 목적은 부모들이 문제점에 대한 자기 자신의 해답과 해결책을 구해낼 수 있도록 그래서 결국 장애아동들을 돕는 데에 사용되는 방법을 모색하고 직접 실험할 수 있도록 돕는 것이다.

집단에 참여하는 장애아동 부모들의 개인적 차이를 인정하는 것이 중요한 반면, 개인으로서가 아니라 오히려 집단 전체의 일부로서 그들을 상대하는 것도 역시 중요하다. 부모 한 사람의 요구사항이 집단을 좌우해서는 안 된다. 오히려 집단 전체가 구성원 상호 관계에 의하여 존재하며 통제되는 것이다.

집단의 지도자는 이 역동적 상호작용을 인식하고 그것을 집단의 목표달성을 위한 추진책으로 이용하며 집단의 목표와 이를 성취하기 위한 수단들이 모두에게 다 고르게 이해되도록 해야 한다. 부모 집단의 역동성에 관한 기본적인 이해는 '집단은 여러 단계를 거쳐 발달하지만 그 단계들이 질서정연하게 순서를 이루고 있는 것이 아니고 오히려 상당 부분이 겹치고 앞서거니 뒤서거니 하며 들쑥날쑥 한다'는 점이다. 이는 하나의 집단이 구성되는 과정에서 그 구성원들의 이질성이 확연하게 드러나면서 구성원 각자의 특성에 의하여 더욱 강조될 것이다. 집단으로서의 동일체 의식이 커지면서 보다 많은 동질적 특성들이 표출되고 하나의 독특한 집단 문화가 발달할 것이다. 이 시점에서 집단의 순수성이 지극히 중요해지며 그 순수성의 유지와 집단 목표의 성취 사이에서 주고받기 식 상호작용이 시작된다. 이 두 요소는 서로 약간 상충하여 작용하는 경향이 있으며 집단 참여자 개인들이 남보다 우선하는 역할을 맡긴 하지만 서로 간의 균형을 추구하게 된다.

집단 사회복지실천의 결과를 결정할 집단의 행동규범과 가치기준들이 생성되면 어느 정도의 획일성이 주어진다. 그런데 만일 어떤 한 사람의 구성원이 이를 따르지 않으면 집단은 압력을 가하게 된다. 그리고 그의 비획일성이 집단 내에서의 임무성취와 집단유지 간의 균형을 위태롭게 하리라 여겨지면 그를 추방하기까지 할 것이다. 집단 내 구성원들의 상호관계가 매우 견고하게 구축되어 새로운 구성원이나 외부 인사가 집단에 들어오려는 시도를 하면 그것을 '간섭적'이라고 여길 것이다.

집단 내에서 역할분담이 확정되면서 남성들 중에는 집단 내의 정서적 갈등을 해소하기 위해 필요한 부드럽고 유화적인 역할을 좋아하지 않는 경우도 있을 것이다. 집단 외부에서의 역할들이 이러한 현실에 끼어들기도 한다. 예를 들면, 집단 참가자들은 지역사회의 지도자로 누구나 알고 있는 한 사람이 자기 집단을 지도해 주기를 기대할 것이다.

부모 집단의 이러한 역동성은 항상 존재한다. 그렇지 않다면 그 대신 또 다른 형태의 집단이 존재하는 것이 된다. 즉 강의를 기다리는 학생들, 공연을 기다리는 관중이나 청중 등일 수는 있어도 치료를 위한 집단, 성장을 위한 집단은 아니라는 말이다. 집단은 상호작용적 실체로서 구성원들이 개별적으로 그리고 하나의 집단으로서 자극요소들을 받고 그에 따라 행동하면서 자기들끼리 그리고 집단 지도자에게 복합적으로 순응하게 되는 것이다.

이상에서 다룬 내용을 요약해서 다시 한 번 정리해 보자.

누가 부모집단을 지도할 것인가를 결정할 때 으뜸가는 고려사항은 그 집단이 밝힌 목적이다. 그러나 집단 지도자의 목표는 집단 구성원의 목표와는 다를 수 있으며 참가자 개인의 목표가 집단 전체가 합의한 목표와 다를 수도 있다. 따라서 참가자 개인의 목표는 추구대상으로 남아 있거나 묵살되거나 포기되고 아니면 그저 간단히 유보되고 만다. 집단 참가자들의 모임 출석기록은 그 사람의 목표가 얼마나 긴밀하게 충족되고 있는지를 알려줄 것이다. 내적 목표와 외적 목표가 일치하지 않을 경우 또는 이 둘 중 어느 것도 충족되지 않고 있을 때 집단성원들은 개별적으로 집단을 떠나갈 것이다.

표명되지 않은 개인 및 집단의 목표가 정서적 위계상 훨씬 더 높은 위치로 상향 개입될 가능성이 높다. 집단 내에서 정서상의 느낌을 표현하고 함께 나누고 싶다는 목표를 지닌 개인이 그 목표를 밝히든지 또는 그 수준을 낮추어 정보를 원하는 목표를 밝히게 될 가능성이 있다. 정보를 필요로 한다는 것은 여러 가지 복잡한 의미를 지닐 수 있으며 정서상의 느낌을 다루는 방법을 알아야 할 필요성을 표현하는 데에 이용될 수 있다.

집단 지도자 역시 집단 내에서 내적·외적 목표들을 지닐 수 있다. 치료가 목표라면 지도자는 뿌리 깊은 문제에 대한 해결책을 모색 중일 것이다. 가령 두 기관에서 온 전문가들이 한 집단을 놓고 동시에 또는 각기 다른 시간에 개입실천하기를 바랄 수도 있을 것이다.

또 다른 하나의 괄목할 만한 방식은 전문가 팀 구성원들이 차례를 정해 실천하는 것이다. 자신들의 각기 다른 재능을 협동해서 응용한다는 말이다. 이는 지속적인 팀 방식이 될 것이다. 여기에서는 집단의 목표가 실천에 참여하는 여러 분야의 사회복지사들에 의하여 지도자를 이용하는 방법을 중점적으로 다룬다. 즉, 집단을 문제해결로 이끌어 갈 리더십을 갖춘 지도적 역량을 지닌 사람과 정서적 갈등을 표현하고 해결하도록 이끌어 갈 수 있는 지도력을 갖춘 사람 둘로 이루어진 이중 지도자 체제를 강조하고 있다.

여기에서 논의된 집단 지도자에게 요구되는 재능들은 상호 배타적인 것이 아니다. 그 지도자는 첫째, 어떤 특정 집단의 목표에 관한 훈련을 받았고 경험이 있는 사람, 둘째, 그 집단의 목표에 관하여 동의하는 사람, 그리고 가장 중요한 사항으로 셋째, 임무를 유능하게 수행하는 사람이어야 할 것이다.

임상 심리학자가 교사 역할을 맡기를 좋아할 수도 있을 것이다. 그는 부모 집단에게 실용적인 기법(정보의 분배)에 관한 최근 연구 내용을 전달해 주기에 가장 이상적인 적임자일 수도 있을 것이다. 혹은 그러한 적임자는 집단 내 개인의 문제를 원숙하게 해결할 수 있도록 집단을 이끌어 갈 사람으로서 치료사의 임무를 훌륭하게 수행하는 사회복지사나 정신과 의사일 수도 있는 것이다. 집단을 인도할 전문가가 필요하다는 말이다. 누가 그 일에 적임자인가는 그 집단의 목적과 그것들을 성취하기 위하여 지도자가 갖추어야 할 재능이 무엇인가에 크게 좌우된다.

2. 장애아동의 형제자매들 : 지도받는 집단 경험

지난 몇 년 동안 장애아동을 대상으로 하는 집단 사회복지실천에 대한 관심을 가져오던 중, 많은 장애아동들이 사춘기 연령층에 속한 비장애 형제자매들에게 끼치는 문제와 그 반대의 경우에 해당되는 문제를 그 부모들이 자주 언급하는 것에 깊은 인상을 받았다. 예를 들면 부모들은 장애아동의 형제자매를 보살피는 일로 지나치게 무거운 부담을 짊어지고 있다는 비장애자녀의 감정에 대한 우려를 표명했다. 우려의 대상은 그뿐만이 아니었다. 장애아동이 형제자매에 대한 적대감과 앙심을 드러내어 표현한다든가, 장애아동의 장애 원인에 대하여 비장애 형제자매가 자신의 탓인 것으로 여기는 듯한 태도, 장애를 갖고 있는 형제자매들이 부모에게 해주지 못하는 일을 자신들이 부모에게 보상해 드리겠다는 의무감, 장애를 갖고 있는 형제자매를 두고 있으면서 자신은 일반아동이라는 죄책감 등도 우려의 대상에 해당되었다.

또한 동시에 사회복지사들은 장애를 가진 형제자매를 사교적인 모임에 데려가는 사춘기 연령층의 많은 일반아동이 있다는 사실에 깊은 감명을 받기도 했다. 또한 비장애 형제자매들이 자신의 형제자매가 장애아동라는 사실에 의연하게 대처할 수 있음을 보여주는 다른 징표들에도 감명을 받았다. 많은 일반 형제자매들이 자신의 형제자매가 가진 장애에 대한 감정을 처리할 수 있음이 분명했다. 그들은 마음속 깊은 곳에서 겪는 대인관계의 어려움에 대한 고민, 친족 간 긴장 상태 유발 등의 어려움 없이 건전한 방어책을 개발하고 보상행위적 기제(*mechanism*)를 사용하였다.

이렇게 장애아동의 일반 형제자매들이 겪는 어려움과 강점에 관심을 갖게 된 사회복지사들은 장애아동을 둔 가정의 가정생활을 강화하기 위한 총체적 노력에 그러한 사춘기 연령층의 청소년들을 포함시키기 위해 해야 할 일이 무엇인가를 고려하기 시작하였다.

이에 따라 장애아동의 부모들과 사회복지 시설의 이사들로 구성된

운영위원회의 동의를 받아 선발된 일반 아동들을 위한 집단 토론 형태의 시범 프로그램을 실시하기로 결정이 내려졌다. 이를 통하여 장애아동의 일반 형제자매들의 삶과 역할의 역동적 단면을 보다 분명하게 검토하고 밝히고, 이해할 수 있을 것이기 때문이었다. 이러한 집단 경험을 통하여 이들은 가족관계와 책임에 있어서 보다 효율적이 되며 자신감을 얻게 됨으로써 가정생활 전체를 풍요롭게 해 줄 것으로 기대되었다. 보다 구체적으로 이 시범 프로그램의 목표는 다음과 같이 기술되었다.

첫째, 참여자가 장애아동 형제자매를 두고 있는 사실에 대해 일반 형제자매들이 보이는 반응의 성격, 즉 스트레스 및 긴장, 애정과 반감이 혼합된 착잡한 감정, 또 이런 반응이 부모와 형제자매들과의 관계에 미치는 영향을 식별하도록 돕는다.

둘째, 참여자가 장애아동 형제자매와 부모 그리고 장애아동과의 그런 관계를 지닌 상태로 일상생활의 문제들을 이해하고 다루기 위한 전략들을 검토하고, 명확히 이해하도록 돕는다. 이 전략이 그뿐만 아니라 비슷한 처지의 다른 사람들에게도 유익하리라는 것이다.

셋째, 사춘기 연령층이 보여주는 강점의 범위를 조명해 보고자 하는 것이다. 아울러 내면적인 대인관계에서 그리고 가족 간의 긴장을 파악하고 장애아동의 자구책이 일반아동의 그것과 비슷한지 다른지를 알아낸다는 것이다.

이 프로그램에 관한 관심이 생각보다 커서 집단의 모임을 특수학교 내에 있는 모 법인 사무국 옆 교육실에서 열기로 결정하였다. 이 교육실이 있는 특수학교가 지하철역 인근에 위치하고 있어 교통이 매우 편했기 때문이었다. 이 집단의 가입 자격 요건은 연령이 만 13세에서 만 17세 사이이고, 2주에 한 번씩은 집단 모임에 참석하여 장애아동 형제자매와의 관계와 자신의 생활 여건상의 문제들을 토의하기를 바라고 있어야 한다는 것이었다. 28명의 사춘기 연령층의 청소년이 이런 기준을 충족시켰다.

참석을 방해하는 요인들, 예를 들면 특정한 날이라든가 오고 가는 데 힘이 들어서와 같은 이유로 참가자 수는 10명으로 줄어들었다. 다른 20명의 청소년은 프로그램 담당 사회복지사들이 면접하여 그들이 집단에 참여할 수 없는 이유를 이해하도록 도움을 받았다. 이들 중에는 억척스러운 부모에게 '떠밀린' 청소년도 여러 명이 포함되어 있었다. '이것이 너에게 이로운 일이란다'라는 부모의 말에 떠밀려 가입한 것이다. 이외 다른 몇 명의 청소년은 치료에 도움이 되는 경험을 제공받고자 하는 부모의 기대에 의해, 혹은 그저 사교적인 목적으로 참여하였다.

이들 중 많은 경우가 이 집단에서의 경험이 지나치게 걱정과 불안을 야기하거나 혹은 부적절한 일이 될 수도 있었을 것이다. 프로그램을 진행하는 사회복지사들의 일손 부족 때문에 개별 상담이 필요해 보이는 청소년들의 후속 모임은 성사되지 못했다.

집단을 구성한 10명의 청소년 중에는 남녀 각각 5명씩 포함되어 있었고 그 대부분이 중·하류층 출신들이었다. 연령은 만 14세에서 만 17세 사이로 남자아이들이 대체로 여자아이들보다 1년 내지 2년 정도 더 어렸다. 참가자 중 여섯 명은 중학생, 네 명은 고등학생이었다. 그들 자신의 학교에 관한 논평으로 미루어 판단하건대 일곱 명은 학교 성적이 평균 이상인 것으로 간주되었다. 또 다른 일곱은 학교 인근에 있는 종합사회복지관에서 제공하는 특별 사회교육 프로그램에 참가하고 있었다. 모든 참여자들이 이 새로운 경험에 대한 진정한 열의를 드러내 보였다. 이들의 장애아동 형제자매들은 모두 집에서 함께 살고 있었다. 그들의 장애 정도는 경미한 정도에서 중증 지적장애에 이르기까지 다양했다. 그 중 반수는 일반 형제자매보다 어렸고, 반수는 손위였다.

1) 집단 방식

그 구성원들이 형제자매 그룹이라고 명명한 이 집단은 그룹 실천전문지도자의 지도를 받아 2002년 10월부터 2003년 5월까지 격주 1회씩 회동하였다. 첫 모임은 이 집단의 '자원자'적 성격과 집단이 성취하기를 바라는 것을 심의하는 데 바쳐졌다. 청소년들은 규칙적으로 모임에 참석하기로 자발적으로 결의했고 참가자 상호 간은 물론 비슷한 처지의 다른 십대들을 도울 수 있도록 자신들의 경험과 문제점을 함께 나누기로 합의하였다.

매 모임이 끝날 때마다 집단은 다음 모임의 중점 사항에 관해 합의하였다. 처음에는 집단활동 지도자가 논의 가능성이 있는 주제들을 앞장서서 암시해 주곤 하였다. 예를 들면 "여러분의 장애아동 형제자매에 관해서 친구들에게는 어떻게 말해주나요?"하고 넌지시 묻는 식이었다.

그러나 참가자들이 서로를 더 잘 알게 되고 격의가 없어져감에 따라, 지도자는 그들이 말하고 싶어 하는 관심거리에 관하여 그때그때 생각나는 대로 묻는다는 투로 끄집어내곤 했다. 거기에는 이런 질문도 포함되어 있었다.

> "우리 가정에 장애아동 식구가 있다는 사실이 우리의 결혼 가능성을 약화시키지는 않을까?"
> "우리 친구들이 자신들의 일반 형제자매들의 사진을 보여주면서 그들이 성취한 일에 대해 떠벌릴 때 우리가 느끼는 감정을 어떻게 다스리면 좋을까?"

참가자들은 형제자매, 가족친지 그리고 친구들과의 경험에 관하여 집단성원들에게 발표하는 것을 그렇게 꺼리는 것 같지 않았다. 지도자는 집단성원들로 하여금 토론 중인 자료의 다른 일면을 보게 하면서 필요에 따라 정보를 추가해 주거나 의문을 제기하거나 개인과 집단이 취할 수 있는 또 다른 행동방향을 제시해 주곤 했다. 지도자는 또한 개인적인 어려움과 집단 참가자 상호 간의 문제점도 다루었다. 동시에 그는 집단의 목표와 특별한 임무가 잊히지 않도록 도왔다. 그는 다양한 '역할'들을 혼자서 담당했다. 즉, 속마음을 털어놓을 수 있는 흉허물 없는 사이로서의 지도자, 상담자, 사회복지 기관의 대리인, 심지어는 부모의 역할까지도 상황에 따라서 맡아야 했다.

다섯 번째 모임이 있던 날은 집단 지도자 간의 유대감으로 함께 묶인 그런 집단의 모습을 갖추고 있었다. 그때 이후로 모임의 내용과 개인의 참석에 대한 중심적인 책임을 떠맡고 대체로 자치적인 성향을 보였다. 집단 지도자는 요점을 명확히 풀어주고 참여자들을 후원하고 대안적 행동방향을 시사하기 위한 정보를 알려주는 '훈수꾼'의 역할을 주로 했다.

모임은 각기 한 시간 반씩 걸렸는데, 기관이 제공하는 가벼운 음료와 다과를 나누기 위한 일정한 시간을 포함하였다. 모임이 끝날 때마다 지도자는 그때까지의 진행 상황을 요약하고 긍정적이고 건설적이며 현실적인 국면들을 강조했다. 참여자들은 집에 가서 자신이 알아낸 일들을 부모와 일반 형제자매에게 그리고 친구들에게 알려주도록 권장받았다. 그들에게서 나타난 눈에 띄는 반응이 있으면 그것을 알려 달라고 지도자들은 부탁했는데 그러한 보고는 자주 있었다.

집단은 대체로 어떤 문제가 종결 시점에 이를 때까지 그 문제에만 전념했다. 어떤 토론 주제는 완료하는 데 무려 세 차례의 모임을 거쳐야 하는 경우도 있었다. 집단 지도자의 꾸준한 수용적 태도가 걱정거리를 표현하고 적대적이든 반대적이든 감정을 분출하기에 알맞은 분위기를 조성하는 데 도움이 되었다. 참가자들 역시 동년배들과 다를 수 있는 자신들의 권리에 대한 뒷받침과 인정을 얻을 수 있었다. 그들은 현재의 상황에 적절하면서도 앞으로의 문제에도 적용할 수 있을 생활 여건을 분석하는 방법을 배운 것이다. 8개월에 걸친 기간 중 출석률은 평균 92%에 달했다.

2) 우려와 감정

어떤 공통적인 문제가 나타났는가? 다음 리스트는 참가자와 집단 지도자가 함께 작성한 것이다. 이 자료는 집단의 기록에서 나온 것이다.

(1) 자신의 장애아동 형제자매에 관해서 친구들, 특히 이성 친구들에게 어떻게 알려주는가?

이 시점에서 한 사회복지사가 다른 사회복지사에게 말했다. "이런 걸 꼭 물어봐야 하나요?" 그리고는 두 사람이 같이 킬킬거리며 웃었다. 그리고 질문을 받은 쪽이어서 물어보라고 권유했다. 그 질문은 "네게 장애아동 누이가 있다는 것을 남자 친구에게 어떻게 알려주지?"였다.

준기라는 소년은 같은 내용의 질문에 즉시 응답하여 자신의 장애아동 누이에 관하여 여자 친구에게 들려주었던 경험을 털어놓았다. 지도자들은 그의 말을 경청하고 나서 옆에 있던 다른 두 소녀 중 수진이라고 하는 소녀가 말했다. "자기가 정말 좋아하는 사람에게 말할 때는 달라요."

수진은 지금 친구 단계를 벗어나 애인 관계에 진입한 남자 친구와의 데이트에 여념이 없는 아가씨이다. 그리고 그녀는 애인인 승기가 장애아동 누이인 효리에 관해서 영원히 알지 않기를 바라고 있다. 그녀가 그 이유를 말할 수 있을까? 그녀는 부끄럽고 당황하고 있다는 것이다.

찬수는 수진의 기분이 어떤 것인지를 안다고 말했다. 그러나 자신도 만약 누이동생이 한쪽 팔이나 다리가 없다면 부끄러워하겠는지를 자문해보고 있다고 했다. 그는 말하기를 이에 대하여 아는 것이 이 일과는 아무 상관도 없는 사람에게 영향을 끼쳐서는 안 된다는 것이었다. 그리고는 수진에게 "그 남자가 너를 정말로 좋아한다면 이 때문에 그가 변하지는 않을 거야"라고 말했다.

찬수는 우리들에게 다음과 같이 말했다. 즉 몇 주 전에 어떤 소녀가 자기에게 누이동생에 관해서 물었지만 정확하게 사실을 알려 주지 않았다는 것이었다. 그렇게 행동한 것이다. 부끄럽게 느껴지기 때문에 이제 만나기만 하면 즉시 그 소녀에게 사실을 실토하기로 결심했다고 말했다. 자기가 한 짓이 옳지 않았음을 알았지만 자기 자신도 어쩔 수 없었다는 것이었다.

(2) 집안의 장애아동 문제와 그것이 함축하고 있는 의미를 함께 토론해 본 적이 없는 부모들을 어떻게 대할 것인가?

(3) 학교에서 친구들이 장애아동들이 "바보" 라는 둥 "미쳤다"는 둥 하는 식으로 마음을 아프게 할 때 그 친구들을 어떻게 다루는가?

(4) 이 모임이 정말 도움이 되는가 아니면 우리가 가족의 신뢰를 배반하고 있는 것인가?

(5) 우리 형제자매들을 계속 보살피는 데 있어서 우리와 부모님의 역할에 관한 우리 부모님의 기대가 모든 당사자들에게 현실적이며 공정한가?

(6) 만약 우리 부모님이 돌아가신다면 우리 장애아동 형제자매들에 대한 우리의 책임은 무엇이어야 하는가?

모임이 시작되기도 전에 참여하고 있던 십대들은 만약 부모에게 무슨 일이 생기면 장애아동인 형제자매들을 보살펴 달라는 부모님들의 부탁에 관하여 자기들끼리 토론하고 있는 중이었다. 영희와 숙희는 그들의 장애아동 형제자매를 결코 거주시설로 보내지 않겠다고 약속했다. 찬희는 거주시설에 있는 동생 영희를 정기적으로 방문하겠다고 말했다. 어머니가 보살필 수 없게 되더라도 동생을 결코 직접 돌보지는 않을 것이라고 했다.

(7) 우리의 장애아동 형제자매에게 우리 부모님들이 정말로 애정을 느끼지 못하면 우리는 어떻게 해야 할까?

(8) 우리 친구들이 자기네 형제자매들의 사진을 꺼내들고 자랑하면서 그들의 성취에 관하여 떠벌릴 때 우리의 느낌을 어떻게 다룰 수 있겠는가?

(9) 가정에 장애아동의 존재가 우리의 결혼 가능성을 약화시키는가? 장애는 유전적인 것인가?

(10) 우리 부모님이 우리의 문제를 해결할 수 있도록 어떻게 우리를 도울 수 있는가?

(11) 가정과 지역사회에서 우리들의 장애아동 형제자매들을 위해서 다 함께 할 수 있는 일은 무엇인가?

(12) 앞으로 일생 동안 부딪쳐야 할 문제를 실제로는 어떻게 받아들이는가?

(13) 자신의 성인으로서의 삶을 위한 계획을 어떻게 세울 수 있겠는가?

(14) 우리의 미래에 관한 희망은 무엇인가?

이때쯤에서 찬수가 수진에게 누이에 대해 왜 그런 감정을 갖게 되었느냐고 물었다. 그는 장애아동을 위해서 이렇게 많은 일이 행하여지는 이 시대에 살고 있으므로 자신들이 모두 행복하다고 생각해야 한다는 것이었다. 옛날에는 사람들이 장애아동을 숨기곤 했는데 그 시절엔 그들을 위해서 아무 것도 하지 않을 때였다는 것이었다.

찬희는 그렇게 말하기는 쉽지만 실제 상황은 부딪치기 어렵다고 말했다. 이런 투의 말은 전에도 들어본 적이 있다는 것이 찬희의 주장이다. 대한민국 대통령에게 장애아동 누이가 있으니까 너도 기분이 좋아야 한다는 식이라는 것이다.

집단 참여자들이 표명한 다른 감정들은 다음과 같았다. 즉, 장애아동 만큼 사랑 받지 못하고 있다는 느낌, 시기심, 장애아동에 대한 앙심과 적대의식, 장애아동의 상태가 심각하다는 사실을 인정하려 하지 않는 태도, 장애아동에 대하여 부정적인 느낌을 가지고 있다는 사실에 대한 죄책감 등이었다. 그러나 그러한 감정이 이 집단만의 특징은 아니었다. 더욱이 그 강도가 개인적으로 차이가 있었고 많이 억제되고 있기도 했다.

지도자는 그러한 감정들의 중요성을 인정하기는 했지만 더 깊이 파고들지는 않았다. 대략 18여 회의 모임이 있은 후 지도자는 집단활동의 일부로서 참가자들이 장애아동 형제자매가 있는 다른 청소년들을 도울 수 있는 방법과 수단들을 고려해 보기를 원할 수도 있다고 넌지시 제안하였다. 그 결과로 나타난 것이 그 집단의 사업인 다른 십대를 대상으로 하는 편지 쓰기와 그 내용을 담은 팸플릿 만들기였다.

3) 몇 가지 관찰 사항들

8개월 동안 이들과의 경험을 바탕으로 그 사회복지 기관의 프로그램을 담당했던 사회복지사들은 많은 사실을 관찰할 수 있었다. 그 관찰 사항을 보다 많은 장애아동의 형제자매들을 대상으로 하는 더 깊이 있는 검증이 필요한 가설로 여기에 제시하고자 한다.

(1) 사춘기 연령층의 일반아동들

① 사춘기 연령층의 삶과 행복에 영향을 끼치는 것으로 보이는 것은 형제자매들 중 장애아동의 정도나 유형이 아니라 오히려 그 자신이 자신과 장애아동 형제자매에 대하여 어떻게 생각하고 있느냐와 장애아동 형제자매를 두고 있다는 사실과 더불어 사는 방법을 그가 어떻게 터득했느냐이다.

② 사춘기 연령층의 일반아동이 정말로 필요로 한 것은 자신들이 이

해하는 언어와 개념으로 된 장애에 관한 정확하고 최신의 정보였다. 아울러 가족과 장애아동 동기들을 돕기 위하여 자신들이 할 수 있는 일이 무엇인지에 관한 지식이었다. 그들은 또한 '현재'를 꾸려나가는 방법과 미래에 기대할 수 있는 것이 무엇인지를 알고자 했다.

③ 그들의 태도가 항상 초지일관 한 것은 아니었다.

④ 집단의 거의 모든 청소년들이 제기하는 한 가지 의문은 "왜 이런 일이 하필이면 우리 집에, 우리에게, 나에게 일어나야 했지요?"였다. "왜 이 일이 하필 나에게 일어나야 했느냐"는 의문이 자주 떠오른다고 그들은 말했다. 나는 그들에게 그건 당연한 의문이라고 말해주었지만 친구를 사귀거나 학교에서의 생활에 이 일이 어떤 의미를 지니는지 알 수 없다고 말해주기도 했다. 그는 지금까지는 별로 대단한 의미는 없었다고 대답하면서도 여자 친구에게 자기의 장애아동 누이에 관해 말해줄 때 무슨 일이 있겠느냐고 알고 싶어 했다. 나는 그 질문도 역시 심사숙고했다. 찬수는 '지적장애'라는 낱말을 사용할 수 없다고 했다. 그는 자기 누이가 '다르다'고만 말할 참이라고 말했다.

⑤ 찬수는 '집단에는 뭐가 문제가 있기 마련인데 …' 라고 혼잣말을 하듯 읊조리기도 했다. 자기 친구 중 하나는 아버지가 없는데 부모가 이혼했기 때문이라는 것이었고 그게 진짜 문제라는 것을 자기는 알 수 있다고도 했다. 그 친구도 왜 이 일이 하필 나에게 일어났을까하고 역시 자문할 수 있겠느냐고 나는 그에게 물었다. 그는 그럴 수 있다고 시인하였다. 이 모임은 청소년들이 가정에서 형제자매들의 기능이 가진 한계와 강점을 이해하도록 도왔다.

⑥ 부모와 청소년 사이의 원만한 의사소통과 감정의 교류가 얼마나 중요한가는 청소년들이 필요할 때 언제나 부모에게 고충을 털어놓을 수 있는 그런 종류의 관계가 확립되어 있느냐의 여부에 달려 있었다.

⑦ 십대 청소년들은 사회복지 기관이 부모와 장애아동 형제자매는

물론 자신들에게도 관심을 가지고 있다는 사실을 아는 것만으로도 도움을 받는 듯 했다.

⑧ 집단 지도자가 도움이 되기 위해서는 가급적이면 청소년의 시각으로 삶을 고찰하고 그들을 존중하고 관심을 보여야 했다. 역시 필요한 것은 그들을 의젓하게 그러면서도 이해하려는 태도로 대하여야 했고 장애아동들의 문제와 형제자매들이 다 똑같다고 속단하거나 일반화하지 않도록 주의해야 했다.

⑨ 집단 지도자는 청소년들의 감정을 과소평가하여 그들에게 거는 기대를 너무 낮추어 잡지 않는 것이 중요하다는 것을 알게 되었다. 그들이 부모에게 바라는 일은 가족전체를 위한 일의 계획에 자신들을 참여시켜 달라는 것임이 명백하였다.

(2) 집단과 집단 지도자

① 이 경험은 집단의 청소년들에게는 적절한 것이었다. 그들은 순발성 감정을 표현하고 스스로 그 경험에 투신하여 비슷한 처지에 있는 다른 청소년들과의 접촉에서 긍정적인 힘과 도움을 얻을 수도 있었다. 다른 청소년들에게는 그러한 경험이 감정을 주체하기 어려울 정도로 걱정과 불안을 야기하는 것이 될 수도 있다. 가족관계와 부모의 역할이 논의되는 때와 같은 일부의 경우에, 청소년의 집단 경험은 그의 부모에게는 위협적인 잠재력을 지녔다.

② 집단의 모임은 어려운 시기에 청소년들에게 도움을 준다는 점에서 뿐만 아니라 건강한 관계를 구축하여 유지하도록 돕는다는 점에서도 집단에게는 중요한 일이었다.

③ 집단 동년배들과 지도자의 후원과 지지가 청소년들에게 유익했다.

④ 집단의 규모가 중요했다. 10명이 서로 경험을 나누고 지도자의 시간을 골고루 얻어내는 데에 대강 적합한 것으로 보였다.

⑤ 모임의 시간을 청소년에게 주어지는 학교 수업, 사회생활, 가정의 의무 등 많은 외적 압력을 고려하여 짜는 것이 중요하였다.

4) 소 결

이렇게 하여 단기간의 집단 경험이 집단에 참여한 십대 청소년들에게 유용했다고 결론을 내렸다. 시간을 연장하는 것은 감정을 말로 표현하고 문제점을 토론하고 어떤 특정한 인간관계를 탐구하여 성취한 것을 통합하여 미래에 관하여 보다 현실적으로 생각하기 어려운 연령층의 젊은이들에게 도움을 주었다.

모임이 언제나 어떤 기본적 태도를 개조하거나 변화시키는 데에 도움이 되지는 않았고 오히려 참가자들로 하여금 다른 아이들도 비슷한 문제들을 안고 있고 경험하고 있다는 것을 이해할 수 있게 해 주었다. 그들의 어떤 문제점이나 강점이 마음속 깊이 간직되어 있어서 항상 해결되지는 못했지만 대체로 이들은 모임이 계속 진행되어 감에 따라서 점진적으로 자신의 감정을 보다 완전하게 표현할 수 있게 되었고 모임을 현실적으로 평가할 수도 있게 되었다.

그 결과 다음 단계의 사회복지실천 계획에 필요한 조치들을 보다 정확하게 예견할 수 있게 되는 것 같았다. 그러한 상황들에 보다 잘 대처할 수 있게 되었다는 말이다. 시간이 지남에 따라 그들은 자기 자신뿐만 아니라 장애아동 형제자매를 두고 있는 다른 청소년들에게 장애가 함축하고 있는 보다 광범위한 의미를 직시할 수 있게 되는 것 같았다.

장애아동의 부모들 중 많은 사람들은 공황 상태에서 급기야는 그 아이 때문에 일반적인 다른 자녀들이 해로운 영향을 받게 되리라고 믿고 만다. 그러나 부모들이 상황에 건설적으로 대처한 일부 가정에서는 일반 청소년들이 그 또래의 다른 아이들보다 더 높은 성숙도와 인내심 그리고 책임감을 길러 두고 있었다. 우리의 경험이 시사하는 것은 가족관계가 긍정적인 청소년이 장애아동 형제자매를 두고 있다는 정서적 상처와 걱정, 불안의 부담을 흔히 더 잘 견디어 낸다는 점이었다.

그러한 청소년은 다짐과 후원을 요구하지만 보다 흔히 그가 필요로 하는 으뜸가는 일은 교육적인 것이다. 즉, 그들이 직면한 현실을 분명하게 인식할 때 장애를 가진 형제자매를 더 잘 다룰 수 있게 된다. 그 청소년들이 리플릿에 써넣은 것처럼 이것이 집단 경험의 요점이다.

> … 우리는 서로 도왔고 장애에 관하여 말하는 요령을 배웠다. 우리는 자신의 문제들을 마음 놓고 이야기할 수 있다고 느꼈다. 우리는 자신의 형제자매의 어떤 예기치 못한 행동에도 보다 잘 대비할 수 있도록 서로 도왔다. 우리는 우리만 있는 것이 아님을 알게 되었다.

제5부

지역사회 수준의 사회복지실천

제10장 위탁가정 선발과 그룹홈 육성

제11장 장애아동 스포츠 활동의 의미와 과제

제12장 사례관리와 탈시설화

오랜 세월 동안 장애인과 그 가족에 대한 사회복지실천이라고 해보았자 고작해야 그 당사자가 일생을 보내게 될 거주시설을 선택하는 데에 도움을 주는 정도로 제한되어 있을 따름이었다. 사회가 장애 시민들을 위하여 교육, 생활터전과 보호를 제공하는 더 큰 책임을 떠맡게 됨에 따라서 사회복지실천의 역할도 점차 복잡해졌다.

장애 분야의 사회복지실천 종사자는 공공정책을 변화시키고 지역사회복지실천을 개발하며 서비스이용자의 권리를 옹호하고 장애를 유발할 소지가 있는 미래의 여건들을 예방하기 위한 노력을 경주하는 데 적극적으로 참여하고 있다. 이러한 활동을 위한 체계는 일차적으로 지역사회이다. 이 체계에서의 사회복지실천 개입활동이 오늘날처럼 필요 불가결한 적은 일찍이 없었다.

집단은 물론 장애인 개인과 그 가족을 대상으로 하는 사회복지실천 개입활동은 지역사회에서 행하여진다. 사실 사회복지사들이 맡아 하는 상담과 의뢰 및 자원 제공의 대부분이 시행되는 곳은 바로 학교, 병원과 사회복지관, 가정지원센터 등과 같은 지역사회 수준의 장소에서이다.

제 5부에 나오는 내용 중 일부는 이 책 앞부분에서 기술된 통찰이나 방법과 다소 중복될 수도 있다. 그러나 그럴 수밖에 없는 것은 정상화를 향한 탈시설화의 결과로 사회복지사들이 지역사회복지실천을 수행할 때에 자연스레

떠맡게 되는 한두 가지 역할을 그 내용이 잘 설명하고 있기 때문이다. 그런데 그 역할은 입법기관, 지역주민 연대나 활발한 활동을 벌이고 있는 장애인 부모단체와 같은 지역사회 내의 중요한 집단과의 상호작용을 포함하고 있다.

사회복지사들이 지역사회 조직화와 시민권리 옹호 운동 및 사회의 약자들에 대한 그들의 민감성은 물론 정치적 과정에 관한 지식을 이용하는 것은 바로 지역사회 수준의 개입실천에서 수행해야 할 핵심적인 활동이다. 이 외에도 제 5부에서 소개되는 접근 방법과 기술들은 지역사회의 장애인을 위한 견고한 사회복지실천 서비스 조직망을 구축하는 데에 필수적이다.

사회복지사들이 장애 분야에서 새로운 역할을 떠맡음과 동시에, 그들은 또한 오래 전부터 익히 알던 광범위한 임무들을 계속 수행하였다. 전반적으로 위탁보호 배치가 사회복지사들의 의례적인 임무였다. 따라서 수용시설 배치에 대한 대안으로서 어린이 위탁 보호가 많은 지역사회에 근거를 두고 활동하는 사회복지사들 사이에 관심이 증대되고 있는 분야이다.

선발, 훈련, 그리고 복잡한 신체, 정서 및 행동상의 어려움들로 인하여 배치하기 어려운 아이들을 맡아줄 위탁가정을 찾는 일 등이 아마 위탁보호 분야의 전문인들이 당면하게 될 최대의 도전일 것이다. 이에 성공적인 위탁부모들의 몇 가지 특징들을 보여 주면서 이들이 위탁보호에 참여하게 된 과정을 검토하는 내용을 소개하고자 하였다.

장애 성인과 어린이를 위한 주거 보호를 제공하는 매우 인기 있는 또 다른 방법은 지역사회에서의 장애인공동생활가정(그룹홈)을 활용하는 것이다. 하지만 그룹홈 프로그램의 보급은 현지 주택가에서의 이해 부족과 더딘 수용 실태로 인해 방해를 받아왔다. 어떤 일정한 주택가에 그룹홈을 설치하기 위한 현지 실정에 맞는 구체적인 전략을 계획하는 것이 그래서 매우 중요하다. 적절하다고 생각되는 한 장소를 선택하고 가장 강도 높게 저항할 계층을 확인하여 지역사회 거주 시설 설치를 막는 장벽들을 극복하는 것이 이 지역사회 거주 프로그램에서 활동하는 사회복지사들에게 적절하고 유용하다는 것이 입증되어야 한다.

미국의 경우 거의 30~40여 년 동안(우리나라의 경우 10여 년 간) 지역사회복지실천에 있어서 이룩된 모든 발전들 중에서 사례관리라는 개념이 사회복지사들의 가치관과 임무를 아마 가장 완벽하게 포용하고 있을 것이다. 제11장에서 1970년대 후반에 실행되었던 사례관리 개념을 오늘 우리나라의 현실 속에서 검토하고, 복잡하고 장기적이며 광범위한 어려움을 지닌 서비스 이용자에게 사회복지실천을 펼치는 데에 있어서 그것이 유용하다고 제안하고자 한다. 사례관리를 담당하는 사회복지사들은 이 전문분야가 장애아동과 그 가족의 권익을 옹호하고 중개인 성격의 사회복지실천 서비스를 펼치는 데 있어서 계속 중심적인 역할을 맡을 수 있도록 성공담과 실패담을 서로 교환할 필요가 있다.

여러 가지로 중요한 또 다른 하나의 현상, 즉 탈시설화에 사회복지사들이 참여하여 일하는 활동상에 대해서도 정리해 보았다. 탈시설화가 성공하려면 일련의 뚜렷한 목표와 지역사회의 지원과 실천계획과 그 계획을 실천하는 데에 필요한 자금이 필요해진다. 사회복지사들이 정책 수행 과정에 관하여 제대로 알지 못 하는 현실과 지역사회 사회복지실천과 프로그램을 관장하는 혼란스럽고 모순되는 법률들로 인하여 지역사회 장애인공동생활가정이라는 개념에 대한 사회복지실천 전문가들의 기여도는 제한적일 수밖에 없었다. 더욱이 탈시설화에 대한 대안을 개발하는 데 있어서 사회복지실천 전문가들에게 분명하게 맡겨진 역할이 없었다는 점도 부실한 기여도의 또 다른 이유이다. 그래서 12장에서는 장애인에게 영향을 끼치는 탈시설화 정책의 역사를 개관하며 그 운동의 진행과 퇴보를 논하고 사회복지사들이 장애인을 위한 보다 효율적인 제도를 공식화하도록 의원들과 지역사회를 상대로 적극적인 활동을 펴도록 권장하고 있다.

따라서 제5부는 장애 분야에 있어서 지역사회 수준의 노력에 관한 가장 중요한 문제점과 관행 중 일부를 기술하도록 의도된 것이라고 할 수 있다.

위탁가정 선발과 그룹홈 육성 제10장

1. 장애아동을 위한 위탁가정 선발 방법

1974년 7월, 미국 펜실베이니아주 랭커스터 지역에 소재한 입양과 아동복지를 전문적으로 수행하는 모 사회복지법인에서 장애아동과 성인 그리고 그 가족을 대상으로 하는 사회복지실천 서비스를 제공하면서 무료로 가가호호에 배달되는 '무가지 신문'에 일련의 특집 기사를 게재하기 시작하였다. 매주 혹은 격주로 위탁 가정이 필요한 한두 명의 어린이에 대해 그 아이가 위탁 가정에서 어떤 존재가 될 것인지에 관한 인간적인 기사가 사진과 함께 소개되었다. 관심 있는 사람들이 보다 상세한 정보를 얻기 원하면 그 기관으로 전화를 하도록 요청 받았다.

그 기사는 이미 자녀를 둔 가정에 호소하도록 작성되었으므로 그 아이가 좋아하는 채소나 장난감과 같은 자질구레한 이야기까지 포함되었다. 기사의 목적은 사람들이 그 기관의 사회복지사와 양부모의 역할에 관해 이야기를 나누게 하자는 것이었다. 두 번째 목적은 장애아동들을 하나씩 지역사회에 소개하고, 그 과정에서 장애의 영향과 장애아동들

사이의 차이점이나 그들의 특수한 욕구들에 관한 정보 등을 지역사회에 전달하자는 것이었다.

장애아동에 관하여 시민들이 아는 것이 많을수록 위탁부모가 되기를 자원하는 시민이 많아질 것이라고 믿었다. 그런 기사가 3년 반 동안 정기적으로 게재된 후 그 효과를 평가하기 위한 조사가 실시되었다.

그 기간 중 그 사회복지법인의 사무국은 매스컴을 이용한 반면 지역 내의 다른 사회복지 기관들은 입에서 입으로 전달되는 모집 방법을 사용하였다.

여기에서 매스컴을 통한 캠페인이 어떻게 지역주민에게 장애아동을 지원하는 사회복지 기관과 프로그램에 관해 알리고, 또 어떻게 그들을 장애아동의 양부모가 되기로 결심하게 했는지를 저자가 1998년 한국밀알선교단 출판부에서 번역 출간한 《더 이상 그들만의 아픔이 아니다》(린 위클러 · 메리앤 키이넌 편, 이준우 역, 1998)를 토대로 정리하여 설명해 보고자 한다.

1) 배 경

로벌 애비이(Roverl Abbie)는 1974년 5월에 미국 캘리포니아 주 랭커스터 시의 '공공 복지부' 주관 아래 지적장애아동이 아닌 어린이들을 맡아 보살피는 256명의 위탁부모들에 관한 연구를 마무리했다. 그 양부모들은 위탁부모가 된 시기와 그 위탁 프로그램에 관하여 처음 알게 된 장소 그리고 그들에게 위탁을 수락하도록 영향을 끼친 사람이 누구인가에 관한 질문을 받았다.

공간적 밀도를 나타낼 수 있도록 랭커스터 시의 지도에 점으로 표시된 그들의 집들은 어떤 특정 지역에 옹기종기 모여 있는 경향을 보이고 있었다. 이 위탁 보호 프로그램에 가장 오랫동안 참가한 가정들은 그 옹기종기 모여 있는 집단들 중에서도 한복판에서 사는 경향을 보였다. 어떤 지역에 위탁 가정이 있으면 그 이웃들이 접촉을 통하여 위탁

보호에 관하여 알게 되고, 자신들도 양부모가 되기로 결심할 가능성이 높아진다는 가설이 성립되었다. 입양 가정의 공간적 분포 유형은 이러한 정보 전달 양식의 결과로 생각되었다.

설문에 응답한 사람들 중 79%는 대인 접촉을 통하여 랭커스터 시 공공 복지부에 관하여 처음으로 알게 되었다고 응답하였다. 바꾸어 말하자면, 매스컴이 끼친 영향은 비교적 적었다는 것이다. 인식 단계에서조차도 말이다. 입양부모가 되도록 그들에게 가장 많은 영향을 끼친 것이 누구인가 또는 무엇인가를 묻는 설문에 대한 응답 역시 매스컴이 끼친 영향은 크지 않았음을 보여주고 있다. 애비이는 다음과 같이 결론을 내리고 있다. 즉, "입양 부모가 되는 사회적 과정에서는 근린 효과가 작용한다"는 것이다. 그 연구는 발달장애인국[1]이 사용한 위탁부모 모집 방법이 위탁부모들이 '발달장애인국' 프로그램을 알게 되는 방법에 영향을 끼쳤는지를 측정하기 위하여 애비이 연구를 모방하려는 시도가 있었다.

2) 방법

매스컴을 통한 모집 사업이 시작된 이래 발달장애인국을 위해 위탁부모 역할을 하기 시작한 40개 가정 전부에게 1975년 정월, 우편으로 설문지가 발송되었다. 전화를 통한 후속 확인 끝에 사용 가능한 설문지 37부가 회신되어 왔다. 그 반응의 응답들은 카이 제곱 테스트(Chi-square Test) 방식을 사용하여 애비이 설문지에 관한 응답들과 비교되었다.

---

1) '지적장애청'으로도 번역되는 미국의 '발달장애인국'은 발달장애인복지와 관련된 모든 것을 총괄적으로 관할하는 정부조직이다. 우리나라의 경우 보건복지부 산하 장애인정책국이 그 성격과 위치를 같이 할 수 있으나, 우리나라와 달리 발달장애인 영역만 총괄한다는 점에서 차이가 있다.

3) 조사의 가설들

다섯 가지의 가설이 검증되었다.

첫째, 발달장애인국 위탁부모들은 발달장애인국 프로그램에 관하여 알게 된 경로가 매스컴에 의해서라기보다는 개인 간의 의사소통을 통해서일 가능성이 더 많다.

둘째, 발달장애인국 위탁부모들은 발달장애인국 프로그램에 관하여 매스컴을 통하여 처음 알게 되는 비율이 랭커스터 시 공공 복지부 위탁부모들이 그렇게 하는 비용보다 더 높다.

셋째, 발달장애인국 위탁부모들이 위탁부모가 된 것은 매스컴의 영향을 받아서보다는 개인 간의 의사소통에 영향을 받아서일 가능성이 더 많다.

넷째, 발달장애인국 위탁부모들이 매스컴보다는 개인 간의 의사소통에 영향을 받아 위탁부모가 되었을 가능성이 없는 것은 랭커스터 시 공공 복지부 위탁부모가 그렇지 않은 것과 마찬가지이다.

다섯째, 발달장애인국 위탁부모와 랭커스터 시 공공 복지부 위탁부모 간의 연령이나 교육 수준의 차이는 없다.

4) 문헌 검토

위탁부모들이 위탁 보호에 관하여 알게 되는 것이 개인 간의 대화를 통해서라는 문헌상의 증거는 많다. 라딘스키, 프리이드 그리고 루빈스타인은 새로 모집되는 위탁부모들의 75%는 개인 간의 의사소통을 통해서라는 것을 알아냈다. 이들의 연구결과는 다음과 같이 나타났다. “매스컴의 축적되는 선전 효과에 관하여 위탁 보호 가정 중 적어도 4분의 1은 매스컴의 대 지역사회 홍보 실천과 관계가 있음이 추적될 수 있었다. 나머지 가정들은 여러 가지 요인들로부터 영향을 받았는데 주로 다른 위탁부모들, 그들의 친구와 친척들이었다.” 또한 데이에 의하면,

"위탁부모들이야말로 위탁 가정의 매우 풍성한 공급원이다"라는 것이다. 그는 개인 간의 대화를 통한 모집이 신뢰도 높은 부모들을 선발할 수 있는 가능성을 높여 준다고 믿었다. 카두신은 이렇게 말했다. "위탁 가정 선발에 관한 문헌이 시사하는 것은 위탁 가정을 모집하려는 확고부동한 일상적인 노력을 일과성의 특별한 캠페인 활동이 대신해서는 안 된다"는 것이다.

위탁부모들을 모집하는 다양한 방법을 조사해 본 결과 위탁부모를 구하기 위해 기존의 위탁부모를 이용하는 것이 가장 성공적인 방법이라는 견해가 압도적인 지지를 받고 있다는 것을 스토운은 알아냈다. "그렇게 많은 연구들이 개인 간의 통로가 위탁 가정 모집에 있어서 가장 효과적이라는 것을 알아냈으므로 발달장애인국 위탁부모들의 대다수가 이런 식으로 선발되리라고 기대되었다. 물론 매스컴을 통한 모집도 시도되었지만 말이다.

실제로 발달장애인국 프로그램을 홍보하는 데에 매스컴을 이용할 수 있었지만 공공 복지부 프로그램에 관해서는 그러지 못했으므로 발달장애인국 위탁부모들이 공공 복지부 위탁부모들보다 자신들의 위탁 보호 프로그램에 관하여 매스컴을 통하여 처음 알게 되었을 가능성이 더 높은 것이라고 예상할 수 있다. 처음 알게 되는 단계에서는 매스컴이 약간 더 중요하고 결정 단계에서는 개인 간의 대화가 더 중요하다는 일반론을 도출한 것은 로저스(Rogers)와 슈메이커(Schoemaker)였다. 그들의 연구를 토대로 하여 기대할 수 있는 것은 공공 복지부 위탁부모들보다 더 많은 발달장애인국 위탁부모들이 먼저 매스컴의 영향을 받았던 것으로 생각될 수 있다.

개인 간의 의사소통, 즉 개인 간 일대일의 교류는 견해와 정보의 쌍방 교류를 허용하며 정보를 받아들이는 쪽을 설득하여 새로운 태도를 지니게 할 수도 있다. 매스컴이 초기 단계의 인식을 창출하는 데에 유용하기는 하지만 개인 간의 대화가 태도와 행동을 변화시키는 데에는 보다 효과적이다. 특히 당사자들이 사회적으로 같은 계층에 속해 있을 때에 더욱 그렇다.

발달장애인국을 위하여 지적장애아동들의 양부모(위탁부모)가 되어 볼 생각을 하고 있는 사람들은 친구들, 이웃사람들, 친척과 친지들 그리고 다른 양부모들과 발달장애인국 직원들에게 알고 싶은 정보를 구하는 것이 좋을 것이다. 위탁부모가 되겠다는 결정이 그만큼 중요하기 때문이다. 이러한 일대일 대화는 설득 단계에서 지극히 중요하고 필수적이다. 지적장애아동을 받아들이려면 흔히 위탁부모 자신의 기본적인 태도와 가치관의 변화가 있어야 한다.

랭커스터 시에서 행한 그의 연구에서 칵스는 다음과 같은 사실을 알아냈다. 지적장애아동들에 대한 태도는 적어도 두 가지 측면을 지니고 있는데 정서적 반응과 지적장애의 원인과 결과에 관한 지식이 그것임을 자료들을 시사하고 있다는 것이다.

정서적 반응은 개인적인 정보의 출처에 크게 영향을 받는 것 같다. 지적장애에 관한 지식은 비개인적 정보의 출처와 상당한 관계가 있음이 밝혀지기도 했다. 위탁부모가 된다는 사실 자체가 한 어린이에 대한 기본적인 정서적 반응과 관계가 있으므로 발달장애인국 위탁부모들이 매스컴보다는 개인 간 대화에 영향을 받아 위탁부모가 되었을 것이라고 추정되었다. 공공복지부 위탁부모들 역시 설득단계에서는 다른 사람들과의 접촉을 모색했으며 그들의 영향을 받았고, 이 단계에서 그들에게 미치는 대부분의 정보는 개인 간 대화를 통해서였다.

애비이 연구는 공공복지부 위탁부모의 연령을 알아냈는데 50세 이상이 거의 없었다. 위탁부모들에 관한 연구결과들로 미루어 연령층이 하향화 경향을 보이고 있음을 알 수 있다. 1955~56년에 영국에서 실시된 전국적인 인구통계학적 연구를 보면 양모들의 59%가 40세 이상이었음을 알 수 있다. 애비이 연구에서의 21세에서 50세까지로 나타난 썩 고른 연령 분포는 임신 가능한 연령층의 위탁부모들이 공공복지부에 의하여 선발되고 있음을 시사해 주었다. 이 점은 발달장애인국의 경우도 마찬가지일 것으로 믿어졌다.

교육 수준으로 말할 것 같으면 위탁부모의 19%가 대학 교육을 받았고 고등학교 교육을 받은 위탁부모들은 61%에 달했고 고등학교 미만의 교육을 받은 경우는 20%였다. 발달장애인국 위탁부모들이 더 높은 수준의 교육을 받았을 것으로 생각되지는 않았다. 칵스의 연구에 의하면 호의적으로 행동하려는 가장 강력한 관심은 고등학교 교육을 받은 집단에서 나타났다는 것을 알 수 있다.

5) 결과

(1) 다른 위탁부모와 사귀는 일

발달장애인국의 응답자들이 받은 설문은 "처음으로 위탁부모가 된 것은 언제였나요?"(어느 기관의 누구였건 불문하고) 와 "처음으로 발달장애인국 위탁부모가 된 것은 언제였나요?"이었는데 결과는 발달장애인국 위탁부모의 대략 반수가 전에 또 다른 기관의 위탁부모였음이 밝혀졌다(나머지는 신참자들이었다).

공공복지부 위탁부모들이 받은 설문은 이러했다. "위탁부모가 되기 전에 린컨 지역의 위탁부모를 알고 있었나요?" 발달장애인국 위탁부모들이 받은 질문은 "위탁부모가 되기 전에 위탁부모를 하나라도 알고 있었나요?"와 "위탁부모가 되기 전에 발달장애인국 위탁부모를 알고 있었나요?"였다.

발달장애인국 위탁부모 86%가 위탁부모들을 알고 있거나 발달장애인국을 위한 위탁부모가 되기 전 다른 기관의 위탁부모였다. 불과 공공복지부 위탁부모 중 45%만이 위탁부모가 되기 전에 다른 위탁부모를 알았을 따름이었다. 이 차이는 5% 수준에서는 의미심장하다. 발달장애인국 응답자들 중 불과 27%만이 선발되기 전에 다른 발달장애인국 위탁부모를 알고 있었다. 중요해 보이는 것은 지적장애아동을 돌보는 사람을 구체적으로 알고 있느냐가 아니라 오히려 소속 기관을 불문하고 다른 위탁부모를 알고 있다는 것이었다.

(2) 인식 단계

공공복지부 위탁부모들이 받은 설문은 "누구에게서 혹은 어디에서 위탁부모 프로그램에 관하여 알게 되었나요?"였고, 발달장애인국 위탁부모들에게는 "누구에게서 발달장애인국 위탁부모 프로그램에 관하여 알게 되었나요?"라는 질문이 주어졌다. 응답은 매스컴이 아니면 개인 간의 접촉으로 분류되었다. 발달장애인국 위탁부모 중 보다 낮은 비율의 부모(59%)들이 개인 간의 대화를 통해서 위탁부모에 관하여 알게 되었다. 반면에 공공복지부 위탁부모들의 경우는 79%였다. 이 차이는 5% 수준(X = 4.42)에서 의미심장하다. 발달장애인국 위탁부모들에 있어서 매스컴에 대한 이 반응은 신참자냐 아니냐에 크게 영향을 받는 것으로 보였다. 신참 위탁부모들은 개인 간 접촉 보다는 매스컴을 통해서 발달장애인국 프로그램에 관하여 알게 될 가능성이 더 높았다. 위탁부모 프로그램에 관하여 전혀 모르고 있다가 발달장애인국에 관하여 알게 된 발달장애인국 위탁부모 중 73%가 자신들이 위탁부모가 되기 전에 이미 위탁부모 프로그램에 관하여 알고 있었다.

(3) 설득 단계

공공복지부 위탁부모들이 받은 설문은 "당신이 위탁부모가 되기로 결정하는 데 있어서 누가 또는 무엇이 가장 큰 영향을 끼쳤나요?"이었고 발달장애인국 위탁부모가 받은 설문은 "당신이 발달장애인국 위탁부모가 되기로 결정하는 데 있어서 누가 또는 무엇이 당신에게 가장 큰 영향을 끼쳤나요?"였다. 응답은 역시 매스컴 또는 개인 간의 접촉으로 분류되었다. 소속 기관에 따른 위탁부모 간의 차이는 없었다. 양쪽이 다 같이 개인 간의 대화에 큰 영향을 받았는데 공공복지부 위탁부모들은 80%가 그리고 발달장애인국 위탁부모는 83%가 개인 간의 접촉에 영향을 받았다(X = 0.17).

(4) 연령 및 교육적 배경

위탁부모집단 사이에 연령(X = 1.52)이나 교육적 배경(X = 2.59)에 있어서는 차이가 전혀 없었다. 50세가 넘은 경우는 극소수로 발달장애인국에서 13%, 공공복지부에서 9%였다. 발달장애인국 위탁부모들의 연령층은 21세로부터 50세까지 썩 고르게 분포되어 있었다. 한편, 예상한 대로 두 집단 모두 고등학교 이상의 교육을 받은 것으로 나타났다. 발달장애인국에서 71%, 공공복지부에서 60%). 발달장애인국 위탁부모 중에서 불과 14.5%만이 대학 교육을 받았고 14.5%는 고등학교 미만의 교육을 받았다.

(5) 토론

이 연구로 미루어 볼 때, 발달장애인국의 매스컴을 통한 위탁부모 모집 기술이 어느 정도 효과가 있다는 점이 분명해진다. 공공복지부 위탁부모들보다 훨씬 더 많은 발달장애인국 위탁부모들이 먼저 매스컴에 영향을 받았는데, 특히 전에 어떤 기관에도 위탁부모로서 관계를 가져본 적이 없는 위탁부모들의 경우에 그러했다. 그러나 상황은 복잡하다. 발달장애인국이 썩 대등한 소집단으로부터 위탁부모들을 모집하고 있는 것으로 보이기 때문이다. 그 소집단이란 전에 위탁부모가 되어 본 적이 있는 사람들과 그렇지 않은 사람들을 말하는 것이다. 전에 위탁부모가 되어 본 적이 있는 사람들에게 매스컴이 끼치는 영향은 대수롭지 않다(23%). 이 사람들은 개인 간의 접촉을 통하여 선발될 가능성이 가장 높다(기관 직원들의 암시적 조언도 큰 몫을 한다).

보다 많은 신참 위탁부모들이 매스컴에 의하여 모집되고 있다. 그러나 매스컴 방법이 효과가 있으려면 그 사람들이 전에 위탁부모들과 접촉해 본 적이 있는 경우에만 해당된다.

발달장애인국의 매스컴을 통한 모집은 2단계 방식이다. 먼저 위탁부모가 될 수 있는 사람이 다른 위탁부모에게 노출되어야 한다. 그렇게 되면 위탁부모가 될 잠재성을 지닌 사람은 위탁부모에 관한 신문 기사

등에 관심을 가지고 반응할 가능성이 높아진다. 이 연구에 근거를 두고 보면 위탁부모들을 무턱대고 일반 대중들로부터 모집하는 것은 비현실적이다.

6) 위탁부모 모집을 위한 제언

지적장애아동을 위한 위탁부모 모집의 효율성을 높이기 위해서는 다음의 조치들이 취하여져야 한다.

(1) 위탁가정에 배치가 필요한 지적장애아동을 위하여 현재 또는 전에 위탁부모였던 사람들과 접촉할 수 있도록 사회 내 다른 기관과의 유대를 강화하라.

(2) 구전되는 말에 의하여 위탁부모를 모집하기 위하여 지적장애아동을 다루는 봉사 기관의 모든 부처 소속 요원들을 활용하라. 그러한 방법은 ① 기관의 소식지에 위탁보호가 필요한 아이에 관한 정보를 포함해 게재할 것, ② 지도자와 감독자에게 위탁이 필요한 특정한 아이에 관하여 그가 데리고 있는 사회복지실천 서비스 요원들에게 통보하도록 요구할 것이다. 그리고 ③ 지적장애아동과 그 아이를 위탁해 줄 가정을 구하는 데 있어서 전화로 도움을 요청할 수 있을 것이다.

(3) 위탁부모들에게 신참 위탁가정을 구해 보라고 권장하라. 이때 사용 가능한 기법은 ① 그 아이의 사진과 간단한 이력을 보내 주면서 그 자료를 친지들에게 회람시켜 달라고 요청하는 것이다. ② 위탁보호가 필요한 지적장애아동에 관한 정보가 다른 기관의 위탁부모들에게 보내어질 수 있도록 다른 기관들과 상호협조를 위한 협약을 체결하라.

(4) 위탁부모들에게 만나는 사람마다 자신이 위탁부모임을 알리라고 권장하라. 한 사람이라도 위탁보호에 관하여 아는 사람을 늘리기 위해서이다.

(5) 신문에 기사를 싣는 등 매스컴 모집기법을 계속 사용하라.

2. 그룹홈 육성에 있어서 주거 지역 진입

그룹홈이 설립되기 위해서는 그룹홈을 필요로 하는 사항을 사정하고 확인하여 지역사회 내에서 유기적 관계를 구축하고 설립과 운영에 필요한 기금을 조달하는 임무가 중요하다. 그중에서도 특히 거주지역 주민과의 관계를 확립하는 것은 힘든 일이다. 거주할 지역주민과의 친밀하고 원활한 관계를 형성하기 위해 정리된 자료는 흔치 않다.

다음에 나오는 내용은 '현장에서 직접 부딪쳐 본' 사람들의 경험과 관찰에 토대를 두고 있다. 여기에서는 그룹홈을 육성하고자 할 때, 인근 주민들의 상당한 저항이 있다는 것을 알고 있는 이상, "이런 일을 처음 하는 사람에게는 어떤 정보가 도움이 되겠는가?"라는 질문에 대한 해답을 찾고자 하는 것이다.

주거지역 진입에는 세 가지 전략이 있는데 그 하나는 정체를 드러내지 않고, 소문 없이 하는 진입 방법인 '소리 없이 살짝 미끄러져 들어가는' 방식으로 성취된다. 이 방법은 확고한 합법적인 주거지 구획 사업에 근거를 두고 있으므로 사전에 지역주민들을 교육할 필요가 없다.

두 번째 방법은 반대로 정체를 떳떳하게 밝히고 좀 튀는 식의 진입으로 필요하다면 그룹홈과 교류 또는 접촉하게 될 사람들이 누가 되었건 교육을 하는 방식인데 그런 사람들은 이웃 사람 전부, 학교의 교장선생님, 사회복지 기관 지도자들, 도시계획위원들, 정치인들, 매스컴 대표들이 포함된다.

세 번째는 절충식으로 소위 선택된 소수에게만 알리고 진입을 시도하는 것으로 정보를 필요로 하거나(도시계획위원, 시의회 의원과 같은 사람들), 또는 이 방식을 송두리째 망가트릴 염려가 있는 사람들(주거환경개선을 위한 시민단체 회원과 해당 지역 주민들) 중에서 미리 선정된 인사들을 목표로 하여 교육 프로그램을 계획하는 방식이다.

이 세 가지 전략은 지나치게 단순화된 것이다. 그러나 대부분의 주거지역 진입시도는 이 중 하나와 맞아떨어진다. 이 세 가지 전략을 일반적으로 파악하고 있으면 개별적인 주거지역을 독특하게 만들어 주는 변수들을 평가하는 데에 도움이 된다. 주거지역 진입 변수들을 평가하고 다루는 문제는 워낙 복잡해서 지배적인 변수는 '행운'이라고 해도 무방할 정도이다(혹은 악운일 수도 있겠지만).

1) 주거지역 진입 시 고려해야 할 변수

주거지역 진입 시에 고려해야 할 변수들이 있다. 주거지역, 서비스 이용자, 주관 사회복지 기관, 시설, 법률상의 요소, 이 다섯 가지로 정리할 수 있다. 상황에 따라서 최근의 불량 청소년에 의한 자동차 도난 사건과 같이 여기에 열거되지 않은 사소한 변수들이 결국 지배적인 변수로 둔갑할 수도 있다. 두부모 자르듯 확실한 전략을 가능하게 하는 변수에 등급을 매기는 식의 공식은 없다. 주거지역 진입을 시도하기 전에 가능하다면 유경험자와의 토론이 필수적이다.

(1) 주거지역 변수

그룹홈이 위치하게 될 주거지역과 관련된 중요한 변수들은 여러 가지가 있지만 가장 핵심적인 것들은 다음과 같다.

① 거주의 질

해당 주거지역이 아파트 건물이나 상점 등이 없이 순수하게 단일 가족 세대들로 되어 있는가 하는 것이다. 일반적으로 주거지역이 단일 가족 세대 지향적일수록, 그래서 매력적으로 보일수록, 혹은 깨끗하게 손질된 주택들이 즐비할수록 장애아동의 그룹홈이 그 지역에 들어오는 데에 대한 저항도 강해지기 마련이다.

② 가정 제일주의와 주거지역 내 주민들의 결속

해당 주거지역이 그룹홈의 어린이들과 동년배의 어린이들이 있는 가정들로 주로 구성되어 있는가? 해당 주거지역 가정들로 조직되는 파티와 야구팀과 같은 것들이 있는가? 만약 그렇다면, 그룹홈은 그 지역의 부동산 가격을 파괴할 위협적 존재일 뿐만 아니라 해당지역의 '건전한' 다른 어린이들에게 검은 구름을 드리우는 존재로 여겨질 것이다. 주거지역의 건실한 어린이들과 그룹홈의 불량(?)하다고 낙인찍힌 아이들의 각축장이 되리라는 것이 그 지역주민의 명분이 되는 것이다.

③ 주거지역 단체의 역사

우리가 들어가고자 하는 그 주거지역이 '주거환경 개선을 위한 모임' 같은 것을 조직해 두고 있지는 않는가? 해당지역 주민들이 최근에 안마 시술소나 카페와 같은 업종을 위해 도시구획 변경 신청을 반대하기 위하여 궐기한 적은 없는가? 만약 있다면, 그들은 아마 자기들 지역 내에서 바람직하지 않은 '사업'을 벌이는 것을 막기 위하여 자기들이 구사할 수 있는 여러 가지 대안들을 알고 있을 것이다.

④ 사회경제적 계층

우리가 들어가고자 하는 곳이 전형적인 중산층 주거지역인가? 그보다 약간 낮은 사회경제적 계층에 속하는가? 상류층 주거지역인가? 과도기적 주거지역인가? 과도기 상태의 주거지역은 그룹홈의 진입에 강력하게 저항하지 않는 경우가 흔하다. 그러나 그러한 과도기적 주거지역은 그룹홈이 들어설 만한 이상적인 위치가 되지는 못할 것이다. 왜냐하면 결속력이 있는 과도기적 주거지역은 다른 곳보다 더 강도 높게 저항할 수 있기 때문이다. 그런 지역에서는 대부분의 가정들이 주택에 묶여 있어서 그룹홈이 주거지역에 들어오는 결과 자기네 재산의 가치가 떨어지지 않을까 우려한다.

⑤ 주거지역 변수 외의 중요 변수들

• 주거지역 변수는 아니나 주거지역 변수와 관련된 중요 변수들

그 주거지역에 다른 그룹홈이 있는가? 있다면, 해당 지역민들이 그

그룹홈과 함께 나눈 경험은 무엇인가? 지역주민들이 자신들의 주거지역이 인간서비스 특정구역, 즉 고아원, 보육원, 양로원, 요양소 등의 밀집지역이 될지도 모른다고 우려하는 것은 아닌가? 이러한 사회복지 기관과의 부정적인 경험이 흔히 저항을 강화시킨다.

• 지도력

해당 주거지역에 자타가 공인하는 지도자들이 있는가? 그 지도자들이 긍정적 성향인가 부정적 성향인가? 주거지역 주민들이 그들의 지도력에 응답하는가? 주거지역 지도자는 그룹홈의 개발육성에 도움이 될 수도 있고 그렇지 못할 수도 있다. 주민들의 공인을 받은 지도자가 있다면 그룹홈이 발전할 수 있는 가능성도 높아진다.

• 주거지역 내에 거주하는 주민들의 유동성

가정들의 급속한 교체가 있는가? 그렇다면, 해당지역 주민들은 낯선 사람들을 대하는 데에 익숙해져 있을 것이며, 결집력도 약하고 동네가 변화하는 것을 대수롭지 않게 여길 것이다.

• 도시의 규모

해당 주거지역이 대도시의 일부인가? 작은 읍 정도의 크기인가? 대도시 주민들은 변화에 적응하며 살아가지 않을 수 없다. 그러나 중소도시의 주민들은 흔히 자신들이 살고 있는 시내에서 일어나는 일에 관하여 아는 것을 중시한다. 특히 자신의 주거지역 내의 일이라면 더욱이 그렇다. 그들은 자신들의 거주지역의 통일성, 즉 단일체로서의 단합을 중시한다.

• 기타 변수들

주거지역의 조세 부담률이 높은가? 그룹홈을 면세 기관으로 추진하고 있는가? 최근 지역사회에 근거를 둔 프로그램에 관한 논쟁이 지역 내에서 있었는가? 이 밖에도 다른 많은 변수들이 열거될 수 있을 것이다. 주거지역 진입을 구상하기 전에 여러 측면에서 기타 변수들을 확인하는 것이 필수적이다.

(2) 서비스이용자 변수

많은 중요한 변수들이 그룹홈에서 살게 될 서비스이용자들과 관계있다. 비록 이런 시설은 주거지역의 재산가치에 대해서 위협적인 존재이지만, 서비스이용자의 문제는 주거지역 주민들 특히 어린이들의 안녕 복지에 대한 위협으로 비추어질 수도 있는 것이다.

① 서비스이용자 집단의 규모

집단에 참여할 서비스이용자가 6명인가? 아니면 8명인가? 무려 10명 또는 12명씩이나 있는 것은 아닌가? 만일 이 프로그램이 가정적 분위기를 목표로 하고 있다면, 하나의 시설에 7~8명 이상이 있어서는 안 될 것이다. 그렇지 않으면 가족적 분위기를 명분으로 그룹홈을 도입한다는 주장은 옹호하기 어려워진다.

② 서비스이용자의 연령

갓난아기들이 서비스이용자가 될 것인가? 아기들은 누구나 좋아한다. 반면에 서비스이용자가 불량 청소년들인 경우라면, 걱정과 우려감은 팽팽해질 것이다. 특히 그 주거지역 내에 많은 10대 소녀들이 있는 경우라면 더욱 그렇다. 이 시설이 여성 전용인가? 남성 전용인가? 또는 남녀 혼성용인가? 소녀들을 위한 그룹홈은 소년들을 위한 그룹홈의 경우보다 걱정과 불안을 덜 끼치는 것으로 보인다. 그러나 여러 지역에서의 경험을 통하여 주거지역 주민들은 남녀 혼성시설을 단호히 반대하고 있다는 것을 알 수 있다. 주거지역 주민들이 원활하게 운영되는 비혼성 그룹홈을 관찰할 수 있는 기회가 있은 후에 그 시설이 유해시설이 아님을 확인하고 나서 그들은 남녀 혼성 그룹홈에 대하여 완강한 태도를 누그러뜨렸다.

③ 서비스이용자가 달고 다녀야 할 불명예의 꼬리표

그들이 불량아인가? 그들이 정서적으로 불안한가? 그들이 가난한 떠돌이 부랑아인가? 대부분의 전문가들은 중요한 것은 서비스이용자에게 붙여진 명칭이 아니라 그들의 행동이라는 것을 인식하고 있다. 그러나 이웃주민들은 그렇지 않다. 그들의 천편일률적인 장애아동에 관한 인식은 사람들의 이목을 끄는 신문기사에서 오는 경우가 흔하다. "불량아", 특히 그가 사춘기 청소년이라면 이 불량 청소년은 거의 언제나 우려와 두려움을 야기하는데 그들이 한동네에서 살게 될 것이라면 지역주민들의 걱정을 상상할 수 있을 것이다.

④ 기타 서비스이용자 변수

해당 주거지역에서 최근에 정신적으로 안정되지 못한 청소년의 행동과 관계있는 '겁주는 사건'이 일어난 적이 있는가? 이 주거지역 출신의 정치인이 '불량아'들은 그들이 가야 할 거주시설로 보내겠다는 공약으로 최근에 당선되지는 않았는가? 많은 주거지역 주민들은 사회복지 시설에 거주하는 서비스이용자들을 '비정상'이라고 여긴다. 그 주민들 중에는 과거에 자기 자신도 사회복지 시설의 신세를 진 사람이 있을지라도 말이다. 서비스이용자들이 주민들에게 인식되는 양태에 따라서 다른 변수들도 가능한 것이다.

(3) 서비스 주관 기관 변수

주거지역 주민들은 얼굴 없는 관료주의 체계, 특히 중앙집권적인 관료체계를 좋아하지 않으며 묘한 반감까지도 품고 있을 때가 곧잘 있다. 그러나 불우한 어린이들을 치료해 주는 프로그램을 자신들의 지역에 유치하여 불우한 어린이들을 돕기 위한 계획을 수립한다면 그런 프로그램들은 환영받지 못할 수도 있다. 다른 곳에서 현지와는 상관없는 사람들에 의하여 수립된 계획이기 때문이라는 것이다.

① 후원자

주관 기관이 정부기관인가? 아니면 지방의 비영리 단체인가? 공공기관이라면 '시청을 상대로 싸울 수는 없지'식의 반응을 유발할 수도 있을 것이다. 사설 사회복지실천 기관의 경우라면 지역주민들은 간접적인 접근방식을 사용할 수 있을 것이다. 정부기관의 경우 주민들은 당연히 자신들이 낸 세금이 자신들의 재산가치를 떨어뜨리는 데에 사용되고 있다고 속단할 수도 있다. 복잡다단한 지방정부 조직이 그러한 반응에 있어서 하나의 요소일지도 모른다. 앞에서 언급되었던 바와 같이 뉴욕 시의 그룹홈은 읍 정도 규모의 도시에서 받는 저항보다 강도가 더 약한 저항을 받았을 것이다.

② 기관 신뢰도

해당 기관이 주거지역과 지역사회의 어려움에 대하여 민감하다는 것을 입증할 만한 실적이 있는가? 그룹홈의 일부 후원자들이 해당 지역 내에 또는 가까운 곳에 살고 있는가? 주관 기관에 강력한 이사진이 포진하고 있는가? 매스컴과의 유대관계는 양호하며 매스컴 측의 신뢰도는 높은 편인가 낮은 편인가? 해당 기관의 평판은 주민들의 우려를 불식시키는 확실한 대책이 될 것이다.

③ 정치적 취약성

만약 주거지역 주민들이 로비 활동을 하여 배후에서 압력을 가한다면 그룹홈이 중단될 수 있는가? 지역 주민들의 결집력과 그룹홈을 막아보겠다는 의지의 강도에 따라 그들은 정치적 전략을 수립하고 매스컴의 지원을 얻어내려 하고, 시의회 의원들과 연대하여 반대운동을 전개하려고 할 것이다.

④ 현장 경험

주관단체는 그룹홈을 운영하면서 어떤 경험을 얻었는가? 다른 지역에서도 같은 일을 해본 적이 있는가? 양쪽 지역의 주민들이 서로 기꺼이 대화를 하려 하는가? 관심 있는 주민들에게는 경험이 중요하다.

⑤ 직원 확보 계획

그룹홈에서 서비스이용자들과 함께 사는 직원들은 어떤 상태이겠는가? 어린 아이들 같아질까? 초라하게 보일 것인가? 그들 자신의 아이들이 있는가? 지역 주민들의 불안감을 최선으로 해소하기 위해서는 명민하고 합리적이며 열성적인 그룹홈 거주자의 부모가 있어서 언제나 질문에 답해주고 서비스이용자를 일대일로 도울 수 있어야 한다. 물론 여기에는 그룹홈에서 합숙하게 될 사회복지 기관에서 파견된 행정 직원은 제외하여야 한다.

⑥ 서비스이용자의 출신 지역

서비스이용자가 해당 주거지역 출신이어야 하는가 아니면 같은 도시 내의 다른 지역 출신이어야 하는가? 이는 다른 주거지역 출신의 서비스이용자를 도와달라고 지역주민들에게 요구하면 반드시 제기되는 의문들이다. 만일 서비스이용자가 밝힌 목표가 가족과의 재결합을 포함하고 있다면 서비스이용자의 가정과 가까운 거리의 그룹홈은 중요한 역할을 할 수 있다.

(4) 시설변수

시설은 프로그램에 알맞은 것이라야 한다. 주거 지역을 선택하는 것뿐만 아니라 시설 그 자체에 대해서도 반대가 집중될 수 있다.

① 규모와 구조

시설이 6명 또는 8명의 서비스이용자를 수용할 수 있을 만큼 넓은가? 부부인 직원은 어디에서 생활할 것인가? 원래의 시설에 대한 보강공사가 있을 것인가? 만일 그 시설이 주거용에서 '그룹홈'용으로 변경된 것이라면 거의 언제나 그렇듯이 주관기관이 원하는 형태와 절충한 구조가 될 것이다. 그러나 프로그램에 적합한 것이라야 하며 지역주민들에게 흉잡히지 않는 것이 되어야 한다.

② 마당과 놀이 공간

서비스이용자들을 전원 수용할 수 있을 만큼 마당이 여유가 있는가? 마당과 울타리가 보수되고 관리될 것인가? 잔디밭은 정기적으로 깎아주고 건물에 '페인트 칠'은 제대로 행해질 것인가? 이상의 의문사항들이 지역주민들이 당연히 제기할 문제점들이다.

③ 차량주차

큰길에서 떨어진 곳에 충분한 주차공간을 확보할 수 있는가? 집에 서너 대의 차가 주차해 있을 때의 모습은 어떻게 보이겠는가? 주거지역의 가족적 분위기를 멋대로 세워 둔 차량만큼 훼손시키는 것도 없다. 그룹홈은 그 지역 주택들의 평균 주차 공간보다 넓은 공간을 확보해야 한다.

(5) 법률상의 변수들

그룹홈에는 확고한 법적 토대가 있어야 한다. 이 점은 영리단체들에 의해서는 당연한 것으로 여겨지고 있지만 사회복지실천 기관들은 때때로 이 변수를 태만히 다루는 수가 있다.

① 구획 정하기

거의 모든 도시들이 그룹홈을 다루는 도시구획 조례를 정해두고 있다. 그 조례들을 해석하는 책임은 도시계획 위원회에 있다. 그룹홈이 들어설 장소에 대한 법률상의 권리가 확보되지 않는 한 어떤 그룹홈도 추진되어서는 안 된다.

② 면허와 허가증

시설이 소방서, 보건소, 사회복지 담당부서 등으로부터 문서로 된 면허를 취득할 수 있는가? 주거지역 주민을 대표하는 변호사가 도시구획 허가증과 면허증 유무를 확인할지도 모른다.

③ 반대를 유발하는 요인들

주거지역 주민들이 그룹홈에 어느 정도 반대하는 것은 보편적이다. 어떤 것들은 썩 개인적이다. 몇 가지 일반적 동기를 보면 다음과 같다.

• 재산가치에 관한 우려

대부분의 가정은 그들 자산의 거의 전부를 주택에 묶어 두고 있다. 에너지 경비는 오르고 세금도 오르고 자녀 양육에 드는 비용도 치솟기만 한다. 이런 판국에 이웃에 그룹홈이라니, 집값을 떨어뜨리기 위한 음모가 아니고 무엇이겠는가? 집은 팔기조차 어려워지고 말았다.

• 사생활에 관한 우려

모두를 다 알고 있는 주거 지역 내에서는 편안함을 느끼고 마음에 들지 않는 이웃을 피해 다닐 수도 있다. 자신의 사생활을 스스로 장악할 수 있지만 바로 옆에 그룹홈이 들어서는 것은 아무래도 사생활의 아늑함을 위태롭게 할 것 같이 느껴진다는 말이다.

• 자녀들의 안전과 소중함에 관한 우려

단일 세대가 거주하는 주택이 밀집되어 있는 주거지역의 부모들은 물론 가족 중심적이다. 그들은 자녀의 가치기준과 기술 및 긍정적인 습관을 기르는 데에 수년에 걸쳐 공을 들여 온 것이다. 그들은 비정상적인 사람들이 자신들의 주거지역으로 침투해 들어오는 것을 자기 자녀들의 가치관과 습관에 대한 위협으로 간주한다. 어린 자녀들을 가진 가정은 증가된 차량이 걱정의 원천이 되기도 한다. 재산가치, 사생활, 자녀들에게 끼칠 영향에 관한 우려는 근거가 분명하며 당연한 것이다. 따라서 이들은 공개적으로 다루어져야 한다. 그룹홈의 주택이 이웃 주택들과 어울릴 수 있도록 개・보수 되어야 재산가치에 관한 우려를 불식시킬 수 있을 것이다.

2) 주거지역 진입의 전략

다음 부분에서는 주거지역 진입의 세 가지 전략이 상세하게 논의되고 있다.

전략 1. 은밀한 진입

어떤 전략이나 계획을 실천할 때 생겨날 수 있는 결과와 반응을 참작하기 마련이다. 그룹홈 개발에 있어서 경험이 시사하는 것은 주민들을 사전에 교육하지 않고도 프로그램 개발이 가능하다는 것이다. 이 전략의 근본적인 이유는 프로그램이 가동하기 시작하여 상당한 시간이 경과할 때까지 주민들은 그룹홈이 그렇게 유쾌하지 않다는 것을 알 수 있다. 자료들을 보면 프로그램이 가동되어 수개월이 지난 후 그러한 걱정 불안은 잦아든다는 것을 알 수 있다. 그때쯤 해서는 주거지역 주민들이 그룹홈을 지지하고 나서기도 한다.

일부 그룹홈 후원자들은 만약 자기들에게 어떤 지역에서 자기들 나름의 프로그램을 추진할 수 있는 법적인 권리가 있다고 하더라도 지역

주민들에게 사전 해명은 하지 않을 것이라고 주장한다. 은밀한 진입 전략이 사용될 경우에는 비상대책 계획이 수립되어야 한다. 그것은 우려의 목소리가 들리기 시작하면 주민들을 교육하는 계획을 말한다. 자료, 이론적 근거, 연사 등이 준비되고 개발되어야 한다. 이 계획에 관한 정보는 관련된 소수의 중요인사들에게 제공되어야 한다. 여기에는 주관기관의 기관장, 이사진, 기금담당자들, 도시기획 감독자들과 도시구획 위원들이 포함된다. 은밀한 진입 전략에 마술 같은 묘책은 없다. 효과가 있었던 경우라면 해당 주거지역과 지역사회 전반에 관한 철저한 지식을 이용했다는 것뿐이다.

전략 2. 위풍당당한 진입

이 전략은 그룹홈 추진자들에 의한 집중적인 사전교육 및 홍보활동을 포함한다. 이 전략에 의하면 그룹홈 개발자들이 주거지역 변수들을 분석하고 교육방법과 자료를 준비해 교육계획을 집행할 필요가 있다. 기본적 이론의 근거는 프로그램 개발에 관하여 주거지역 주민들이 알아야 할 권리가 있다는 것이다.

이 접근방식에는 몇 가지 문제가 있다.

첫째, 프로그램이 착수되기도 전에 교육활동이 있게 되어 반대론자들이 반대론을 부추길 수 있는 시간도 많아진다는 것이다. 그들 우려의 대부분은 무해한 프로그램을 직접 목격해야만 완화될 수 있다. 교육은 부분적으로만 효과가 있을 따름이다.

둘째, 사전 교육은 그 성격상 한 그룹홈에서 일어나는 일과 다른 그룹홈에서 일어나는 일이 다르다는 것을 암시해 준다. 따라서 그룹홈에 관하여 예고받는(교육받는), 그래서 더욱 경각심을 가지고 도사리게 되는 지역주민들은 반대의 목청을 높이게 된다는 것이다. 문제는 어떻게 주민들의 재산가치 하락과 자녀교육에 관한 우려를 조기에 불식시키느냐이다.

전략 3. 선택된 소수에게만 통보하는 진입

사실 이 전략은 먼저 말한 두 가지 전략의 절충안이다. 이 전략에서는 '선택된 소수'만이 그룹홈 계획을 통고받아야 한다. 몇몇 특정 지역 인사들이 해당 주거지역에 들어올 그룹홈에 관하여 통보받고 교육을 받는다. 아울러 보건기관의 요원들과 정부 관리들도 이 교육 노력의 대상으로 포함되어야 한다. 역점을 두어야 할 대상은 지도적 위치에 있는 사람들, 그룹홈과 가장 가까운 거리에 사는 사람들, 잘 알려진 프로그램 지지자들과 기타 관련 인사들이다. 문제가 발생했을 때, 후원자들이 즉시 접촉할 수 있도록 비상 연락망이 구축되어야 한다. 그렇게 해야 불필요한 근심걱정이 파급되는 것을 막을 수 있기 때문이다. 이 절충식 전략의 또 다른 이점은 그룹홈이 다른 수용시설과는 다르며 당사자들에게 약간의 설명이 필요하다는 것을 공개적으로 인정하는 것이다.

주거지역 주민들에게 해명할 때 역점을 두어야 할 사항은 그룹홈 추진자들이 그들의 그룹홈을 지역에 소문도 없이 '슬쩍 끌어들이려' 하는 것은 아니라는 점이다. 그 지역에서 신뢰도가 높은 신망받는 인사를 청하여 지역주민들에게 프로그램을 이해시키도록 해야 한다.

3) 주거지역 진입의 단계

어떤 전략이 사용되든지 간에 주거지역에 관한 철저한 지식과 탁월한 비상대책 계획 그리고 주거지역 주민 상대의 교육방안 개발 등이 성공적인 진입에 필수적이다. 중요한 단계들은 다음과 같다.

(1) 적절한 시설을 정한다.
(2) 주거지역을 철저하게 파악한다.
(3) 유관변수들을 검토한다.
(4) 한 가지 진입전략을 선택한다.

(5) 그 전략에 따라 상세한 계획을 수립한다.
(6) 전략을 실행에 옮긴다.
(7) 그 효용성을 평가한다.

4) 주거지역 주민의 저항

거의 모든 그룹홈 추진자들은 어느 정도 지역주민의 우려와 저항에 부딪치게 된다. 그 형태는 온건하거나(요란스럽게 떠들기는 하지만 공식적으로 탄원서를 제출하거나 법적 조치를 취하기 직전에 일단 중지하고 살피는 정도) 강도 높게 저항하거나(법적 조치, 개인적인 물리적 공격행위) 또는 도시 구획조례를 변경하려고 시도하거나 분노에 찬 항의 서한을 시의회에 제출하는 식의 투쟁 등으로 나타난다. 지역사회에 토대를 두는 그룹홈 치료방법을 추진하려는 사람은 누구나 저항에 부딪칠 각오를 하고 그에 대비하여야 할 것이다.

그룹홈 추진자들의 경험을 통하여 전형적인 주민 저항 활동의 주기를 알 수 있다. 처음 누군가 이 프로그램에 관하여 듣게 된다. 그래서 그 말은 이내 전 지역에 전파된다. 일부 주민들은 염려스러운 반응을 보이고 걱정, 불안과 분노가 표출된다. 이는 신속하게 다른 주민들에게서 공감대를 형성한다.

다음 단계에서는 저항 지도자가 나타나는데 대체로 그룹홈 개발에 관한 걱정, 불안을 느끼고 이를 저지하는 데 있어서 지도력을 발휘할 수 있는 능력을 지닌 해당지역 주민일 경우가 흔하다. 이 사람이 모든 주민들에게 사실을 알리고 주민들을 조직하여 저항을 시도한다. 그 지도자는 그때 주관기관과 접촉하여 전체 회의를 요청한다. 아마 어쩌면 주관기관에서 온 사람들에게는 알리지도 않고 지역 출신 정치인 몇 사람을 그 회의에 나오도록 초청해 놓았을 것이다. 기관에서 온 사람들은 이 정치인들에게 그룹홈 계획에 관한 통보를 하지 않았을 것이다. 최선의 결과는 그들의 중립적 태도이고 최악의 결과는 그들이 그룹홈

반대론자들을 전폭적으로 지지하는 것이다. 대규모 집회를 피하는 것이 중요하지만(대안은 세대별로 개별적으로 만나 설득하는 것이다) 주거지역 지도자는 적어도 한 차례의 대규모 집회를 열 수 있다. 대체로 20명에서 75명 정도가 참석하는 이 모임에서 많은 참석자들이 회의 시작 시간보다 훨씬 일찍이 나와서 우려와 견해들을 교환할 수 있게 해준다.

대체로 회의 벽두에 기관에서 온 사람들이 그룹홈 프로그램의 개요를 소개하도록 한다. 그들의 소개말은 흔히 중단되고 단도직입적 질문과 감정적 발언에 파묻혀 버린다. 주관기관에서 온 사람들은 위치와 프로그램 구성요소와 같은 준비된 이론적 근거를 내세우며 응하지만 별 영향력을 발휘하지 못한다. "왜 하필이면 우리 동네를 골랐소?", "이렇게 되면 우리의 재산가치가 어떻게 되리라고 생각하는 거요?"와 같은 질문들이 결국은 "당신네들을 여기에 들여놓고 싶지 않다는 것이 우리의 입장이라는 것을 모르겠소?"와 같은 단언으로 이어진다. 대중집회는 기관에게는 징벌적이고 주민들에게는 카타르시스를 느낄 수 있는 기회를 제공한다. 정치인들이나 지도적인 사회복지사들은 대개의 경우 곤혹스러워하면서도 신중한 태도를 취한다. 회의가 끝나갈 때쯤해서 주관 단체가 프로그램을 예외 없이 계속 추진하겠다든가 아니면 포기하겠다는 그 의도를 넌지시 시사한다(후자의 방식은 나쁜 선례를 남기게 될 것이다. 주민들은 그렇게 요란스럽게 반대를 함으로써 앞으로도 유사한 결과를 얻을 수 있을 것이라고 속단하게 될 것이기 때문이다). 이제 어떻게 할 것인지를 결정하는 일은 주민들의 몫이다. 그 모임에서 이 프로그램에 대한 주민들의 반대에는 차이가 있다는 것이 분명해진다.

모든 참석자들이 나중에 집안사람들과 이 문제를 논의하고 가족의 입장을 정리해 둔다. 대체로 곧 뒤이어 '주민만'의 회의가 주민 지도자에 의하여 계획된다. 물론 대책을 토의하는 것이 회의의 목적이다. 정치적 압력이 흔히 고려되지만…. 법적 조치도 역시 고려되지만 집단가정 프로그램을 주관하는 측에서 강력한 법적 대응력을 지니고 있다고 여겨지면 실행되지는 않는다. 후속 회의에 참석자가 주는 것을 보면 이 프로그램에 반대하는 사람들도 감소하고 있다는 것을 알 수 있다. 진지한 반대가 계속된다 할지라도 그것은 법적 조치의 형태를 취하거나 보다 많은 대규모 주민회의를 개최하려는 시도로 나타난다. 그룹홈 추진자들은 이 단계에서 대규모 주민회의를 열자는 요청에 동의해서는 안 된다. 추가적인 반대는 대개 후속회의들에서 나타나기 때문이다. 이러한 단계들의 마지막은 공식적인 행동중심의 감정적 반대가 감소되고 점차 사려 깊은(어쩌면 시큰둥한) 용인으로 전환되어 간다. 중립적이거나 지지하는 쪽의 주민들은 흔히 '두고 보자'식의 태도를 취한다.

5) 그룹홈이 문을 열고 난 후 주거지역 주민들 상호 간의 관계

그룹홈 프로그램이 전개되기 시작하면서 그룹홈 거주 장애인의 부모들은 주민의 냉대를 실감하게 될 것이다. 그러나 지지자들과 중립적인 사람들은 보다 사교적이 될 것이다. 노련한 그룹홈 부모들은 기회 있는 대로 회의를 다시 열고 사교모임 등에 참석하곤 한다. 불과 2, 3개월이 채 못 되어 그룹홈에 가장 열렬하게 반대했던 주민들만이 여전히 사교적 모임에조차 거리를 둔다.

그룹홈 프로그램이 활동을 시작하자마자 그룹홈은 이 프로그램에 대한 지역주민의 승인과 지지를 얻어내고자 활동해야 한다. 또한 동시에 그룹홈에 거주하는 장애인 서비스이용자들도 자신들의 행동에 의하여 지지를 얻고자 노력해야 한다. 그룹홈 거주 장애인의 부모들은 아이들에게 이웃 주민들에게 거슬리는 행동을 하지 말라고 가르쳐야 한다(예컨대, 남의 집 꽃을 꺾지 말라, 남의 잔디밭에 들어가지 말라 등).

그룹홈의 서비스이용자들은 주민 감정을 개선시켜 줄 활동, 즉 도움이 필요해 보이는 일을 돕겠다고 제의하든가, 그룹홈의 마당을 꼼꼼히 손질하는 식의 활동을 전개하여야 한다. 강력한 관계가 구축된 후에는 그 사람을 통해서 우호적인 계층을 넓혀나간다. 또한 서비스이용자들은 상세한 사교기술을 배워야 하며 이웃주민들을 위해 눈도 쓸어 주고 잔디도 깎아 주고 다른 방법으로도 그들을 돕도록 권장되어야 한다. 이런 활동들을 빌미로 결국 임금을 받는 '일'을 얻을 수 있다. 서비스 이용자들에게 이웃 주민들을 예의 바르게 대하라고 가르치기만 할 게 아니라 해서는 안 될 구체적 행동을 지적해 주고 어떤 행동은 언제 어떻게 해야 하는지를 가르쳐 주어야 한다. 정상적으로는 지역 주민의 그룹홈이 일단 가동을 시작하면 획기적으로 증가한다.

다음은 현장 경험을 통하여 얻게 된 제안들이다.

- 너의 이웃을 알라. 그룹홈 프로그램이 시도되었던 경우, 거의 넷 중 셋은 상당한 주민 저항에 부딪쳤다는 것을 명심하라. 진입을 성공시키는 하나의 중요한 요인은 해당지역 주민들을 철저하게 파악하는 것이다.
- 현재 있는 곳에 그룹홈이 자리 잡고 있을 권리를 분명하게 확보하라. 그래야 나중에 반대가 있을지라도 프로그램이 중단되지 않을 수 있다.
- 도시 재구획 청문회가 있기 전에 지역주민들을 교육하라. 이러한 청문회는 반대론자들의 성토장이 되기 쉽다. 반대론에 대한 반론으로 지역주민들을 교육할 필요가 있다.
- 진입에 훨씬 앞서 주민 교육 계획과 자료를 작성하고 준비하라.
- 이웃 주민 교육에 있어서는 분명하고 솔직하라.
- 가능한 한 주민들과의 대규모 회의는 피하라.
- 가능하다면 그룹홈 거주 장애인의 부모들에게 주민 교육 임무를 맡겨라. 주민들은 기관에서 나온 낯선 사람들보다는 같은 동네에서 살게 될 이 사람들의 말에 보다 효과적으로 침묵하는 것 같다.
- 지역에서 신망을 받고 있는 인사들에게 주민 교육을 도와달라고 부탁하라.

- 주택 구매 협약이나 전세 계약에 있어서 주의하라. 면책 조항은 반드시 확인하고 서명하라.
- 서비스이용자들이 말썽을 피우지 않을 것이라고 약속하지 말라. 오히려 말썽이 최소화될 이유를 설명하라.
- 중요한 인사들을 미리 교육하라. 중요한 사람이란 주거 지역 주민으로 장애인공동생활가정 프로그램의 성패가 달려 있는 사람을 말한다.
- 완벽한 지지가 즉각적으로 이루어지리라고 기대하지 말라. 지역 주민들의 걱정과 불안과 우려는 시간이 흘러야 달래지는 법이다.
- "착한 이웃이 되자!" 계획을 빨리 실행하라.
- 이웃 사람들을 공손하게 대하라

장애아동 스포츠 활동의 의미와 과제

제11장

최근 국내외 장애인복지와 특수교육, 재활 및 치료 현장에서 스포츠 활동은 장애아동의 신체적·심리적·사회적 기능을 향상시킬 수 있는 재활 분야로 급격히 부각되고 있다. 선구적인 국내외 많은 연구들은 스포츠 활동이 장애인 재활 분야에서 주요한 이슈로 떠올랐음을 분명하게 보여준다. 지체장애아동, 청각장애아동, 시각장애아동 등 스포츠 활동은 거의 대부분의 장애아동들의 신체적·심리사회적·인지적·행동적 기능 등을 긍정적으로 향상시키는 것으로 보고되며 특히 발달장애아동에게는 그 어떤 장애아동들보다도 효과적인 재활 방법의 하나로 나타나고 있다.

중요한 사실은 어떤 장애라 하더라도 장애의 결과로 나타나는 다양한 제한성(예: 자조기능, 수용언어와 표현언어, 학습, 이동능력, 독립적 생활능력, 경제적 지원 등에서 3가지 또는 그 이상의 영역에서 상당한 제한성을 갖게 되는 경우)이 문제가 되며 이로 인해 운동, 언어, 지각, 지능, 행동 등의 복합적인 장애를 수반하게 된다는 것이다. 이러한 장애 때문에 성장, 발달의 과정에서 먼저 '물리적 환경'과의 접촉에 따른 대처 능력뿐만 아니라, '인지 환경'과의 접촉에 따른 대처 능력에도 큰 제약을 경험하게 된다. 그러므로 이와 같은 장애들에 대처하는 능력을 강화하기 위한 장애아동의 학습은 운동 장애 개선 외에도 지적능력, 정서, 사회적 특성에 따른 개인차에 대한 처방이 중심과제가 되어야 할 것이다.

여기에 장애아동의 학습에서 가장 중요시되는 목표는 장애 상태 개선에 필요한 기초 지식과 기능을 습득하여 심신의 조화로운 발달을 도모하고, 재활의지를 키우는 데 있다. 특히 이 가운데도 장애아동의 재활 의지를 키우는 재활 훈련의 궁극적인 목표는 그들 자신의 의도대로 주체적인 행동을 할 수 있는 능력을 키우는 데 두어야 하며 이러한 능력을 키우기 위해서는 장애아동의 운동 장애에 대한 지도가 필수적이다. 이 지도는 경험적이고 구체적인 학습단계인 교과 학습, 문자 학습 등의 지적인 학습이 이루어지기 이전에 선행되어야 할 필수적인 기초 영역이라 할 수 있다.

더욱이 장애를 갖고 있든 없든 모든 아동은 감각운동 능력의 발달을 통해서 신체 조절과 환경 통제에 필요한 기능과 의식을 향상시키고, 나아가 삶의 기쁨과 행복감을 증진시키기 때문에, 모든 아동에게 있어 감각·운동의 훈련은 아동의 인지능력의 발달뿐만 아니라 정서적 성숙 및 사회성의 발달을 촉진시켜 주는 중요한 지도 요소의 하나가 됨을 명심해야 한다.

나아가 아동은 운동을 통하여 자신의 신체를 인지하고 어떻게 그 신체를 적절하게 사용할 것인가를 학습하고, 더 나아가 의지 전달 기능 혹은 인지기능을 발달시켜 창조적으로 자기를 표현하는 능력을 기르며, 정서의 성숙과 사회성의 발달을 촉진시켜 나아가는 것이다. 그래서 신체·심리적 능력, 학습 능력, 타인과 화합하는 능력, 자기 신체에 대한 감정, 환경과의 관계를 풍부하게 하기 위하여 운동 기능을 향상시키고 창조적인 운동으로 발달시켜야 하는 것이다.

이렇게 장애아동을 대상으로 하는 '운동' 내지 '스포츠 활동'은 장애아동의 재활과 치료, 교육 등에서 매우 중요함에도 불구하고 여전히 국내외 모두, 장애아동을 대상으로 하는 스포츠 활동을 체계적이며 전문적인 재활 방법으로 개발하여 확산시키지 못하고 있는 것으로 보인다. 실제로 장애아동을 대상으로 하는 스포츠 활동은 그 용어부터가 스포츠 재활, 스포츠 활동, 재활 스포츠, 특수체육, 운동처방 등 다양하게 혼용되고 있으며 그 개념도 학자나 실무자에 따라서 제각각 차이가 나는 등 분명한 영역 규정과 독자적 정체성조차도 확보하고 있지 못한 실정이다.

이러한 현실 속에서 장애아동 스포츠 활동을 전문적인 재활의 영역으로 정립하여 언어치료, 물리치료, 작업치료, 미술치료, 음악치료 등과 같이 재활의 방법 내지 기법으로 발전시켜 나가야 한다는 주장이 일부에서나마 설득력 있게 제시되고 있는 것은 다행스러운 일이라고 본다. 특히 국내의 특수체육과 특수교육, 재활 등의 분야에서 장애아동 스포츠 활동을 '재활 스포츠'로 개념화하고, 스포츠를 활용한 장애아동의 재활과 치료를 학술적·임상적으로 '체계화' 하려는 움직임을 보이는 것은 고무적인 현상이라고 판단된다.

물론 아직까지는 우리의 실정에서 '재활 스포츠' 보다는 오히려 '스포츠 재활'이 더욱 보편화되어 있는데 '스포츠 재활'이란 운동 경기 중 부상을 당한 선수들의 회복을 돕는 방법으로 발전되어 온 전문적인 재활 기술이라 할 수 있다. 하지만 스포츠 활동이 장애아동의 재활에 큰 기여를 한다는 연구결과들이 속속 나오고 있는 점을 감안하면 하루속히 '재활 스포츠'로, 기존의 일반적인 스포츠 재활의 개념을 뛰어 넘는 보다 폭넓은 의미를 갖고 발전해 가야 할 것이다.

한편 '재활 스포츠'라는 용어 대신 '특수체육'이라는 용어를 사용하자는 견해도 만만치 않게 대두되고 있고, 이 주장도 나름 일리가 있다고 본다. 그럼에도 우선은 '재활 스포츠'라고 명명해 보고자 한다. 이는 아마도 '체육'이라는 단어가 주는 느낌보다 '스포츠'라는 말이 더 폭넓은 개념을 담아낼 수 있지 않겠는가라는 저자의 주관적인 인식에 기인한 것이다. 아무튼 장애아동의 스포츠 활동이 그들의 재활에 어떤 의미가 있는 일인지를 정리하고, 향후 발전과제들을 살펴보는 것은 대단히 소중한 작업이라고 생각한다.

따라서 본 내용은 이와 같은 장애아동 스포츠 활동의 의미와 과제를 구체적으로 정리하면서 궁극적으로는 장애아동에게 제공하는 스포츠 활동이 전문적인 재활의 분야, 즉 재활 스포츠로 성장해 나가는 데에 작은 기여라도 할 수 있는 기초자료로써 활용되었으면 하는 바람이다.

1. 국내외 연구 결과

장애아동을 대상으로 하는 스포츠 활동이 재활의 주요 영역인 '재활 스포츠'로 인정받고 활용될 수 있는 근거가 되는 주목할 만한 최근 연구 결과들을 간략하게 소개하고자 한다.

1) 국외 연구 결과

Pinter, Stanislav, Filipcic, Tjasa, Solar, Ales, Smrdu & Maja(2005), Integrating Children With Physical Impairments Into Sports Activities: A "Golden Sun" for All Children?
(지체장애아동을 스포츠 활동에 통합하기: 모든 아동에게 이익인가?),
Journal of the Philosophy of Sport, *32*(2), 147~154.

전반적으로 봤을 때, 스포츠는 아동의 전체적인 인성발달에 매우 중요하다. 때문에 슬로베니아 공화국은 만 5세부터 12세까지의 아동을 위해 특수 스포츠 프로그램을 국가 스포츠 프로그램들 중 하나로 포함시켰다. 이 프로그램의 목적은 아동이 스포츠 활동에 적극적인 참여를 습관화시킬 수 있도록 하고 모든 연령층에서 활발한 스포츠 활동의 욕구와 필요성을 자극하기 위함이다. 실제로, 장애아동이 일반학교에 통합되었음에도 불구하고 이러한 스포츠 프로그램에 비장애아동과 같이 평등하게 참여하지 못하고 있으며 이는 새로운 유형의 차별을 의미한다. 따라서 이 연구는 스포츠가 통합을 대표하는 이유에 대해서 설명하는 다양한 이론적 접근들을 제시하는 데에 있다. 법적 또는 행정적 그리고 전문 프로그램 차원에서의 단기 또는 장기 해결책 또한 제시한다. 지체장애아동도 비장애아동과 동일하게 활발히 스포츠 프로그램에 참여할 수 있으며 동등하게 성공적일 수 있다는 것을 인지하는 것은 장애아동과 비장애아동에게 이익을 줄 수 있다.

Murphy, N. A., Carbone, P. S., Council on Children With Disabilities(2008), Promoting the Participation of Children With Disabilities in Sports, Recreation, and Physical Activities(장애아동의 스포츠, 레크리에이션과 신체활동 참여 증진시키기), *American Academy of Pediatrics*, *121*(5), 1057~1061.

신체 활동의 이익은 모든 아동에게 공통적으로 존재하며 장애아동에게도 동일하게 유익하다. 장애아동의 스포츠, 레크리에이션과 신체활동 참여는 통합, 컨디션 저조의 감소, 신체기능의 활용, 그리고 전반적인 건강 향상을 증진시킨다. 이러한 이익들에도 불구하고 장애아동은 신체활동 참여에 제한이 존재하며 비장애아동보다 낮은 건강 수준 그리고 높은 수준의 비만도를 가지고 있다. 소아과 의사와 부모는 위험을 과대평가하거나 신체활동이 장애아동에게 줄 수 있는 이익들을 과소평가하는 경향이 있다. 아동의 참여와 관련된 전문적 지식에 기반을 둔 결정은 전반적인 건강 상태, 개인의 활동 선호, 안전 예방조치와 적절한 프로그램과 장비의 유용성을 반드시 고려해야 한다. 건강관리 방문은 소아과 의사와 장애아동 그리고 부모에게 협력적으로 목표지향적인 활동 처방전을 만들어 낼 수 있는 기회를 제공한다. 적절한 활동에서의 모든 장애아동의 통합을 목표로 참여를 저해하는 아동, 가족, 경제적, 그리고 사회적 장벽들은 지역, 국가 그리고 법적 차원에서 직접적으로 발견되고 지적되어야 한다. 장애아동에 있어서 신체 활동, 레크리에이션과 스포츠 참여의 중요성을 논의하고 참여를 증진시키기 위해 전문가들을 위한 실질적인 제언을 하고 있다.

Pamela E. Wilson & Gerald H. Clayton(2010), Sports and Disability(스포츠와 장애), *PM* & *R*, *2*(*3*), 46~54.

장애아동은 전반적으로 낮은 건강 수준과 높은 수준의 비만도를 가지는 경향이 있다. 이들이 평생 활동적이고자 하는 욕구를 발달시키는 것은 주로 앉아 있는 생활양식과 관련된 질병을 제한하는 것을 의미한다. 국제적 또는 국가적으로 이용할 수 있는 특수 스포츠 프로그램의 참여는 장애아동에게 이러한 교훈을 가르칠 수 있는 영향력 있는 도구이다.

N. An. Ibrahim & N.A Nasser Abu Zaid Ali(2010), Impact of the Recreational Sports on Some Social Skills and Behavioral Manifestations in a Sample of Autistic Children(레크리에이션 스포츠가 자폐아동의 사회기능과 행동 징후에 미치는 영향에 관한 연구), *World Journal of Sport Sciences*, *3*, 673~677.

이 연구는 행동장애, 정서장애, 자폐아동의 사회·정서적 고립과 분배의 사회기능 측면에 레크리에이션 스포츠가 미치는 영향을 파악하는 데에 목표가 있으며 이를 달성하기 위해 실험계획법을 사용하였고, Sixth of October Club의 10명의 자폐아동을 대상으로 연구를 진행하였다. 연구자들은 Nadia Ibrahim Abdel-Kader가 만든 사회기능척도 체크리스트를 사용하였다. 연구 결과 테니스 라켓을 사용하는 것이 사회기능과 자폐아동의 행동 측면에 긍정적인 영향을 미치는 것으로 나타났다.

2) 국내 연구 결과

전혜선 · 고명숙(2005), "편마비 아동의 환측 상지의 운동 및 감각기능에 미치는 수정된 강제유도 운동치료의 효과", 〈대한작업치료학회지〉, 13권 1호, 63~78.

뇌손상으로 인한 편마비 아동들에게 10주 동안 적용된 수정된 강제유도 운동치료가 환측 상지의 운동 · 감각능력 및 일상생활에서의 환측 상지 사용 빈도에 미치는 효과를 알아보고자 하였다. 본 연구는 개별 사례 실험 연구 방법 중 반전연구(*reversal design or ABA design*)로 설계되었으며, 서울장애인종합복지관에서 뇌병변으로 인한 편마비 진단을 받고 재활치료 중인 4명의 아동을 대상으로 17주간 실시되었다. 총 17주의 연구기간은 3주간의 기초선 1기간, 10주간의 치료 적용기간, 4주간의 기초선 2기간(치료후 관찰기간)으로 이루어져 있다. 치료 기간 동안 대상 아동들에게 주 5회, 하루 5시간 동안 강제유도 운동치료를 적용하였다. 치료 전 · 후의 환측 상지의 기능을 평가하기 위해 두점 인식능력과 모노필라멘트를 사용한 촉각 검사, 멜버른 검사를 실시하였고, 환측 상자의 사용량과 질을 평가하는 도구인 Motor Activity Log(MAL) 중 아동에게 적용 가능한 20항목을 발췌한 부모작성일지를 사용하여 환측 상지 사용빈도를 측정하였다. 결과 분석을 위하여 대상자별로 측정된 상지의 운동 및 감각기능과 일상생활에서 환측 상지 사용 빈도의 평균값을 기술 통계적으로 제시하고 시각적 그래프를 통하여 기초선, 치료기간과 치료 후의 차이를 비교하였다. 연구결과, 수정된 강제유도 운동치료 후 편마비 아동의 상지 운동 및 감각기능과 일상생활에서의 환측 상지 사용 빈도가 치료 전에 비해 향상되었고, 이러한 치료 효과는 치료 종료 후 1개월까지 유지되었다. 결국 본 연구 결과는 장시간의 건측 상지 운동 제한에 따른 거부감으로 인해 아동에게 적용하기 어려웠던 기존 강제유도 운동치료의 문제점을 개선한 수정된 강제유도 운동치료의 적용시간을 각 아동의 특성에 맞게 조절하여 활용한다면 임상 재활치료에서 편마비 아동의 기능회복에 효과적으로 적용될 수 있을 것으로 기대된다.

홍양자 · 강승애(2007), "감각통합운동이 발달장애아동의 적응행동에 미치는 영향", 〈한국여성체육학회지〉, 21권 3호, 87~98.

발달장애아동들에게 감각통합운동을 적용하였을 때 적응행동에 어떠한 영향을 미치는지 분석함으로써 발달장애아동의 재활 및 통합교육에 관한 효과적인 자료를 제공하는 데 목적이 있다. 연구대상은 대상아동 선정기준에 의한 실험집단 20명과 통제집단 20명, 총 40명 중 선정기준에 맞지 않거나 끝까지 실험에 참가하지 않은 아동 2명을 제외한 38명으로 정하였다. 또한 본 연구의 감각통합운동은 발달장애아동 학부모와의 사전면담을 통하여 장애아동의 요구를 파악한 후, 선행연구 및 참여한 지도자들의 사전회의 그리고 현재 장애아동 센터나 복지관에서 시행되고 있는 프로그램을 참고하여 발달장애아동에게 적합한 감각통합운동을 적용하였다. 감각통합운동은 주 2회, 총 40회에 걸쳐 실시하여 프로그램 참여에 따른 적응행동에 대한 변화를 비교, 분석한 결과 다음과 같은 결론을 얻었다. 감각통합운동에 참여한 발달장애아동은 참여하지 않은 발달장애아동보다 적응행동 3개의 하위요인인 개념적 · 사회적 · 실제적 적응행동 요인 모두에서 평균순위가 높게 향상되었으며, 사회적 적응행동 요인은 통계수준 5%이내에서 유의한 차이를 나타내었다. 적응행동의 하위영역별 분석결과는 감각통합운동에 참여한 발달장애아동의 개념적 적응행동 요인 중 언어이해, 언어표현, 읽기, 쓰기, 돈 개념, 자기지시의 평균이 크게 향상되어 통계적으로도 유의한 차이가 있었으며 사회적 적응행동 요인 중 사회성 일반, 놀이활동, 대인관계, 규칙과 법의 평균도 크게 향상되어 통계적으로도 유의한 차이가 있었다. 또한 감각통합운동에 참여한 발달장애아동의 실제적 적응행동 요인 중 화장실 이용, 옷 입기, 식사준비, 집안정리, 교통수단 이용, 진료받기, 안전 및 건강관리의 평균이 크게 향상되어 통계적으로도 유의한 차이가 있었다. 이는 감각통합운동이 발달장애아동의 적응행동 변화에 긍정적인 영향을 미치는 것으로 나타났다. 따라서 발달장애아동의 적응행동 향상을 위해서는 무엇보다 다양한 감각통합운동의 조기교육이 필수적이며 지속적으로 참여를 이끌어 낼 수 있도록 하는 교육적인 중재가 절실하다. 또한 감각통합운동이 장애아동이 쉽게 접할 수 있는 공공시설이나 교육기관 그리고 치료시설을 통하여 많은 발달장애아동에게 적용되도록 구체적이고 다각적인 방안과 지원책이 모색되어져야 할 것이다.

박중휘(2007), "줄넘기 운동이 시각장애아동의 자기효능감에 미치는 영향", 〈시각장애연구〉, 23권 1호, 99~116.

본 연구는 줄넘기 운동이 시각장애 아동의 자기효능감 향상에 어떠한 영향을 미치는지를 규명하는 데 초점을 두고, 구체적으로 성별, 시력정도에 따른 인지적 자기효능감, 신체적 자기효능감, 사회적 자기효능감의 향상에 미치는 영향을 알아보는 데 목적이 있다. 연구대상은 시각장애학교 초등부 전 학년을 대상으로, 줄넘기 인증제에 참여한 시각장애아동 46명과 줄넘기 인증제에 참여하지 않은 시각장애아동 32명을 대상으로 하였다. 연구결과와 논의를 통하여 얻어진 결론은 첫째, 줄넘기 운동에 참여한 시각장애아동은 줄넘기 운동에 참여하지 않은 시각장애아동보다 높은 자기효능감을 갖는다. 둘째, 줄넘기 운동에 참여한 시각장애아동은 남아가 여아보다 신체적 자기효능감과 사회적 자기효능감에 더 많은 영향을 받으며 전맹 아동보다 저시력 아동에게 있어서 인지적 자기효능감에 많은 영향을 받는다. 셋째, 줄넘기 운동에 참여하지 않은 시각장애아동은 성별 간 자기효능감에 차이가 없으며 시력정도에 있어서도 전맹 아동과 저시력 아동 간 차이가 없다.

김도호 · 윤석민 · 이현수(2007), "발달장애아동의 인지기능향상을 위한 운동 프로그램 효과성 검증연구", 〈한국사회체육학회지〉, 31호, 791~804.

본 연구는 발달장애아동을 대상으로 수행되었던 감각통합 이론이 적용된 신체활동 프로그램을 수정 보완하여 16주간의 운동 프로그램 적용과 사전, 중간(8주), 사후(16주)로 시기별 인지기능 변화를 측정 및 분석하여 운동 프로그램이 발달장애아동의 인지기능 향상에 미치는 영향을 단계별로 분석해 신체활동 운동프로그램과 발달 장애아동 인지기능 향상과의 관계성 규명에 의미 있는 자료를 제공하는 데 목적을 가진다. 또한 이를 규명하기 위한 구체적인 연구문제를 다음과 같이 설정하였다. 첫째, 운동 프로그램이 발달장애아동의 인지기능 향상에 효과가 있는가? 둘째, 16주간 운동 프로그램을 실시한 실험군과 실시하지 않은 통제군에 있어 측정 시기별 인지기능향상에 어떠한 차이가 있는가? 연구결과 16주간의 운동 프로그램은 발달장애아동의 인지기능향상에 긍정적인 영향을 미치는 것으로 나타났으며 각 측정 항목별 집단 × 측정시기에 따라 특징적인 차이가 있는 것으로 나타났다. 이는 장애아동의 인지기능 발달에 신체활동 프로그램의 효과성을 제시한 선행연구 결과와 유사한 점과 시기별 분석결과에 있어 의미 있는 결과를 얻었다. 첫째, 16주간의 운동 프로그램은 발달장애아동의 인지기능 향상에 긍정적인 영향을 미치는 것으로 나타났다. 둘째. 측정시기별 집단간 비교 결과 기호 쓰기, 차례 맞추기, 미로 찾기는 16주($p<.01$, $p<.001$, $p<.001$), 빠진곳 찾기, 토막 짜기, 모양 맞추기, 동형 찾기는 8주($p<.05$, $p<.05$, $p<.01$, $p<.001$)와 16주($p<.001$, $p<.001$, $p<.001$, $p<.001$)에 통계적으로 유의한 차이가 나타났다.

권순황 · 천장현(2009), "뉴스포츠 프로그램이 ADHD 초등학생의 부적응 행동 개선에 미치는 영향", 〈학습장애연구〉, 6권 1호, 153~171.

본 연구는 뉴스포츠 프로그램을 적용하여 끊임없이 움직이고 싶어 하는 욕구를 긍정적인 방향으로 해소시켜 ADHD 아동의 부적응 행동에 미치는 영향을 알아보기 위해 실시하였다. 또한 뉴스포츠 프로그램을 실시한 집단은 통제집단에 비해 부적응행동의 주의결함과 과잉행동에 유의한 차이가 있는지를 연구문제로 설정하였다. 연구대상은 전라남도 담양군 D초등학교 3, 4학년에 재학 중인 아동 중에 주의력 결핍 과잉 행동특성을 지닌 12명(통제집단 6명, 실험집단 6명)을 대상으로 실시하였다. 실험처치 전에 실험집단과 통제집단의 동질성 여부를 알아보기 위해 Conners 평정척도, 주의력 결함과잉 행동척도를 사전 검사를 실시하였고, 실험집단에 속해 있는 ADHD 아동을 대상으로 연구자가 개발한 뉴스포츠 프로그램을 주 1회, 1회기에 40분씩, 8회기에 걸쳐 실시하였으며, 사전검사에서 사용한 것과 동일한 것으로 뉴스포츠 프로그램 투입이 끝난 4주 후에 두 집단 모두에게 사후 검사를 실시하였다. 본 연구의 결론은 다음과 같다. 뉴스포츠 프로그램이 실시한 실험집단이 주의력결핍과잉행동 아동의 주의력은 향상되고 충동성과 과잉행동이 유의한 수준으로 감소되었다. 따라서 ADHD 초등학생의 주의력 향상과 충동성 및 과잉행동을 감소시키기 위해 뉴스포츠 프로그램은 교육현장에서 효과적인 접근방법이라 할 수 있으므로 ADHD 아동의 부적응 행동 개선에 도움을 준다고 하겠다.

조성봉 · 배성언(2009), “수중운동이 발달장애아동의 좌-우 골반기울기 변화 및 신체 협응력에 미치는 영향”, 〈한국특수체육학회지〉, 17권 4호, 127~147.

본 연구의 목적은 24주간의 수중운동을 통하여 발달장애아동의 골반의 좌-우 기울기 변화 및 협응력에 미치는 영향을 규명하는 것이다. 연구의 대상자는 발달장애 진단을 받은 10~13세 초등학생 남자 30명으로서 수중운동 집단(15명)과 통제집단(15명)으로 나누어 골반기울기 변화 및 협응력에 미치는 영향을 검증하였다. 분석결과 수중운동 프로그램은 골반기울기 변화에 효과가 있었으며 협응력 역시 긍정적인 효과를 보였다. 즉, 수중운동은 척추의 올바른 체형교정을 위한 골반기울기 변화에 효과를 보였으며 몸 전체를 신속하고 능률적으로 조정하고 통제할 수 있는 협응력 향상에도 긍정적인 효과를 보였다.

문규진(2010), “지속적인 건강걷기운동 프로그램이 청각장애 아동의 이동운동기능에 미치는 영향”, 〈한국사회체육학회지〉, 42호, 735~747.

본 연구는 지속적인 건강걷기운동 프로그램이 청각장애 아동의 이동운동기능에 어떠한 영향을 미치는가를 알아보기 위하여, 부산시에 소재한 B학교 초등학생 중 청각장애 아동 실험집단 11명과 통제집단 11명, 총 22명을 대상으로 연구를 수행하였다. 본 연구에서 건강걷기운동 프로그램은 18주간 주 5회, 1회 40분간 실시하였다. 그 결과 다음과 같은 연구결과를 도출하였다. 첫째, 이동운동기능에 대하여 집단(실험군, 통제군) × 시기(사전, 중간, 사후)에 따라 분석한 결과 지속적인 건강걷기운동 프로그램이 청각장애 아동의 이동운동기능(달리기, 갤롭, 홉, 립, 제자리멀리뛰기, 슬라이드) 향상에 효과적인 것으로 나타났다. 즉, 집단별로는 실험군이 통제군보다 의미 있는 향상을 나타냈고, 건강걷기운동을 실시하기 전보다는 실시한 후에 더 많은 향상을 나타냈다. 둘째, 건강걷기운동 프로그램의 측정시기별 집단 간 비교결과 달리기, 겔롭, 제자리멀리뛰기, 슬라이드는 중간측정(p<.001)에 홉, 립은 사후측정(p<.001)에 유의한 차이가 나타났다. 즉, 운동기능 종목에 따라 홉, 립이 달리기, 겔롭, 제자리멀리뛰기, 슬라이드보다 더 많은 운동 프로그램을 실시해야 유의한 효과를 얻을 수 있음을 나타냈다. 이러한 연구결과를 통해서 볼 때, 건강걷기운동 프로그램이 특수학교 청각장애 아동들의 부족한 이동운동기능에 효과가 있으며, 청각장애 아동의 이동운동기능향상을 위해 지속적인 운동프로그램 개발 또는 교육이 필요한 것으로 생각된다.

허정식 · 노재귀(2010), "요가 운동이 취학 전 발달장애 아동의 정서적 행동에 미치는 영향", 〈한국스포츠심리학회지〉, 21권 1호, 211~224.

요가 운동이 취학 진 발달장애아동의 정서적 행동에 어떠한 영향을 미치는지 분석하기 위해 서울특별시 J재활원 취학 전 발달장애 아동 16명(실험집단 8명, 통제집단 8명)을 연구대상(집단 간 동질성을 분석하기 위하여 t-test를 통한 Leven's 등분산의 동질성 분석을 수행한 결과, 실험집단과 통제집단은 동질집단)으로 실험집단은 12주 간 주 2회(1회: 40분) 요가 운동 학습 후 집단×시기별 분석을 위해 이원변량분석(two-way Repeated Measure ANOVA) 및 시기별 집단 간 유의차를 검증하기 위해 사후검증(Turkey's HSD)을 실시하여 다음과 같은 결론을 얻었다. 첫째, 요가 운동 학습은 취학 전 발달장애 아동의 정서적 행동변화에 긍정적인 영향을 미치는 것으로 나타났다. 둘째, 측정 시기별 정서적 행동변화는 6주 이후부터 실험집단은 통제집단에 비해 정서적 행동변화에 긍정적 영향을 미치는 것으로 나타나 통계적으로 유의한 차이가 있는 것으로 나타났다. 결론적으로 요가 운동은 취학 전 발달장애 아동의 정서적 행동 모든 하위요인의 긍정적 변화에 효과적인 프로그램임이 증명되었다.

2. 장애아동을 위한 재활 스포츠의 개념과 유형

이상의 국내외 연구결과들을 종합적으로 정리해 보면 장애아동을 대상으로 하는 스포츠 활동은 치료적 가치가 매우 크며 장애인들의 신체적·심리적·사회적 재활에 핵심적 역할을 수행한다는 것이다. 나아가 비장애아동과 함께 수행하는 스포츠 활동은 장애아동의 사회통합에도 크게 기여함을 보여준다.

따라서 재활 스포츠란 장애아동(혹은 장애인)을 대상으로 스포츠를 적용·활용하여 전인적이며 종합적인 재활을 실현하는 전문적인 실천 개입이라고 할 수 있다. 이는 구체적으로 두 가지 차원에서 수행될 수 있다. 첫째, 스포츠를 통해 장애아동(혹은 장애인)의 전인적인 재활을 추구하는 것이다. 둘째, 종합적 재활(*total rehabilitation*)의 과정에서 '장애인 스포츠'를 하나의 방법으로 사용하는 것이다. 즉, 의료적·심리사회적·교육적 그리고 직업적 재활을 총망라한 종합적인 재활에 '장애인 스포츠'를 활용하는 것이다.

이런 맥락에서 저자는 우리나라의 재활 스포츠를 크게 3가지 유형으로 구분해서 체계적이며 전문적으로 활성화시켜 나가야 함을 주장하고자 한다. 중요한 사실은 이 3가지 유형 모두 궁극적으로는 장애아동의 실질적인 재활과 치료를 목적으로 해야 할 것이다. 그 3가지 유형을 다음과 같이 간략하게 제안의 형태로 제시하며 설명하고자 한다.

첫째, 장애아동을 위한 운동처방과 치료의 형태로 '재활 스포츠'가 창의적으로 개발되어야 한다.

둘째, 운동 경기라 할 수 있는 '장애인 스포츠'를 활성화시킴으로써 보다 많은 장애아동들이 어릴 때부터 스포츠를 즐길 수 있는 여건을 조성해야 한다.

셋째, 특수학교와 장애인복지 시설 등을 중심으로만 수행되어 왔던 장애아동의 체육활동을 여가활동의 성격인 '사회체육' 내지 '생활 스포츠'로 확산시켜야 한다.

또한 장애아동을 대상으로 하는 '재활 스포츠'의 목적을 다음과 같이 크게 4가지로 요약해 제안하고자 한다.

첫째, 치료행위로서의 가치를 실현하기 위함이다.

둘째, 여가활동으로서의 가치를 실현하기 위함이다.

셋째, 운동처방으로서의 가치를 실현하기 위함이다.

넷째, 사회복귀 및 사회통합의 수단으로서의 가치를 실현하기 위함이다.

3. 장애아동 스포츠 활동으로서의 재활 스포츠의 발전과제

장애아동 스포츠 활동으로서의 재활 스포츠는 크게 3가지 유형으로 구분할 수 있다고 앞서 주장하였다. 첫째, 운동처방 및 치료, 둘째, 장애인 운동경기, 셋째, 장애아동을 위한 생활 스포츠이다. 이상의 3가지 중에서 가장 크게 확산시켜야 할 유형은 역시 장애아동을 위한 생활 스포츠이다. '운동처방 및 치료' 그리고 '장애인 운동경기'는 전문가들의 노력과 열정이 담보되어야 함으로 향후 많은 노력과 임상적 연구 축적이 요구되나 장애아동을 위한 생활 스포츠는 지역사회와 학교, 장애인복지기관 그리고 가족이 함께 힘을 모아 애쓰면 짧은 기간 안에 상당한 효과를 거둘 수 있을 것이다. 더욱이 이는 장애아동과 비장애아동과의 사회통합을 실현하는 데에도 크게 기여할 수 있을 것이다.

장애아동에게 적합하면서도 비장애아동과도 함께 할 수 있는 '생활 스포츠'를 개발하여 시행함으로써 보다 많은 신체활동의 기회를 장애아동에게 제공하면 자연히 장애아동은 즐겁게 활동하게 될 것이다. 그러는 동안 그들의 다양한 측면에서의 발달증진을 도모하고 신체적·정신적·사회적 건강에 기여할 수 있으며, 결과적으로 자기적응력을 향상시켜 일상생활에의 자신감과 자기 존중감을 가질 수 있을 것이다. 또한 '생활 스포츠'에 의한 실제적인 재활 효과는 장애아동의 운동부족을 해소하고 체력을 높여주며 학교 및 가정생활 등에서 오는 피로를 없애주고 기분을 명랑하게 해줄 뿐만 아니라 혈액순환을 활발하게 하고 운동신경을 발달시켜 줄 것으로 기대된다.

이와 같은 장애아동을 대상으로 하는 '생활 스포츠'는 가벼운 운동이면서도 비장애인과 장애인이 함께 누구나 언제든지 참여할 수 있고 특별한 장소와 운동기구, 어려운 기술이 필요하지 않으며 규칙이 간단하여 인원수, 장애상황, 장소에 따라 적절한 프로그램을 개발·수정하며 운영할 수 있다. 이에 따라 스포츠의 즐거움을 알 수 있으며 경우에 따라서는 고도로 조직화된 스포츠(운동경기)의 기초적 기술을 연습할 수 있는 효과를 갖기도 한다. 여기에 장애아동을 위한 생활 스포츠의 역할과 사명이 중요시된다.

특히 지적장애를 갖고 있거나 자폐스펙트럼을 지니고 있는 발달장애아동의 경우 비장애아동에 비하여 운동능력, 운동수행력, 체력 등의 수준이 대체로 낮다. 이들은 근력, 지구력, 평형성, 달리기, 속도 등 신체의 각 부위를 이용한 힘의 작용방법을 잘 모르며 체력의 기능이 매우 떨어져 있다. 이는 생활에 대한 인지력이 낮고 운동을 할 수 있는 활동 영역의 기회가 적기 때문이라고 볼 수 있다. 발달장애아동은 인지적인 결함의 문제로 바르지 못한 습관과 과민반응, 내성적인 성격으로 인한 스포츠 활동 참여의 결여, 주의 집중력, 협동심의 결여 현상을 보이고 있으며 대인관계에서 사회성의 기초 활동인 또래와의 적절하게 관계를 맺지 못하는 특징을 보이기도 한다.

발달장애아동들은 일상생활 속에서의 비일관성, 고집 등 비전형적이고 부적절한 행동을 보이며 생활 스포츠 장면에서의 공간 확보나 운동개념의 어려움으로 인하여 참여 자체에서부터 어려움을 보이기도 한다. 또한 도구를 다룰 때의 서투름으로 인하여 이들이 목표하는 내면적인 문제가 해결되지 않고 무엇인가 불충분하다고 느끼면 이로 인한 문제점으로 자기들 나름대로의 신체표현을 다양한 방법으로 제시하기도 한다. 따라서 바람직한 행동수정을 하기 위해서는 스포츠에 대한 반감을 갖지 않도록 이들의 지각 운동기능을 발달시켜 주어야 한다. 이들에게 적절한 생활 스포츠 프로그램이 주어진다면 운동능력, 운동 수행력, 체력 등의 향상은 물론 생활 스포츠에서의 성공적 경험을 가져 자아 개념과 타인과의 관계형성, 문제행동의 감소 등 정서발달에 도움을 줄 수 있을 것이다.

이렇게 장애아동을 위한 생활 스포츠는 신체의 다양한 유기적 체계의 발달을 통해 체력을 발달시키고 건전한 여가 활동에 참가할 기회를 제공하며 운동기술의 발달과 생활 스포츠의 올바른 참여로 인해 창출되는 다양한 사회적 경험을 통해 사회적응능력을 발달시킴으로써 또래들과 대인관계를 원만하게 하고, 인지능력을 향상시키고, '무언가를 해냈다'라는 승리감을 맛볼 수 있고, 더 나아가 자신의 신체를 발달시킬 수 있는 좋은 사례가 될 것이다.

따라서 재활 스포츠를 활용하는 전문가들은 장애아동들의 생활 속에서 운동경험 환경을 만들어, 쉽고 흥미로우며 반복적인 스포츠 활동 경험을 증폭시켜야 한다. 그래서 장애아동들이 스포츠를 마음껏 즐길 수 있도록 신체활동 프로그램을 극대화시켜야 한다. 적당한 환경에서 적절한 활동을 할 수 있도록 효과적인 프로그램을 운영해야 한다.

끝으로 '재활 스포츠'의 하나인 '생활 스포츠'를 통한 장애아동 스포츠 활동의 발전 방안을 다음과 같이 몇 가지로 살펴보면서 본 장을 마무리하고자 한다.

첫째, 지역사회에 거주하는 장애아동의 욕구를 세밀하게 파악해야 한다. 생활 스포츠를 통해 장애아동 스포츠 활동을 발전시키기 위해서는 우선 지역사회에 거주하는 장애아동의 스포츠 욕구를 파악하는 일부터 시작해야 한다. 파악해야 할 내용은 생활 스포츠 프로그램을 필요로 하는 장애아동과 가족의 욕구, 장애아동이 관심을 가지거나 흥미로워하는 스포츠 욕구, 인적·물적인 지역사회의 스포츠 자원, 지역사회의 특성 등이다. 이러한 욕구는 개별적 또는 종합적으로 파악해야 하고, 서비스의 내용이나 지역사회 장애아동 및 가족의 자립의식, 협력관계, 사회자원에 관한 이해 등도 파악하는 것이 필요하다. 다음으로 파악된 욕구를 장애아동과 비장애아동 모두에게 알리고, 지역사회의 핵심문제로 지각, 인식하며 구체적인 해결방안을 위한 광고홍보와 복지교육을 실시하는 것이다. 생활 스포츠를 장애아동에게 구체적으로 적용하기 위한 중심적인 조직 구성은 활동 과제의 결정, 활동 프로그램의 계획, 장애아동 및 가족의 참가와 역할 분담, 자원 조달, 광고홍보, 서비스 전달, 효과 측정 등이 중요한 문제이다. 활동 프로그램의 계획은 서비스 대상자와 비장애아동 그리고 지역주민 및 전문가의 합의를 형성하는 일과 서비스를 종합적으로 실시하기 위한 계획의 수립이다. 특히, 최근에는 지방자치의 활성화로 인하여 장애아동을 위한 생활 스포츠 프로그램의 계획 중에서 민간단체나 지역사회 장애인 당사자들의 역할 등에 관심을 많이 가지고 계획을 수립하는 경우가 늘어나고 있으므로 장애아동 및 가족의 요구에 귀를 기울여야 할 것이다.

둘째, 참여를 효과적으로 이끌어내고 자원동원을 촉진해야 한다. 지역사회 장애아동 및 가족의 참가와 지역사회자원의 동원을 촉진하는 일이 필요하다. 그리고 이러한 참가는 다양한 형태로 나타나야 하고, 동시에 이러한 참가가 활성화되고 나아가 참가 촉진을 위한 홍보와 교육을 통하여 그들의 기능과 능력을 고려하여 참가시켜야 할 것이다. 이와 같은 욕구를 해결하기 위해 장애아동을 위한 생활 스포츠는 사회자원의 적극적인 동원과 개발이 담보되어야 한다. 이를 위해 자원의 성격과 기능에 대한 이해를 하여야 하고, 그 자원이 유용하게 사용될 수 있도록 조정하고 보완해 주어야 한다. 그 다음, 활동 프로그램의 실시계획과 예산 수립, 공급체계의 구성, 교육과 훈련, 전문가에 의한 조정 작업, 서비스의 구체적인 제공, 서비스의 개선과 새로운 욕구의 발견, 서비스이용자와 가족의 조직화, 효과 측정과 평가 등을 지속적으로 해 나가야 한다.

셋째, 공공 체육시설과 근린공원 등에서 장애아동 및 가족에 대한 개방 및 활용이 크게 확대되어야 한다. 장애아동을 위한 생활 스포츠의 참여 기회 확대를 위하여 장애아동과 가족이 손쉽게 이용할 수 있는 체육시설을 단계적으로 늘려 나가야 하며, 동시에 일반 공공 체육시설과 근린공원 등은 물론이고 민간 체육시설의 경우도 장애아동이 활용할 수 있도록 문호를 더욱 개방해야 할 것으로 본다. 이를 현실화하기 위해서는 당연히 공공부문의 행정적 · 재정적 지원을 확대해 나가야 한다. 나아가 시설의 접근이나 시설 내에서의 이동 및 스포츠 활동을 불편 없이 할 수 있도록 각종 편의시설의 설치와 운영 개선이 요구된다. 장애아동의 이동 편의를 위해서는 스포츠 시설에서 장애아동을 위한 셔틀버스 등의 운영이나 공공 교통노선에 특장차의 투입 등 행정적 개선이 지속적으로 이루어져야 할 것이다. 그리고 생활의 안정 없이는 스포츠 활동에 쉽게 참여할 수 없으므로 보다 많은 장애아동의 스포츠 활동 참여를 위해 운동비용 보조 등 사회적 지원정책이 개발되어야 할 필요가 있다고 본다.

넷째, 장애아동을 위한 재활 스포츠 전문가 육성 및 배치가 활성화되어야 한다. 오늘날 혁신적으로 변화하고 있는 장애인복지 패러다임에 따라 권리에 기반 한 소비자주의(*consumerism*) 이념에 근거하여 장애아동을 위한 생활 스포츠가 효과적으로 정착되기 위해서는 유능하고 탁월한 재활 스포츠 전문가의 육성과 배치가 보다 활발하게 이루어져야 할 것이다.

사례관리와 탈시설화 제12장

1. 사례관리

사례관리(*case management*)의 개념과 목표들은 복잡하다. 이들은 사례관리와 그 체계 내에서 서비스를 받는 사람들의 욕구에 의하여 조정되는 체계의 특성 때문에 더우더 복잡해진다. 1980년대 초반에 이미 미국에서 사례관리는 7만 명 이상의 장애인에게 서비스를 전달하기 위하여 캘리포니아 주가 시행하였던 서비스 개입체계의 중심적인 개념이었다. 그 체계에서 사례관리는 서비스이용자를 위한 '최적의 프로그램 조정'과 동일시되었다. 이를 사용해야 한다는 것은 입법을 통해 뒷받침되었다. 그러나 사례관리에 관한 지배적인 인식은 입법자들, 프로그램 운영자들, 사례관리자들 그리고 '관리되는' 사람들의 각기 다른 시각과 욕구 및 기대 사항에 따라 매우 다양하였다. 이렇게 다양한 인식들은 어느 경우에도 차이가 나겠지만, 그래도 미국의 경우 장애인을 대상으로 하는 사례관리는 장애 영역 중에서도 특히 발달장애 분야에 활발하게 적용되어 왔다.

우리나라의 경우 사례관리는 대략 20여 년 전부터 서울장애인종합복지관, 서부장애인종합복지관 등과 같은 지역사회에 기반을 둔 장애인 복지관들에서 시도되었으며, 10여 년 전부터는 거주시설인 교남 소망의 집을 비롯한 여러 사회복지 시설에서 활발하게 사용되고 있다. 더욱이 최근 지속되고 있는 경제적 어려움은 빈곤한 장애인들에게는 커다란 위기상황을 초래하게 만들었고, 이에 따라 긴급지원제도가 정부 차원에서 실시되었다.

가령 긴급지원제도에서 2007년부터 설치 운영되고 있는 보건복지콜센터, 2008년도 11월부터 경기도에서 시작된 '무한돌봄사업' 등은 기존의 공공부조에서 겪었던 전달체계의 문제를 개선하기 위한 노력의 일부이며 계속해서 보다 효과적인 방법으로 진화해 가고 있다. 특히 무한돌봄사업은 위기가정을 '선 지원 후 심사'로 지원하는 획기적인 복지서비스이다. 하지만 이 사업은 현금 위주 지원으로, 사례관리가 이루어지지 않고 지원 후 수혜자가 실제 위기를 극복했는지 점검하는 사후관리가 이루어지지 않는 단점이 있었다. 그 두 가지를 보완한 것이 무한돌봄센터이다. 2010년부터 경기도에서 설치, 운영되고 있는 무한돌봄센터는 주민의 복지서비스에 대한 다양한 욕구가 한 번의 방문으로 해결되도록 지원하는 곳이다. 운영은 민·관 협력 방식으로 이뤄진다. 그 때문에 공공이 주도해 민간기관들의 적극적인 참여가 어렵거나 혹은 민간이 주도해 공공의 힘을 얻지 못하는 것이 아니라 전문성과 함께 민간의 적극적인 참여와 공공의 힘을 동시에 얻을 수 있다.

또한 2012년 현재 사회복지사업법 제15조에 따라, 각 시·군·구, 읍·면·동에 복지사무 전담기구 설치조항에 의거하여 시·군·구 조례 제정을 통해 공적 사례관리 시스템 설치가 제안된 상태이다.

이렇게 사회복지서비스 전달체계가 개편됨으로써 위기가정은 과거와 달리 편하게 자신들이 원하는 서비스를 받을 수 있게 되었다. 즉, 주민 자치센터나 집 근처의 사회복지시설을 방문해 한 차례의 기본적인 상담을 받고 나면 이 기관 저 기관을 다니면서 상담할 필요도 없고, 직접 어떤 서비스들이 있는지 찾아보지 않아도 되는 것이다. 사례관리

과정에서 다른 시설들이 가정을 찾아와 필요한 서비스들을 제공하게 되기 때문이다. 이 과정에서 지역단위의 각종 복지자원들이 연계됨에 따라 사회복지서비스의 중복 수혜와 사각지대 문제도 저절로 해결된다. 또한 위기를 해결하기 어려워 발을 동동 굴렀던 현장의 사회복지들, 읍·면·동 공무원들의 업무가 줄어들 뿐만 아니라 사례관리의 전문성과 질 제고로 복지선진국으로의 도약을 앞당길 수 있을 것으로 예측되고 있다. 결과적으로 이러한 서비스전달체계 상에서부터 '사례관리'는 크게 활성화되고 있으며 이와 같은 사례관리의 대상 중에 가장 많은 비중을 차지하고 있는 영역이 빈곤한 장애인들과 저소득 노인들이다.

물론 아직도 현실은 예상과 달리 원활한 연계가 기대한 만큼 이루어지지 못하고, 위기상황에 대한 효과적인 개입이 잘 수행되지 못하고 있는 실정이기도 하다. 그 이유들 중의 핵심은 바로 사례관리의 성패를 좌우하는 가장 중요한 요인이라 할 수 있는 '조정 주체'가 분명하지 못한 것과 동시에 임상적 위기개입을 통해 긴급지원을 해야 할 상황에 대한 대처 전략과 방법에 대한 전문성이 미흡하다는 데에 있다. 또한 사례관리 과정에서 가장 유용한 위기개입 실천 능력을 발휘할 슈퍼바이저의 부재와 사례회의에서의 효율적인 위기개입 실천에 대한 실질적인 논의가 크게 부족한 상황을 원인으로 들 수 있다. 결국 이는 위기개입 실천의 성패를 좌우할 수 있는 사례회의를 체계적으로 담당해 나가야 할 사례관리자 및 슈퍼바이저의 역량에 대한 문제로 귀결된다. 바로 여기에서 지역사회 전문 사례관리자의 역할이 주목될 수밖에 없는 것이다. 따라서 사례관리를 수행하는 전문가는 사회복지사로서, 사례관리자로서, 슈퍼바이저로서의 기능과 역할을 통합적으로 수행해야 하는 것이다.

어쨌든 이제 사례관리는 지역사회를 기반으로 장애인복지실천을 하고자 할 때, 필수적으로 해야 하는 매우 중요한 접근으로 확고하게 자리잡고 있다. 이와 같은 경향을 더욱 가속화하는 또 하나의 추세도 주목할 만하다. 즉, 사회복지사가 지역사회에 거주하는 장애인들을 대상으로 하여 전문적인 개입 활동을 통합적으로 수행하고, 동시에 다양한 서비스들을 효과적으로 조정하는 일이 보편화되고 있다는 것이다.

그렇다보니 통합과 조정을 하는 데에 크게 유용한 사례관리는 마치 현대판 연금술사의 묘약이라도 되는 양 사회복지실천을 기획하는 사회복지사들에게 엄청나게 영향을 미치고 있다. 파편화되고, 분산되어 있는 여러 서비스들을 '납'으로 비유할 때, 서비스이용자가 요구하는 것에 대처하는 조직적이고 일관성 있는 서비스 활동을 '금'으로 생각하면 '납'을 '금'으로 변화시키고자 하는 것이 어쩌면 사례관리인 것이다.

통합과 조정을 핵심으로 하는 사례관리 방법은 사회복지실천 활동과 서비스 대상의 증가 및 좁은 범위의 심화된 단위 사업 내지 프로그램들이 늘어나게 되면서 상당 기간 동안 성장해 왔으며 지금도 확산되고 있는 중이다. 사회복지실천 개입을 요구하는 장애 개인들의 숫자가 증가함에 따라 이들의 인간적인 복지욕구를 이해하고 그에 반응하면서 목격되는 어려움을 해결하도록 사회복지실천 활동 체계에 영향을 끼치고자 노력하는 사회복지사들이 나타나고 있는 것은 너무나 당연한 일이라 할 수 있다.

그러나 앞서 비유적으로 언급한 이 '금'은 아름답게 세공된 하나의 장신구 형태로 존재하는 것은 결코 아니다. 여러 개의 '금'들이 하나의 다발로 묶여 있는 것으로 생각해야 한다. 즉 사례관리는 사회복지실천 프로그램들의 세분화와 사회복지실천 개입활동들 간의 격차와 중복, 서로 교차하는 목표를 추구하는 프로그램들, 사회복지실천 개입활동 실행에 있어서 포괄성의 결여, 그리고 장기간 보호를 받는 서비스이용자들의 다양한 욕구들을 해결하기 위한 접근들을 모두 담아내고 있는 것으로 이해해야 한다. 그래서 사례관리는 복잡다단한 '장애'의 문제를 효과적으로 해결해 줄 것으로 기대되고 있다.

사례관리는 사회복지실천 서비스 전달체계가 서비스이용자를 위해서 지속적이고 일관성 있게 작용하여 서비스이용자와 그 가족에게서 그 무거운 짐을 일부나마 덜어 주게 해야 할 책임을 떠맡았다. 따라서 사례관리자가 취하는 통합과 조정 활동의 범위는 그 체계 내에서 독자적으로 적응해 나가는 성숙도에 따라서 각기 다르다. 사례관리는 서비스이용자 개인을 위하여 모아져 있고, 개별화된 계획을 수립함으로써 자원을 최대화하고자 노력한다. 사회복지사들은 자원을 식별하고 동원하는 데에 필요한 기술을 갖추고 있음으로 사례관리를 맡을 수 있는 적임자들이다.

역사적으로 말하자면, 사례관리는 노인과 장애인을 서비스하는 데에 가장 광범위하게 사용되었다. 보다 최근에는 사례관리가 만성적인 정신질환자 내지 발달장애인들 그리고 빈곤이나 위기상황에 처한 장애인들을 서비스하는 데에 적용되고 있다. 그래서 사례관리는 복잡하고 심각한 그리고 정기적인, 때로는 필생의 어려움을 지닌 서비스이용자들에게 도움을 주는 데에 널리 사용된다.

특히 미국의 경우 사례관리는 발달장애 분야에 있어서, 이미 꽤 오래 전부터 '연방 정부'급의 재활단계에서, 폭넓게 활용되어 왔다. 특히 1978년의 '포괄적 서비스 활동과 장애에 관한 수정법안'(PL95-602)은 사례관리를 각 주정부들이 연례적인 발달장애에 관한 계획에서 실천해야 할 최우선 순위 중의 하나로 지정하였다. 사례관리는 장애인과 그 가족들이 필요한 서비스 활동의 혜택을 누릴 수 있도록 돕고, 제공되는 서비스 활동들을 조정하며, 시간이 경과함에 따라 서비스이용자를 관찰하는 일을 하는 것으로, 필요하다면 일생동안 제공되어야 한다.

또한 '지적장애인 및 기타 장애인을 위한 서비스 활동 승인 평의회'는 '서비스이용자 프로그램 조정'(*client program coordination*)이라는 용어를 사용하였다. 발달장애 분야의 전문가들과 권익옹호 단체들에 의하여 작성된 이 평의회의 기준들은 장애인들을 대상으로 하는 서비스 활동에 널리 적용된다. 뿐만 아니라 사례관리는 캘리포니아 같은 많은 주에서 법제화되었다. 캘리포니아 주에서는 처음으로 1966년에 두 차례 시험용 프로그램이 시행되었다. 1977년의 랜터만 장애인 서비스 법안을 제정하면서 의회는 '주'가 적절한 기관과 계약을 체결하여 장애인과 그 가족들을 위하여 지역사회 내에서 '고정 접촉점'(*fixed points of contact*)을 제공할 것이라고 시사했다. 그 목적은 장애인들이 일생동안 자신들에게 적합한 시설과 서비스 활동에 접할 수 있게 해 주자는 것이다. 이에 사례관리를 수행하는 한 사람의 프로그램 조정자를 배치할 수 있도록 설치된 지역의 센터들이 개별적인 프로그램 계획을 책임지고 활동하고 감독 및 관찰해야 하도록 규정되었다.

전통적으로 모든 사례관리 모델에서는 장애인이건 다른 집단의 사람들이건, 일정한 집단의 구성 요소가 끈질기게 나타나 왔다. 즉, 접수, 사정(진단과 평가를 포함하여), 서비스 실행 또는 치료계획 개발, 의뢰, 조정, 상담 또는 권익 옹호, 서비스이용자의 성장 추적 또는 관찰, 그리고 계획의 개정 등이다. 그럼에도 불구하고 응용되고 있는 사례관리에는 폭넓은 변형들이 있다. 그러므로 어떤 특정한 사례관리 모델을 정의하고자 할 때는 몇 가지 변수들을 살펴보는 것이 중요하다. 이들 변수들 중 셋은 쉽사리 식별될 수 있다. 즉, 사례관리가 실시되고 있는 서비스 체계의 구조와 서비스이용자를 위해서 수행될 임무, 그리고 사례관리 모형 그 자체의 형태가 그것이다.

1) 체계의 구조

체계의 구조란 특정 사례관리 모델(*model*)이 들어가서 위치하여 실시될 주변 환경을 말한다. 사례관리는 서비스이용자를 위한 기존의 사회복지실천 활동들이 실제로 존재하고 있는지 확인하는 것이 필수적이다. 지속적인 사회복지실천 활동이 이미 실시되고 있다면, 사례관리자는 사회복지실천 활동들을 통합하고 서비스이용자들이 복잡한 그리고 때로는 모순되기까지 한 자격기준(*eligibility criteria*)을 다룰 수 있도록 돕는 일에만 거의 전적으로 전념할 수 있다. 반면에 이용 가능한 사회복지실천 활동들이 보잘 것 없거나 사회복지실천 활동 간의 격차가 클 경우에는 자원의 개발이 강조되어야 한다. 그러한 이유는 사례관리가 효과가 있느냐 없느냐 여부는 상당한 정도까지 사례관리자가 원용할 수 있는 일련의 사회복지실천 활동들에 달려 있기 때문이다.

그 체계의 복잡성을 분석하는 것 역시 중요하다. 사례 관리 모형에 있어서 중요한 차이들은 서비스 대상 인구의 규모와 가변성, 그 체계에 작용하는 각급 정부 및 기관 상호간의 관계, 지지 받고 있는 서비스이용자 권익옹호 수준, 활동 제공자의 숫자 등등과 같은 그런 요소들에 의해 좌우될 것이다.

마지막으로 사례관리 모형의 특성은 해당 체계와 체계들 간에 이미 존재하는 조정체계에 따라서 달라지기 마련이다. 필요한 사례관리 노력의 강도와 이용 가능한 사회복지실천 활동에 존재하는 조정의 효율성 간에는 역관계가 있는 것 같다. 재원의 비능률적인 적응으로, 또는 불공평하게 분배되는 체계에서는 사례관리자가 개별 서비스이용자를 위해서 효과적인 조정 활동을 할 수 있도록 사례관리자의 권위가 강화되어야 한다. 사례관리 활동은 세분화에 영향을 받는 것과 마찬가지로 체계 내에서 중복이 있다면 역시 영향을 받을 것이다. 일반적으로 세분화가 커지면 커질수록 사례관리의 역할은 그 폭이 더욱더 광범위해지는 것이다.

2) 수행될 임무

서비스이용자를 위하여 수행되어야 할 임무를 고려할 때 반드시 포함되어야 할 것은 서비스 대상자의 숫자와 서비스 활동의 정도 또는 그 범위, 이 두 가지이다. 넉넉하지 못한 재원에 관하여 집중도는 좀 떨어지더라도 보다 많은 사람들에게 서비스할 것인지 아니면 서비스 대상자를 줄여서라도 보다 집중도를 높일 것인지에 관한 결정이 내려져야 한다.

사례관리의 특정 모델은 어느 것이나 사회복지실천 활동을 실시하는 과정에서 수행되어야 할 실제적인 임무를 확인하여야 한다. 그리고 이 노력은 그 모형이 있을 수 있게 해 준 법률적 근거를 포함하여 그 환경에 대한 분석에 근거를 두어야 한다. 특정한 대상 집단의 개인들과 갖는 그들의 관계에 의하여, 사례관리자들은 특정 서비스 체계 내의 격차에 관한 자료를 수집할 수 있다. 이들 자료들은 어떤 유형의 기획이건 기획과 동시에 마땅히 있어야 할 자원 개발에 필수적이다. 따라서 사례관리와 기획 간의 관계는 중요하다.

기획뿐만 아니라, 다양한 다른 임무들이 사례관리자에 포함될 수 있다. 예컨대 이용 가능한 자원들을 알고 있으면 사례관리자는 대안들에 관하여 서비스이용자들을 교육할 수 있다. 체계에 관한 개관은 물론 이러한 지식을 갖추고 사례 관리자는 다른 이들에게 상담역이 되어줄 수 있는 것이다. 그러나 이런 종류의 지식은 다양한 방법들로 하여 더욱 파악하기 어려워지며 그 범주 내에 자원 확보와 이용의 문제를 다루고 다양한 권위를 행사하는 한편 '시험적' 임무를 수행할 수 있는 것은 바로 이 분야에서이다. 연이어 일어나는 일들의 끝부분에서 사례관리자는 서비스이용자에게 다양한 대안들에 관한 광범위한 정보를 제공해 주며 서비스이용자는 어떤 자원을 이용할 것인지에 관한 결정을 한다. 그 연장선상의 반대편에서 사례관리자는 일정한 자원의 접근을 실제적으로 통제한다.

자원 활용에 있어서 첫 단계는 제반 요구사항의 사정 평가인데 이는 시례관리자가 수행해야 할 또 다른 하나의 의무이다. 그러한 사정평가는 자료들을 체계적으로 수집하고 평가하는 것을 포함하고 있으며 서비스이용자 후원체계에 관한 고려는 물론 서비스이용자 개인의 감정과 어려운 점들을 분석하는 것까지도 포함하고 있다. 이 사정평가에 입각하여, 가장 효과적인 사회복지실천 활동 또는 치료계획이 입안될 수 있고 사회복지실천 체계의 구성요소들을 필요한 대로 이용하기 위해 선택될 수 있는 것이다. 목표는 사회복지실천 활동을 서비스이용자에게 맞추는 것인지 그 반대로 하자는 것은 아니다.

뿐만 아니라 사례관리는 권익옹호를 포용하고 있다. 일반적으로 여기서 말하는 권익옹호(*advocacy*)란 서비스 체계에 있어 변화를 일으키기 위해서 국회의원들, 정치 활동가들, 그리고 기타 인사들을 상대로 로비활동을 펴는 것을 말한다. 개인을 위한 권익옹호는 서비스이용자를 위하여 직접 조정활동을 떠맡거나 그에게 적절한 절차를 보장해 주는 것을 포함할 수 있다.

끝으로 서비스이용자의 진전 상태를 관찰하고 프로그램 계획들을 개정하는 것은 모든 사례관리의 중요한 일부인 것이다. 이것이 바로 사례관리가 장기적이고 복합적인 욕구를 지닌 사람들에게 사회복지실천 활동을 펴기 위해서만 사용되는 이유이다. 관찰의 빈도와 강도는 체계의 성격에 의하여 결정되거나 필요에 따라 보다 개별화될 수도 있을 것이다.

3) 모형의 형태

세 번째로 고려되어야 할 중요한 변수는 사례관리 모형 그 자체의 형태와 사례관리의 실제적인 서비스 과정이다. 그러한 고려는 사례관리 체계가 사회복지실천 활동 전수체계상 다른 부분과 관련하여 어떤 형태의 능력을 보유하고 있는가와 같은 다양한 의문들에 해답하는 것을 포함하게 될 것이다. 의문은 계속된다. 즉, 그것이 정보와 조회를 제공하며 중개자 또는 윤활제 역할을 하거나 자원을 이용하는 데 대한 최종적인 결정자로서의 기능을 수행하는가? 자금조성과 관련된 추가적인 요소들 역시 모형의 형태를 결정한다. 예컨대, 사례관리체계가 사회복지실천 활동을 제공자들에게서 구입하는가 아니면 서비스이용자를 위해서 쓰이는 재정을 통제하는가? 사회복지실천 활동 서비스를 구입하는 데 관련하여 연도별 재정의 우선순위가 어떻게 정해지는가?

전반적인 사회복지실천 체계 내에서 사례관리 노력의 위치 역시 참작되어야 한다. 그 노력이 기존 기관이나 다른 단체와 연계되어 있는

가, 아니면 독자적인 활동인가? 주정부 수준에서 중앙집권화 되어 있는가, 아니면 지역 중심의 활동인가? 만일 그것이 독자적인 활동이라면 사례관리는 체계의 어떤 특정한 일부에 의하여 '채색' 되어서는, 즉 영향을 받아서는 안 될 것이다. 그러나 전반적인 서비스 체계로부터 완전히 소외될 수도 있다. 마찬가지로 탈 중앙집권화는 사례관리자로 하여금 지역의 관심사에 동참하고 서비스를 받는 개인들과 동일체 의식을 갖게 할 수 있다. 이는 또한 주정부 수준에서의 결정행위에 끼쳐지는 사례관리자의 영향을 줄일 수 있다.

서비스이용자나 그 가족에게 직접적인 사회복지실천 활동을 펴고 있는 개별적인 사례관리자에게 이 모든 것이 무슨 의미를 지니는가? 방금 기술된 복잡한 변수들에 비추어 볼 때, 사례관리에 관한 인식들이 왜 그렇게 크게 차이가 나는지를 알기 쉽다. 만약, 어떤 특정 모형 내부에서 명료한 결정이 내려지지 않았고, 일단 내려졌더라도 모든 당사자들에게 충분히 전달되지 않는다면, 사례관리자가 모순되는 메시지를 받게 되는 이유를 이해할 수 있을 것이다. 개별적인 임무가 퍽 광범위하게 정의될 수 있으므로 사례관리자는 모든 사람들에게 약방의 감초와 같은 존재가 되어야 한다는 것이다. 이것이야말로 충족시킬 수 없는 기대이다.

4) 사례관리자에게 주목하기

사례관리자는 어떤 기술과 지식을 갖추어야 하는가? 이 질문에 답하기 위해서는 호레이시의 다음과 같은 논평을 유의할 필요가 있다.

> 사례조정(*case coordination*)은 전형적인 다 분야 간 팀워크와는 다르다. 이는 특정 기관의 영역을 초월하는 전문적인 활동이어서 조직 내부적인 그리고 개인 상호 간의 요소들은 물론 조직 상호 간의 요소들을 포함하고 있기 때문이다.

이에 따라 사례관리의 대부분은 사례조정과 동일시될 수 있다는 것이다. 이러한 견해는 캘리포니아와 기타 몇몇 주에서 서비스이용자 프로그램 조정자(*client program coordinator*)라는 용어를 사용하기 시작한 데서 비롯되었다.

모든 사회복지사들은 조정의 토대로서 상세하게 문서로 작성되는 계획이 얼마나 강조되는지를 잘 알고 있다. 그러한 계획을 작성하는 것은 서비스이용자와 중요한 다른 사람들과 전문인들을 참여시키기 위한 것이다. 호레이시가 지적하듯이 계획을 입안하고 관리하는 데에 관련된 절차나 기술에 관해서보다는 훌륭한 계획의 내용에 관하여 더 많은 논의가 있어 왔다. 그럼에도 불구하고 집단활동의 과정과 문제해결 그리고 사회복지실천방법의 하나로서 시행되는 교육 및 훈련에서 파생하는 팀워크의 역동성을 아는 것이 개별적인 계획을 수립하는 데에 필수적이라고 말할 수 있을 것이다. 이는 자율 결정과 독립성의 원칙을 이해하는 것이 서비스이용자와 가족에게 그러한 것과 마찬가지이다.

일반적으로 사례관리자는 대상 인구와 이용 가능한 자원에 관한 지식을 갖추고 있어야 하며 관련된 훈련을 받아야 한다. 그러한 지식을 틀림없이 이용할 수 있게 하는 것이 개인의 전문적인 책임은 물론 사회복지실천 활동 현장 훈련과 슈퍼비전의 중요한 요소인 것이다. 사례조정자들에 관한 한 조사에서, 호레이시는 조정자들을 훈련하고 감독하는데 있어서 강조되어야 할 중요한 분야로서 다음을 확인해 주었다.

즉, 권익옹호 원칙, 중개자 역할, 중재 활동, 위기 조정, 기록유지 방식, 서비스이용자에 관한 자료, 서비스이용자에게 줄 수 있는 서비스에 관한 주 및 연방 규정들, 면접 및 상담 방식, 지역사회의 비공식적 자원체계, 다양한 서비스이용자 집단에 대한 지역사회의 지배적인 태도, 정상화의 원칙들, 홍보활동, 조직적 행위와 변화의 원칙들, 조직 관리에의 접근방법 등이 그것들이다. 언급된 특히 중요한 기술들에는 서비스이용자가 전문인들과 자신 있게 대화할 수 있도록 돕는 요령과 행동상의 목표들을 기술하고 보고서 작성 요령 및 다양한 자료들을 분류 정리하고 요약하는 요령과 대중 앞에 나서서 말하기와 매스컴 상대하기 및 감독과 상담을 효과적으로 이용하기 등이 포함되어 있었다.

5) 명료해야 할 이유

현장에서 일하는 사회복지사이건 사회복지실천 행정업무를 보는 관리직이건 간에 사례관리를 맡고 있는 사회복지실천 종사자들은 그 일의 정의를 내리는 도전을 받아들여야 한다. 내려지는 정의는 개인 자신의 체계 또는 기관이라는 맥락 내에서 발생하여 다른 적당한 사람들에게 전달되어야 한다. 이런 방법에 의하여서만 전문인들은 자신들의 인식을 통합할 수 있다. 누구에게나 쉽게 이해될 수 있는 사례관리 체계는 보편적인 이해와 기대를 보장해 줄 것이며 불필요한 압력과 긴장을 피하게 할 것이다.

사례관리에 관한 정확한 정의가 서비스이용자와 다른 이들에게 전달되어 명확한 기대를 확보해 주고 관계와 의무에 관한 보편적인 이해를 갖도록 하는 것이 지극히 중요하다. 뿐만 아니라 현재의 경제적 정치적 환경은 사회복지실천 종사자들이 자신들의 관심사들을 의원들이나 다른 지도자들에게 전달하여 사회복지실천 활동 체계에 영향을 끼치는 결정을 내리는 데에 반영될 수 있도록 할 것을 요구하고 있다. 사례관리 분야에서 사회복지실천은 변모하는 세계의 변화의 기로에 서 있으며 사회복지실천 종사자들은 집단적으로 적절한 정의를 도출해내야 하는 것이다.

2. 탈시설화

지난 40여 년 동안 미국에서는 탈시설화[2]를 통해 지역사회에 장애인들을 적극적으로 통합시킴으로써 장애인들이 마음껏 교육을 받고 적절하고 충분한 사회복지실천 서비스에 접할 수 있게 해 주는 입법과 법원의 판례들이 다수 있었다. 그러나 이러한 새로운 법안들의 의도는 훌륭하였지만 정작 사회복지실천에서는 그 실효성을 기대만큼 거두지 못했다. 실제 장애인들의 욕구를 충족시키는 데 있어서 다양한 문제점들이 사회복지실천 과정에서 나타났는데, 그러한 것들의 핵심은 장애인들이 느끼는 복지 체감도와 입법된 제도에서 말하는 서비스 내용과는 상당한 거리가 있었다는 점이다. 즉, 과거로부터 지금까지 40여 년 동안 장애인들을 지역사회로 복귀시키려고 한 입법상의 노력이 지역사회 수준에서의 생활을 위한 사회복지실천 서비스를 제공하려는 노력과 조화를 이루지 못해 왔다는 말이다. 이와 같은 내용은 탈시설화와 이를 통한 장애인의 지역사회 통합에 대한 막연하면서도 관념적인 환상에 빠져 있는 우리나라의 장애인복지 현장의 입장에서는 다소 충격적이라 할 수 있다. 하지만 탈시설화는 현실적이며 실제적인 접근임을 분명하게 알아야 한다. 이런 점에서 지난 40여 년 전부터 탈시설화를 진행해 왔던 미국 사례는 오늘날 우리나라의 탈시설화와 지역사회 통합 실천에 큰 도움이 되는 통찰들을 제공해 줄 것이다.

장애인들의 권리와 그들의 어려움을 일반 대중이 인식하게 된 것은 인류 역사상 비교적 최근의 현상이다. 어떤 특정한 인구계층을 표적으로 하는 사회복지실천 활동의 유형과 그 전수 방법들은 널리 공유하고 있는 몇 가지 신념에 근거를 두고 있다. 제2차 세계대전 이전에 장애인들은 '정상 이하' 또는 '치유 불능'이라고 규정되어 사회로부터 격리

---

2) 본 절에서 제시된 미국 사례에 대한 내용은 본 저자가 1998년에 한국밀알선교단출판부에서 출간한 번역서인 《더 이상 그들만의 아픔이 아니다》에서 인용하였음을 밝힌다.

되고, 2등급 시민으로 간주되었다. 민권 운동의 일부로서 그리고 장애인들의 권리에 관한 관심이 증대됨에 따라서 '정상화'의 개념이 생겨났고, 일상생활의 양상과 여건들이 장애인들에게도 가까워짐에 따라서 장애인들은 사회의 본류에서 자신들의 자리를 찾기 시작하였다.

탈시설화 역시 이와 흐름을 같이한다. 그러나 우리나라의 경우 정말 중요한 것은 중증장애인에 대한 제대로 된 보장 없이 탈시설화가 급격하게 이루어지는 과정에 있기에 정작 중증장애인들이 가고 싶어도 갈 곳이 없는 상황이 발생하고 있다는 것이다. 중증장애인에 대한 요양보호 서비스의 사각지대가 존재하는 것이다. 현재 우리나라의 탈시설화의 형태는 기존 거주시설의 규모를 대규모에서 소규모로 줄이는 모습으로 이루어지고 있다. 물론 신규 시설의 설립은 크게 억제되고 있다. 상황이 이렇다보니 늘어나는 중증장애인들에 비해 막상 들어갈 시설은 확보되지 못하고 있는 실정인 것이다. 동시에 중증장애인이 지역사회에 통합할 수 있는 가정 여건의 확보나 충분한 활동보조서비스도 제공되지 못하는 현실이다.

앞서도 언급한 바와 같이 시설 규모도 100인 이상에서 30인 이하 규모로 설치기준이 바뀌다보니 결과적으로 시설의 수는 그대로이나 시설 입소자의 숫자는 줄어드는 현상이 발생하고 있다. 또한 신규시설의 설립 역시 거의 이루어지지 않고 있는 실정이다. 어쨌든 자연스럽게 탈시설화가 진행되고 있는 것이다. 문제는 장애인의 사회통합을 실현하기 위한 양질의 복지서비스를 제공해야 할 장애인 시설이 탈시설화 경향으로 인해 오히려 크게 부족해진 것이다. 이는 탈시설화가 지속적으로 지향해야 할 중요한 장애인복지의 방향임에도 실제 장애인의 현실에서는 고통스러운 문제의 요인이 될 수도 있음을 보여준다.

물론 탈시설화는 반드시 필요하고 실현되어야 한다. 그리고 기존의 시설들도 이제는 고품격 서비스가 제공되고 장애인의 인권이 분명하게 보장되는 생활 공동체로 발전해 가야 한다. 이를 위해서는 기존 거주시설의 각고의 자구적 노력이 있어야 한다.

정부도 진정한 탈시설화를 위한 정책적·제도적 대책을 마련해야 한다. 사실 장애인이 지역사회에 통합되기 위해서는 30명은 상당히 많은 수이다. 5인 정도의 그룹홈으로 기존 시설을 대체해 나가는 정책도 고려해야 한다. 더욱이 정부나 지방자치단체의 장애인거주시설 지원과 관련해서도 시설 입소자 명수에 따라 일괄적으로 지원하는 현재의 단편적인 서비스 지원 체계에서 한 걸음 더 나아가 중증장애인에게 보다 더 많은 지원이 가능한 방향으로 서비스 지원 체계를 개선해야 한다. 중요한 것은 거주시설 거주 장애인의 권리에 대한 인식을 확고하게 해야 한다는 것이다.

본 절에서는 사회복지사들에게 탈시설화 운동에 영향을 끼친 미국 연방의 입법에 관한 배경 정보를 제공하고자 한다. 이를 통하여 우리나라의 사회복지사들도 장애인의 정상화와 사회통합을 향해 바람직한 탈시설화의 기획자로서, 관리자로서 그리고 집행자로서 활동할 수 있었으면 한다. 이를 통해 장애인을 위한 일관성 있는 지역사회복지 실천 서비스를 개발하려는 정부와 지자체의 정책들을 입안하고 실천하는 데 있어서 사회복지사들이 보다 더 적극적인 역할을 맡아야 한다는 것을 깨닫게 하려는 것이다.

재활을 통해 탈시설화와 자립, 그리고 사회통합에 성공한 개인과 사회에 공히 주어진 인간적 혜택은 금전적 가치만으로 측정될 수 없다. 그것은 인류 문명과 민주주의의 원칙 그리고 모든 인간 그 자신이 가치 있는 존재이며 그를 도와서 그가 지닌 잠재력을 완전하게 꽃 피우게 하는 것이 바로 그 사람에게 이익이 되는 일임과 동시에 사회에 이익이 되는 일이라는 신념에 근거하고 있다.

1) 배 경

1970년대까지 미국도 우리나라 못지않게 많은 장애인들이 시설에서 생활해 왔다. 그러다가 1970년대의 불만족스러운 생활 여건과 시설 수용인의 권리에 관한 소송들이 봇물 터지듯 증가하고 불미스러운 시설의 문제들이 불거진 결과, 탈시설화가 적절한 지역사회복지실천 전개에 있어서 중심적인 개념이 되었다.

또한 시설에서 생활하는 사람들의 숫자를 정부의 계획에 의하여 감소하는 것이라고 정의된 탈시설화는 그 효과가 비교적 측정하기 쉽다는 이유로 상당한 인기를 얻게 되었다. 미국의 경우 지적장애인들의 시설 수용 인구는 1967년에서 1970년 사이에 대략 19만 명으로 최고조에 이르렀고, 그 외에도 6만 5천 명 정도가 그 당시 사설 시설에서 생활하고 있었다.

지적장애에 관한 대통령 위원회는 1970년과 1975년 사이에 수용 인구의 10.2% 감소를 보고하고 그에 대한 한 가지 중요한 이유가 수용인들을 지역사회로 배출하였기 때문일 것이라고 시사했다. 하지만 이들 수치는 국가적 추세의 하나를 명시하고 있는 반면, 몇 가지 중요한 사실들을 감추고 있다. 전체 수요인구가 감소하고 있는 것이 아니라, 시설별 수용인구가 변모하고 있는지도 모른다는 점이다. 1976년에 실시된 슈크린버러의 한 연구를 보면 1975~1976년 회계년도 중에 조사된 237개의 공공 수용시설 중 80%가 수용인들을 지역사회로 배출했지만 전체 수용 인구의 감소는 나타나지 않았다는 것이다. 왜냐하면 많은 수가 다른 시설에 다시 수용되었기 때문이었다. 실제로 보다 나이가 많고 중증인 장애인들이 다른 더 열악한 시설로 옮겨 가서 수용되었음이 드러났다. 뿐만 아니라 배출된 장애인 중 많은 수가 지역사회에 적절한 수용시설이 없어서 다시 입소하였음을 이 연구가 밝혀주기도 하였다.

2) 용어의 정의

'탈시설화'는 장애인들로 하여금 수용시설을 벗어나서 지역사회에 통합하게끔 하는 활동을 의미한다. 이러한 '탈시설화'라는 개념에는 두 개의 다른 개념이 내재해 있다. 즉, '투자적 서비스'(*habilitation services*)와 '최소 제한적 대안'(*least restrictive alternative*)이다. '탈시설화'는 이 두 가지 개념이 기본적으로 실현되어야 진정으로 성취될 수 있다.

(1) 투자적 서비스

장애, 특히 발달장애가 법에 의하여 정의될 때까지는 재활(*rehabilitation*)이라는 용어는 장애가 발생된 나이를 불문하고, 거의 모든 장애인들을 대상으로 개입 실천하는 활동을 가리켰으며 '리해빌리테이션'(*rehabilitation*)과 '해빌리테이션'(*habilitation*)이라는 용어도 거의 구분 없이 사용되었다.

그러나 지금은 리해빌리테이션(재활)과 해빌리테이션(자격취득, 투자 등을 의미하는 '고어'체 용어임)은 대체로 구분되어 사용된다. 재활은 장애인의 '기능'상의 능력을 예전의 상태로 복귀시키겠다는 의도로 제공하는 전문 서비스 개입실천을 말하는 것이다. 예전의 상태란 혼자서 독자적 생활이 가능했던 시기의 수준을 의미한다. 반면 투자는 누군가를 그가 자신의 능력을 최대한으로 발휘하고 있을 때, 그의 이전 상태나 과거의 독립적인 능력 등을 고려하지 않고, 미래의 가능성을 바라보고, 뒷받침해 주고 유지해 주며 지원하는 방식을 말한다.

사회복지 영역에서는 미시적 차원에서는 '재활'이 각광을 받았으며 중시적·거시적 차원에서는 '투자적 서비스'가 크게 활용되었다. 특히 '투자적 서비스'(*habilitation services*)는 장애인을 대상으로 하는 '지역사회복지실천'에서 활발하게 사용되어 왔다. 세부적으로 살펴보면 투자적 서비스는 '주거지에서의 사회복지실천', '사례관리' 및 '단기 가족보호' 등은 물론 교육 및 심리학적 사회복지실천 서비스 등으로 매우 폭넓게 나타났다.

하지만 재활에 비해 투자적 서비스는 상당한 공적 자금이 투입되어야 하고, 일정 기간이 지나야 그 효과가 나타나는 특성을 갖고 있다. 실제로 미국 사례를 봐도 엄격하게 금전적 차원에서만 고찰해 보면,

장애인들을 위한 투자적 서비스 활동에 들어간 공공비용은 상당한 액수에 달한다. 가령 1965년에 미국 연방정부는 지적장애인들에 대한 직·간접적으로 제공된 사회복지실천을 위해 대략 2억 2천 5백만 달러를 투입했는데, 투자적 서비스를 활발하게 시행하면서부터는 엄청난 예산 증액이 불가피하였다. 예를 들어 1971년에는 그 수치가 6억 1천만 달러에 달했다. 심지어 1976년 미국 연방 '보건 교육 및 복지부'는 정신 계통 및 지적장애인들에게만 해도 투자적 서비스의 일환으로 시행된 사회복지실천을 위해 무려 20억 달러를 집행하였고, 이들 장애인의 소득보장을 위해서 추가적으로 10억 달러를 더 지출한 것으로 추산했다.

이러한 예산 증액의 필요성을 놓고, 연방 의회는 격론을 벌였고, 그 결과로 1981년의 연방 예산에서 투자적 서비스 비용은 크게 삭감되었다. 이는 장애인들을 위한 프로그램들이 예전처럼 안전하지만은 않다는 것을 나타내었다. 그러나 문제는 투자적 서비스 비용이 감소되면서 지역사회 중심의 장애인복지실천 서비스가 줄어들게 되고, 이로 인한 장애인 보호 비용과 소득보장 요청이 급증하는 현상이 일어나게 된 것이다. 동시에 장애인 요양 및 의료 서비스에 대한 요구도 매우 커졌다.

이에 연방 정부에서는 다각도로 이와 같은 현상에 대해 조사 분석하였다. 그 결과 투자적 서비스 비용이 예상보다 크지 않았음을 발견하였다. 오히려 재활을 위해 상당한 예산의 지출이 있긴 했지만, 상대적으로는 투자적 서비스 활동을 위한 공공의 경비지출은 작은 규모에 지나지 않았다는 것이다. 더욱이 투자적 서비스 비용은 단순히 장애인복지 영역만이 아니라 사회의 각 영역에 미치는 긍정적 파급 효과가 매우 크다는 사실도 알게 되었다. 실제로 연방정부가 지출한 총액대비 이 분야 지출금액은 지극히 미미한 실정이었음을 밝힐 수 있었다. 물론 비록 예상보다는 적은 경비지출이었어도 그 비용을 적절하게 집행하였는지, 그리고 집행대비 서비스 결과는 효과적이었는지에 대해서는 보다 객관적인 평가를 해야 할 것이라는 결론을 내리게 되었다. 결국

1982년 회계년도의 최종적인 세출 승인 결과, 장애인을 위한 프로그램 예산은 전년도와 같은 수준으로 복구되었다.

(2) 최소 제한적 대안

'최소 제한적 대안'은 장애인들을 다루는 입법과정에서 자주 나타나는 또 다른 하나의 용어이다. 이것은 '지역사회 본류에 최대한 통합되면서 가급적 최소한의 생활 단위로 거주하게 하면서 최소한의 감독만을 꼭 필요한 경우에만 실시하는 환경'을 가리킨다.

미국의 경우 주거지역에서의 사회복지실천과 단기적인 가족 수준의 사회복지실천에 있어서 '최소 제한적 대안'은 당사자의 가정이다. 그 다음으로는 위탁가정과 그룹홈이 있으며 마지막 단계로는 거주시설 수용이 있다. '최소 제한적 대안'은 학급배치, 작업장 결정, 레크리에이션 프로그램(예: 지적장애인들을 위한 활동 등) 등에도 적용되어 왔다. 그러나 그 주관적 방식은 많은 소송의 요인이 되기도 했다.

지역사회에 근거를 둔 사회복지실천은 대다수 장애인들을 위한 '최소 제한적 대안'이라고 여겨지고 있다. 따라서 이런 유형의 사회복지실천이 상당한 정도까지 증가해 왔다. 1970년에서 1975년까지 미국의 지역사회복지실천들은 '인간 서비스' 분야에 있어서 주 정부의 예산을 사용하면서 가장 신속하게 성장하는 부분이었다. 1960년부터 1977년 사이에, 사회복지실천은 꾸준히 성장하면서 탈시설화와 시설수용보다 덜 제한적인 대안의 구축에 입법적 또는 사법적 노력을 분명하게 반영해 왔다.

3) 여러 가지 형태의 '탈시설화' 프로그램

전반적으로, 어떤 것이건 '탈시설화'의 성공 여부는 이용 가능한 지역사회복지실천의 범위와 질에 좌우된다. 이런 맥락에서 '탈시설화'는 지역사회의 구조와 문화 등에 따라 그 지역의 실정에 맞게 진행되어야 성공할 수 있다. 그러므로 '탈시설화'를 추진하기 위해서는 무엇보다도 이미 존재하고 있는 지역사회복지실천 체계들을 파악하는 일이 선행되어야 한다.

지역사회에 근거를 둔 사회복지실천 체계에는 다음과 같은 요소들이 포함되어 있다. 아래에 제시한 요소들을 구체적으로 이해하고 '탈시설화' 프로그램을 기획하여 실행할 필요가 있다고 본다.

첫째, 지역적으로 통제 내지 관리 감독을 받고 있는 지역사회복지실천들이 있다.

둘째, 장애를 가진 모든 연령층의 사람들의 욕구를 충족시키는 포괄적인 사회복지실천들이 있다.

셋째, 언제 어디서나 필요한 대로 이용 가능한 사회복지실천들도 있다.

넷째, 모든 사회복지 기관 및 단체들, 사회복지실천을 수행하는 사회복지사들과 현장에서 필요로 하는 다양한 장비들의 도움이 주어지고 서비스 구성 요소들 간의 연계를 제공할 수 있도록 마련되어 있는 절차들이 있다.

다섯째, 지속적인 보살핌 내지 보호를 의뢰함에 따라 제공하는 사회복지실천들이 있다.

한편 이상의 요소들만이 아니라 장애인을 위한 지역사회복지실천 '서비스 체계' 모형에는 일반 주민들도 이용할 수 있는 모든 사회복지실천이 포함되어 있다. 하지만 문제는 일반 주민들을 위한 사회복지실천에 장애인들이 접근하기에는 커다란 장벽이 있는 경우가 흔하다는 것이다. 그러므로 바람직한 지역사회복지실천 '서비스 체계' 모형은 일반 주민이 이용하는 사회복지실천에 장애인도 자유롭게 참여할 수 있도록 접근성과 이동성, 편의성 등을 보장하는 일을 기본 전제로 하면서 이상에서 제시하였던 다섯 가지 요소들이 고려되어야 한다. 그런 후 지역사회에 통합하기 위한 '탈시설화' 프로그램을 성공으로 이끄는 네 가지 요소까지도 지니고 있어야 할 필요가 있다. 그 네 가지 요소는 다음과 같다.

첫째, 프로그램에 대하여 법적으로 책임을 질 수 있고 기금을 영수하여 분배하는 책임을 맡을 수 있는 현지 이사회가 구성되어야 한다.

둘째, 서비스 수혜자의 욕구를 반영해 주도록 되어 있는 프로그램들을 평가할 수 있는 독자적인 기준설정 및 관찰 기관이 필요하다.

셋째, 고품질 사회복지실천은 그 체계를 불문하고 비싼 대가를 치러야 하므로 상당한 재정적 지원이 있어야 한다.

넷째, 서비스이용자들의 권리를 보장해 주고 그 권리를 확실하게 대변해 줄 권익 옹호 프로그램이 있어야 한다.

이상과 같은 지역사회복지실천 '서비스 체계' 모형은 어떻게 보면 상당히 이상적이라 할 수 있다. 실제로는 미국 내의 대부분의 지역사회에 있어서 현실은 이러한 이상에 미치지 못하였다. 특히 지역사회에서의 서비스 조정에 있어서 그렇다. 1970년대 중에 장애인들의 어려움에 대처하기 위한 많은 긍정적인 대책들이 수립되기는 했지만 사회복지실천을 질서정연하게 시행하려는 노력은 거의 없었다고 평가되었다. 더욱이 의학, 양호, 교육, 사회복지실천과 물리치료와 같은 다양한 전문분야의 전문가들 간에 대화와 상호존중이 결여되어 있었다.

하지만 분명하게 말할 수 있는 사실은 장애인들은 일생 동안에 꾸준히 변하는 일련의 사회복지실천을 필요로 하며 이들 서비스 활동들은 서로 관계를 갖고 상호 보완적인 것이 될 수 있도록 하나의 체계로 계획되고 개발되어야 한다는 것이다.

따라서 지역사회복지실천 '서비스 체계' 모형은 주거지에서의 사회복지실천, 효과적인 사례관리를 통한 유기적인 서비스 조정과 연계, 가정지원(단기 가족보호와 같은 경우) 등으로 구성되어야 할 것이다. 실제로 지역사회복지실천 '서비스 체계' 모형은 이상의 주요 세 가지 필수적인 서비스개입 프로그램들을 통해 지역사회에서 구현되어 왔다. 특히 여러 장애 영역 중에서도 발달장애 분야에서 이 세 가지 프로그램들이 지역사회복지실천 '서비스 체계' 모형으로 광범위하게 활용되었으며 그 결과 1978년 발달장애 수정법안상의 우선적인 사안으로 지정된 것들 중에 가장 큰 비중으로 포함되었다. 심지어 발달장애 프로그램에 주 정부가 사용한 연방 예산의 65%까지 이 세 가지 프로그램이 차지하였다.

(1) 주거지에서의 사회복지실천

1960년대와 1970년대의 입법과 소송의 핵심에는 장애인들의 인간적 존엄성, 평등 및 정의의 가치기준에 관한 관심이 들어 있었다. 시설에 대한 경비절감형 대안들에 대한 소망과 함께 이들 가치기준들은 지역사회 내에서 창출되는 여러 의제들 가운데에서도 단연 돋보였으며 이는 자연스럽게 이러한 의제가 정책 형성을 지배하게끔 하였다. 사실 미국의 경우 1965년까지는 시설에 수용되어 있는 사람들 중에서 지역사회로 배출되는 경우란 거의 없었다.

일단 한 시설에 수용이 되고 나면, 대부분의 어린이들은 거기에 계속 머물러 있기 마련이었다. 그 가족들이 자신의 지역사회에서 그 장애아동의 욕구를 충족시키기란 어렵거나 아예 불가능해서였다. 1960년대 중에 일어났던 정책의 전환 이후, 많은 장애인들이 적절치 못하게 수용되어 있다고 판단되었고, 지역사회로 배출되었다. 이렇게 보니 시점만 현재로 바꾸면 지금 우리나라의 현실과 너무나도 흡사하다는 느낌이 든다. 어쨌든 당시 미국의 장애인들은 연방 정부로부터 수령한 예산을 토대로 하여 주거지에서의 사회복지실천 서비스를 제공받게 되었다.

연방 정부라고 했으나 사실상 예산의 대표적인 출처는 연방 '보건 교육 및 복지부'와 연방 '주택 및 도시 개발부'였다. 각기 다른 부서에서 예산이 나옴에 따라 각 지원금에는 각 부처별 규정들과 일련의 요구사항들이 조건으로 따라 붙기 마련이었다. 당연히 예산 집행을 하는 과정에서도 상당히 복잡한 절차가 요구되었다. 뿐만 아니라 성격이 다른 정부의 대표적인 두 부서에서 인식하는 '주거지에서의 사회복지실천'의 개념과 성격, 내용 등도 너무 달랐다. 이 혼란스러운 상황들로 인해

설상가상으로 '적절한' 지역사회 주거지에 대한 정의도 모호한 채, 수년 동안 통용되었다.

주거지에 대한 정의조차도 표준화되지 못하였기에 예산 지원에 있어서도 어떤 일관된 원칙이나 합의된 집행 과정을 갖지 못할 수밖에 없었다. 단지 주거지에 관한 일반적 개념은 현재의 능력 수준에 적절한 생활경험을 얻게 해 주는 장애인 당사자의 친가가 아니라 지역사회에 근거를 두고 있는 주거시설로서의 개념이었다. 이렇게 지역사회 주거지를 위한 표준적인 분류방식이 아직 없음으로 인해 발생하는 이런저런 어려움들이 불거짐에 따라 1960년대를 기점으로 해서 지역사회들이 각기 나름대로의 분류체계를 고안해 냈다.

전국적으로 주거지의 유형들은 3명에서 6명까지의 소규모 '그룹홈'으로부터 20명 이상이 수용되어 있는 미니 거주시설에 이르기까지 변모하였다. 아무튼 이들 지역사회 주거지들은 1960년에서 1977년까지 꾸준히 성장하였고, 전국적인 그룹홈 프로그램의 숫자는 1973년과 1977년 사이에 배가되었다. 1977년에 미국 전역의 4,427개 지역사회 거주지에 관하여 실시된 한 연구가 밝힌 바로는 십만 명당 대략 29명이 장애인들을 위한 이러저러한 형태의 지역사회 거주지에서 살고 있다는 것이었다. 사설 비영리기관들이 그룹홈의 54%를 운영하고 있으며 사설 법인체들이 38%를 지원하고 정부예산으로 운영자금이 조달되는 곳은 8%에 지나지 않는다는 것도 그 연구는 밝혀 주었다. 그룹홈의 약 73%는 10명 또는 그 이하의 인원을 수용하고 있었는데 이는 탈시설화 정책이 장애인들을 위한 지역사회 대안으로서 소규모 주거지가 증가할 것임을 의미하는 일이었다.

지역사회 거주라는 대안적인 추세에도 불구하고, 시설에 수용되어 있는 사람들은 아직도 많았고 대부분의 주들은 여전히 주의 재정으로 공공시설들을 지원해 주고 있었다. 주정부들이 지역사회 주거형태라는 대안에 눈을 뜨기 시작하면서 그들은 사회복지실천 활동에 대한 체계적인 접근방식을 소홀히 했다. 그러한 접근 방식이란 직업재활훈련,

사회복지실천, 교육, 사례관리 등의 분야에 있어서의 노력들을 포함했었을 터였다. 그 모든 것들은 장애인을 지역사회에서 맡아 관리하는 데에 반드시 필요한 요소들인 것이다.

이와 같은 주거지에서의 사회복지실천을 촉진시킨 다른 요소들도 있다. 예컨대, 대부분의 이용 가능한 연방기금이 단기적인 경비로 공여되었다. 1973~1974년 회계년도 중에, 특히 지적장애에 관한 대통령위원회는 지역사회복지실천이 없다는 사실이 134개 시설에 관한 연구에서 보고된 시설 재수용자의 50%의 재수용 이유가 된다고 시사하였다. 분명히 일관성 있는 서비스 계획이 채 수립되기도 전에 사람들이 시설들에서 배출되고 있었다. 위원회는 이에 관하여 지역사회에서 이루어지는 사회복지실천들이 개인적인 욕구를 충족시키기 보다는 일차적으로 연방의 기금을 소비하기 위하여 구상된 것이라고 주장하였다. 탈시설 장애인들을 위한 지역사회에서의 성공적인 '통합 생활' 대안 개발에 있어서 선후가 뒤바뀐 격이었다.

적절한 지역사회 주거지를 개발하려는 그 많은 시도들이 실패한 이유를 설명해 주는 이론들은 다양하다. 그러나 '탈시설화'를 옹호하는 사람들은 이러한 실패는 연방 정부가 충분한 고품질 주거제공을 위한 협조와 서비스 조정 방법을 개발하지 못한 탓이라고 연방 정부를 비난하였다. 대부분의 주에서 주거지는 연방기금을 이용하여, 또는 법원의 판결에 의하여 실제적인 지역적 필요를 불문하고 개발되는 경우가 흔했다. 비록 소규모의 가족형 그룹홈이 대부분의 전문가들과 서비스이용자들에게 선호되고 있긴 하지만, 그러한 그룹홈의 개발은 주 정부들이 실시한 시설 기준에 의하여 저지되었다.

이에 그룹홈을 운영할 의향을 지닌 많은 사람들이 이들 규정을 따르는 데에 많은 경비가 소요되리라는 것을 알게 되어 비영리성 그룹홈들의 성장은 주춤해졌고, 많은 지역사회에서의 주거 사회복지실천 활동의 개발은 대규모 법인체들에 의하여 지배당하게 되었다. 기업형 단체들이 연방정부의 지원금을 타내는 데 필요한 지식을 갖추고 있는 것

갈긴 했지만 소규모 주거 형태엔 관심이 없었고 그에 준한 사회복지실천 활동에 있어서는 경험조차 없었다. 따라서 지역사회의 영리 목적으로 미니 시설들이 발달하게 되었고, 제정된 법률의 인도주의적 목적은 지역의 자금 추적의 와중에서 상실되고 말았던 것이다.

(2) 사례관리의 실제

장애인들을 위한 주거형태를 마련해 주는 과정에서, 대부분의 주 및 지방의 기관들은 종합적인 서비스이용자 관리체계를 확립하지 못하고 오히려 다양한 사회복지실천 기관들로부터의 세분화되고 단편적인 지원에 의존하게 되었다. 사회복지실천들은 법에 의하여 시설에 수용되어 있는 장애인들과 그 가족들만이 이용할 수 있게 되었다. 시설 외에서 생활하는 사람들에게 사회복지실천을 하는 제도는 없어졌다.

전반적으로 지역사회의 개인들에게 사회복지실천의 혜택을 누리게 한다는 것은 규정상 어려워졌고, 실제로 실행되는 경우도 극히 드문 일이 되고 말았다. 사회복지실천에 대하여 책임 있는 사람이 없으므로 많은 장애인들이 이중의 서비스를 받거나, 또는 전혀 도움을 받지 못하기도 한다는 것이었다. 사실 지역단체들이 장애인들의 욕구를 충족시키지 못하는 이유로 곧잘 내세워지곤 했던 것은 다양한 지역사회복지실천을 협조하고 조정하는 장치가 되어 있지 않다는 점이었다.

1978년의 발달장애 수정법안은 서비스이용자에게 체계적인 사회복지실천을 제공해야 할 필요성에 관한 인식을 반영한 것이었다. 이 법안은 주 정부들에게 그 우선순위 기금을 사례관리 체계를 확립하는 데에 사용할 수 있는 선택권을 부여해 주었다. 사례관리는 "특정 서비스이용자의 욕구를 충족시키기 위한 가장 포괄적인 프로그램을 확보하기 위하여 다양한 사회복지실천 활동 시행 체계를 연결 짓고 조정하는 메커니즘이다"라고 정의되었다. 이 수정 법안에는 사례관리자와 서비스이용자 간의 관계를 지속시켜 주고 단일접촉점에서 서비스실천이 이루어지도록 조정해 주기 위하여 사회복지실천을 조정하기 위한 조항들이 포함되어 있었다.

따라서 사례관리자의 임무는 농촌지역과 도시지역 간에 따라 차이가 있다. 이들은 다분야 연계 팀의 조정 활동을 포함하는 데 이 팀의 노력에 의하여 각 서비스이용자를 위한 개별적인 '투자 계획'(*habilitation plan*)이 입안되는 것이다. '조정'(*coordination*)은 개인이 받는 각개 사회복지실천마다 별도의 팀과 계획이 요구될 경우에는 어려운 과업이 된다. 예컨대, 모든 장애아동을 위한 교육과 소득보장 및 재활 실천 및 의료 지원 법안의 시행령에 의하여 분기별 팀 회의와 개별 계획에 관한 검토가 요구되었다. 사례관리자는 중복을 최소화하고 서비스이용자의 자율적인 결정을 최대화하기 위하여 포괄적인 서비스 체계를 쉽게 확립할 수 있도록 사회복지실천들을 조정하는 책임을 맡는다.

이상적으로는 사례관리자가 함께 일하는 모든 기관으로부터 협조를 얻어낼 수 있어야 한다. 어느 한 기관에 소속되어 있지 않음이 서비스이용자의 권익을 대변해 줄 수 있는 사례관리자의 능력을 확대시켜 줄 것이다. 그러나 여러 주 정부들이 사례관리를 제도화함에 따라서 사례관리자들이 받는 재정의 대부분이 원래는 사회복지실천 서비스 공여자들 몫으로 예정되어 있었던 것으로서 1978년도의 수정법안이 사실은 사례관리자들을 사회복지실천 종사자들의 범주로 이전시켜 놓았던 것이다.

이와 같은 미국의 사례는 오늘날 우리나라에서 계획되고 실행되는 사례관리의 모습과 매우 흡사하다. 특히 성공적인 사례관리 실천을 가로막는 일부 장애물들은 거의 우리나라의 경우와 유사한 것으로 판단된다. 사례관리가 원활하게 진가를 발휘하려면 그 작업량이 소규모이어야 하지만 예산 부족으로 사례관리자들이 자꾸 감원되고 있는 마당에 그것은 기대하기조차 어려운 일이다. 사례관리는 '말썽꾸러기 집단'의 문제점들을 보살피는 것이 아니라, 장애인 '한 사람 한 사람'의 어려움을 해소해 주도록 노력해달라는 요청을 모든 참여기관들로부터 받고 있다. 마지막으로 서비스이용자 자격기준, 재정 지원의 책임 및 기타 책임 소재에 관하여 다양한 지역 기관들 간에는 물론 연방 정부와 주정부 간에도 대화와 합의가 있어야 한다. 그래야 사례관리자의 노력이 성공을 거둘 수 있을 것이기 때문이다. 이는 우리나라에도 고스란히 적용되어야 할 사안이다.

(3) 단기 가족보호

탈시설화는 대부분의 지역사회에서 두 가지 방법으로 이루어졌다. 즉, 시설에 수용되어 있는 장애인들을 개별적으로 지역사회에 배출함으로써와 장애인 가족을 집안에 두도록 권장함으로써였다. 미국의 경우 각종 연구를 통하여 시설로부터 이미 배출되어 있던 사람들 중 27~40% 정도가 자신들의 가정으로 돌아갔으며 1975년 뉴욕 주에서만도 셋 중 둘이 자신의 가정이나 위탁가정에 배치되었음을 알 수 있었다. 그러나 가장 높은 비율의 공공시설 재수용은 가정보호를 벗어나는 장애인들에게서 비롯되었다. 보다 구체적으로 말하면, 서비스이용자의 친가에서 맡는 경우 중, 30~48%까지가 성공적이지 못했다는 보고도 있다. 이의 가장 흔한 이유로는 해당 가정에 대한 지역사회의 지원이 없었기 때문이다.

일반적으로 어떤 한 가정이 장애인 가족을 집안에서 성공적으로 보호 관리하려면 서비스 체계 내의 간격이 메워져야 할 필요가 있다. 단기 가족보호는 가장 빈번하게 이용되는 사회복지실천 중의 하나이다. 이런 유형의 보호에서는 장애인이 일시적으로 그 가정으로부터 격리되어 감독을 받게 됨으로써 가족들에게 그를 돌보는 부담을 덜어 주는 것이다.

단기 가족보호는 많은 형태가 있으며 훈련된 보호자(*sitter*)가 그 집에서 제공하는 것으로부터 장애인을 위탁 가정이나 공공 수용시설에 일시적으로 맡기는 것에 이르기까지의 다양한 형태들이 있다. 주거지 사회복지실천 활동의 계속이라는 견지에서, 단기 가족보호는 '탈시설화'에 반대하는 사람들에 대한 대항의 중요한 논리로 간주되고 있으며

1970년 '어린이에 관한 백악관 회의' 참석자들은 장애인들의 '고 위험도' 가정들의 스트레스를 예방해 주는 것이 가장 시급한 일이라는 데에 합의를 보았다.

그러나 단기 가족보호는 미국의 경우 입법과정에서 별로 주목의 대상이 되지 못했고 그 결과 이 분야의 사회복지실천은 현지 지역사회의 필요와 발을 맞추어 발달하지 못했다. 그럼에도 불구하고 단기 가족보호를 위한 대비가 이루어지긴 했었다. 미국 사회보장법 IV-B 약관 425항은 각 주에 '형식 상여금'을 허가해 주고 있다(예컨대, 1980년의 5천 6백 5십만 달러에 달하는 금액으로). 이는 장애아동들과 수용시설에서 배출된 아동들을 '특별 보호' 하는 데에 사용하라는 명목의 상여금이었다. 그러한 특별 보호는 위탁보호, 주간 탁아, 도우미 서비스 등을 포함하는 것이었다.

뿐만 아니라 'TITLE XX 기금'이 여러 주에서 장애인을 위한 탁아 등을 포함하는 사회복지실천을 제공하는 데에 사용되고 있다. 단기 가족보호를 맡게 될 사회복지사들에 대한 엄격한 자격 요건의 강화와 특정 가정이 이용할 수 있는 단기 가족보호의 총 시간에 대한 제한과 같은 것들이 요구되었다.

단기 가족보호는 시설 수용을 예방할 목적으로 시행되는 저렴한 지역사회복지실천 중의 하나이다. 이는 마침내 1981년의 수정법안이 입증해 주는 그대로 연방 의회에서도 인정을 받았다. 연방 의료 지원금이 장애인들과 노년층을 위해서 여러 가지 형태로 이용될 수 있게 되었다. 이는 단기 가족보호 서비스를 필요로 하는 사람들을 위해서는 중대한 전향적 조치이다.

4) 사회복지실천의 역할

사회복지실천 종사자들이 탈시설화 운동에서 맡아 온 역할들은 최소한 부분적으로는 법에 의하여 규정되어 왔다. 특히, 공공의 재정 지원을 받는 수용시설에서 일하는 사회복지실천 종사자들은 지역사회 건강센터 법과 1974년의 TITLE XIX 수정 법안에서 규정하는 제반 사항들을 준수하여야 한다. 의무화된 역할을 수행할 뿐만 아니라, 지역사회 복지실천 활동에 참여하는 사회복지실천 종사자들은 자신들의 전문 기술과 가치기준을 장애인과 그 가족들이 시설 수용을 대신할 대안을 찾고 그에 적응하도록 돕는 데에 선뜻 적응시켜 왔다.

특히 발달장애 분야의 사회복지실천 종사자들은 사회복지실천 활동 전달 체계상 다양한 역할들을 맡고 있다. 일반적으로 그들은 배출 계획의 입안, 상담 및 조회서 작성과 같은 사회복지실천의 전통적인 임무를 수행한다. 그들은 또한 운영행정 담당자이며 연구조사 담당 학자이기도 하고 탈시설화 정책의 목적을 실현시키는 데에 있어서 장애인들의 권익 옹호자가 되기도 하는 것이다.

예컨대, 사례관리를 맡고 있는 사회복지사들은 서비스이용자 개인의 욕구를 충족시키는 데 있어서 체계 접근 방식을 채택한다. 팀 간 조정 분야의 기술을 갖춘 사회복지실천 종사자들은 사례관리에 있어서 지도력을 발휘할 수 있는 자연스러운 기회를 얻게 된다. 지역사회 주거 프로그램들은 사회복지실천 종사자들을 운영관리자로, 기획자로, 그룹홈의 장애인들을 배치하고 관리하는 사회복지사로 채용하고 있다. 뿐만 아니라 경비절감형 가정지원 활동 주창자로서 단기 가족보호에 참여하는 사회복지실천 종사자들은 이 보호 활동을 조정하고 그 종사자들을 훈련시킨다.

비록 사회복지실천 종사자들이 탈시설화의 실행에 있어서 그 대부분의 부담을 감당해 왔지만 실제적인 정책결정에는 참여하지 못한 탓으로 이 분야 전문인들의 역할이 제한을 받아 왔다고 주장하는 사람들도 있다.

5) 시행상의 문제점들

장애인들을 위한 지역사회복지실천동의 개발은 다음과 같이 여섯 가지 확인 가능한 문제점들을 내포해 왔다.

(1) 탈시설화에 대한 저항

연방 정부의 탈시설화 요구에는 개별적인 수용인들을 지역사회로 조직적으로 배출하기 위한 계획이 포함되어 있지 않았다. 연방 및 주 기관들에 의한 이런 식의 준비 부족은 지역사회의 저항과 지금까지도 계속되는 장애인에 대한 부정적인 시각을 자초했다. 뿐만 아니라 시설에 수용되어 있는 장애아동들의 부모들은 자녀들이 집으로 돌아온 후 그들을 보살펴야 할 부담을 우려하게 되었다. 그들이 이용할 수 있는 지역사회의 지원체계가 전무한 형편에 비추어 당연한 일이지만 말이다.

(2) 적절하고 충분한 기금의 결여

발달 장애인들을 위한 국가의 프로그램은 기금 조달 분야에 있어서 두 가지 커다란 결함을 지니고 있었다. 즉, 기금지원 수준이 명시된 목표를 달성하기엔 충분치 못하다는 것과 그나마 지급되는 대부분의 기금이 착수용 경비를 충당할 수 있을 뿐이지 신축 시설의 계속적인 운영비로는 턱없이 부족하다는 것이었다. 그 결과 일부 새로운 지역사회 프로그램들은 시작되자마자 기금이 바닥나기도 했다. 엄격한 회계절차에 관한 부담스러운 연방정부의 규제와 요건들이 문제점을 조성했다. 결국 끊임없이 변경되는 연방정부의 우선순위와 기준들로 인하여 주정부들은 지역사회 프로그램들을 개발하는 것보다는 기존의 시설들을 개선하는 데 기금을 소비하는 것이 더 쉽다고 여기게 되었다.

(3) 지나친 관료주의

장애인을 위한 주정부 프로그램의 조정자들의 반 이상이 관료주의적 타성이 사회복지실천 활동 전수에 장애가 된다고 술회하고 있다. 따라서 지역사회에서의 필요성이나 장기적인 계획과는 상관없이 연방 또는 주의 우선순위와 기금지원 요건에 맞는 프로그램들이 지역 수준에서 개발되었다. 발달장애 분야를 담당하는 주 정부기구의 권위에도 큰 차이가 있었다. 정책 결정에 상당한 발언권이 있는가 하면 어떤 주에서는 그저 상징적인 책임자 역할만을 맡고 소재를 배제하기 일쑤였다. 특히 중앙집권적 책임 기구가 관찰 및 후속관리의 임무를 떠맡게 될 때 그러한 현상은 더욱 심하게 표출되었다.

(4) 기관 상호간의 협조 결여

지역 프로그램의 목표는 흔히 서비스이용자가 필요로 하는 것이 아니라 각 해당기관의 목적에 비추어 정의되곤 하였다. 사회복지사 각자의 역할과 책임이 명확하게 정리되지 않은 탓으로 지역 기관들 간에 기금을 놓고 다툼과 경쟁이 일어났다. 이는 대부분의 지역사회에 체계적인 기획업무가 없는 것과 관계가 있었고 이러한 현실은 그 나름대로 사회복지실천 활동의 통합을 위한 자원의 부족과 권한의 부재를 초래하였다.

(5) 서비스이용자의 어려움에 대한 관심의 결여

지금까지 열거된 모든 문제들로 인하여 서비스이용자가 지역사회에서 생존하는 데에 필요한 주택, 직업훈련, 교육 및 재정지원을 개인적으로는 받을 수 없었다. 조정된 국가적 정책의 부재, 세분화된 사회복지실천 활동 체계, 다중적이면서도 불충분한 자금원 그리고 책임 소재의 결여 등이 궁극적으로 발달 장애인이 지역사회의 최소 제한적 환경에서나마 살 수 없게 하고 말았다. 주 및 지방정부들이 지역사회 수준에서 종합적인 사회복지실천 활동 전달을 위한 모델을 가지고 있지 못한 것은 아니다. 그러나 연방정부는 보건 업무 기획과 같은 다른 전국적인 정책에서 반영되는 것과 같이 입법적 계획을 체계적으로 세워서 수혜자 개인을 그 계획 실천에 참작하지 못하고 대상 인구의 보다 큰 부분, 즉 자신의 가정에 남아 있는 장애인들을 태만히 하고 말았던 것이다.

(6) 정책 입안 단계에 사회복지실천 종사자의 불참

지역사회복지실천 활동의 협조 조정, 그 사회복지실천 활동과 서비스이용자가 필요로 하는 것을 조화시키는 일, 그리고 지역사회 및 가족의 적응을 용이하게 하는 일들이 모두 다 탈시설화 프로그램을 성공시키는 중요한 요소들이다. 이러한 분야에 있어서 사회복지실천의 참여는 상당했지만 사회복지실천 활동에 주로 제한되어왔다. 이제 사회복지사들은 이러한 한계를 벗어나서 발휘해야할 때가 되었다.

따라서 다음의 세 가지 조치를 취함으로써 사회복지사들이 탈시설화를 위한 기획에 참여할 필요가 있다.

첫째, 사회복지실천 전달단계에서의 역할에 기획 기능을 포함하도록 확대하여야 한다.

둘째, 사회복지실천 분야에서 이전에 일해 본 적이 있는 사회복지사들을 정부 및 지자체 기획담당 직책에 기용할 필요가 있다.

셋째, 사회복지사들과 탈시설화를 위한 기획을 담당하고 있는 공무원들 간에 대화의 창구를 열어야 한다.

다행스럽게도 최근 우리나라에서는 '탈시설화 정책지원금'제도를 통해 500~1,000만 원가량을 전환 지원금으로 제공하고 있으며. '전환지원센터'를 기반으로 '체험홈' 생활을 거쳐 구체적인 '탈시설화'를 실현하고 있다. 다만 이러한 지원은 현재 서울시의 일부 지자체에서만 이루어지고 있다.

사회복지사들은 장애인들을 위한 지역사회복지실천 개발에 있어서 지식과 능력 그리고 윤리적 지침이라는 차원에서 기여할 수 있는 것이 많다. 사회복지사들이 기여할 수 있는 것들을 최대화시키지 못함으로써 많은 지역사회 현장에서의 균형 있는 장애인복지실천 활동이 개발될 수 없었는지도 모른다. 이제는 장애인복지 전문가들이 자신들의 재능을 한껏 활용하여 지역사회의 장애인들이 겪고 있는 어려움을 해소해 주고자 노력해야 한다. 또한 장애인들을 가정과 지역사회에 머물게 하는 것은 그저 단순한 경제적 문제가 아니라 사회적 책임의 문제인 것이다.

그리고 무엇보다도 깊이 인식해야 할 점은 장애인의 권리는 구축되고 형성되어 가는 것이며 탈시설화는 장애인의 권리를 기본적으로 보장하는 첫걸음이라는 사실이다.

참고문헌

경기도 무한돌봄센터(2009). 〈무한돌봄센터 운영 매뉴얼〉. 수원: 경기복지재단.

권순황 · 천장현(2009). "뉴스포츠 프로그램이 ADHD 초등학생의 부적응 행동 개선에 미치는 영향". 〈학습장애연구〉, 6(1), 153~171.

금현섭 · 이석원 엮음(2008). 《장애인 정책연구》. 파주: 법문사.

김도현(2007). 《당신은 장애를 아는가: 장애, 장애 문제, 장애인 운동의 사회적 이해》. 서울: 도서출판 메이데이.

______(2009). 《장애학 함께 읽기》. 서울: (주)그린비출판사.

김도호 · 윤석민 · 이현수(2007). "발달장애아동의 인지기능향상을 위한 운동프로그램 효과성 검증연구". 〈한국사회체육학회지〉, 31, 791~804.

김미옥 · 김용득 · 이선우(2004). 《장애와 사회복지》. 서울: 학지사.

김인숙 · 우국희(2002). "사회복지사가 인식하는 임파워먼트의 의미에 관한 질적 연구". 한국사회복지학, 49, 34~61.

김종인 · 우주형 · 이준우(2004). 《재활복지개론》. 서울: 인간과복지.

______(2010). 《장애인복지론》. 고양: 서현사.

나운환(2008). 《장애학: 통합재활적 접근》. 서울: 나눔의집.

______(2009). "사회 · 환경변화와 MB정부 직업재활정책의 과제". 〈재활복지〉, 13(1), 1~22.

나카조노 야스오(中園康夫, 1996), 성명옥 옮김(2004). 《정상화 원리의 연구: 서구의 이론과 실천》. 서울: 창지사.

데이비드 존스톤(2001), 윤삼호 옮김(2007). 《장애학 개론》. 대구: 대구DPI.

랜 바튼 · 마이클 올리버(1997), 윤삼호 옮김(2006). 《장애학: 과거 · 현재 · 미래》. 대구: 대구DPI.

로버트 마리넬리 · 아서 델 오토(1984), 한국뇌성마비복지회 옮김(1997). 《신체장애의 심리적 · 사회적 충격》. 서울: (주)을유문화사.

린 위클러 · 메리앤 키이넌 엮음(1983), 이준우 옮김(1998). 《더 이상 그들만의 아픔이 아니다》. 서울: 한국밀알선교단출판부.

마이클 올리버(1990), 윤삼호 옮김(2006). 《장애화의 정치》. 대구: 대구DPI.

문규진(2010). "지속적인 건강걷기운동 프로그램이 청각장애 아동의 이동운동기능에 미치는 영향". 한국사회체육학회지, 42, 735~747.

박중휘(2007). "줄넘기 운동이 시각장애아동의 자기효능감에 미치는 영향". 〈시각장애연구〉, 23(1), 99~116.

베네딕테 잉스타·수잔 레이놀스 휘태 엮음(1995), 김도현 옮김(2011). 《우리가 아는 장애는 없다: 장애에 대한 문화인류학적 접근》. 서울: (주)그린비출판사.

수잔 시네이터(2005), 이현진·박영신 옮김(2010). 《자폐아 가정의 좌충우돌 성장 이야기》. 서울: (주)학지사·이너북스.

어빙 고프만(1963), 윤선길·정기현 옮김(2009). 《스티그마: 장애의 세계와 사회적응》. 오산: 한신대학교 출판부.

에다 톱 리스(1982), 이준우 옮김(1997). 《장애인을 책임지는 사회: 현대 영국의 장애인 복지정책》. 서울: 여수룬.

엘런 노트봄(2006), 이경희 옮김(2009). 《자폐성 장애 학생이 알리고 싶은 열 가지》. 서울: 사회복지법인 한국재활재단.

이달엽(2005). 《사회 소수집단에 속한 장애인의 역량강화》. 대구: 준커뮤니케이션즈.

이성규(2000). 《사회통합과 장애인 복지정치》. 서울: (주)나남.

이인숙(2004). "가정폭력 상담원의 위기개입 기술과 영향요인 분석". 〈정신보건과 사회사업〉, 17, 192~233.

이준우·김연신(2011). 《데프 앤 데프》. 파주: (주)나남.

______·임원선(2011). 《전문사회복지실천론》. 서울: 인간과복지.

______·정지웅(2012). 《한국 장애인복지정책의 실제와 대안》. 고양: 서현사.

이혜원(1998). "우리나라 재가노인복지사업의 현황과 과제". 한국노인문제연구소 엮음(1998). 《재가노인복지서비스의 현황과 과제》. 서울: 한국노인문제연구소.

장수미·이선민·문용준(2006). "성폭력이 의심되는 여아의 위기개입(사례연구)". 〈정신보건과 사회사업〉, 22, 287~303.

장애우권익문제연구소 엮음(2000a). 《장애우 생활환경아카데미》. 서울: 나눔의집.

______ 엮음(2000b). 《장애우 정책입문》. 서울: 나남출판.

전혜선·고명숙(2005). "편마비 아동의 환측 상지의 운동 및 감각기능에 미치는 수정된 강제유도 운동치료의 효과". 〈대한작업치료학회지〉, 13(1), 63~78.

정순정 · 이기숙(2007). 《자폐아 어머니의 슬픔과 희망》. 서울: 도서출판 파란마음.

정종화 · 이종길 · 이경준 · 조석영 · 김상진 · 김선 · 이소영 · 정유진 · 최선자 · 함석홍(2009). 《장애인복지서비스 이용자 참여 매뉴얼》. 고양: 공동체.

제임스 찰턴(1998), 전지혜 옮김(2009). 《우리 없이 우리에 대한 것은 없다》. 서울: 도서출판 울력.

제임스 · 질리랜드(1993), 한인영 · 김연미 · 장수미 · 최정숙 · 박형원 · 이소래 옮김(2001). 《위기개입》. 서울: 나눔의 집.

조성봉 · 배성언(2009). "수중운동이 발달장애아동의 좌-우 골반기울기 변화 및 신체 협응력에 미치는 영향". 〈한국특수체육학회지〉, 17(4), 127~147.

존 투페일 · 케이트 라이언(2007), 김상용 · 전동일 · 한주빈 옮김(2008). 《나의 목소리를 낼 수 있는 힘 옹호》. 서울: (주)시그마프레스.

줄리엣 로스만(2003), 이준우 옮김(2008). 《장애인과 함께하는 사회복지실천》. 서울: 도서출판 파란마음.

최선화(2007). 《풀어쓴 사회복지실천기술》. 고양: 공동체.

케이트 스트롬(2002), 전혜인 · 정평강 옮김(2008). 《장애아의 형제자매》. 서울: 한울림스페셜.

템플 그랜딘(1986), 박경희 옮김(2005). 《어느 자폐인 이야기》. 파주: 김영사.

한국장애인재활협회(2006). 〈2006 아태지역 DPO 보고서: 연대를 넘어 실천으로〉. 2006 KSRPD 연례보고서.

한국장애인재활협회(2008). 〈장애인과 법〉. 제16회 RI KOREA 재활대회 자료집. 서울: 한국장애인재활협회.

한국장애인재활협회(2009). 〈장애 & 시시비비〉. 제17회 RI KOREA 재활대회 자료집. 서울: 한국장애인재활협회.

한국장애인재활협회(2010). 〈Make the Right Real 장애인인권, 이제 실천입니다〉. 제39회 RI KOREA 재활대회 자료집. 서울: 한국장애인재활협회.

허정식 · 노재귀(2010). "요가 운동이 취학 전 발달장애 아동의 정서적 행동에 미치는 영향". 〈한국스포츠심리학회지〉, 21(1), 211~224.

홍양자 · 강승애(2007). "감각통합운동이 발달장애아동의 적응행동에 미치는 영향". 〈한국여성체육학회지〉, 21(3), 87~98.

Caplan, G. (1965). *Principles of Preventative Psychiatry.* New York: Basic Books.

DiNitto, Diana M. & McNeece, Carl A. (1997). *Social Work : Issues and*

Opportunities in a Challenging Profession(2nd ed.). Boston: Allyn and Bacon.

Ewing, SIR. A. (1968). *On the Education of Deaf Children. The Possible Place of Finger Spelling and Signing.* Department of Education and Science. London: HMSO.

Golan, N. (1986). *Treatment in Crisis Situations*(3th ed.). New York: The Free Press.

Gunzberg, H. C. (1968). *Social Competence and Mental Handicap.* London, Baliere: Tindall & Cassel.

Hardcastle, David A., Wenocur, S. & Powers, Patricia R. (1997). *Community Practice: Theories and Skills for Social Workers.* New York: Oxford University Press.

James, R. K. & Gilliland, B. E. (2001). *Crisis Intervention Strategies*(4th ed.). Belmont, CA: Brooks/Cole Thomson Learning.

Lewis, Judith A., Lewis, Michael D., Daniels, Judy A. & D'Andrea, Michael J. (2003). *Community Counseling: Empowerment Strategies for a Diverse Society*(3rd ed.). Pacific Grove, CA: Brooks/Cole-Thomson Learning.

Lindemann, E. (1944). Symptomatology and Management of Acute Grief. *American Journal of Psychiatry*, 101, 141~148.

Meadow, K. P. (1966). Early Manual Communication in Relation to the Child's Intellectual, Social and Communicative Functioning. *American Annal of the Deaf*, 113, 29~41.

Montgomery, G. W. G. (1966). The Relationship of Oral Skills to Manual Communication in Profoundly Deaf Adolescents. *American Annal of the Deaf*, 111, 557~566.

Murphy, N. A., Carbone, P. S., Council on Children With Disabilities. (2008). Promoting the Participation of Children With Disabilities in Sports, Recreation, and Physical Activities. *American Academy of Pediatrics*, 121(5), 1057~1061.

Myklebust, H. R. (1964). *The Psychology of Deafness*(2nd ed.). New York: Grune and Stratton.

N. A. Ibrahim & N. A Nasser Abu Zaid Ali. (2010). Impact of the Recreational Sports on Some Social Skills and Behavioral Manifestations in a Sample of Autistic Children. *World Journal of*

Sport Sciences, 3(S), 673~677.

Pamela, E., Wilson, MDa., Gerald, H., & Clayton Ph.D. (2010). Sports and Disability. *PM & R*, 2(3), S46~S54.

Perkins, D. D. & Zimmerman, M. A. (1995). Empowerment Theory, Research, and Application. *American Journal of Community Psychology*, 23(5), 569~579.

Pinter, S., Filipcic, T., Solar, A., Smrdu, M. (2005). Integrating Children With Physical Impairments Into Sports Activities: A "Golden Sun" for All Children? *Journal of the Philosophy of Sport*, 32(2), 147~154.

Quigley, S. P. (1969). The Influence of Finger Spelling on the Development of Language. Communication and Educational Achievements of Deaf Children. *Institute for Research onto Exceptional Children*. University of Illinois.

Rondeau, G. (2000). Empowerment and social practice, or the issue of power in social work. *Canadian Social Work Review*, 17, 216~222.

Stuckless, E. R. & Birch, J. W. (1966). The Influence of Early Manual Communication on the Linguistic Development of Deaf Children. *American Annal of the Deaf*, 111, 452~463.

Tobin, M. J. (1972). The Attitudes of Mon-specialist Teachers towards Visually Handicapped Pupils. *Teacher of the Blind*, 60(2).

WHO(1980). International Classification of Impairments, Disabilities, and Handicaps.

______(2001). International Classification of Functioning, Disability and Health.

______(2002). Toward a Common Language for Functioning, Disability and Health.

참고 인터넷 사이트

경기도 무한돌봄센터. http://www.moohan.or.kr

국가인권위원회. http://www.humanrights.go.kr

국립특수교육원. http://www.knise.kr

대한신경정신의학회. http://www.knpa.or.kr

대한의료사회복지사협회. http://www. kamsw. or. kr
메리엄 웹스터사전. http://www. merriam-webster. com
미국 국립정신보건연구원(NIMH). http://www. nimh. nih. gov
미국 사회사업가협회(NASW). http://www. naswdc. org
법제처 국가법령정보센터. http://www. law. go. kr
보건복지부. http://www. mw. go. kr
보건복지부 보건복지콜센터. http://www. 129. go. kr
보건복지부 사회서비스 전자바우처. http://www. socialservice. or. kr
보건복지부 통계포털. http://stat. mw. go. kr
사회복지공동모금회. http://www. chest. or. kr
세계보건기구. http://www. who. int
여성가족부. http://www. mogef. go. kr
장애우권익문제연구소. http://www. cowalk. or. kr
전국장애인부모연대. http://www. bumo. or. kr
한국농아인협회. http://www. deafkorea. com
한국보건복지정보개발원. http://www. khwis. or. kr
한국보건사회연구원. http://www. kihasa. re. kr
한국사회복귀시설협회. http://www. kpr. or. kr
한국사회복지사협회. http://www. welfare. net
한국사회복지협의회. http://kncsw. bokji. net
한국시각장애인연합회. http://www. kbuwel. or. kr
한국아동심리재활학회. http://www. playtherapy. or. kr
한국장애인개발원. http://www. koddi. or. kr
한국장애인고용공단. https://www. kead. or. kr
한국장애인복지시설협회. http://www. kawid. or. kr
한국장애인부모회. http://www. kpat. or. kr
한국장애인재활협회. http://www. freeget. net
한국재활심리학회. http://www. karp. co. kr
한국정신보건사회복지사협회. http://www. kamhsw. or. kr
한국정신요양시설협회. http://www. kmental. or. kr
한국특수교육총연합회. http://www. kase. or. kr

찾아보기

ㅊ~ㅎ

▌저자약력

이 준 우

총신대학교 종교교육학과, 동 신학대학원 졸업
숭실대학교 사회사업학과 학부과정 이수
숭실대학교 대학원 사회복지학 석사·박사

강남대학교 사회복지전문대학원 교수
강남대학교 사회복지대학 학장
강남대학교 사회복지전문대학원 원장
강남대학교 교목
화성시남부노인복지관 관장
남서울은혜교회 장애인사역 담당 교육목사

주요활동

한국교회사회사업학회 회장, 한국수화학회 이사, 한국학교사회복지학회 이사, 한국케어매니지먼트학회 이사, 한국치료레크리에이션 사회복지사회 부회장, 한국노인종합복지관협회 이사, 경기도노인복지관협회 부회장, 사회복지법인 베데스다복지재단 이사, 사회복지법인 말아톤복지재단 이사, 사단법인 한국밀알선교단 이사, 경기도자원봉사센터 이사, 강남구 직업재활센터 운영위원장, 화성시지역사회복지협의체 대표협의체 공동위원장 등 우리 사회의 소외계층과 특별히 노인, 장애인, 교회사회사업, 지역사회복지에 관심을 갖고 활발히 활동하고 있음.

주요 저서 및 논문

《장애인복지론》, 《수화의 이해와 실제》, 《장애인직업재활개론》, 《정신건강론》, 《전문사회복지실천론》, 《전문 사회복지사를 위한 사회복지용어사전》, 《데프 앤 데프》 등 40여 권의 저서와 《문제아의 가족치료》, 《교회사회사업》, 《장애인과 함께하는 사회복지실천》 등 10여 권의 번역서, "장애학생에 대한 학교사회복지 서비스 개발에 관한 연구"(2008), "노인장기요양보험 재가서비스의 문제점과 개선방안"(2009), "근로장애인 직업적응능력 향상 프로그램 개발"(2010), "청각장애인의 직업적응능력 향상을 위한 지원 방안 연구"(2010), "한국 노인의 노후생활에 관한 인식"(2011) 등 최근 5년간 국내외 전문 학술지에 게재된 30여 편의 학술논문이 있음.